"八五"普法培训教材

现行教育法规汇编

XIAN XING JIAO YU FA GUI HUI BIAN

中共陕西省委教育工委
陕西省教育厅 编

陕西新华出版传媒集团
三秦出版社

图书在版编目（CIP）数据

现行教育法规汇编 / 中共陕西省委教育工委，陕西省教育厅编 . -- 西安：三秦出版社，2021.10
ISBN 978-7-5518-2480-4

Ⅰ．①现… Ⅱ．①中… ②陕… Ⅲ．①教育法－汇编－中国 Ⅳ．① D922.169

中国版本图书馆CIP数据核字（2021）第 213389 号

现行教育法规汇编

中共陕西省委教育工委
陕 西 省 教 育 厅 编

出版发行	陕西新华出版传媒集团　三秦出版社
社　　址	西安市雁塔区曲江新区登高路 1388 号
电　　话	（029）81205236
邮政编码	710061
印　　刷	西安新华印务有限公司
开　　本	787mm×1092mm　1/16
印　　张	30
字　　数	490 千字
版　　次	2021 年 10 月第 1 版 2021 年 10 月第 1 次印刷
印　　数	1—3000
标准书号	ISBN 978-7-5518-2480-4
定　　价	68.00 元
网　　址	http://www.sqcbs.cn

编者的话

党的十八大以来,以习近平总书记为核心的党中央高度重视法治建设工作,从关系党和国家前途命运的战略全局出发,把全面依法治国纳入"四个全面"战略布局,坚定不移走中国特色社会主义法治道路,开启了法治中国建设的新时代。2020年11月,中央召开全面依法治国工作会议,形成了内涵丰富、论述深刻、逻辑严密、系统完备的习近平法治思想,作为习近平新时代中国特色社会主义思想的重要组成部分,为全面依法治国提供了根本遵循和行动指南。

为学习宣传习近平法治思想,贯彻党中央、国务院及教育部关于依法治教、依法治校的一系列决策部署,我们对现行有效的教育法律、法规、规章进行收录汇编,形成了这部《现行教育法规汇编》。汇编共收集了截至2021年6月前发布且有效的教育法规,其中法律10件、行政法规16件,教育部规章21件;同时收集了陕西省人大及其常委会通过的地方性法规8件,省政府规章7件,按照效力层级和发布时间进行了分类。本书反映了教育立法工作取得的长足进步,基本囊括了重要的教育法规成果,为教育系统开展"八五"普法提供权威读本,也可以为社会各界开展普法特别是广大干部职工学习、查阅、了解、掌握教育法律法规提供重要参考。

编辑出版这部《现行教育法规汇编》,难免有不足和疏漏,敬请广大读者批评指正。

目 录

第一章 法 律

1. 中华人民共和国教育法……………………………………3
2. 中华人民共和国学位条例…………………………………16
3. 中华人民共和国义务教育法………………………………19
4. 中华人民共和国教师法……………………………………29
5. 中华人民共和国职业教育法………………………………36
6. 中华人民共和国高等教育法………………………………42
7. 中华人民共和国国家通用语言文字法……………………53
8. 中华人民共和国民办教育促进法…………………………57
9. 中华人民共和国未成年人保护法…………………………67
10. 中华人民共和国预防未成年人犯罪法……………………90

第二章 行政法规

11. 中华人民共和国学位条例暂行实施办法…………………103
12. 普通高等学校设置暂行条例………………………………109
13. 扫除文盲工作条例…………………………………………114
14. 高等教育自学考试暂行条例………………………………117
15. 幼儿园管理条例……………………………………………124
16. 学校体育工作条例…………………………………………129
17. 学校卫生工作条例…………………………………………134
18. 中华人民共和国义务教育法实施细则……………………140
19. 教学成果奖励条例…………………………………………148

20. 残疾人教育条例……………………………………………150
21. 教师资格条例………………………………………………161
22. 中华人民共和国中外合作办学条例………………………166
23. 中华人民共和国民办教育促进法实施条例………………178
24. 校车安全管理条例…………………………………………193
25. 教育督导条例………………………………………………204
26. 重大行政决策程序暂行条例………………………………209

第三章　教育部规章

27. 高等学校校园秩序管理若干规定…………………………221
28. 教育行政处罚暂行实施办法………………………………225
29. 高等学校知识产权保护管理规定…………………………233
30. 《教师资格条例》实施办法………………………………239
31. 普通话水平测试管理规定…………………………………244
32. 国家教育考试违规处理办法………………………………247
33. 中华人民共和国中外合作办学条例实施办法……………255
34. 实施教育行政许可若干规定………………………………266
35. 中小学幼儿园安全管理办法………………………………271
36. 学生伤害事故处理办法……………………………………282
37. 民办高等学校办学管理若干规定…………………………289
38. 高等学校信息公开办法……………………………………295
39. 高等学校章程制定暂行办法………………………………302
40. 学校教职工代表大会规定…………………………………308
41. 普通高等学校辅导员队伍建设规定………………………313
42. 普通高等学校教育评估暂行规定…………………………319
43. 普通高等学校学生管理规定………………………………325
44. 学校食品安全与营养健康管理规定………………………339
45. 新时代高等学校思想政治理论课教师队伍建设规定……352

46. 中小学教育惩戒规则（试行）……………………………359
47. 未成年人学校保护规定……………………………………364

第四章　地方性法规

48. 陕西省实施《中华人民共和国义务教育法》办法……………379
49. 陕西省中小学保护条例……………………………………388
50. 陕西省实施《中华人民共和国教师法》办法………………393
51. 陕西省实施《中华人民共和国职业教育法》办法……………399
52. 陕西省民办教育促进条例…………………………………405
53. 陕西省实施《中华人民共和国国家通用语言文字法》办法………411
54. 陕西省实施《中华人民共和国未成年人保护法》办法…………416
55. 陕西省实施《中华人民共和国预防未成年人犯罪法》办法……425

第五章　政府规章

56. 陕西省实施《残疾人教育条例》办法………………………433
57. 陕西省实施《幼儿园管理条例》办法………………………436
58. 陕西省学校校园周边环境管理规定…………………………440
59. 陕西省实施《校车安全管理条例》办法……………………443
60. 陕西省行政规范性文件制定和监督管理办法…………………451
61. 陕西省教育督导规定…………………………………………459
62. 陕西省中小学校幼儿园规划建设办法………………………466

法　律

中华人民共和国教育法

（1995年3月18日第八届全国人民代表大会第三次会议通过 根据2009年8月27日第十一届全国人民代表大会常务委员会第十次会议《关于修改部分法律的决定》第一次修正 根据2015年12月27日第十二届全国人民代表大会常务委员会第十八次会议《关于修改〈中华人民共和国教育法〉的决定》第二次修正 根据2021年4月29日第十三届全国人民代表大会常务委员会第二十八次会议《关于修改〈中华人民共和国教育法〉的决定》第三次修正）

第一章 总 则

第一条 为了发展教育事业，提高全民族的素质，促进社会主义物质文明和精神文明建设，根据宪法，制定本法。

第二条 在中华人民共和国境内的各级各类教育，适用本法。

第三条 国家坚持中国共产党的领导，坚持以马克思列宁主义、毛泽东思想、邓小平理论、"三个代表"重要思想、科学发展观、习近平新时代中国特色社会主义思想为指导，遵循宪法确定的基本原则，发展社会主义的教育事业。

第四条 教育是社会主义现代化建设的基础，对提高人民综合素质、促进人的全面发展、增强中华民族创新创造活力、实现中华民族伟大复兴具有决定性意义，国家保障教育事业优先发展。

全社会应当关心和支持教育事业的发展。

全社会应当尊重教师。

第五条 教育必须为社会主义现代化建设服务、为人民服务，必须与生产劳动和社会实践相结合，培养德智体美劳全面发展的社会主义建设者和接班人。

第六条　教育应当坚持立德树人，对受教育者加强社会主义核心价值观教育，增强受教育者的社会责任感、创新精神和实践能力。

国家在受教育者中进行爱国主义、集体主义、中国特色社会主义的教育，进行理想、道德、纪律、法治、国防和民族团结的教育。

第七条　教育应当继承和弘扬中华优秀传统文化、革命文化、社会主义先进文化，吸收人类文明发展的一切优秀成果。

第八条　教育活动必须符合国家和社会公共利益。

国家实行教育与宗教相分离。任何组织和个人不得利用宗教进行妨碍国家教育制度的活动。

第九条　中华人民共和国公民有受教育的权利和义务。

公民不分民族、种族、性别、职业、财产状况、宗教信仰等，依法享有平等的受教育机会。

第十条　国家根据各少数民族的特点和需要，帮助各少数民族地区发展教育事业。

国家扶持边远贫困地区发展教育事业。

国家扶持和发展残疾人教育事业。

第十一条　国家适应社会主义市场经济发展和社会进步的需要，推进教育改革，推动各级各类教育协调发展、衔接融通，完善现代国民教育体系，健全终身教育体系，提高教育现代化水平。

国家采取措施促进教育公平，推动教育均衡发展。

国家支持、鼓励和组织教育科学研究，推广教育科学研究成果，促进教育质量提高。

第十二条　国家通用语言文字为学校及其他教育机构的基本教育教学语言文字，学校及其他教育机构应当使用国家通用语言文字进行教育教学。

民族自治地方以少数民族学生为主的学校及其他教育机构，从实际出发，使用国家通用语言文字和本民族或者当地民族通用的语言文字实施双语教育。

国家采取措施，为少数民族学生为主的学校及其他教育机构实施双语教育提供条件和支持。

第十三条　国家对发展教育事业做出突出贡献的组织和个人，给予奖励。

第十四条　国务院和地方各级人民政府根据分级管理、分工负责的原则，领导和管理教育工作。

中等及中等以下教育在国务院领导下，由地方人民政府管理。

高等教育由国务院和省、自治区、直辖市人民政府管理。

第十五条　国务院教育行政部门主管全国教育工作，统筹规划、协调管理全国的教育事业。

县级以上地方各级人民政府教育行政部门主管本行政区域内的教育工作。

县级以上各级人民政府其他有关部门在各自的职责范围内，负责有关的教育工作。

第十六条　国务院和县级以上地方各级人民政府应当向本级人民代表大会或者其常务委员会报告教育工作和教育经费预算、决算情况，接受监督。

第二章　教育基本制度

第十七条　国家实行学前教育、初等教育、中等教育、高等教育的学校教育制度。

国家建立科学的学制系统。学制系统内的学校和其他教育机构的设置、教育形式、修业年限、招生对象、培养目标等，由国务院或者由国务院授权教育行政部门规定。

第十八条　国家制定学前教育标准，加快普及学前教育，构建覆盖城乡，特别是农村的学前教育公共服务体系。

各级人民政府应当采取措施，为适龄儿童接受学前教育提供条件和支持。

第十九条　国家实行九年制义务教育制度。

各级人民政府采取各种措施保障适龄儿童、少年就学。

适龄儿童、少年的父母或者其他监护人以及有关社会组织和个人有义务使适龄儿童、少年接受并完成规定年限的义务教育。

第二十条　国家实行职业教育制度和继续教育制度。

各级人民政府、有关行政部门和行业组织以及企业事业组织应当采取措施，发展并保障公民接受职业学校教育或者各种形式的职业培训。

国家鼓励发展多种形式的继续教育，使公民接受适当形式的政治、经济、文化、科学、技术、业务等方面的教育，促进不同类型学习成果的互认和衔接，推动全民终身学习。

第二十一条　国家实行国家教育考试制度。

国家教育考试由国务院教育行政部门确定种类，并由国家批准的实施教育考试的机构承办。

第二十二条　国家实行学业证书制度。

经国家批准设立或者认可的学校及其他教育机构按照国家有关规定，颁发学历证书或者其他学业证书。

第二十三条　国家实行学位制度。

学位授予单位依法对达到一定学术水平或者专业技术水平的人员授予相应的学位，颁发学位证书。

第二十四条　各级人民政府、基层群众性自治组织和企业事业组织应当采取各种措施，开展扫除文盲的教育工作。

按照国家规定具有接受扫除文盲教育能力的公民，应当接受扫除文盲的教育。

第二十五条　国家实行教育督导制度和学校及其他教育机构教育评估制度。

第三章　学校及其他教育机构

第二十六条　国家制定教育发展规划，并举办学校及其他教育机构。

国家鼓励企业事业组织、社会团体、其他社会组织及公民个人依法举办学校及其他教育机构。

国家举办学校及其他教育机构，应当坚持勤俭节约的原则。

以财政性经费、捐赠资产举办或者参与举办的学校及其他教育机构不得设立为营利性组织。

第二十七条　设立学校及其他教育机构，必须具备下列基本条件：

（一）有组织机构和章程；

（二）有合格的教师；

（三）有符合规定标准的教学场所及设施、设备等；

（四）有必备的办学资金和稳定的经费来源。

第二十八条　学校及其他教育机构的设立、变更和终止，应当按照国家有关规定办理审核、批准、注册或者备案手续。

第二十九条　学校及其他教育机构行使下列权利：

（一）按照章程自主管理；

（二）组织实施教育教学活动；

（三）招收学生或者其他受教育者；

（四）对受教育者进行学籍管理，实施奖励或者处分；

（五）对受教育者颁发相应的学业证书；

（六）聘任教师及其他职工，实施奖励或者处分；

（七）管理、使用本单位的设施和经费；

（八）拒绝任何组织和个人对教育教学活动的非法干涉；

（九）法律、法规规定的其他权利。

国家保护学校及其他教育机构的合法权益不受侵犯。

第三十条　学校及其他教育机构应当履行下列义务：

（一）遵守法律、法规；

（二）贯彻国家的教育方针，执行国家教育教学标准，保证教育教学质量；

（三）维护受教育者、教师及其他职工的合法权益；

（四）以适当方式为受教育者及其监护人了解受教育者的学业成绩及其他有关情况提供便利；

（五）遵照国家有关规定收取费用并公开收费项目；

（六）依法接受监督。

第三十一条　学校及其他教育机构的举办者按照国家有关规定，确定其所举办的学校或者其他教育机构的管理体制。

学校及其他教育机构的校长或者主要行政负责人必须由具有中华人民共和国国籍、在中国境内定居、并具备国家规定任职条件的公民担任，其任免按照国家有关规定办理。学校的教学及其他行政管理，由校长负责。

学校及其他教育机构应当按照国家有关规定，通过以教师为主体的教职工代表大会等组织形式，保障教职工参与民主管理和监督。

第三十二条　学校及其他教育机构具备法人条件的，自批准设立或者登记注册之日起取得法人资格。

学校及其他教育机构在民事活动中依法享有民事权利，承担民事责任。

学校及其他教育机构中的国有资产属于国家所有。

学校及其他教育机构兴办的校办产业独立承担民事责任。

第四章　教师和其他教育工作者

第三十三条　教师享有法律规定的权利，履行法律规定的义务，忠诚于人民的教育事业。

第三十四条　国家保护教师的合法权益，改善教师的工作条件和生活条件，提高教师的社会地位。

教师的工资报酬、福利待遇，依照法律、法规的规定办理。

第三十五条　国家实行教师资格、职务、聘任制度，通过考核、奖励、培养和培训，提高教师素质，加强教师队伍建设。

第三十六条　学校及其他教育机构中的管理人员，实行教育职员制度。

学校及其他教育机构中的教学辅助人员和其他专业技术人员，实行专业技术职务聘任制度。

第五章　受教育者

第三十七条　受教育者在入学、升学、就业等方面依法享有平等权利。

学校和有关行政部门应当按照国家有关规定，保障女子在入学、升学、就业、授予学位、派出留学等方面享有同男子平等的权利。

第三十八条　国家、社会对符合入学条件、家庭经济困难的儿童、少年、青年，提供各种形式的资助。

第三十九条　国家、社会、学校及其他教育机构应当根据残疾人身心特性和需要实施教育，并为其提供帮助和便利。

第四十条　国家、社会、家庭、学校及其他教育机构应当为有违法犯罪行为的未成年人接受教育创造条件。

第四十一条　从业人员有依法接受职业培训和继续教育的权利和义务。

国家机关、企业事业组织和其他社会组织，应当为本单位职工的学习和培训提供条件和便利。

第四十二条　国家鼓励学校及其他教育机构、社会组织采取措施，为公民接受终身教育创造条件。

第四十三条　受教育者享有下列权利：

（一）参加教育教学计划安排的各种活动，使用教育教学设施、设备、图书资料；

（二）按照国家有关规定获得奖学金、贷学金、助学金；

（三）在学业成绩和品行上获得公正评价，完成规定的学业后获得相应的学业证书、学位证书；

（四）对学校给予的处分不服向有关部门提出申诉，对学校、教师侵犯其人身权、财产权等合法权益，提出申诉或者依法提起诉讼；

（五）法律、法规规定的其他权利。

第四十四条　受教育者应当履行下列义务：

（一）遵守法律、法规；

（二）遵守学生行为规范，尊敬师长，养成良好的思想品德和行为习惯；

（三）努力学习，完成规定的学习任务；

（四）遵守所在学校或者其他教育机构的管理制度。

第四十五条　教育、体育、卫生行政部门和学校及其他教育机构应当完善体育、卫生保健设施，保护学生的身心健康。

第六章　教育与社会

第四十六条　国家机关、军队、企业事业组织、社会团体及其他社会组织和个人，应当依法为儿童、少年、青年学生的身心健康成长创造良好的社会环境。

第四十七条　国家鼓励企业事业组织、社会团体及其他社会组织同高等学校、中等职业学校在教学、科研、技术开发和推广等方面进行多种形式的合作。

企业事业组织、社会团体及其他社会组织和个人，可以通过适当形式，支持学校的建设，参与学校管理。

第四十八条　国家机关、军队、企业事业组织及其他社会组织应当为学校组织的学生实习、社会实践活动提供帮助和便利。

第四十九条　学校及其他教育机构在不影响正常教育教学活动的前提下，应当积极参加当地的社会公益活动。

第五十条　未成年人的父母或者其他监护人应当为其未成年子女或者其他被监护人受教育提供必要条件。

未成年人的父母或者其他监护人应当配合学校及其他教育机构，对其未成年子女或者其他被监护人进行教育。

学校、教师可以对学生家长提供家庭教育指导。

第五十一条　图书馆、博物馆、科技馆、文化馆、美术馆、体育馆（场）等社会公共文化体育设施，以及历史文化古迹和革命纪念馆（地），应当对教师、学生实行优待，为受教育者接受教育提供便利。

广播、电视台（站）应当开设教育节目，促进受教育者思想品德、文化和科学技术素质的提高。

第五十二条　国家、社会建立和发展对未成年人进行校外教育的设施。

学校及其他教育机构应当同基层群众性自治组织、企业事业组织、社会团体相互配合，加强对未成年人的校外教育工作。

第五十三条　国家鼓励社会团体、社会文化机构及其他社会组织和个人开展有益于受教育者身心健康的社会文化教育活动。

第七章　教育投入与条件保障

第五十四条　国家建立以财政拨款为主、其他多种渠道筹措教育经费为辅的体制，逐步增加对教育的投入，保证国家举办的学校教育经费的稳定来源。

企业事业组织、社会团体及其他社会组织和个人依法举办的学校及其他教育机构，办学经费由举办者负责筹措，各级人民政府可以给予适当支持。

第五十五条　国家财政性教育经费支出占国民生产总值的比例应当随着国民经济的发展和财政收入的增长逐步提高。具体比例和实施步骤由国务院规定。

全国各级财政支出总额中教育经费所占比例应当随着国民经济的发展逐步提高。

第五十六条　各级人民政府的教育经费支出，按照事权和财权相统一的原则，在财政预算中单独列项。

各级人民政府教育财政拨款的增长应当高于财政经常性收入的增长，并使按在校学生人数平均的教育费用逐步增长，保证教师工资和学生人均公用经费逐步增长。

第五十七条　国务院及县级以上地方各级人民政府应当设立教育专项资金，重点扶持边远贫困地区、少数民族地区实施义务教育。

第五十八条　税务机关依法足额征收教育费附加，由教育行政部门统筹管理，主要用于实施义务教育。

省、自治区、直辖市人民政府根据国务院的有关规定，可以决定开征用于教育的地方附加费，专款专用。

第五十九条　国家采取优惠措施，鼓励和扶持学校在不影响正常教育教学的前提下开展勤工俭学和社会服务，兴办校办产业。

第六十条　国家鼓励境内、境外社会组织和个人捐资助学。

第六十一条　国家财政性教育经费、社会组织和个人对教育的捐赠，必须用于教育，不得挪用、克扣。

第六十二条　国家鼓励运用金融、信贷手段，支持教育事业的发展。

第六十三条　各级人民政府及其教育行政部门应当加强对学校及其他教育机构教育经费的监督管理，提高教育投资效益。

第六十四条　地方各级人民政府及其有关行政部门必须把学校的基本建设纳入城乡建设规划，统筹安排学校的基本建设用地及所需物资，按照国家有关规定实行优先、优惠政策。

第六十五条　各级人民政府对教科书及教学用图书资料的出版发行，

对教学仪器、设备的生产和供应，对用于学校教育教学和科学研究的图书资料、教学仪器、设备的进口，按照国家有关规定实行优先、优惠政策。

第六十六条　国家推进教育信息化，加快教育信息基础设施建设，利用信息技术促进优质教育资源普及共享，提高教育教学水平和教育管理水平。

县级以上人民政府及其有关部门应当发展教育信息技术和其他现代化教学方式，有关行政部门应当优先安排，给予扶持。

国家鼓励学校及其他教育机构推广运用现代化教学方式。

第八章　教育对外交流与合作

第六十七条　国家鼓励开展教育对外交流与合作，支持学校及其他教育机构引进优质教育资源，依法开展中外合作办学，发展国际教育服务，培养国际化人才。

教育对外交流与合作坚持独立自主、平等互利、相互尊重的原则，不得违反中国法律，不得损害国家主权、安全和社会公共利益。

第六十八条　中国境内公民出国留学、研究、进行学术交流或者任教，依照国家有关规定办理。

第六十九条　中国境外个人符合国家规定的条件并办理有关手续后，可以进入中国境内学校及其他教育机构学习、研究、进行学术交流或者任教，其合法权益受国家保护。

第七十条　中国对境外教育机构颁发的学位证书、学历证书及其他学业证书的承认，依照中华人民共和国缔结或者加入的国际条约办理，或者按照国家有关规定办理。

第九章　法律责任

第七十一条　违反国家有关规定，不按照预算核拨教育经费的，由同级人民政府限期核拨；情节严重的，对直接负责的主管人员和其他直接责任人员，依法给予处分。

违反国家财政制度、财务制度，挪用、克扣教育经费的，由上级机关责令限期归还被挪用、克扣的经费,并对直接负责的主管人员和其他直接责任人员,依法给予处分;构成犯罪的,依法追究刑事责任。

第七十二条 结伙斗殴、寻衅滋事,扰乱学校及其他教育机构教育教学秩序或者破坏校舍、场地及其他财产的,由公安机关给予治安管理处罚;构成犯罪的,依法追究刑事责任。

侵占学校及其他教育机构的校舍、场地及其他财产的,依法承担民事责任。

第七十三条 明知校舍或者教育教学设施有危险,而不采取措施,造成人员伤亡或者重大财产损失的,对直接负责的主管人员和其他直接责任人员,依法追究刑事责任。

第七十四条 违反国家有关规定,向学校或者其他教育机构收取费用的,由政府责令退还所收费用;对直接负责的主管人员和其他直接责任人员,依法给予处分。

第七十五条 违反国家有关规定,举办学校或者其他教育机构的,由教育行政部门或者其他有关行政部门予以撤销;有违法所得的,没收违法所得;对直接负责的主管人员和其他直接责任人员,依法给予处分。

第七十六条 学校或者其他教育机构违反国家有关规定招收学生的,由教育行政部门或者其他有关行政部门责令退回招收的学生,退还所收费用;对学校、其他教育机构给予警告,可以处违法所得五倍以下罚款;情节严重的,责令停止相关招生资格一年以上三年以下,直至撤销招生资格、吊销办学许可证;对直接负责的主管人员和其他直接责任人员,依法给予处分;构成犯罪的,依法追究刑事责任。

第七十七条 在招收学生工作中滥用职权、玩忽职守、徇私舞弊的,由教育行政部门或者其他有关行政部门责令退回招收的不符合入学条件的人员;对直接负责的主管人员和其他直接责任人员,依法给予处分;构成犯罪的,依法追究刑事责任。

盗用、冒用他人身份,顶替他人取得的入学资格的,由教育行政部门或者其他有关行政部门责令撤销入学资格,并责令停止参加相关国家教育考试二年以上五年以下;已经取得学位证书、学历证书或者其他学业证书的,由颁发机构撤销相关证书;已经成为公职人员的,依法给予开除处分;

构成违反治安管理行为的，由公安机关依法给予治安管理处罚；构成犯罪的，依法追究刑事责任。

与他人串通，允许他人冒用本人身份，顶替本人取得的入学资格的，由教育行政部门或者其他有关行政部门责令停止参加相关国家教育考试一年以上三年以下；有违法所得的，没收违法所得；已经成为公职人员的，依法给予处分；构成违反治安管理行为的，由公安机关依法给予治安管理处罚；构成犯罪的，依法追究刑事责任。

组织、指使盗用或者冒用他人身份，顶替他人取得的入学资格的，有违法所得的，没收违法所得；属于公职人员的，依法给予处分；构成违反治安管理行为的，由公安机关依法给予治安管理处罚；构成犯罪的，依法追究刑事责任。

入学资格被顶替权利受到侵害的，可以请求恢复其入学资格。

第七十八条　学校及其他教育机构违反国家有关规定向受教育者收取费用的，由教育行政部门或者其他有关行政部门责令退还所收费用；对直接负责的主管人员和其他直接责任人员，依法给予处分。

第七十九条　考生在国家教育考试中有下列行为之一的，由组织考试的教育考试机构工作人员在考试现场采取必要措施予以制止并终止其继续参加考试；组织考试的教育考试机构可以取消其相关考试资格或者考试成绩；情节严重的，由教育行政部门责令停止参加相关国家教育考试一年以上三年以下；构成违反治安管理行为的，由公安机关依法给予治安管理处罚；构成犯罪的，依法追究刑事责任：

（一）非法获取考试试题或者答案的；

（二）携带或者使用考试作弊器材、资料的；

（三）抄袭他人答案的；

（四）让他人代替自己参加考试的；

（五）其他以不正当手段获得考试成绩的作弊行为。

第八十条　任何组织或者个人在国家教育考试中有下列行为之一，有违法所得的，由公安机关没收违法所得，并处违法所得一倍以上五倍以下罚款；情节严重的，处五日以上十五日以下拘留；构成犯罪的，依法追究刑事责任；属于国家机关工作人员的，还应当依法给予处分：

（一）组织作弊的；

（二）通过提供考试作弊器材等方式为作弊提供帮助或者便利的；

（三）代替他人参加考试的；

（四）在考试结束前泄露、传播考试试题或者答案的；

（五）其他扰乱考试秩序的行为。

第八十一条　举办国家教育考试，教育行政部门、教育考试机构疏于管理，造成考场秩序混乱、作弊情况严重的，对直接负责的主管人员和其他直接责任人员，依法给予处分；构成犯罪的，依法追究刑事责任。

第八十二条　学校或者其他教育机构违反本法规定，颁发学位证书、学历证书或者其他学业证书的，由教育行政部门或者其他有关行政部门宣布证书无效，责令收回或者予以没收；有违法所得的，没收违法所得；情节严重的，责令停止相关招生资格一年以上三年以下，直至撤销招生资格、颁发证书资格；对直接负责的主管人员和其他直接责任人员，依法给予处分。

前款规定以外的任何组织或者个人制造、销售、颁发假冒学位证书、学历证书或者其他学业证书，构成违反治安管理行为的，由公安机关依法给予治安管理处罚；构成犯罪的，依法追究刑事责任。

以作弊、剽窃、抄袭等欺诈行为或者其他不正当手段获得学位证书、学历证书或者其他学业证书的，由颁发机构撤销相关证书。购买、使用假冒学位证书、学历证书或者其他学业证书，构成违反治安管理行为的，由公安机关依法给予治安管理处罚。

第八十三条　违反本法规定，侵犯教师、受教育者、学校或者其他教育机构的合法权益，造成损失、损害的，应当依法承担民事责任。

第十章　附　则

第八十四条　军事学校教育由中央军事委员会根据本法的原则规定。宗教学校教育由国务院另行规定。

第八十五条　境外的组织和个人在中国境内办学和合作办学的办法，由国务院规定。

第八十六条　本法自 1995 年 9 月 1 日起施行。

中华人民共和国学位条例

(1980年2月12日第五届全国人民代表大会常务委员会第十三次会议通过 根据2004年8月28日第十届全国人民代表大会常务委员会第十一次会议《关于修改〈中华人民共和国学位条例〉的决定》修正)

第一条 为了促进我国科学专门人才的成长,促进各门学科学术水平的提高和教育、科学事业的发展,以适应社会主义现代化建设的需要,特制定本条例。

第二条 凡是拥护中国共产党的领导、拥护社会主义制度,具有一定学术水平的公民,都可以按照本条例的规定申请相应的学位。

第三条 学位分学士、硕士、博士三级。

第四条 高等学校本科毕业生,成绩优良,达到下述学术水平者,授予学士学位:

(一)较好地掌握本门学科的基础理论、专门知识和基本技能;

(二)具有从事科学研究工作或担负专门技术工作的初步能力。

第五条 高等学校和科学研究机构的研究生,或具有研究生毕业同等学力的人员,通过硕士学位的课程考试和论文答辩,成绩合格,达到下述学术水平者,授予硕士学位:

(一)在本门学科上掌握坚实的基础理论和系统的专门知识;

(二)具有从事科学研究工作或独立担负专门技术工作的能力。

第六条 高等学校和科学研究机构的研究生,或具有研究生毕业同等学力的人员,通过博士学位的课程考试和论文答辩,成绩合格,达到下述学术水平者,授予博士学位:

(一)在本门学科上掌握坚实宽广的基础理论和系统深入的专门知识;

(二)具有独立从事科学研究工作的能力;

（三）在科学或专门技术上作出创造性的成果。

第七条　国务院设立学位委员会，负责领导全国学位授予工作。学位委员会设主任委员一人，副主任委员和委员若干人。主任委员、副主任委员和委员由国务院任免。

第八条　学士学位，由国务院授权的高等学校授予；硕士学位、博士学位，由国务院授权的高等学校和科学研究机构授予。

授予学位的高等学校和科学研究机构（以下简称学位授予单位）及其可以授予学位的学科名单，由国务院学位委员会提出，经国务院批准公布。

第九条　学位授予单位，应当设立学位评定委员会，并组织有关学科的学位论文答辩委员会。

学位论文答辩委员会必须有外单位的有关专家参加，其组成人员由学位授予单位遴选决定。学位评定委员会组成人员名单由学位授予单位确定，报国务院有关部门和国务院学位委员会备案。

第十条　学位论文答辩委员会负责审查硕士和博士学位论文、组织答辩，就是否授予硕士学位或博士学位作出决议。决议以不记名投票方式，经全体成员三分之二以上通过，报学位评定委员会。

学位评定委员会负责审查通过学士学位获得者的名单；负责对学位论文答辩委员会报请授予硕士学位或博士学位的决议，作出是否批准的决定。决定以不记名投票方式，经全体成员过半数通过。决定授予硕士学位或博士学位的名单，报国务院学位委员会备案。

第十一条　学位授予单位，在学位评定委员会作出授予学位的决议后，发给学位获得者相应的学位证书。

第十二条　非学位授予单位应届毕业的研究生，由原单位推荐，可以就近向学位授予单位申请学位。经学位授予单位审查同意，通过论文答辩，达到本条例规定的学术水平者，授予相应的学位。

第十三条　对于在科学或专门技术上有重要的著作、发明、发现或发展者，经有关专家推荐，学位授予单位同意，可以免除考试，直接参加博士学位论文答辩。对于通过论文答辩者，授予博士学位。

第十四条　对于国内外卓越的学者或著名的社会活动家，经学位授予单位提名，国务院学位委员会批准，可以授予名誉博士学位。

第十五条　在我国学习的外国留学生和从事研究工作的外国学者，可以向学位授予单位申请学位。对于具有本条例规定的学术水平者，授予相应的学位。

第十六条　非学位授予单位和学术团体对于授予学位的决议和决定持有不同意见时，可以向学位授予单位或国务院学位委员会提出异议。学位授予单位和国务院学位委员会应当对提出的异议进行研究和处理。

第十七条　学位授予单位对于已经授予的学位，如发现有舞弊作伪等严重违反本条例规定的情况，经学位评定委员会复议，可以撤销。

第十八条　国务院对于已经批准授予学位的单位，在确认其不能保证所授学位的学术水平时，可以停止或撤销其授予学位的资格。

第十九条　本条例的实施办法，由国务院学位委员会制定，报国务院批准。

第二十条　本条例自 1981 年 1 月 1 日起施行。

中华人民共和国义务教育法

（1986年4月12日第六届全国人民代表大会第四次会议通过　2006年6月29日第十届全国人民代表大会常务委员会第二十二次会议修订　根据2015年4月24日第十二届全国人民代表大会常务委员会第十四次会议《关于修改〈中华人民共和国义务教育法〉等五部法律的决定》第一次修正　根据2018年12月29日第十三届全国人民代表大会常务委员会第七次会议《关于修改〈中华人民共和国产品质量法〉等五部法律的决定》第二次修正）

第一章　总　则

第一条　为了保障适龄儿童、少年接受义务教育的权利，保证义务教育的实施，提高全民族素质，根据宪法和教育法，制定本法。

第二条　国家实行九年义务教育制度。

义务教育是国家统一实施的所有适龄儿童、少年必须接受的教育，是国家必须予以保障的公益性事业。

实施义务教育，不收学费、杂费。

国家建立义务教育经费保障机制，保证义务教育制度实施。

第三条　义务教育必须贯彻国家的教育方针，实施素质教育，提高教育质量，使适龄儿童、少年在品德、智力、体质等方面全面发展，为培养有理想、有道德、有文化、有纪律的社会主义建设者和接班人奠定基础。

第四条　凡具有中华人民共和国国籍的适龄儿童、少年，不分性别、民族、种族、家庭财产状况、宗教信仰等，依法享有平等接受义务教育的权利，并履行接受义务教育的义务。

第五条　各级人民政府及其有关部门应当履行本法规定的各项职责，保障适龄儿童、少年接受义务教育的权利。

适龄儿童、少年的父母或者其他法定监护人应当依法保证其按时入学接受并完成义务教育。

依法实施义务教育的学校应当按照规定标准完成教育教学任务，保证教育教学质量。

社会组织和个人应当为适龄儿童、少年接受义务教育创造良好的环境。

第六条　国务院和县级以上地方人民政府应当合理配置教育资源，促进义务教育均衡发展，改善薄弱学校的办学条件，并采取措施，保障农村地区、民族地区实施义务教育，保障家庭经济困难的和残疾的适龄儿童、少年接受义务教育。

国家组织和鼓励经济发达地区支援经济欠发达地区实施义务教育。

第七条　义务教育实行国务院领导，省、自治区、直辖市人民政府统筹规划实施，县级人民政府为主管理的体制。

县级以上人民政府教育行政部门具体负责义务教育实施工作；县级以上人民政府其他有关部门在各自的职责范围内负责义务教育实施工作。

第八条　人民政府教育督导机构对义务教育工作执行法律法规情况、教育教学质量以及义务教育均衡发展状况等进行督导，督导报告向社会公布。

第九条　任何社会组织或者个人有权对违反本法的行为向有关国家机关提出检举或者控告。

发生违反本法的重大事件，妨碍义务教育实施，造成重大社会影响的，负有领导责任的人民政府或者人民政府教育行政部门负责人应当引咎辞职。

第十条　对在义务教育实施工作中做出突出贡献的社会组织和个人，各级人民政府及其有关部门按照有关规定给予表彰、奖励。

第二章　学　生

第十一条　凡年满六周岁的儿童，其父母或者其他法定监护人应当送其入学接受并完成义务教育；条件不具备的地区的儿童，可以推迟到七周岁。

适龄儿童、少年因身体状况需要延缓入学或者休学的，其父母或者其他法定监护人应当提出申请，由当地乡镇人民政府或者县级人民政府教育行政部门批准。

第十二条　适龄儿童、少年免试入学。地方各级人民政府应当保障适龄儿童、少年在户籍所在地学校就近入学。

父母或者其他法定监护人在非户籍所在地工作或者居住的适龄儿童、少年，在其父母或者其他法定监护人工作或者居住地接受义务教育的，当地人民政府应当为其提供平等接受义务教育的条件。具体办法由省、自治区、直辖市规定。

县级人民政府教育行政部门对本行政区域内的军人子女接受义务教育予以保障。

第十三条　县级人民政府教育行政部门和乡镇人民政府组织和督促适龄儿童、少年入学，帮助解决适龄儿童、少年接受义务教育的困难，采取措施防止适龄儿童、少年辍学。

居民委员会和村民委员会协助政府做好工作，督促适龄儿童、少年入学。

第十四条　禁止用人单位招用应当接受义务教育的适龄儿童、少年。

根据国家有关规定经批准招收适龄儿童、少年进行文艺、体育等专业训练的社会组织，应当保证所招收的适龄儿童、少年接受义务教育；自行实施义务教育的，应当经县级人民政府教育行政部门批准。

第三章　学　校

第十五条　县级以上地方人民政府根据本行政区域内居住的适龄儿童、少年的数量和分布状况等因素，按照国家有关规定，制定、调整学校设置规划。新建居民区需要设置学校的，应当与居民区的建设同步进行。

第十六条　学校建设，应当符合国家规定的办学标准，适应教育教学需要；应当符合国家规定的选址要求和建设标准，确保学生和教职工安全。

第十七条　县级人民政府根据需要设置寄宿制学校，保障居住分散的适龄儿童、少年入学接受义务教育。

第十八条　国务院教育行政部门和省、自治区、直辖市人民政府根据需要，在经济发达地区设置接收少数民族适龄儿童、少年的学校（班）。

第十九条　县级以上地方人民政府根据需要设置相应的实施特殊教育的学校（班），对视力残疾、听力语言残疾和智力残疾的适龄儿童、少年实施义务教育。特殊教育学校（班）应当具备适应残疾儿童、少年学习、康复、生活特点的场所和设施。

普通学校应当接收具有接受普通教育能力的残疾适龄儿童、少年随班就读，并为其学习、康复提供帮助。

第二十条　县级以上地方人民政府根据需要，为具有预防未成年人犯罪法规定的严重不良行为的适龄少年设置专门的学校实施义务教育。

第二十一条　对未完成义务教育的未成年犯和被采取强制性教育措施的未成年人应当进行义务教育，所需经费由人民政府予以保障。

第二十二条　县级以上人民政府及其教育行政部门应当促进学校均衡发展，缩小学校之间办学条件的差距，不得将学校分为重点学校和非重点学校。学校不得分设重点班和非重点班。

县级以上人民政府及其教育行政部门不得以任何名义改变或者变相改变公办学校的性质。

第二十三条　各级人民政府及其有关部门依法维护学校周边秩序，保护学生、教师、学校的合法权益，为学校提供安全保障。

第二十四条　学校应当建立、健全安全制度和应急机制，对学生进行安全教育，加强管理，及时消除隐患，预防发生事故。

县级以上地方人民政府定期对学校校舍安全进行检查；对需要维修、改造的，及时予以维修、改造。

学校不得聘用曾经因故意犯罪被依法剥夺政治权利或者其他不适合从事义务教育工作的人担任工作人员。

第二十五条　学校不得违反国家规定收取费用，不得以向学生推销或者变相推销商品、服务等方式谋取利益。

第二十六条　学校实行校长负责制。校长应当符合国家规定的任职条件。校长由县级人民政府教育行政部门依法聘任。

第二十七条　对违反学校管理制度的学生，学校应当予以批评教育，不得开除。

第四章 教　师

第二十八条　教师享有法律规定的权利，履行法律规定的义务，应当为人师表，忠诚于人民的教育事业。

全社会应当尊重教师。

第二十九条　教师在教育教学中应当平等对待学生，关注学生的个体差异，因材施教，促进学生的充分发展。

教师应当尊重学生的人格，不得歧视学生，不得对学生实施体罚、变相体罚或者其他侮辱人格尊严的行为，不得侵犯学生合法权益。

第三十条　教师应当取得国家规定的教师资格。

国家建立统一的义务教育教师职务制度。教师职务分为初级职务、中级职务和高级职务。

第三十一条　各级人民政府保障教师工资福利和社会保险待遇，改善教师工作和生活条件；完善农村教师工资经费保障机制。

教师的平均工资水平应当不低于当地公务员的平均工资水平。

特殊教育教师享有特殊岗位补助津贴。在民族地区和边远贫困地区工作的教师享有艰苦贫困地区补助津贴。

第三十二条　县级以上人民政府应当加强教师培养工作，采取措施发展教师教育。

县级人民政府教育行政部门应当均衡配置本行政区域内学校师资力量，组织校长、教师的培训和流动，加强对薄弱学校的建设。

第三十三条　国务院和地方各级人民政府鼓励和支持城市学校教师和高等学校毕业生到农村地区、民族地区从事义务教育工作。国家鼓励高等学校毕业生以志愿者的方式到农村地区、民族地区缺乏教师的学校任教。县级人民政府教育行政部门依法认定其教师资格，其任教时间计入工龄。

第五章　教育教学

第三十四条　教育教学工作应当符合教育规律和学生身心发展特点，

面向全体学生，教书育人，将德育、智育、体育、美育等有机统一在教育教学活动中，注重培养学生独立思考能力、创新能力和实践能力，促进学生全面发展。

第三十五条　国务院教育行政部门根据适龄儿童、少年身心发展的状况和实际情况，确定教学制度、教育教学内容和课程设置，改革考试制度，并改进高级中等学校招生办法，推进实施素质教育。

学校和教师按照确定的教育教学内容和课程设置开展教育教学活动，保证达到国家规定的基本质量要求。

国家鼓励学校和教师采用启发式教育等教育教学方法，提高教育教学质量。

第三十六条　学校应当把德育放在首位，寓德育于教育教学之中，开展与学生年龄相适应的社会实践活动，形成学校、家庭、社会相互配合的思想道德教育体系，促进学生养成良好的思想品德和行为习惯。

第三十七条　学校应当保证学生的课外活动时间，组织开展文化娱乐等课外活动。社会公共文化体育设施应当为学校开展课外活动提供便利。

第三十八条　教科书根据国家教育方针和课程标准编写，内容力求精简，精选必备的基础知识、基本技能，经济实用，保证质量。

国家机关工作人员和教科书审查人员，不得参与或者变相参与教科书的编写工作。

第三十九条　国家实行教科书审定制度。教科书的审定办法由国务院教育行政部门规定。

未经审定的教科书，不得出版、选用。

第四十条　教科书价格由省、自治区、直辖市人民政府价格行政部门会同同级出版主管部门按照微利原则确定。

第四十一条　国家鼓励教科书循环使用。

第六章　经费保障

第四十二条　国家将义务教育全面纳入财政保障范围，义务教育经费由国务院和地方各级人民政府依照本法规定予以保障。

国务院和地方各级人民政府将义务教育经费纳入财政预算，按照教职工编制标准、工资标准和学校建设标准、学生人均公用经费标准等，及时足额拨付义务教育经费，确保学校的正常运转和校舍安全，确保教职工工资按照规定发放。

国务院和地方各级人民政府用于实施义务教育财政拨款的增长比例应当高于财政经常性收入的增长比例，保证按照在校学生人数平均的义务教育费用逐步增长，保证教职工工资和学生人均公用经费逐步增长。

第四十三条　学校的学生人均公用经费基本标准由国务院财政部门会同教育行政部门制定，并根据经济和社会发展状况适时调整。制定、调整学生人均公用经费基本标准，应当满足教育教学基本需要。

省、自治区、直辖市人民政府可以根据本行政区域的实际情况，制定不低于国家标准的学校学生人均公用经费标准。

特殊教育学校（班）学生人均公用经费标准应当高于普通学校学生人均公用经费标准。

第四十四条　义务教育经费投入实行国务院和地方各级人民政府根据职责共同负担，省、自治区、直辖市人民政府负责统筹落实的体制。农村义务教育所需经费，由各级人民政府根据国务院的规定分项目、按比例分担。

各级人民政府对家庭经济困难的适龄儿童、少年免费提供教科书并补助寄宿生生活费。

义务教育经费保障的具体办法由国务院规定。

第四十五条　地方各级人民政府在财政预算中将义务教育经费单列。

县级人民政府编制预算，除向农村地区学校和薄弱学校倾斜外，应当均衡安排义务教育经费。

第四十六条　国务院和省、自治区、直辖市人民政府规范财政转移支付制度，加大一般性转移支付规模和规范义务教育专项转移支付，支持和引导地方各级人民政府增加对义务教育的投入。地方各级人民政府确保将上级人民政府的义务教育转移支付资金按照规定用于义务教育。

第四十七条　国务院和县级以上地方人民政府根据实际需要，设立专项资金，扶持农村地区、民族地区实施义务教育。

第四十八条　国家鼓励社会组织和个人向义务教育捐赠，鼓励按照国家有关基金会管理的规定设立义务教育基金。

第四十九条　义务教育经费严格按照预算规定用于义务教育；任何组织和个人不得侵占、挪用义务教育经费，不得向学校非法收取或者摊派费用。

第五十条　县级以上人民政府建立健全义务教育经费的审计监督和统计公告制度。

第七章　法律责任

第五十一条　国务院有关部门和地方各级人民政府违反本法第六章的规定，未履行对义务教育经费保障职责的，由国务院或者上级地方人民政府责令限期改正；情节严重的，对直接负责的主管人员和其他直接责任人员依法给予行政处分。

第五十二条　县级以上地方人民政府有下列情形之一的，由上级人民政府责令限期改正；情节严重的，对直接负责的主管人员和其他直接责任人员依法给予行政处分：

（一）未按照国家有关规定制定、调整学校的设置规划的；

（二）学校建设不符合国家规定的办学标准、选址要求和建设标准的；

（三）未定期对学校校舍安全进行检查，并及时维修、改造的；

（四）未依照本法规定均衡安排义务教育经费的。

第五十三条　县级以上人民政府或者其教育行政部门有下列情形之一的，由上级人民政府或者其教育行政部门责令限期改正、通报批评；情节严重的，对直接负责的主管人员和其他直接责任人员依法给予行政处分：

（一）将学校分为重点学校和非重点学校的；

（二）改变或者变相改变公办学校性质的。

县级人民政府教育行政部门或者乡镇人民政府未采取措施组织适龄儿童、少年入学或者防止辍学的，依照前款规定追究法律责任。

第五十四条　有下列情形之一的，由上级人民政府或者上级人民政府教育行政部门、财政部门、价格行政部门和审计机关根据职责分工责令限期改正；情节严重的，对直接负责的主管人员和其他直接责任人员依法给予处分：

（一）侵占、挪用义务教育经费的；

（二）向学校非法收取或者摊派费用的。

第五十五条　学校或者教师在义务教育工作中违反教育法、教师法规定的，依照教育法、教师法的有关规定处罚。

第五十六条　学校违反国家规定收取费用的，由县级人民政府教育行政部门责令退还所收费用；对直接负责的主管人员和其他直接责任人员依法给予处分。

学校以向学生推销或者变相推销商品、服务等方式谋取利益的，由县级人民政府教育行政部门给予通报批评；有违法所得的，没收违法所得；对直接负责的主管人员和其他直接责任人员依法给予处分。

国家机关工作人员和教科书审查人员参与或者变相参与教科书编写的，由县级以上人民政府或者其教育行政部门根据职责权限责令限期改正，依法给予行政处分；有违法所得的，没收违法所得。

第五十七条　学校有下列情形之一的，由县级人民政府教育行政部门责令限期改正；情节严重的，对直接负责的主管人员和其他直接责任人员依法给予处分：

（一）拒绝接收具有接受普通教育能力的残疾适龄儿童、少年随班就读的；

（二）分设重点班和非重点班的；

（三）违反本法规定开除学生的；

（四）选用未经审定的教科书的。

第五十八条　适龄儿童、少年的父母或者其他法定监护人无正当理由未依照本法规定送适龄儿童、少年入学接受义务教育的，由当地乡镇人民政府或者县级人民政府教育行政部门给予批评教育，责令限期改正。

第五十九条　有下列情形之一的，依照有关法律、行政法规的规定予以处罚：

（一）胁迫或者诱骗应当接受义务教育的适龄儿童、少年失学、辍学的；

（二）非法招用应当接受义务教育的适龄儿童、少年的；

（三）出版未经依法审定的教科书的。

第六十条　违反本法规定，构成犯罪的，依法追究刑事责任。

第八章　附　则

第六十一条　对接受义务教育的适龄儿童、少年不收杂费的实施步骤，由国务院规定。

第六十二条　社会组织或者个人依法举办的民办学校实施义务教育的，依照民办教育促进法有关规定执行；民办教育促进法未作规定的，适用本法。

第六十三条　本法自2006年9月1日起施行。

中华人民共和国教师法

(1993年10月31日第八届全国人民代表大会常务委员会第四次会议通过 根据2009年8月27日第十一届全国人民代表大会常委会第十次会议《关于修改部分法律决定》修正)

第一章 总 则

第一条 为了保障教师的合法权益,建设具有良好思想品德修养和业务素质的教师队伍,促进社会主义教育事业的发展,制定本法。

第二条 本法适用于在各级各类学校和其他教育机构中专门从事教育教学工作的教师。

第三条 教师是履行教育教学职责的专业人员,承担教书育人,培养社会主义事业建设者和接班人、提高民族素质的使命。教师应当忠诚于人民的教育事业。

第四条 各级人民政府应当采取措施,加强教师的思想政治教育和业务培训,改善教师的工作条件和生活条件,保障教师的合法权益,提高教师的社会地位。

全社会都应当尊重教师。

第五条 国务院教育行政部门主管全国的教师工作。

国务院有关部门在各自职权范围内负责有关的教师工作。

学校和其他教育机构根据国家规定,自主进行教师管理工作。

第六条 每年九月十日为教师节。

第二章 权利和义务

第七条 教师享有下列权利:

（一）进行教育教学活动，开展教育教学改革和实验；

（二）从事科学研究、学术交流，参加专业的学术团体，在学术活动中充分发表意见；

（三）指导学生的学习和发展，评定学生的品行和学业成绩；

（四）按时获取工资报酬，享受国家规定的福利待遇以及寒暑假期的带薪休假；

（五）对学校教育教学、管理工作和教育行政部门的工作提出意见和建议，通过教职工代表大会或者其他形式，参与学校的民主管理；

（六）参加进修或者其他方式的培训。

第八条 教师应当履行下列义务：

（一）遵守宪法、法律和职业道德，为人师表；

（二）贯彻国家的教育方针，遵守规章制度，执行学校的教学计划，履行教师聘约，完成教育教学工作任务；

（三）对学生进行宪法所确定的基本原则的教育和爱国主义、民族团结的教育，法制教育以及思想品德、文化、科学技术教育，组织、带领学生开展有益的社会活动；

（四）关心、爱护全体学生，尊重学生人格，促进学生在品德、智力、体质等方面全面发展；

（五）制止有害于学生的行为或者其他侵犯学生合法权益的行为，批评和抵制有害于学生健康成长的现象；

（六）不断提高思想政治觉悟和教育教学业务水平。

第九条 为保障教师完成教育教学任务，各级人民政府、教育行政部门、有关部门、学校和其他教育机构应当履行下列职责：

（一）提供符合国家安全标准的教育教学设施和设备；

（二）提供必需的图书、资料及其他教育教学用品；

（三）对教师在教育教学、科学研究中的创造性工作给以鼓励和帮助；

（四）支持教师制止有害于学生的行为或者其他侵犯学生合法权益的行为。

第三章　资格和任用

第十条　国家实行教师资格制度。

中国公民凡遵守宪法和法律，热爱教育事业，具有良好的思想品德，具备本法规定的学历或者经国家教师资格考试合格，有教育教学能力，经认定合格的，可以取得教师资格。

第十一条　取得教师资格应当具备的相应学历是：

（一）取得幼儿园教师资格，应当具备幼儿师范学校毕业及其以上学历；

（二）取得小学教师资格，应当具备中等师范学校毕业及其以上学历；

（三）取得初级中学教师、初级职业学校文化、专业课教师资格，应当具备高等师范专科学校或者其他大学专科毕业及其以上学历；

（四）取得高级中学教师资格和中等专业学校、技工学校、职业高中文化课、专业课教师资格，应当具备高等师范院校本科或者其他大学本科毕业及其以上学历；取得中等专业学校、技工学校和职业高中学生实习指导教师资格应当具备的学历，由国务院教育行政部门规定；

（五）取得高等学校教师资格，应当具备研究生或者大学本科毕业学历；

（六）取得成人教育教师资格，应当按照成人教育的层次、类别，分别具备高等、中等学校毕业及其以上学历。

不具备本法规定的教师资格学历的公民，申请获取教师资格，必须通过国家教师资格考试。国家教师资格考试制度由国务院规定。

第十二条　本法实施前已经在学校或者其他教育机构中任教的教师，未具备本法规定学历的，由国务院教育行政部门规定教师资格过渡办法。

第十三条　中小学教师资格由县级以上地方人民政府教育行政部门认定。中等专业学校、技工学校的教师资格由县级以上地方人民政府教育行政部门组织有关主管部门认定。普通高等学校的教师资格由国务院或者省、自治区、直辖市教育行政部门或者由其委托的学校认定。

具备本法规定的学历或者经国家教师资格考试合格的公民，要求有关部门认定其教师资格的，有关部门应当依照本法规定的条件予以认定。

取得教师资格的人员首次任教时，应当有试用期。

第十四条　受到剥夺政治权利或者故意犯罪受到有期徒刑以上刑事处罚的，不能取得教师资格；已经取得教师资格的，丧失教师资格。

第十五条　各级师范学校毕业生，应当按照国家有关规定从事教育教学工作。

国家鼓励非师范高等学校毕业生到中小学或者职业学校任教。

第十六条　国家实行教师职务制度，具体办法由国务院规定。

第十七条　学校和其他教育机构应当逐步实行教师聘任制。教师的聘任应当遵循双方地位平等的原则，由学校和教师签订聘任合同，明确规定双方的权利、义务和责任。

实施教师聘任制的步骤、办法由国务院教育行政部门规定。

第四章　培养和培训

第十八条　各级人民政府和有关部门应当办好师范教育，并采取措施，鼓励优秀青年进入各级师范学校学习。各级教师进修学校承担培训中小学教师的任务。

非师范学校应当承担培养和培训中小学教师的任务。

各级师范学校学生享受专业奖学金。

第十九条　各级人民政府教育行政部门、学校主管部门和学校应当制定教师培训规划，对教师进行多种形式的思想政治、业务培训。

第二十条　国家机关、企业事业单位和其他社会组织应当为教师的社会调查和社会实践提供方便，给予协助。

第二十一条　各级人民政府应当采取措施，为少数民族地区和边远贫困地区培养、培训教师。

第五章　考　核

第二十二条　学校或者其他教育机构应当对教师的政治思想、业务水平、工作态度和工作成绩进行考核。

教育行政部门对教师的考核工作进行指导、监督。

第二十三条 考核应当客观、公正、准确，充分听取教师本人、其他教师以及学生的意见。

第二十四条 教师考核结果是受聘任教、晋升工资、实施奖惩的依据。

第六章 待 遇

第二十五条 教师的平均工资水平应当不低于或者高于国家公务员的平均工资水平，并逐步提高。建立正常晋级增薪制度，具体办法由国务院规定。

第二十六条 中小学教师和职业学校教师享受教龄津贴和其他津贴，具体办法由国务院教育行政部门会同有关部门制定。

第二十七条 地方各级人民政府对教师以及具有中专以上学历的毕业生到少数民族地区和边远贫困地区从事教育教学工作的，应当予以补贴。

第二十八条 地方各级人民政府和国务院有关部门，对城市教师住房的建设、租赁、出售实行优先、优惠。

县、乡两级人民政府应当为农村中小学教师解决住房提供方便。

第二十九条 教师的医疗同当地国家公务员享受同等的待遇；定期对教师进行身体健康检查，并因地制宜安排教师进行休养。

医疗机构应当对当地教师的医疗提供方便。

第三十条 教师退休或者退职后，享受国家规定的退休或者退职待遇。

县级以上地方人民政府可以适当提高长期从事教育教学工作的中小学退休教师的退休金比例。

第三十一条 各级人民政府应当采取措施，改善国家补助、集体支付工资的中小学教师的待遇，逐步做到在工资收入上与国家支付工资的教师同工同酬，具体办法由地方各级人民政府根据本地区的实际情况规定。

第三十二条 社会力量所办学校的教师的待遇，由举办者自行确定并予以保障。

第七章　奖　励

第三十三条　教师在教育教学、培养人才、科学研究、教学改革、学校建设、社会服务、勤工俭学等方面成绩优异的，由所在学校予以表彰、奖励。

国务院和地方各级人民政府及其有关部门对有突出贡献的教师，应当予以表彰、奖励。

对有重大贡献的教师，依照国家有关规定授予荣誉称号。

第三十四条　国家支持和鼓励社会组织或者个人向依法成立的奖励教师的基金组织捐助资金，对教师进行奖励。

第八章　法律责任

第三十五条　侮辱、殴打教师的，根据不同情况，分别给予行政处分或者行政处罚；造成损害的，责令赔偿损失；情节严重，构成犯罪的，依法追究刑事责任。

第三十六条　对依法提出申诉、控告、检举的教师进行打击报复的，由其所在单位或者上级机关责令改正；情节严重的，可以根据具体情况给予行政处分。

国家工作人员对教师打击报复构成犯罪的，依照刑法第一百四十六条的规定追究刑事责任。

第三十七条　教师有下列情形之一的，由所在学校、其他教育机构或者教育行政部门给予行政处分或者解聘：

（一）故意不完成教育教学任务给教育教学工作造成损失的；

（二）体罚学生，经教育不改的；

（三）品行不良、侮辱学生，影响恶劣的。

教师有前款第（二）项、第（三）项所列情形之一，情节严重，构成犯罪的，依法追究刑事责任。

第三十八条　地方人民政府对违反本法规定，拖欠教师工资或者侵犯教师其他合法权益的，应当责令其限期改正。

违反国家财政制度、财务制度，挪用国家财政用于教育的经费，严重妨碍教育教学工作，拖欠教师工资，损害教师合法权益的，由上级机关责令限期归还被挪用的经费，并对直接责任人员给予行政处分；情节严重，构成犯罪的，依法追究刑事责任。

第三十九条　教师对学校或者其他教育机构侵犯其合法权益的，或者对学校或者其他教育机构作出的处理不服的，可以向教育行政部门提出申诉，教育行政部门应当在接到申诉的三十日内，作出处理。

教师认为当地人民政府有关行政部门侵犯其根据本法规定享有的权利的，可以向同级人民政府或者上一级人民政府有关部门提出申诉，同级人民政府或者上一级人民政府有关部门应当作出处理。

第九章　附　则

第四十条　本法下列用语的含义是：

（一）各级各类学校，是指实施学前教育、普通初等教育、普通中等教育、职业教育、普通高等教育以及特殊教育、成人教育的学校；

（二）其他教育机构，是指少年宫以及地方教研室、电化教育机构等；

（三）中小学教师，是指幼儿园、特殊教育机构、普通中小学、成人初等中等教育机构、职业中学以及其他教育机构的教师。

第四十一条　学校和其他教育机构中的教育教学辅助人员，其他类型的学校的教师和教育教学辅助人员，可以根据实际情况参照本法的有关规定执行。

军队所属院校的教师和教育教学辅助人员，由中央军事委员会依照本法制定有关规定。

第四十二条　外籍教师的聘任办法由国务院教育行政部门规定。

第四十三条　本法自1994年1月1日起施行。

中华人民共和国职业教育法

（1996年5月15日第八届全国人民代表大会常务委员会第十九次会议通过）

第一章 总 则

第一条 为了实施科教兴国战略，发展职业教育，提高劳动者素质，促进社会主义现代化建设，根据教育法和劳动法，制定本法。

第二条 本法适用于各级各类职业学校教育和各种形式的职业培训。国家机关实施的对国家机关工作人员的专门培训由法律、行政法规另行规定。

第三条 职业教育是国家教育事业的重要组成部分，是促进经济、社会发展和劳动就业的重要途径。

国家发展职业教育，推进职业教育改革，提高职业教育质量，建立、健全适应社会主义市场经济和社会进步需要的职业教育制度。

第四条 实施职业教育必须贯彻国家教育方针，对受教育者进行思想政治教育和职业道德教育，传授职业知识，培养职业技能，进行职业指导，全面提高受教育者的素质。

第五条 公民有依法接受职业教育的权利。

第六条 各级人民政府应当将发展职业教育纳入国民经济和社会发展规划。

行业组织和企业、事业组织应当依法履行实施职业教育的义务。

第七条 国家采取措施，发展农村职业教育，扶持少数民族地区、边远贫困地区职业教育的发展。

国家采取措施，帮助妇女接受职业教育，组织失业人员接受各种形式的职业教育，扶持残疾人职业教育的发展。

第八条　实施职业教育应当根据实际需要，同国家制定的职业分类和职业等级标准相适应，实行学历证书、培训证书和职业资格证书制度。

国家实行劳动者在就业前或者上岗前接受必要的职业教育的制度。

第九条　国家鼓励并组织职业教育的科学研究。

第十条　国家对在职业教育中作出显著成绩的单位和个人给予奖励。

第十一条　国务院教育行政部门负责职业教育工作的统筹规划、综合协调、宏观管理。

国务院教育行政部门、劳动行政部门和其他有关部门在国务院规定的职责范围内，分别负责有关的职业教育工作。

县级以上地方各级人民政府应当加强对本行政区域内职业教育工作的领导、统筹协调和督导评估。

第二章　职业教育体系

第十二条　国家根据不同地区的经济发展水平和教育普及程度，实施以初中后为重点的不同阶段的教育分流，建立、健全职业学校教育与职业培训并举，并与其他教育相互沟通、协调发展的职业教育体系。

第十三条　职业学校教育分为初等、中等、高等职业学校教育。

初等、中等职业学校教育分别由初等、中等职业学校实施；高等职业学校教育根据需要和条件由高等职业学校实施，或者由普通高等学校实施。其他学校按照教育行政部门的统筹规划，可以实施同层次的职业学校教育。

第十四条　职业培训包括从业前培训、转业培训、学徒培训、在岗培训、转岗培训及其他职业性培训，可以根据实际情况分为初级、中级、高级职业培训。

职业培训分别由相应的职业培训机构、职业学校实施。

其他学校或者教育机构可以根据办学能力，开展面向社会的、多种形式的职业培训。

第十五条　残疾人职业教育除由残疾人教育机构实施外，各级各类职业学校和职业培训机构及其他教育机构应当按照国家有关规定接纳残疾学生。

第十六条　普通中学可以因地制宜地开设职业教育的课程，或者根据实际需要适当增加职业教育的教学内容。

第三章　职业教育的实施

第十七条　县级以上地方各级人民政府应当举办发挥骨干和示范作用的职业学校、职业培训机构，对农村、企业、事业组织、社会团体、其他社会组织及公民个人依法举办的职业学校和职业培训机构给予指导和扶持。

第十八条　县级人民政府应当适应农村经济、科学技术、教育统筹发展的需要，举办多种形式的职业教育，开展实用技术的培训，促进农村职业教育的发展。

第十九条　政府主管部门、行业组织应当举办或者联合举办职业学校、职业培训机构，组织、协调、指导本行业的企业、事业组织举办职业学校、职业培训机构。

国家鼓励运用现代化教学手段，发展职业教育。

第二十条　企业应当根据本单位的实际，有计划地对本单位的职工和准备录用的人员实施职业教育。

企业可以单独举办或者联合举办职业学校、职业培训机构，也可以委托学校、职业培训机构对本单位的职工和准备录用的人员实施职业教育。

从事技术工种的职工，上岗前必须经过培训；从事特种作业的职工必须经过培训，并取得特种作业资格。

第二十一条　国家鼓励事业组织、社会团体、其他社会组织及公民个人按照国家有关规定举办职业学校、职业培训机构。

境外的组织和个人在中国境内举办职业学校、职业培训机构的办法，由国务院规定。

第二十二条　联合举办职业学校、职业培训机构，举办者应当签订联合办学合同。

政府主管部门、行业组织、企业、事业组织委托学校、职业培训机构实施职业教育的，应当签订委托合同。

第二十三条 职业学校、职业培训机构实施职业教育应当实行产教结合，为本地区经济建设服务，与企业密切联系，培养实用人才和熟练劳动者。

职业学校、职业培训机构可以举办与职业教育有关的企业或者实习场所。

第二十四条 职业学校的设立，必须符合下列基本条件：

（一）有组织机构和章程；

（二）有合格的教师；

（三）有符合规定标准的教学场所、与职业教育相适应的设施、设备；

（四）有必备的办学资金和稳定的经费来源。

职业培训机构的设立，必须符合下列基本条件：

（一）有组织机构和管理制度；

（二）有与培训任务相适应的教师和管理人员；

（三）有与进行培训相适应的场所、设施、设备；

（四）有相应的经费。

职业学校和职业培训机构的设立、变更和终止，应当按照国家有关规定执行。

第二十五条 接受职业学校教育的学生，经学校考核合格，按照国家有关规定，发给学历证书。接受职业培训的学生，经培训的职业学校或者职业培训机构考核合格，按照国家有关规定，发给培训证书。

学历证书、培训证书按照国家有关规定，作为职业学校、职业培训机构的毕业生、结业生从业的凭证。

第四章 职业教育的保障条件

第二十六条 国家鼓励通过多种渠道依法筹集发展职业教育的资金。

第二十七条 省、自治区、直辖市人民政府应当制定本地区职业学校学生人数平均经费标准；国务院有关部门应当会同国务院财政部门制定本部门职业学校学生人数平均经费标准。职业学校举办者应当按照学生人数平均经费标准足额拨付职业教育经费。

各级人民政府、国务院有关部门用于举办职业学校和职业培训机构的财政性经费应当逐步增长。

任何组织和个人不得挪用、克扣职业教育的经费。

第二十八条　企业应当承担对本单位的职工和准备录用的人员进行职业教育的费用,具体办法由国务院有关部门会同国务院财政部门或者由省、自治区、直辖市人民政府依法规定。

第二十九条　企业未按本法第二十条的规定实施职业教育的,县级以上地方人民政府应当责令改正;拒不改正的,可以收取企业应当承担的职业教育经费,用于本地区的职业教育。

第三十条　省、自治区、直辖市人民政府按照教育法的有关规定决定开征的用于教育的地方附加费,可以专项或者安排一定比例用于职业教育。

第三十一条　各级人民政府可以将农村科学技术开发、技术推广的经费,适当用于农村职业培训。

第三十二条　职业学校、职业培训机构可以对接受中等、高等职业学校教育和职业培训的学生适当收取学费,对经济困难的学生和残疾学生应当酌情减免。收费办法由省、自治区、直辖市人民政府规定。

国家支持企业、事业组织、社会团体、其他社会组织及公民个人按照国家有关规定设立职业教育奖学金、贷学金,奖励学习成绩优秀的学生或者资助经济困难的学生。

第三十三条　职业学校、职业培训机构举办企业和从事社会服务的收入应当主要用于发展职业教育。

第三十四条　国家鼓励金融机构运用信贷手段,扶持发展职业教育。

第三十五条　国家鼓励企业、事业组织、社会团体、其他社会组织及公民个人对职业教育捐资助学,鼓励境外的组织和个人对职业教育提供资助和捐赠。提供的资助和捐赠,必须用于职业教育。

第三十六条　县级以上各级人民政府和有关部门应当将职业教育教师的培养和培训工作纳入教师队伍建设规划,保证职业教育教师队伍适应职业教育发展的需要。

职业学校和职业培训机构可以聘请专业技术人员、有特殊技能的人员和其他教育机构的教师担任兼职教师。有关部门和单位应当提供方便。

第三十七条　国务院有关部门、县级以上地方各级人民政府以及举办职业学校、职业培训机构的组织、公民个人,应当加强职业教育生产实习基地的建设。

企业、事业组织应当接纳职业学校和职业培训机构的实习和教师实习;对上岗实习的,应当给予适当的劳动报酬。

第三十八条　县级以上各级人民政府和有关部门应当建立、健全职业教育服务体系,加强职业教育教材的编辑、出版和发行工作。

第五章　附　则

第三十九条　在职业教育活动中违反教育法规定的,应当依照教育法的有关规定给予处罚。

第四十条　本法自 1996 年 9 月 1 日起施行。

中华人民共和国高等教育法

（1998年8月29日第九届全国人民代表大会常务委员会第四次会议通过 根据2015年12月27日第十二届全国人民代表大会常务委员会第十八次会议《关于修改〈中华人民共和国高等教育法〉的决定》第一次修正 根据2018年12月29日第十三届全国人民代表大会常务委员会第七次会议《关于修改〈中华人民共和国电力法〉等四部法律的决定》第二次修正）

第一章 总 则

第一条 为了发展高等教育事业，实施科教兴国战略，促进社会主义物质文明和精神文明建设，根据宪法和教育法，制定本法。

第二条 在中华人民共和国境内从事高等教育活动，适用本法。

本法所称高等教育，是指在完成高级中等教育基础上实施的教育。

第三条 国家坚持以马克思列宁主义、毛泽东思想、邓小平理论为指导，遵循宪法确定的基本原则，发展社会主义的高等教育事业。

第四条 高等教育必须贯彻国家的教育方针，为社会主义现代化建设服务、为人民服务，与生产劳动和社会实践相结合，使受教育者成为德、智、体、美等方面全面发展的社会主义建设者和接班人。

第五条 高等教育的任务是培养具有社会责任感、创新精神和实践能力的高级专门人才，发展科学技术文化，促进社会主义现代化建设。

第六条 国家根据经济建设和社会发展的需要，制定高等教育发展规划，举办高等学校，并采取多种形式积极发展高等教育事业。

国家鼓励企业事业组织、社会团体及其他社会组织和公民等社会力量依法举办高等学校，参与和支持高等教育事业的改革和发展。

第七条 国家按照社会主义现代化建设和发展社会主义市场经济的需

要，根据不同类型、不同层次高等学校的实际，推进高等教育体制改革和高等教育教学改革，优化高等教育结构和资源配置，提高高等教育的质量和效益。

第八条　国家根据少数民族的特点和需要，帮助和支持少数民族地区发展高等教育事业，为少数民族培养高级专门人才。

第九条　公民依法享有接受高等教育的权利。

国家采取措施，帮助少数民族学生和经济困难的学生接受高等教育。

高等学校必须招收符合国家规定的录取标准的残疾学生入学，不得因其残疾而拒绝招收。

第十条　国家依法保障高等学校中的科学研究、文学艺术创作和其他文化活动的自由。

在高等学校中从事科学研究、文学艺术创作和其他文化活动，应当遵守法律。

第十一条　高等学校应当面向社会，依法自主办学，实行民主管理。

第十二条　国家鼓励高等学校之间、高等学校与科学研究机构以及企业事业组织之间开展协作，实行优势互补，提高教育资源的使用效益。

国家鼓励和支持高等教育事业的国际交流与合作。

第十三条　国务院统一领导和管理全国高等教育事业。

省、自治区、直辖市人民政府统筹协调本行政区域内的高等教育事业，管理主要为地方培养人才和国务院授权管理的高等学校。

第十四条　国务院教育行政部门主管全国高等教育工作，管理由国务院确定的主要为全国培养人才的高等学校。国务院其他有关部门在国务院规定的职责范围内，负责有关的高等教育工作。

第二章　高等教育基本制度

第十五条　高等教育包括学历教育和非学历教育。

高等教育采用全日制和非全日制教育形式。

国家支持采用广播、电视、函授及其他远程教育方式实施高等教育。

第十六条　高等学历教育分为专科教育、本科教育和研究生教育。

高等学历教育应当符合下列学业标准：

（一）专科教育应当使学生掌握本专业必备的基础理论、专门知识，具有从事本专业实际工作的基本技能和初步能力；

（二）本科教育应当使学生比较系统地掌握本学科、专业必需的基础理论、基本知识，掌握本专业必要的基本技能、方法和相关知识，具有从事本专业实际工作和研究工作的初步能力；

（三）硕士研究生教育应当使学生掌握本学科坚实的基础理论、系统的专业知识，掌握相应的技能、方法和相关知识，具有从事本专业实际工作和科学研究工作的能力。博士研究生教育应当使学生掌握本学科坚实宽广的基础理论、系统深入的专业知识、相应的技能和方法，具有独立从事本学科创造性科学研究工作和实际工作的能力。

第十七条　专科教育的基本修业年限为二至三年，本科教育的基本修业年限为四至五年，硕士研究生教育的基本修业年限为二至三年，博士研究生教育的基本修业年限为三至四年。非全日制高等学历教育的修业年限应当适当延长。高等学校根据实际需要，可以对本学校的修业年限作出调整。

第十八条　高等教育由高等学校和其他高等教育机构实施。

大学、独立设置的学院主要实施本科及本科以上教育。高等专科学校实施专科教育。经国务院教育行政部门批准，科学研究机构可以承担研究生教育的任务。

其他高等教育机构实施非学历高等教育。

第十九条　高级中等教育毕业或者具有同等学力的，经考试合格，由实施相应学历教育的高等学校录取，取得专科生或者本科生入学资格。

本科毕业或者具有同等学力的，经考试合格，由实施相应学历教育的高等学校或者经批准承担研究生教育任务的科学研究机构录取，取得硕士研究生入学资格。

硕士研究生毕业或者具有同等学力的，经考试合格，由实施相应学历教育的高等学校或者经批准承担研究生教育任务的科学研究机构录取，取得博士研究生入学资格。

允许特定学科和专业的本科毕业生直接取得博士研究生入学资格，具体办法由国务院教育行政部门规定。

第二十条　接受高等学历教育的学生，由所在高等学校或者经批准承担研究生教育任务的科学研究机构根据其修业年限、学业成绩等，按照国家有关规定，发给相应的学历证书或者其他学业证书。

接受非学历高等教育的学生，由所在高等学校或者其他高等教育机构发给相应的结业证书。结业证书应当载明修业年限和学业内容。

第二十一条　国家实行高等教育自学考试制度，经考试合格的，发给相应的学历证书或者其他学业证书。

第二十二条　国家实行学位制度。学位分为学士、硕士和博士。

公民通过接受高等教育或者自学，其学业水平达到国家规定的学位标准，可以向学位授予单位申请授予相应的学位。

第二十三条　高等学校和其他高等教育机构应当根据社会需要和自身办学条件，承担实施继续教育的工作。

第三章　高等学校的设立

第二十四条　设立高等学校，应当符合国家高等教育发展规划，符合国家利益和社会公共利益。

第二十五条　设立高等学校，应当具备教育法规定的基本条件。

大学或者独立设置的学院还应当具有较强的教学、科学研究力量，较高的教学、科学研究水平和相应规模，能够实施本科及本科以上教育。大学还必须设有三个以上国家规定的学科门类为主要学科。设立高等学校的具体标准由国务院制定。

设立其他高等教育机构的具体标准，由国务院授权的有关部门或者省、自治区、直辖市人民政府根据国务院规定的原则制定。

第二十六条　设立高等学校，应当根据其层次、类型、所设学科类别、规模、教学和科学研究水平，使用相应的名称。

第二十七条　申请设立高等学校的，应当向审批机关提交下列材料：

（一）申办报告；

（二）可行性论证材料；

（三）章程；

（四）审批机关依照本法规定要求提供的其他材料。

第二十八条　高等学校的章程应当规定以下事项：

（一）学校名称、校址；

（二）办学宗旨；

（三）办学规模；

（四）学科门类的设置；

（五）教育形式；

（六）内部管理体制；

（七）经费来源、财产和财务制度；

（八）举办者与学校之间的权利、义务；

（九）章程修改程序；

（十）其他必须由章程规定的事项。

第二十九条　设立实施本科及以上教育的高等学校，由国务院教育行政部门审批；设立实施专科教育的高等学校，由省、自治区、直辖市人民政府审批，报国务院教育行政部门备案；设立其他高等教育机构，由省、自治区、直辖市人民政府教育行政部门审批。审批设立高等学校和其他高等教育机构应当遵守国家有关规定。

审批设立高等学校，应当委托由专家组成的评议机构评议。

高等学校和其他高等教育机构分立、合并、终止，变更名称、类别和其他重要事项，由本条第一款规定的审批机关审批；修改章程，应当根据管理权限，报国务院教育行政部门或者省、自治区、直辖市人民政府教育行政部门核准。

第四章　高等学校的组织和活动

第三十条　高等学校自批准设立之日起取得法人资格。高等学校的校长为高等学校的法定代表人。

高等学校在民事活动中依法享有民事权利，承担民事责任。

第三十一条　高等学校应当以培养人才为中心，开展教学、科学研究和社会服务，保证教育教学质量达到国家规定的标准。

第三十二条　高等学校根据社会需求、办学条件和国家核定的办学规模，制定招生方案，自主调节系科招生比例。

第三十三条　高等学校依法自主设置和调整学科、专业。

第三十四条　高等学校根据教学需要，自主制定教学计划、选编教材、组织实施教学活动。

第三十五条　高等学校根据自身条件，自主开展科学研究、技术开发和社会服务。

国家鼓励高等学校同企业事业组织、社会团体及其他社会组织在科学研究、技术开发和推广等方面进行多种形式的合作。

国家支持具备条件的高等学校成为国家科学研究基地。

第三十六条　高等学校按照国家有关规定，自主开展与境外高等学校之间的科学技术文化交流与合作。

第三十七条　高等学校根据实际需要和精简、效能的原则，自主确定教学、科学研究、行政职能部门等内部组织机构的设置和人员配备；按照国家有关规定，评聘教师和其他专业技术人员的职务，调整津贴及工资分配。

第三十八条　高等学校对举办者提供的财产、国家财政性资助、受捐赠财产依法自主管理和使用。

高等学校不得将用于教学和科学研究活动的财产挪作他用。

第三十九条　国家举办的高等学校实行中国共产党高等学校基层委员会领导下的校长负责制。中国共产党高等学校基层委员会按照中国共产党章程和有关规定，统一领导学校工作，支持校长独立负责地行使职权，其领导职责主要是：执行中国共产党的路线、方针、政策，坚持社会主义办学方向，领导学校的思想政治工作和德育工作，讨论决定学校内部组织机构的设置和内部组织机构负责人的人选，讨论决定学校的改革、发展和基本管理制度等重大事项，保证以培养人才为中心的各项任务的完成。

社会力量举办的高等学校的内部管理体制按照国家有关社会力量办学的规定确定。

第四十条　高等学校的校长，由符合教育法规定的任职条件的公民担任。高等学校的校长、副校长按照国家有关规定任免。

第四十一条　高等学校的校长全面负责本学校的教学、科学研究和其他行政管理工作，行使下列职权：

（一）拟订发展规划，制定具体规章制度和年度工作计划并组织实施；

（二）组织教学活动、科学研究和思想品德教育；

（三）拟订内部组织机构的设置方案，推荐副校长人选，任免内部组织机构的负责人；

（四）聘任与解聘教师以及内部其他工作人员，对学生进行学籍管理并实施奖励或者处分；

（五）拟订和执行年度经费预算方案，保护和管理校产，维护学校的合法权益；

（六）章程规定的其他职权。

高等学校的校长主持校长办公会议或者校务会议，处理前款规定的有关事项。

第四十二条　高等学校设立学术委员会，履行下列职责：

（一）审议学科建设、专业设置，教学、科学研究计划方案；

（二）评定教学、科学研究成果；

（三）调查、处理学术纠纷；

（四）调查、认定学术不端行为；

（五）按照章程审议、决定有关学术发展、学术评价、学术规范的其他事项。

第四十三条　高等学校通过以教师为主体的教职工代表大会等组织形式，依法保障教职工参与民主管理和监督，维护教职工合法权益。

第四十四条　高等学校应当建立本学校办学水平、教育质量的评价制度，及时公开相关信息，接受社会监督。

教育行政部门负责组织专家或者委托第三方专业机构对高等学校的办学水平、效益和教育质量进行评估。评估结果应当向社会公开。

第五章　高等学校教师和其他教育工作者

第四十五条　高等学校的教师及其他教育工作者享有法律规定的权

利，履行法律规定的义务，忠诚于人民的教育事业。

第四十六条　高等学校实行教师资格制度。中国公民凡遵守宪法和法律，热爱教育事业，具有良好的思想品德，具备研究生或者大学本科毕业学历，有相应的教育教学能力，经认定合格，可以取得高等学校教师资格。不具备研究生或者大学本科毕业学历的公民，学有所长，通过国家教师资格考试，经认定合格，也可以取得高等学校教师资格。

第四十七条　高等学校实行教师职务制度。高等学校教师职务根据学校所承担的教学、科学研究等任务的需要设置。教师职务设助教、讲师、副教授、教授。

高等学校的教师取得前款规定的职务应当具备下列基本条件：

（一）取得高等学校教师资格；

（二）系统地掌握本学科的基础理论；

（三）具备相应职务的教育教学能力和科学研究能力；

（四）承担相应职务的课程和规定课时的教学任务。

教授、副教授除应当具备以上基本任职条件外，还应当对本学科具有系统而坚实的基础理论和比较丰富的教学、科学研究经验，教学成绩显著，论文或者著作达到较高水平或者有突出的教学、科学研究成果。

高等学校教师职务的具体任职条件由国务院规定。

第四十八条　高等学校实行教师聘任制。教师经评定具备任职条件的，由高等学校按照教师职务的职责、条件和任期聘任。

高等学校的教师的聘任，应当遵循双方平等自愿的原则，由高等学校校长与受聘教师签订聘任合同。

第四十九条　高等学校的管理人员，实行教育职员制度。高等学校的教学辅助人员及其他专业技术人员，实行专业技术职务聘任制度。

第五十条　国家保护高等学校教师及其他教育工作者的合法权益，采取措施改善高等学校教师及其他教育工作者的工作条件和生活条件。

第五十一条　高等学校应当为教师参加培训、开展科学研究和进行学术交流提供便利条件。

高等学校应当对教师、管理人员和教学辅助人员及其他专业技术人员的思想政治表现、职业道德、业务水平和工作实绩进行考核，考核结果作为聘任或者解聘、晋升、奖励或者处分的依据。

第五十二条　高等学校的教师、管理人员和教学辅助人员及其他专业技术人员，应当以教学和培养人才为中心做好本职工作。

第六章　高等学校的学生

第五十三条　高等学校的学生应当遵守法律、法规，遵守学生行为规范和学校的各项管理制度，尊敬师长，刻苦学习，增强体质，树立爱国主义、集体主义和社会主义思想，努力学习马克思列宁主义、毛泽东思想、邓小平理论，具有良好的思想品德，掌握较高的科学文化知识和专业技能。

高等学校学生的合法权益，受法律保护。

第五十四条　高等学校的学生应当按照国家规定缴纳学费。

家庭经济困难的学生，可以申请补助或者减免学费。

第五十五条　国家设立奖学金，并鼓励高等学校、企业事业组织、社会团体以及其他社会组织和个人按照国家有关规定设立各种形式的奖学金，对品学兼优的学生、国家规定的专业的学生以及到国家规定的地区工作的学生给予奖励。

国家设立高等学校学生勤工助学基金和贷学金，并鼓励高等学校、企业事业组织、社会团体以及其他社会组织和个人设立各种形式的助学金，对家庭经济困难的学生提供帮助。

获得贷学金及助学金的学生，应当履行相应的义务。

第五十六条　高等学校的学生在课余时间可以参加社会服务和勤工助学活动，但不得影响学业任务的完成。

高等学校应当对学生的社会服务和勤工助学活动给予鼓励和支持，并进行引导和管理。

第五十七条　高等学校的学生，可以在校内组织学生团体。学生团体在法律、法规规定的范围内活动，服从学校的领导和管理。

第五十八条　高等学校的学生思想品德合格，在规定的修业年限内学完规定的课程，成绩合格或者修满相应的学分，准予毕业。

第五十九条　高等学校应当为毕业生、结业生提供就业指导和服务。

国家鼓励高等学校毕业生到边远、艰苦地区工作。

第七章　高等教育投入和条件保障

第六十条　高等教育实行以举办者投入为主、受教育者合理分担培养成本、高等学校多种渠道筹措经费的机制。

国务院和省、自治区、直辖市人民政府依照教育法第五十六条的规定，保证国家举办的高等教育的经费逐步增长。

国家鼓励企业事业组织、社会团体及其他社会组织和个人向高等教育投入。

第六十一条　高等学校的举办者应当保证稳定的办学经费来源，不得抽回其投入的办学资金。

第六十二条　国务院教育行政部门会同国务院其他有关部门根据在校学生年人均教育成本，规定高等学校年经费开支标准和筹措的基本原则；省、自治区、直辖市人民政府教育行政部门会同有关部门制订本行政区域内高等学校年经费开支标准和筹措办法，作为举办者和高等学校筹措办学经费的基本依据。

第六十三条　国家对高等学校进口图书资料、教学科研设备以及校办产业实行优惠政策。高等学校所办产业或者转让知识产权以及其他科学技术成果获得的收益，用于高等学校办学。

第六十四条　高等学校收取的学费应当按照国家有关规定管理和使用，其他任何组织和个人不得挪用。

第六十五条　高等学校应当依法建立、健全财务管理制度，合理使用、严格管理教育经费，提高教育投资效益。

高等学校的财务活动应当依法接受监督。

第八章　附　则

第六十六条　对高等教育活动中违反教育法规定的，依照教育法的有关规定给予处罚。

第六十七条　中国境外个人符合国家规定的条件并办理有关手续后,可以进入中国境内高等学校学习、研究、进行学术交流或者任教,其合法权益受国家保护。

第六十八条　本法所称高等学校是指大学、独立设置的学院和高等专科学校,其中包括高等职业学校和成人高等学校。

本法所称其他高等教育机构是指除高等学校和经批准承担研究生教育任务的科学研究机构以外的从事高等教育活动的组织。

本法有关高等学校的规定适用于其他高等教育机构和经批准承担研究生教育任务的科学研究机构,但是对高等学校专门适用的规定除外。

第六十九条　本法自1999年1月1日起施行。

中华人民共和国国家通用语言文字法

（2000年10月31日第九届全国人民代表大会常务委员会第十八次会议通过）

第一章 总 则

第一条 为推动国家通用语言文字的规范化、标准化及其健康发展，使国家通用语言文字在社会生活中更好地发挥作用，促进各民族、各地区经济文化交流，根据宪法，制定本法。

第二条 本法所称的国家通用语言文字是普通话和规范汉字。

第三条 国家推广普通话，推行规范汉字。

第四条 公民有学习和使用国家通用语言文字的权利。

国家为公民学习和使用国家通用语言文字提供条件。

地方各级人民政府及其有关部门应当采取措施，推广普通话和推行规范汉字。

第五条 国家通用语言文字的使用应当有利于维护国家主权和民族尊严，有利于国家统一和民族团结，有利于社会主义物质文明建设和精神文明建设。

第六条 国家颁布国家通用语言文字的规范和标准，管理国家通用语言文字的社会应用，支持国家通用语言文字的教学和科学研究，促进国家通用语言文字的规范、丰富和发展。

第七条 国家奖励为国家通用语言文字事业做出突出贡献的组织和个人。

第八条 各民族都有使用和发展自己的语言文字的自由。

少数民族语言文字的使用依据宪法、民族区域自治法及其他法律的有关规定。

第二章　国家通用语言文字的使用

第九条　国家机关以普通话和规范汉字为公务用语用字。法律另有规定的除外。

第十条　学校及其他教育机构以普通话和规范汉字为基本的教育教学用语用字。法律另有规定的除外。

学校及其他教育机构通过汉语文课程教授普通话和规范汉字。使用的汉语文教材，应当符合国家通用语言文字的规范和标准。

第十一条　汉语文出版物应当符合国家通用语言文字的规范和标准。

汉语文出版物中需要使用外国语言文字的，应当用国家通用语言文字作必要的注释。

第十二条　广播电台、电视台以普通话为基本的播音用语。

需要使用外国语言为播音用语的，须经国务院广播电视部门批准。

第十三条　公共服务行业以规范汉字为基本的服务用字。因公共服务需要，招牌、广告、告示、标志牌等使用外国文字并同时使用中文的，应当使用规范汉字。

提倡公共服务行业以普通话为服务用语。

第十四条　下列情形，应当以国家通用语言文字为基本的用语用字：

（一）广播、电影、电视用语用字；

（二）公共场所的设施用字；

（三）招牌、广告用字；

（四）企业事业组织名称；

（五）在境内销售的商品的包装、说明。

第十五条　信息处理和信息技术产品中使用的国家通用语言文字应当符合国家的规范和标准。

第十六条　本章有关规定中，有下列情形的，可以使用方言：

（一）国家机关的工作人员执行公务时确需使用的；

（二）经国务院广播电视部门或省级广播电视部门批准的播音用语；

（三）戏曲、影视等艺术形式中需要使用的；

（四）出版、教学、研究中确需使用的。

第十七条　本章有关规定中，有下列情形的，可以保留或使用繁体字、异体字：

（一）文物古迹；

（二）姓氏中的异体字；

（三）书法、篆刻等艺术作品；

（四）题词和招牌的手书字；

（五）出版、教学、研究中需要使用的；

（六）经国务院有关部门批准的特殊情况。

第十八条　国家通用语言文字以《汉语拼音方案》作为拼写和注音工具。

《汉语拼音方案》是中国人名、地名和中文文献罗马字母拼写法的统一规范，并用于汉字不便或不能使用的领域。

初等教育应当进行汉语拼音教学。

第十九条　凡以普通话作为工作语言的岗位，其工作人员应当具备说普通话的能力。

以普通话作为工作语言的播音员、节目主持人和影视话剧演员、教师、国家机关工作人员的普通话水平，应当分别达到国家规定的等级标准；对尚未达到国家规定的普通话等级标准的，分别情况进行培训。

第二十条　对外汉语教学应当教授普通话和规范汉字。

第三章　管理和监督

第二十一条　国家通用语言文字工作由国务院语言文字工作部门负责规划指导、管理监督。

国务院有关部门管理本系统的国家通用语言文字的使用。

第二十二条　地方语言文字工作部门和其他有关部门，管理和监督本行政区域内的国家通用语言文字的使用。

第二十三条　县级以上各级人民政府工商行政管理部门依法对企业名称、商品名称以及广告的用语用字进行管理和监督。

第二十四条　国务院语言文字工作部门颁布普通话水平测试等级标准。

第二十五条　外国人名、地名等专有名词和科学技术术语译成国家通用语言文字，由国务院语言文字工作部门或者其他有关部门组织审定。

第二十六条　违反本法第二章有关规定，不按照国家通用语言文字的规范和标准使用语言文字的，公民可以提出批评和建议。

本法第十九条第二款规定的人员用语违反本法第二章有关规定的，有关单位应当对直接责任人员进行批评教育；拒不改正的，由有关单位作出处理。

城市公共场所的设施和招牌、广告用字违反本法第二章有关规定的，由有关行政管理部门责令改正；拒不改正的，予以警告，并督促其限期改正。

第二十七条　违反本法规定，干涉他人学习和使用国家通用语言文字的，由有关行政管理部门责令限期改正，并予以警告。

第四章　附　则

第二十八条　本法自 2001 年 1 月 1 日起施行。

中华人民共和国民办教育促进法

（2002年12月28日第九届全国人民代表大会常务委员会第三十一次会议通过 根据2013年6月29日第十二届全国人民代表大会常务委员会第三次会议《关于修改〈中华人民共和国文物保护法〉等十二部法律的决定》第一次修正 根据2016年11月7日第十二届全国人民代表大会常务委员会第二十四次会议《关于修改〈中华人民共和国民办教育促进法〉的决定》第二次修正 根据2018年12月29日第十三届全国人民代表大会常务委员会第七次会议《关于修改〈中华人民共和国劳动法〉等七部法律的决定》第三次修正）

第一章 总 则

第一条 为实施科教兴国战略，促进民办教育事业的健康发展，维护民办学校和受教育者的合法权益，根据宪法和教育法制定本法。

第二条 国家机构以外的社会组织或者个人，利用非国家财政性经费，面向社会举办学校及其他教育机构的活动，适用本法。本法未作规定的，依照教育法和其他有关教育法律执行。

第三条 民办教育事业属于公益性事业，是社会主义教育事业的组成部分。

国家对民办教育实行积极鼓励、大力支持、正确引导、依法管理的方针。

各级人民政府应当将民办教育事业纳入国民经济和社会发展规划。

第四条 民办学校应当遵守法律、法规，贯彻国家的教育方针，保证教育质量，致力于培养社会主义建设事业的各类人才。

民办学校应当贯彻教育与宗教相分离的原则。任何组织和个人不得利用宗教进行妨碍国家教育制度的活动。

第五条 民办学校与公办学校具有同等的法律地位，国家保障民办学校的办学自主权。

国家保障民办学校举办者、校长、教职工和受教育者的合法权益。

第六条　国家鼓励捐资办学。

国家对为发展民办教育事业做出突出贡献的组织和个人，给予奖励和表彰。

第七条　国务院教育行政部门负责全国民办教育工作的统筹规划、综合协调和宏观管理。

国务院人力资源社会保障行政部门及其他有关部门在国务院规定的职责范围内分别负责有关的民办教育工作。

第八条　县级以上地方各级人民政府教育行政部门主管本行政区域内的民办教育工作。

县级以上地方各级人民政府人力资源社会保障行政部门及其他有关部门在各自的职责范围内，分别负责有关的民办教育工作。

第九条　民办学校中的中国共产党基层组织，按照中国共产党章程的规定开展党的活动，加强党的建设。

第二章　设　立

第十条　举办民办学校的社会组织，应当具有法人资格。

举办民办学校的个人，应当具有政治权利和完全民事行为能力。

民办学校应当具备法人条件。

第十一条　设立民办学校应当符合当地教育发展的需求，具备教育法和其他有关法律、法规规定的条件。

民办学校的设置标准参照同级同类公办学校的设置标准执行。

第十二条　举办实施学历教育、学前教育、自学考试助学及其他文化教育的民办学校，由县级以上人民政府教育行政部门按照国家规定的权限审批；举办实施以职业技能为主的职业资格培训、职业技能培训的民办学校，由县级以上人民政府人力资源社会保障行政部门按照国家规定的权限审批，并抄送同级教育行政部门备案。

第十三条　申请筹设民办学校，举办者应当向审批机关提交下列材料：

（一）申办报告，内容应当主要包括：举办者、培养目标、办学规模、办学层次、办学形式、办学条件、内部管理体制、经费筹措与管理使用等；

（二）举办者的姓名、住址或者名称、地址；

（三）资产来源、资金数额及有效证明文件，并载明产权；

（四）属捐赠性质的校产须提交捐赠协议，载明捐赠人的姓名、所捐资产的数额、用途和管理方法及相关有效证明文件。

第十四条　审批机关应当自受理筹设民办学校的申请之日起三十日内以书面形式作出是否同意的决定。

同意筹设的，发给筹设批准书。不同意筹设的，应当说明理由。

筹设期不得超过三年。超过三年的，举办者应当重新申报。

第十五条　申请正式设立民办学校的，举办者应当向审批机关提交下列材料：

（一）筹设批准书；

（二）筹设情况报告；

（三）学校章程、首届学校理事会、董事会或者其他决策机构组成人员名单；

（四）学校资产的有效证明文件；

（五）校长、教师、财会人员的资格证明文件。

第十六条　具备办学条件，达到设置标准的，可以直接申请正式设立，并应当提交本法第十三条和第十五条（三）、（四）、（五）项规定的材料。

第十七条　申请正式设立民办学校的，审批机关应当自受理之日起三个月内以书面形式作出是否批准的决定，并送达申请人；其中申请正式设立民办高等学校的，审批机关也可以自受理之日起六个月内以书面形式作出是否批准的决定，并送达申请人。

第十八条　审批机关对批准正式设立的民办学校发给办学许可证。

审批机关对不批准正式设立的，应当说明理由。

第十九条　民办学校的举办者可以自主选择设立非营利性或者营利性民办学校。但是，不得设立实施义务教育的营利性民办学校。

非营利性民办学校的举办者不得取得办学收益，学校的办学结余全部用于办学。

营利性民办学校的举办者可以取得办学收益，学校的办学结余依照公司法等有关法律、行政法规的规定处理。

民办学校取得办学许可证后，进行法人登记，登记机关应当依法予以办理。

第三章　学校的组织与活动

第二十条　民办学校应当设立学校理事会、董事会或者其他形式的决策机构并建立相应的监督机制。

民办学校的举办者根据学校章程规定的权限和程序参与学校的办学和管理。

第二十一条　学校理事会或者董事会由举办者或者其代表、校长、教职工代表等人员组成。其中三分之一以上的理事或者董事应当具有五年以上教育教学经验。

学校理事会或者董事会由五人以上组成，设理事长或者董事长一人。理事长、理事或者董事长、董事名单报审批机关备案。

第二十二条　学校理事会或者董事会行使下列职权：

（一）聘任和解聘校长；

（二）修改学校章程和制定学校的规章制度；

（三）制定发展规划，批准年度工作计划；

（四）筹集办学经费，审核预算、决算；

（五）决定教职工的编制定额和工资标准；

（六）决定学校的分立、合并、终止；

（七）决定其他重大事项。

其他形式决策机构的职权参照本条规定执行。

第二十三条　民办学校的法定代表人由理事长、董事长或者校长担任。

第二十四条　民办学校参照同级同类公办学校校长任职的条件聘任校长，年龄可以适当放宽。

第二十五条　民办学校校长负责学校的教育教学和行政管理工作，行使下列职权：

（一）执行学校理事会、董事会或者其他形式决策机构的决定；

（二）实施发展规划，拟订年度工作计划、财务预算和学校规章制度；

（三）聘任和解聘学校工作人员，实施奖惩；

（四）组织教育教学、科学研究活动，保证教育教学质量；

（五）负责学校日常管理工作；

（六）学校理事会、董事会或者其他形式决策机构的其他授权。

第二十六条 民办学校对招收的学生，根据其类别、修业年限、学业成绩，可以根据国家有关规定发给学历证书、结业证书或者培训合格证书。

对接受职业技能培训的学生，经备案的职业技能鉴定机构鉴定合格的，可以发给国家职业资格证书。

第二十七条 民办学校依法通过以教师为主体的教职工代表大会等形式，保障教职工参与民主管理和监督。

民办学校的教师和其他工作人员，有权依照工会法，建立工会组织，维护其合法权益。

第四章 教师与受教育者

第二十八条 民办学校的教师、受教育者与公办学校的教师、受教育者具有同等的法律地位。

第二十九条 民办学校聘任的教师，应当具有国家规定的任教资格。

第三十条 民办学校应当对教师进行思想品德教育和业务培训。

第三十一条 民办学校应当依法保障教职工的工资、福利待遇和其他合法权益，并为教职工缴纳社会保险费。

国家鼓励民办学校按照国家规定为教职工办理补充养老保险。

第三十二条 民办学校教职工在业务培训、职务聘任、教龄和工龄计算、表彰奖励、社会活动等方面依法享有与公办学校教职工同等权利。

第三十三条 民办学校依法保障受教育者的合法权益。

民办学校按照国家规定建立学籍管理制度，对受教育者实施奖励或者处分。

第三十四条 民办学校的受教育者在升学、就业、社会优待以及参加先进评选等方面享有与同级同类公办学校的受教育者同等权利。

第五章　学校资产与财务管理

第三十五条　民办学校应当依法建立财务、会计制度和资产管理制度，并按照国家有关规定设置会计帐簿。

第三十六条　民办学校对举办者投入民办学校的资产、国有资产、受赠的财产以及办学积累，享有法人财产权。

第三十七条　民办学校存续期间，所有资产由民办学校依法管理和使用，任何组织和个人不得侵占。

任何组织和个人都不得违反法律、法规向民办教育机构收取任何费用。

第三十八条　民办学校收取费用的项目和标准根据办学成本、市场需求等因素确定，向社会公示，并接受有关主管部门的监督。

非营利性民办学校收费的具体办法，由省、自治区、直辖市人民政府制定；营利性民办学校的收费标准，实行市场调节，由学校自主决定。

民办学校收取的费用应当主要用于教育教学活动、改善办学条件和保障教职工待遇。

第三十九条　民办学校资产的使用和财务管理受审批机关和其他有关部门的监督。

民办学校应当在每个会计年度结束时制作财务会计报告，委托会计师事务所依法进行审计，并公布审计结果。

第六章　管理与监督

第四十条　教育行政部门及有关部门应当对民办学校的教育教学工作、教师培训工作进行指导。

第四十一条　教育行政部门及有关部门依法对民办学校实行督导，建立民办学校信息公示和信用档案制度，促进提高办学质量；组织或者委托社会中介组织评估办学水平和教育质量，并将评估结果向社会公布。

第四十二条　民办学校的招生简章和广告，应当报审批机关备案。

第四十三条　民办学校侵犯受教育者的合法权益，受教育者及其亲属有权向教育行政部门和其他有关部门申诉，有关部门应当及时予以处理。

第四十四条　国家支持和鼓励社会中介组织为民办学校提供服务。

第七章　扶持与奖励

第四十五条　县级以上各级人民政府可以设立专项资金，用于资助民办学校的发展，奖励和表彰有突出贡献的集体和个人。

第四十六条　县级以上各级人民政府可以采取购买服务、助学贷款、奖助学金和出租、转让闲置的国有资产等措施对民办学校予以扶持；对非营利性民办学校还可以采取政府补贴、基金奖励、捐资激励等扶持措施。

第四十七条　民办学校享受国家规定的税收优惠政策；其中，非营利性民办学校享受与公办学校同等的税收优惠政策。

第四十八条　民办学校依照国家有关法律、法规，可以接受公民、法人或者其他组织的捐赠。

国家对向民办学校捐赠财产的公民、法人或者其他组织按照有关规定给予税收优惠，并予以表彰。

第四十九条　国家鼓励金融机构运用信贷手段，支持民办教育事业的发展。

第五十条　人民政府委托民办学校承担义务教育任务，应当按照委托协议拨付相应的教育经费。

第五十一条　新建、扩建非营利性民办学校，人民政府应当按照与公办学校同等原则，以划拨等方式给予用地优惠。新建、扩建营利性民办学校，人民政府应当按照国家规定供给土地。

教育用地不得用于其他用途。

第五十二条　国家采取措施，支持和鼓励社会组织和个人到少数民族地区、边远贫困地区举办民办学校，发展教育事业。

第八章　变更与终止

第五十三条　民办学校的分立、合并，在进行财务清算后，由学校理事会或者董事会报审批机关批准。

申请分立、合并民办学校的，审批机关应当自受理之日起三个月内以书面形式答复；其中申请分立、合并民办高等学校的，审批机关也可以自受理之日起六个月内以书面形式答复。

第五十四条　民办学校举办者的变更，须由举办者提出，在进行财务清算后，经学校理事会或者董事会同意，报审批机关核准。

第五十五条　民办学校名称、层次、类别的变更，由学校理事会或者董事会报审批机关批准。

申请变更为其他民办学校，审批机关应当自受理之日起三个月内以书面形式答复；其中申请变更为民办高等学校的，审批机关也可以自受理之日起六个月内以书面形式答复。

第五十六条　民办学校有下列情形之一的，应当终止：

（一）根据学校章程规定要求终止，并经审批机关批准的；

（二）被吊销办学许可证的；

（三）因资不抵债无法继续办学的。

第五十七条　民办学校终止时，应当妥善安置在校学生。实施义务教育的民办学校终止时，审批机关应当协助学校安排学生继续就学。

第五十八条　民办学校终止时，应当依法进行财务清算。

民办学校自己要求终止的，由民办学校组织清算；被审批机关依法撤销的，由审批机关组织清算；因资不抵债无法继续办学而被终止的，由人民法院组织清算。

第五十九条　对民办学校的财产按照下列顺序清偿：

（一）应退受教育者学费、杂费和其他费用；

（二）应发教职工的工资及应缴纳的社会保险费用；

（三）偿还其他债务。

非营利性民办学校清偿上述债务后的剩余财产继续用于其他非营利性学校办学；营利性民办学校清偿上述债务后的剩余财产，依照公司法的有关规定处理。

第六十条　终止的民办学校，由审批机关收回办学许可证和销毁印章，并注销登记。

第九章　法律责任

第六十一条　民办学校在教育活动中违反教育法、教师法规定的，依照教育法、教师法的有关规定给予处罚。

第六十二条　民办学校有下列行为之一的，由县级以上人民政府教育行政部门、人力资源社会保障行政部门或者其他有关部门责令限期改正，并予以警告；有违法所得的，退还所收费用后没收违法所得；情节严重的，责令停止招生、吊销办学许可证；构成犯罪的，依法追究刑事责任：

（一）擅自分立、合并民办学校的；

（二）擅自改变民办学校名称、层次、类别和举办者的；

（三）发布虚假招生简章或者广告，骗取钱财的；

（四）非法颁发或者伪造学历证书、结业证书、培训证书、职业资格证书的；

（五）管理混乱严重影响教育教学，产生恶劣社会影响的；

（六）提交虚假证明文件或者采取其他欺诈手段隐瞒重要事实骗取办学许可证的；

（七）伪造、变造、买卖、出租、出借办学许可证的；

（八）恶意终止办学、抽逃资金或者挪用办学经费的。

第六十三条　县级以上人民政府教育行政部门、人力资源社会保障行政部门或者其他有关部门有下列行为之一的，由上级机关责令其改正；情节严重的，对直接负责的主管人员和其他直接责任人员，依法给予处分；造成经济损失的，依法承担赔偿责任；构成犯罪的，依法追究刑事责任：

（一）已受理设立申请，逾期不予答复的；

（二）批准不符合本法规定条件申请的；

（三）疏于管理，造成严重后果的；

（四）违反国家有关规定收取费用的；

（五）侵犯民办学校合法权益的；

（六）其他滥用职权、徇私舞弊的。

第六十四条　违反国家有关规定擅自举办民办学校的，由所在地县级以上地方人民政府教育行政部门或者人力资源社会保障行政部门会同同级公安、民政或者市场监督管理等有关部门责令停止办学、退还所收费用，并对举办者处违法所得一倍以上五倍以下罚款；构成违反治安管理行为的，由公安机关依法给予治安管理处罚；构成犯罪的，依法追究刑事责任。

第十章 附 则

第六十五条 本法所称的民办学校包括依法举办的其他民办教育机构。

本法所称的校长包括其他民办教育机构的主要行政负责人。

第六十六条 境外的组织和个人在中国境内合作办学的办法，由国务院规定。

第六十七条 本法自2003年9月1日起施行。1997年7月31日国务院颁布的《社会力量办学条例》同时废止。

中华人民共和国未成年人保护法

（1991年9月4日第七届全国人民代表大会常务委员会第二十一次会议通过 2006年12月29日第十届全国人民代表大会常务委员会第二十五次会议第一次修订 根据2012年10月26日第十一届全国人民代表大会常务委员会第二十九次会议《关于修改〈中华人民共和国未成年人保护法〉的决定》修正 2020年10月17日第十三届全国人民代表大会常务委员会第二十二次会议第二次修订）

第一章 总 则

第一条 为了保护未成年人身心健康，保障未成年人合法权益，促进未成年人德智体美劳全面发展，培养有理想、有道德、有文化、有纪律的社会主义建设者和接班人，培养担当民族复兴大任的时代新人，根据宪法，制定本法。

第二条 本法所称未成年人是指未满十八周岁的公民。

第三条 国家保障未成年人的生存权、发展权、受保护权、参与权等权利。

未成年人依法平等地享有各项权利，不因本人及其父母或者其他监护人的民族、种族、性别、户籍、职业、宗教信仰、教育程度、家庭状况、身心健康状况等受到歧视。

第四条 保护未成年人，应当坚持最有利于未成年人的原则。处理涉及未成年人事项，应当符合下列要求：

（一）给予未成年人特殊、优先保护；

（二）尊重未成年人人格尊严；

（三）保护未成年人隐私权和个人信息；

（四）适应未成年人身心健康发展的规律和特点；

（五）听取未成年人的意见；

（六）保护与教育相结合。

第五条 国家、社会、学校和家庭应当对未成年人进行理想教育、道德教育、科学教育、文化教育、法治教育、国家安全教育、健康教育、劳动教育，加强爱国主义、集体主义和中国特色社会主义的教育，培养爱祖国、爱人民、爱劳动、爱科学、爱社会主义的公德，抵制资本主义、封建主义和其他腐朽思想的侵蚀，引导未成年人树立和践行社会主义核心价值观。

第六条 保护未成年人，是国家机关、武装力量、政党、人民团体、企业事业单位、社会组织、城乡基层群众性自治组织、未成年人的监护人以及其他成年人的共同责任。

国家、社会、学校和家庭应当教育和帮助未成年人维护自身合法权益，增强自我保护的意识和能力。

第七条 未成年人的父母或者其他监护人依法对未成年人承担监护职责。

国家采取措施指导、支持、帮助和监督未成年人的父母或者其他监护人履行监护职责。

第八条 县级以上人民政府应当将未成年人保护工作纳入国民经济和社会发展规划，相关经费纳入本级政府预算。

第九条 县级以上人民政府应当建立未成年人保护工作协调机制，统筹、协调、督促和指导有关部门在各自职责范围内做好未成年人保护工作。协调机制具体工作由县级以上人民政府民政部门承担，省级人民政府也可以根据本地实际情况确定由其他有关部门承担。

第十条 共产主义青年团、妇女联合会、工会、残疾人联合会、关心下一代工作委员会、青年联合会、学生联合会、少年先锋队以及其他人民团体、有关社会组织，应当协助各级人民政府及其有关部门、人民检察院、人民法院做好未成年人保护工作，维护未成年人合法权益。

第十一条 任何组织或者个人发现不利于未成年人身心健康或者侵犯未成年人合法权益的情形，都有权劝阻、制止或者向公安、民政、教育等有关部门提出检举、控告。

国家机关、居民委员会、村民委员会、密切接触未成年人的单位及其工作人员，在工作中发现未成年人身心健康受到侵害、疑似受到侵害或者面临其他危险情形的，应当立即向公安、民政、教育等有关部门报告。

有关部门接到涉及未成年人的检举、控告或者报告，应当依法及时受理、处置，并以适当方式将处理结果告知相关单位和人员。

第十二条　国家鼓励和支持未成年人保护方面的科学研究，建设相关学科、设置相关专业，加强人才培养。

第十三条　国家建立健全未成年人统计调查制度，开展未成年人健康、受教育等状况的统计、调查和分析，发布未成年人保护的有关信息。

第十四条　国家对保护未成年人有显著成绩的组织和个人给予表彰和奖励。

第二章　家庭保护

第十五条　未成年人的父母或者其他监护人应当学习家庭教育知识，接受家庭教育指导，创造良好、和睦、文明的家庭环境。

共同生活的其他成年家庭成员应当协助未成年人的父母或者其他监护人抚养、教育和保护未成年人。

第十六条　未成年人的父母或者其他监护人应当履行下列监护职责：

（一）为未成年人提供生活、健康、安全等方面的保障；

（二）关注未成年人的生理、心理状况和情感需求；

（三）教育和引导未成年人遵纪守法、勤俭节约，养成良好的思想品德和行为习惯；

（四）对未成年人进行安全教育，提高未成年人的自我保护意识和能力；

（五）尊重未成年人受教育的权利，保障适龄未成年人依法接受并完成义务教育；

（六）保障未成年人休息、娱乐和体育锻炼的时间，引导未成年人进行有益身心健康的活动；

（七）妥善管理和保护未成年人的财产；

（八）依法代理未成年人实施民事法律行为；

（九）预防和制止未成年人的不良行为和违法犯罪行为，并进行合理管教；

（十）其他应当履行的监护职责。

第十七条　未成年人的父母或者其他监护人不得实施下列行为：

（一）虐待、遗弃、非法送养未成年人或者对未成年人实施家庭暴力；

（二）放任、教唆或者利用未成年人实施违法犯罪行为；

（三）放任、唆使未成年人参与邪教、迷信活动或者接受恐怖主义、分裂主义、极端主义等侵害；

（四）放任、唆使未成年人吸烟（含电子烟，下同）、饮酒、赌博、流浪乞讨或者欺凌他人；

（五）放任或者迫使应当接受义务教育的未成年人失学、辍学；

（六）放任未成年人沉迷网络，接触危害或者可能影响其身心健康的图书、报刊、电影、广播电视节目、音像制品、电子出版物和网络信息等；

（七）放任未成年人进入营业性娱乐场所、酒吧、互联网上网服务营业场所等不适宜未成年人活动的场所；

（八）允许或者迫使未成年人从事国家规定以外的劳动；

（九）允许、迫使未成年人结婚或者为未成年人订立婚约；

（十）违法处分、侵吞未成年人的财产或者利用未成年人牟取不正当利益；

（十一）其他侵犯未成年人身心健康、财产权益或者不依法履行未成年人保护义务的行为。

第十八条　未成年人的父母或者其他监护人应当为未成年人提供安全的家庭生活环境，及时排除引发触电、烫伤、跌落等伤害的安全隐患；采取配备儿童安全座椅、教育未成年人遵守交通规则等措施，防止未成年人受到交通事故的伤害；提高户外安全保护意识，避免未成年人发生溺水、动物伤害等事故。

第十九条　未成年人的父母或者其他监护人应当根据未成年人的年龄和智力发展状况，在作出与未成年人权益有关的决定前，听取未成年人的意见，充分考虑其真实意愿。

第二十条　未成年人的父母或者其他监护人发现未成年人身心健康受

到侵害、疑似受到侵害或者其他合法权益受到侵犯的，应当及时了解情况并采取保护措施；情况严重的，应当立即向公安、民政、教育等部门报告。

第二十一条　未成年人的父母或者其他监护人不得使未满八周岁或者由于身体、心理原因需要特别照顾的未成年人处于无人看护状态，或者将其交由无民事行为能力、限制民事行为能力、患有严重传染性疾病或者其他不适宜的人员临时照护。

未成年人的父母或者其他监护人不得使未满十六周岁的未成年人脱离监护单独生活。

第二十二条　未成年人的父母或者其他监护人因外出务工等原因在一定期限内不能完全履行监护职责的，应当委托具有照护能力的完全民事行为能力人代为照护；无正当理由的，不得委托他人代为照护。

未成年人的父母或者其他监护人在确定被委托人时，应当综合考虑其道德品质、家庭状况、身心健康状况、与未成年人生活情感上的联系等情况，并听取有表达意愿能力未成年人的意见。

具有下列情形之一的，不得作为被委托人：

（一）曾实施性侵害、虐待、遗弃、拐卖、暴力伤害等违法犯罪行为；

（二）有吸毒、酗酒、赌博等恶习；

（三）曾拒不履行或者长期怠于履行监护、照护职责；

（四）其他不适宜担任被委托人的情形。

第二十三条　未成年人的父母或者其他监护人应当及时将委托照护情况书面告知未成年人所在学校、幼儿园和实际居住地的居民委员会、村民委员会，加强和未成年人所在学校、幼儿园的沟通；与未成年人、被委托人至少每周联系和交流一次，了解未成年人的生活、学习、心理等情况，并给予未成年人亲情关爱。

未成年人的父母或者其他监护人接到被委托人、居民委员会、村民委员会、学校、幼儿园等关于未成年人心理、行为异常的通知后，应当及时采取干预措施。

第二十四条　未成年人的父母离婚时，应当妥善处理未成年子女的抚养、教育、探望、财产等事宜，听取有表达意愿能力未成年人的意见。不得以抢夺、藏匿未成年子女等方式争夺抚养权。

未成年人的父母离婚后，不直接抚养未成年子女的一方应当依照协议、人民法院判决或者调解确定的时间和方式，在不影响未成年人学习、生活的情况下探望未成年子女，直接抚养的一方应当配合，但被人民法院依法中止探望权的除外。

第三章　学校保护

第二十五条　学校应当全面贯彻国家教育方针，坚持立德树人，实施素质教育，提高教育质量，注重培养未成年学生认知能力、合作能力、创新能力和实践能力，促进未成年学生全面发展。

学校应当建立未成年学生保护工作制度，健全学生行为规范，培养未成年学生遵纪守法的良好行为习惯。

第二十六条　幼儿园应当做好保育、教育工作，遵循幼儿身心发展规律，实施启蒙教育，促进幼儿在体质、智力、品德等方面和谐发展。

第二十七条　学校、幼儿园的教职员工应当尊重未成年人人格尊严，不得对未成年人实施体罚、变相体罚或者其他侮辱人格尊严的行为。

第二十八条　学校应当保障未成年学生受教育的权利，不得违反国家规定开除、变相开除未成年学生。

学校应当对尚未完成义务教育的辍学未成年学生进行登记并劝返复学；劝返无效的，应当及时向教育行政部门书面报告。

第二十九条　学校应当关心、爱护未成年学生，不得因家庭、身体、心理、学习能力等情况歧视学生。对家庭困难、身心有障碍的学生，应当提供关爱；对行为异常、学习有困难的学生，应当耐心帮助。

学校应当配合政府有关部门建立留守未成年学生、困境未成年学生的信息档案，开展关爱帮扶工作。

第三十条　学校应当根据未成年学生身心发展特点，进行社会生活指导、心理健康辅导、青春期教育和生命教育。

第三十一条　学校应当组织未成年学生参加与其年龄相适应的日常生活劳动、生产劳动和服务性劳动，帮助未成年学生掌握必要的劳动知识和技能，养成良好的劳动习惯。

第三十二条　学校、幼儿园应当开展勤俭节约、反对浪费、珍惜粮食、文明饮食等宣传教育活动，帮助未成年人树立浪费可耻、节约为荣的意识，养成文明健康、绿色环保的生活习惯。

第三十三条　学校应当与未成年学生的父母或者其他监护人互相配合，合理安排未成年学生的学习时间，保障其休息、娱乐和体育锻炼的时间。

学校不得占用国家法定节假日、休息日及寒暑假期，组织义务教育阶段的未成年学生集体补课，加重其学习负担。

幼儿园、校外培训机构不得对学龄前未成年人进行小学课程教育。

第三十四条　学校、幼儿园应当提供必要的卫生保健条件，协助卫生健康部门做好在校、在园未成年人的卫生保健工作。

第三十五条　学校、幼儿园应当建立安全管理制度，对未成年人进行安全教育，完善安保设施、配备安保人员，保障未成年人在校、在园期间的人身和财产安全。

学校、幼儿园不得在危及未成年人人身安全、身心健康的校舍和其他设施、场所中进行教育教学活动。

学校、幼儿园安排未成年人参加文化娱乐、社会实践等集体活动，应当保护未成年人的身心健康，防止发生人身伤害事故。

第三十六条　使用校车的学校、幼儿园应当建立健全校车安全管理制度，配备安全管理人员，定期对校车进行安全检查，对校车驾驶人进行安全教育，并向未成年人讲解校车安全乘坐知识，培养未成年人校车安全事故应急处理技能。

第三十七条　学校、幼儿园应当根据需要，制定应对自然灾害、事故灾难、公共卫生事件等突发事件和意外伤害的预案，配备相应设施并定期进行必要的演练。

未成年人在校内、园内或者本校、本园组织的校外、园外活动中发生人身伤害事故的，学校、幼儿园应当立即救护，妥善处理，及时通知未成年人的父母或者其他监护人，并向有关部门报告。

第三十八条　学校、幼儿园不得安排未成年人参加商业性活动，不得向未成年人及其父母或者其他监护人推销或者要求其购买指定的商品和服务。

学校、幼儿园不得与校外培训机构合作为未成年人提供有偿课程辅导。

第三十九条　学校应当建立学生欺凌防控工作制度，对教职员工、学生等开展防治学生欺凌的教育和培训。

学校对学生欺凌行为应当立即制止，通知实施欺凌和被欺凌未成年学生的父母或者其他监护人参与欺凌行为的认定和处理；对相关未成年学生及时给予心理辅导、教育和引导；对相关未成年学生的父母或者其他监护人给予必要的家庭教育指导。

对实施欺凌的未成年学生，学校应当根据欺凌行为的性质和程度，依法加强管教。对严重的欺凌行为，学校不得隐瞒，应当及时向公安机关、教育行政部门报告，并配合相关部门依法处理。

第四十条　学校、幼儿园应当建立预防性侵害、性骚扰未成年人工作制度。对性侵害、性骚扰未成年人等违法犯罪行为，学校、幼儿园不得隐瞒，应当及时向公安机关、教育行政部门报告，并配合相关部门依法处理。

学校、幼儿园应当对未成年人开展适合其年龄的性教育，提高未成年人防范性侵害、性骚扰的自我保护意识和能力。对遭受性侵害、性骚扰的未成年人，学校、幼儿园应当及时采取相关的保护措施。

第四十一条　婴幼儿照护服务机构、早期教育服务机构、校外培训机构、校外托管机构等应当参照本章有关规定，根据不同年龄阶段未成年人的成长特点和规律，做好未成年人保护工作。

第四章　社会保护

第四十二条　全社会应当树立关心、爱护未成年人的良好风尚。

国家鼓励、支持和引导人民团体、企业事业单位、社会组织以及其他组织和个人，开展有利于未成年人健康成长的社会活动和服务。

第四十三条　居民委员会、村民委员会应当设置专人专岗负责未成年人保护工作，协助政府有关部门宣传未成年人保护方面的法律法规，指导、帮助和监督未成年人的父母或者其他监护人依法履行监护职责，建立留守未成年人、困境未成年人的信息档案并给予关爱帮扶。

居民委员会、村民委员会应当协助政府有关部门监督未成年人委托照护情况，发现被委托人缺乏照护能力、怠于履行照护职责等情况，应当及时向政府有关部门报告，并告知未成年人的父母或者其他监护人，帮助、督促被委托人履行照护职责。

第四十四条　爱国主义教育基地、图书馆、青少年宫、儿童活动中心、儿童之家应当对未成年人免费开放；博物馆、纪念馆、科技馆、展览馆、美术馆、文化馆、社区公益性互联网上网服务场所以及影剧院、体育场馆、动物园、植物园、公园等场所，应当按照有关规定对未成年人免费或者优惠开放。

国家鼓励爱国主义教育基地、博物馆、科技馆、美术馆等公共场馆开设未成年人专场，为未成年人提供有针对性的服务。

国家鼓励国家机关、企业事业单位、部队等开发自身教育资源，设立未成年人开放日，为未成年人主题教育、社会实践、职业体验等提供支持。

国家鼓励科研机构和科技类社会组织对未成年人开展科学普及活动。

第四十五条　城市公共交通以及公路、铁路、水路、航空客运等应当按照有关规定对未成年人实施免费或者优惠票价。

第四十六条　国家鼓励大型公共场所、公共交通工具、旅游景区景点等设置母婴室、婴儿护理台以及方便幼儿使用的坐便器、洗手台等卫生设施，为未成年人提供便利。

第四十七条　任何组织或者个人不得违反有关规定，限制未成年人应当享有的照顾或者优惠。

第四十八条　国家鼓励创作、出版、制作和传播有利于未成年人健康成长的图书、报刊、电影、广播电视节目、舞台艺术作品、音像制品、电子出版物和网络信息等。

第四十九条　新闻媒体应当加强未成年人保护方面的宣传，对侵犯未成年人合法权益的行为进行舆论监督。新闻媒体采访报道涉及未成年人事件应当客观、审慎和适度，不得侵犯未成年人的名誉、隐私和其他合法权益。

第五十条　禁止制作、复制、出版、发布、传播含有宣扬淫秽、色情、暴力、邪教、迷信、赌博、引诱自杀、恐怖主义、分裂主义、极端主义等危害未成年人身心健康内容的图书、报刊、电影、广播电视节目、舞台艺术作品、音像制品、电子出版物和网络信息等。

第五十一条　任何组织或者个人出版、发布、传播的图书、报刊、电影、广播电视节目、舞台艺术作品、音像制品、电子出版物或者网络信息，包含可能影响未成年人身心健康内容的，应当以显著方式作出提示。

第五十二条　禁止制作、复制、发布、传播或者持有有关未成年人的淫秽色情物品和网络信息。

第五十三条　任何组织或者个人不得刊登、播放、张贴或者散发含有危害未成年人身心健康内容的广告；不得在学校、幼儿园播放、张贴或者散发商业广告；不得利用校服、教材等发布或者变相发布商业广告。

第五十四条　禁止拐卖、绑架、虐待、非法收养未成年人，禁止对未成年人实施性侵害、性骚扰。

禁止胁迫、引诱、教唆未成年人参加黑社会性质组织或者从事违法犯罪活动。

禁止胁迫、诱骗、利用未成年人乞讨。

第五十五条　生产、销售用于未成年人的食品、药品、玩具、用具和游戏游艺设备、游乐设施等，应当符合国家或者行业标准，不得危害未成年人的人身安全和身心健康。上述产品的生产者应当在显著位置标明注意事项，未标明注意事项的不得销售。

第五十六条　未成年人集中活动的公共场所应当符合国家或者行业安全标准，并采取相应安全保护措施。对可能存在安全风险的设施，应当定期进行维护，在显著位置设置安全警示标志并标明适龄范围和注意事项；必要时应当安排专门人员看管。

大型的商场、超市、医院、图书馆、博物馆、科技馆、游乐场、车站、码头、机场、旅游景区景点等场所运营单位应当设置搜寻走失未成年人的安全警报系统。场所运营单位接到求助后，应当立即启动安全警报系统，组织人员进行搜寻并向公安机关报告。

公共场所发生突发事件时，应当优先救护未成年人。

第五十七条　旅馆、宾馆、酒店等住宿经营者接待未成年人入住，或者接待未成年人和成年人共同入住时，应当询问父母或者其他监护人的联系方式、入住人员的身份关系等有关情况；发现有违法犯罪嫌疑的，应当立即向公安机关报告，并及时联系未成年人的父母或者其他监护人。

第五十八条　学校、幼儿园周边不得设置营业性娱乐场所、酒吧、互联网上网服务营业场所等不适宜未成年人活动的场所。营业性歌舞娱乐场所、酒吧、互联网上网服务营业场所等不适宜未成年人活动场所的经营者，不得允许未成年人进入；游艺娱乐场所设置的电子游戏设备，除国家法定节假日外，不得向未成年人提供。经营者应当在显著位置设置未成年人禁入、限入标志；对难以判明是否是未成年人的，应当要求其出示身份证件。

第五十九条　学校、幼儿园周边不得设置烟、酒、彩票销售网点。禁止向未成年人销售烟、酒、彩票或者兑付彩票奖金。烟、酒和彩票经营者应当在显著位置设置不向未成年人销售烟、酒或者彩票的标志；对难以判明是否是未成年人的，应当要求其出示身份证件。

任何人不得在学校、幼儿园和其他未成年人集中活动的公共场所吸烟、饮酒。

第六十条　禁止向未成年人提供、销售管制刀具或者其他可能致人严重伤害的器具等物品。经营者难以判明购买者是否是未成年人的，应当要求其出示身份证件。

第六十一条　任何组织或者个人不得招用未满十六周岁未成年人，国家另有规定的除外。

营业性娱乐场所、酒吧、互联网上网服务营业场所等不适宜未成年人活动的场所不得招用已满十六周岁的未成年人。

招用已满十六周岁未成年人的单位和个人应当执行国家在工种、劳动时间、劳动强度和保护措施等方面的规定，不得安排其从事过重、有毒、有害等危害未成年人身心健康的劳动或者危险作业。

任何组织或者个人不得组织未成年人进行危害其身心健康的表演等活动。经未成年人的父母或者其他监护人同意，未成年人参与演出、节目制作等活动，活动组织方应当根据国家有关规定，保障未成年人合法权益。

第六十二条　密切接触未成年人的单位招聘工作人员时，应当向公安机关、人民检察院查询应聘者是否具有性侵害、虐待、拐卖、暴力伤害等违法犯罪记录；发现其具有前述行为记录的，不得录用。

密切接触未成年人的单位应当每年定期对工作人员是否具有上述违法犯罪记录进行查询。通过查询或者其他方式发现其工作人员具有上述行为的，应当及时解聘。

第六十三条　任何组织或者个人不得隐匿、毁弃、非法删除未成年人的信件、日记、电子邮件或者其他网络通信内容。

除下列情形外，任何组织或者个人不得开拆、查阅未成年人的信件、日记、电子邮件或者其他网络通信内容：

（一）无民事行为能力未成年人的父母或者其他监护人代未成年人开拆、查阅；

（二）因国家安全或者追查刑事犯罪依法进行检查；

（三）紧急情况下为了保护未成年人本人的人身安全。

第五章　网络保护

第六十四条　国家、社会、学校和家庭应当加强未成年人网络素养宣传教育，培养和提高未成年人的网络素养，增强未成年人科学、文明、安全、合理使用网络的意识和能力，保障未成年人在网络空间的合法权益。

第六十五条　国家鼓励和支持有利于未成年人健康成长的网络内容的创作与传播，鼓励和支持专门以未成年人为服务对象、适合未成年人身心健康特点的网络技术、产品、服务的研发、生产和使用。

第六十六条　网信部门及其他有关部门应当加强对未成年人网络保护工作的监督检查，依法惩处利用网络从事危害未成年人身心健康的活动，为未成年人提供安全、健康的网络环境。

第六十七条　网信部门会同公安、文化和旅游、新闻出版、电影、广播电视等部门根据保护不同年龄阶段未成年人的需要，确定可能影响未成年人身心健康网络信息的种类、范围和判断标准。

第六十八条　新闻出版、教育、卫生健康、文化和旅游、网信等部门应当定期开展预防未成年人沉迷网络的宣传教育，监督网络产品和服务提供者履行预防未成年人沉迷网络的义务，指导家庭、学校、社会组织互相配合，采取科学、合理的方式对未成年人沉迷网络进行预防和干预。

任何组织或者个人不得以侵害未成年人身心健康的方式对未成年人沉迷网络进行干预。

第六十九条　学校、社区、图书馆、文化馆、青少年宫等场所为未成年人提供的互联网上网服务设施，应当安装未成年人网络保护软件或者采取其他安全保护技术措施。

智能终端产品的制造者、销售者应当在产品上安装未成年人网络保护软件，或者以显著方式告知用户未成年人网络保护软件的安装渠道和方法。

第七十条　学校应当合理使用网络开展教学活动。未经学校允许，未成年学生不得将手机等智能终端产品带入课堂，带入学校的应当统一管理。

学校发现未成年学生沉迷网络的，应当及时告知其父母或者其他监护人，共同对未成年学生进行教育和引导，帮助其恢复正常的学习生活。

第七十一条　未成年人的父母或者其他监护人应当提高网络素养，规范自身使用网络的行为，加强对未成年人使用网络行为的引导和监督。

未成年人的父母或者其他监护人应当通过在智能终端产品上安装未成年人网络保护软件、选择适合未成年人的服务模式和管理功能等方式，避免未成年人接触危害或者可能影响其身心健康的网络信息，合理安排未成年人使用网络的时间，有效预防未成年人沉迷网络。

第七十二条　信息处理者通过网络处理未成年人个人信息的，应当遵循合法、正当和必要的原则。处理不满十四周岁未成年人个人信息的，应当征得未成年人的父母或者其他监护人同意，但法律、行政法规另有规定的除外。

未成年人、父母或者其他监护人要求信息处理者更正、删除未成年人个人信息的，信息处理者应当及时采取措施予以更正、删除，但法律、行政法规另有规定的除外。

第七十三条　网络服务提供者发现未成年人通过网络发布私密信息的，应当及时提示，并采取必要的保护措施。

第七十四条　网络产品和服务提供者不得向未成年人提供诱导其沉迷的产品和服务。

网络游戏、网络直播、网络音视频、网络社交等网络服务提供者应当针对未成年人使用其服务设置相应的时间管理、权限管理、消费管理等功能。

以未成年人为服务对象的在线教育网络产品和服务，不得插入网络游戏链接，不得推送广告等与教学无关的信息。

第七十五条　网络游戏经依法审批后方可运营。

国家建立统一的未成年人网络游戏电子身份认证系统。网络游戏服务提供者应当要求未成年人以真实身份信息注册并登录网络游戏。

网络游戏服务提供者应当按照国家有关规定和标准，对游戏产品进行分类，作出适龄提示，并采取技术措施，不得让未成年人接触不适宜的游戏或者游戏功能。

网络游戏服务提供者不得在每日二十二时至次日八时向未成年人提供网络游戏服务。

第七十六条　网络直播服务提供者不得为未满十六周岁的未成年人提供网络直播发布者账号注册服务；为年满十六周岁的未成年人提供网络直播发布者账号注册服务时，应当对其身份信息进行认证，并征得其父母或者其他监护人同意。

第七十七条　任何组织或者个人不得通过网络以文字、图片、音视频等形式，对未成年人实施侮辱、诽谤、威胁或者恶意损害形象等网络欺凌行为。

遭受网络欺凌的未成年人及其父母或者其他监护人有权通知网络服务提供者采取删除、屏蔽、断开链接等措施。网络服务提供者接到通知后，应当及时采取必要的措施制止网络欺凌行为，防止信息扩散。

第七十八条　网络产品和服务提供者应当建立便捷、合理、有效的投诉和举报渠道，公开投诉、举报方式等信息，及时受理并处理涉及未成年人的投诉、举报。

第七十九条　任何组织或者个人发现网络产品、服务含有危害未成年人身心健康的信息，有权向网络产品和服务提供者或者网信、公安等部门投诉、举报。

第八十条　网络服务提供者发现用户发布、传播可能影响未成年人身心健康的信息且未作显著提示的，应当作出提示或者通知用户予以提示；未作出提示的，不得传输相关信息。

网络服务提供者发现用户发布、传播含有危害未成年人身心健康内容的信息的，应当立即停止传输相关信息，采取删除、屏蔽、断开链接等处置措施，保存有关记录，并向网信、公安等部门报告。

网络服务提供者发现用户利用其网络服务对未成年人实施违法犯罪行为的，应当立即停止向该用户提供网络服务，保存有关记录，并向公安机关报告。

第六章　政府保护

第八十一条　县级以上人民政府承担未成年人保护协调机制具体工作的职能部门应当明确相关内设机构或者专门人员，负责承担未成年人保护工作。

乡镇人民政府和街道办事处应当设立未成年人保护工作站或者指定专门人员，及时办理未成年人相关事务；支持、指导居民委员会、村民委员会设立专人专岗，做好未成年人保护工作。

第八十二条　各级人民政府应当将家庭教育指导服务纳入城乡公共服务体系，开展家庭教育知识宣传，鼓励和支持有关人民团体、企业事业单位、社会组织开展家庭教育指导服务。

第八十三条　各级人民政府应当保障未成年人受教育的权利，并采取措施保障留守未成年人、困境未成年人、残疾未成年人接受义务教育。

对尚未完成义务教育的辍学未成年学生，教育行政部门应当责令父母或者其他监护人将其送入学校接受义务教育。

第八十四条　各级人民政府应当发展托育、学前教育事业，办好婴幼儿照护服务机构、幼儿园，支持社会力量依法兴办母婴室、婴幼儿照护服务机构、幼儿园。

县级以上地方人民政府及其有关部门应当培养和培训婴幼儿照护服务机构、幼儿园的保教人员，提高其职业道德素质和业务能力。

第八十五条　各级人民政府应当发展职业教育，保障未成年人接受职业教育或者职业技能培训，鼓励和支持人民团体、企业事业单位、社会组织为未成年人提供职业技能培训服务。

第八十六条　各级人民政府应当保障具有接受普通教育能力、能适应校园生活的残疾未成年人就近在普通学校、幼儿园接受教育；保障不具有接受普通教育能力的残疾未成年人在特殊教育学校、幼儿园接受学前教育、义务教育和职业教育。

各级人民政府应当保障特殊教育学校、幼儿园的办学、办园条件，鼓励和支持社会力量举办特殊教育学校、幼儿园。

第八十七条　地方人民政府及其有关部门应当保障校园安全，监督、指导学校、幼儿园等单位落实校园安全责任，建立突发事件的报告、处置和协调机制。

第八十八条　公安机关和其他有关部门应当依法维护校园周边的治安和交通秩序，设置监控设备和交通安全设施，预防和制止侵害未成年人的违法犯罪行为。

第八十九条　地方人民政府应当建立和改善适合未成年人的活动场所和设施，支持公益性未成年人活动场所和设施的建设和运行，鼓励社会力量兴办适合未成年人的活动场所和设施，并加强管理。

地方人民政府应当采取措施，鼓励和支持学校在国家法定节假日、休息日及寒暑假期将文化体育设施对未成年人免费或者优惠开放。

地方人民政府应当采取措施，防止任何组织或者个人侵占、破坏学校、幼儿园、婴幼儿照护服务机构等未成年人活动场所的场地、房屋和设施。

第九十条　各级人民政府及其有关部门应当对未成年人进行卫生保健和营养指导，提供卫生保健服务。

卫生健康部门应当依法对未成年人的疫苗预防接种进行规范，防治未成年人常见病、多发病，加强传染病防治和监督管理，做好伤害预防和干预，指导和监督学校、幼儿园、婴幼儿照护服务机构开展卫生保健工作。

教育行政部门应当加强未成年人的心理健康教育，建立未成年人心理问题的早期发现和及时干预机制。卫生健康部门应当做好未成年人心理治疗、心理危机干预以及精神障碍早期识别和诊断治疗等工作。

第九十一条　各级人民政府及其有关部门对困境未成年人实施分类保障，采取措施满足其生活、教育、安全、医疗康复、住房等方面的基本需要。

第九十二条　具有下列情形之一的，民政部门应当依法对未成年人进行临时监护：

（一）未成年人流浪乞讨或者身份不明，暂时查找不到父母或者其他监护人；

（二）监护人下落不明且无其他人可以担任监护人；

（三）监护人因自身客观原因或者因发生自然灾害、事故灾难、公共卫生事件等突发事件不能履行监护职责，导致未成年人监护缺失；

（四）监护人拒绝或者怠于履行监护职责，导致未成年人处于无人照料的状态；

（五）监护人教唆、利用未成年人实施违法犯罪行为，未成年人需要被带离安置；

（六）未成年人遭受监护人严重伤害或者面临人身安全威胁，需要被紧急安置；

（七）法律规定的其他情形。

第九十三条　对临时监护的未成年人，民政部门可以采取委托亲属抚养、家庭寄养等方式进行安置，也可以交由未成年人救助保护机构或者儿童福利机构进行收留、抚养。

临时监护期间，经民政部门评估，监护人重新具备履行监护职责条件的，民政部门可以将未成年人送回监护人抚养。

第九十四条　具有下列情形之一的，民政部门应当依法对未成年人进行长期监护：

（一）查找不到未成年人的父母或者其他监护人；

（二）监护人死亡或者被宣告死亡且无其他人可以担任监护人；

（三）监护人丧失监护能力且无其他人可以担任监护人；

（四）人民法院判决撤销监护人资格并指定由民政部门担任监护人；

（五）法律规定的其他情形。

第九十五条　民政部门进行收养评估后，可以依法将其长期监护的未成年人交由符合条件的申请人收养。收养关系成立后，民政部门与未成年人的监护关系终止。

第九十六条　民政部门承担临时监护或者长期监护职责的，财政、教育、卫生健康、公安等部门应当根据各自职责予以配合。

县级以上人民政府及其民政部门应当根据需要设立未成年人救助保护机构、儿童福利机构，负责收留、抚养由民政部门监护的未成年人。

第九十七条　县级以上人民政府应当开通全国统一的未成年人保护热线，及时受理、转介侵犯未成年人合法权益的投诉、举报；鼓励和支持人民团体、企业事业单位、社会组织参与建设未成年人保护服务平台、服务热线、服务站点，提供未成年人保护方面的咨询、帮助。

第九十八条　国家建立性侵害、虐待、拐卖、暴力伤害等违法犯罪人员信息查询系统，向密切接触未成年人的单位提供免费查询服务。

第九十九条　地方人民政府应当培育、引导和规范有关社会组织、社会工作者参与未成年人保护工作，开展家庭教育指导服务，为未成年人的心理辅导、康复救助、监护及收养评估等提供专业服务。

第七章　司法保护

第一百条　公安机关、人民检察院、人民法院和司法行政部门应当依法履行职责，保障未成年人合法权益。

第一百零一条　公安机关、人民检察院、人民法院和司法行政部门应当确定专门机构或者指定专门人员，负责办理涉及未成年人案件。办理涉及未成年人案件的人员应当经过专门培训，熟悉未成年人身心特点。专门机构或者专门人员中，应当有女性工作人员。

公安机关、人民检察院、人民法院和司法行政部门应当对上述机构和人员实行与未成年人保护工作相适应的评价考核标准。

第一百零二条　公安机关、人民检察院、人民法院和司法行政部门办理涉及未成年人案件，应当考虑未成年人身心特点和健康成长的需要，使用未成年人能够理解的语言和表达方式，听取未成年人的意见。

第一百零三条　公安机关、人民检察院、人民法院、司法行政部门以及其他组织和个人不得披露有关案件中未成年人的姓名、影像、住所、就读学校以及其他可能识别出其身份的信息，但查找失踪、被拐卖未成年人等情形除外。

第一百零四条　对需要法律援助或者司法救助的未成年人，法律援助机构或者公安机关、人民检察院、人民法院和司法行政部门应当给予帮助，依法为其提供法律援助或者司法救助。

法律援助机构应当指派熟悉未成年人身心特点的律师为未成年人提供法律援助服务。

法律援助机构和律师协会应当对办理未成年人法律援助案件的律师进行指导和培训。

第一百零五条　人民检察院通过行使检察权，对涉及未成年人的诉讼活动等依法进行监督。

第一百零六条　未成年人合法权益受到侵犯，相关组织和个人未代为提起诉讼的，人民检察院可以督促、支持其提起诉讼；涉及公共利益的，人民检察院有权提起公益诉讼。

第一百零七条　人民法院审理继承案件，应当依法保护未成年人的继承权和受遗赠权。

人民法院审理离婚案件，涉及未成年子女抚养问题的，应当尊重已满八周岁未成年子女的真实意愿，根据双方具体情况，按照最有利于未成年子女的原则依法处理。

第一百零八条　未成年人的父母或者其他监护人不依法履行监护职责或者严重侵犯被监护的未成年人合法权益的，人民法院可以根据有关人员或者单位的申请，依法作出人身安全保护令或者撤销监护人资格。

被撤销监护人资格的父母或者其他监护人应当依法继续负担抚养费用。

第一百零九条　人民法院审理离婚、抚养、收养、监护、探望等案件涉及未成年人的，可以自行或者委托社会组织对未成年人的相关情况进行社会调查。

第一百一十条　公安机关、人民检察院、人民法院讯问未成年犯罪嫌疑人、被告人，询问未成年被害人、证人，应当依法通知其法定代理人或者其成年亲属、所在学校的代表等合适成年人到场，并采取适当方式，在适当场所进行，保障未成年人的名誉权、隐私权和其他合法权益。

人民法院开庭审理涉及未成年人案件，未成年被害人、证人一般不出庭作证；必须出庭的，应当采取保护其隐私的技术手段和心理干预等保护措施。

第一百一十一条　公安机关、人民检察院、人民法院应当与其他有关政府部门、人民团体、社会组织互相配合，对遭受性侵害或者暴力伤害的未成年被害人及其家庭实施必要的心理干预、经济救助、法律援助、转学安置等保护措施。

第一百一十二条　公安机关、人民检察院、人民法院办理未成年人遭受性侵害或者暴力伤害案件，在询问未成年被害人、证人时，应当采取同步录音录像等措施，尽量一次完成；未成年被害人、证人是女性的，应当由女性工作人员进行。

第一百一十三条　对违法犯罪的未成年人，实行教育、感化、挽救的方针，坚持教育为主、惩罚为辅的原则。

对违法犯罪的未成年人依法处罚后，在升学、就业等方面不得歧视。

第一百一十四条　公安机关、人民检察院、人民法院和司法行政部门发现有关单位未尽到未成年人教育、管理、救助、看护等保护职责的，应当向该单位提出建议。被建议单位应当在一个月内作出书面回复。

第一百一十五条　公安机关、人民检察院、人民法院和司法行政部门应当结合实际，根据涉及未成年人案件的特点，开展未成年人法治宣传教育工作。

第一百一十六条　国家鼓励和支持社会组织、社会工作者参与涉及未成年人案件中未成年人的心理干预、法律援助、社会调查、社会观护、教育矫治、社区矫正等工作。

第八章　法律责任

第一百一十七条　违反本法第十一条第二款规定，未履行报告义务造成严重后果的，由上级主管部门或者所在单位对直接负责的主管人员和其他直接责任人员依法给予处分。

第一百一十八条　未成年人的父母或者其他监护人不依法履行监护职责或者侵犯未成年人合法权益的，由其居住地的居民委员会、村民委员会予以劝诫、制止；情节严重的，居民委员会、村民委员会应当及时向公安机关报告。

公安机关接到报告或者公安机关、人民检察院、人民法院在办理案件过程中发现未成年人的父母或者其他监护人存在上述情形的,应当予以训诫,并可以责令其接受家庭教育指导。

第一百一十九条　学校、幼儿园、婴幼儿照护服务等机构及其教职员工违反本法第二十七条、第二十八条、第三十九条规定的,由公安、教育、卫生健康、市场监督管理等部门按照职责分工责令改正;拒不改正或者情节严重的,对直接负责的主管人员和其他直接责任人员依法给予处分。

第一百二十条　违反本法第四十四条、第四十五条、第四十七条规定,未给予未成年人免费或者优惠待遇的,由市场监督管理、文化和旅游、交通运输等部门按照职责分工责令限期改正,给予警告;拒不改正的,处一万元以上十万元以下罚款。

第一百二十一条　违反本法第五十条、第五十一条规定的,由新闻出版、广播电视、电影、网信等部门按照职责分工责令限期改正,给予警告,没收违法所得,可以并处十万元以下罚款;拒不改正或者情节严重的,责令暂停相关业务、停产停业或者吊销营业执照、吊销相关许可证,违法所得一百万元以上的,并处违法所得一倍以上十倍以下的罚款,没有违法所得或者违法所得不足一百万元的,并处十万元以上一百万元以下罚款。

第一百二十二条　场所运营单位违反本法第五十六条第二款规定、住宿经营者违反本法第五十七条规定的,由市场监督管理、应急管理、公安等部门按照职责分工责令限期改正,给予警告;拒不改正或者造成严重后果的,责令停业整顿或者吊销营业执照、吊销相关许可证,并处一万元以上十万元以下罚款。

第一百二十三条　相关经营者违反本法第五十八条、第五十九条第一款、第六十条规定的,由文化和旅游、市场监督管理、烟草专卖、公安等部门按照职责分工责令限期改正,给予警告,没收违法所得,可以并处五万元以下罚款;拒不改正或者情节严重的,责令停业整顿或者吊销营业执照、吊销相关许可证,可以并处五万元以上五十万元以下罚款。

第一百二十四条　违反本法第五十九条第二款规定,在学校、幼儿园和其他未成年人集中活动的公共场所吸烟、饮酒的,由卫生健康、教育、市场监督管理等部门按照职责分工责令改正，给予警告，可以并处五百元以下罚款；场所管理者未及时制止的，由卫生健康、教育、市场监督管理等部门按照职责分工给予警告，并处一万元以下罚款。

第一百二十五条　违反本法第六十一条规定的，由文化和旅游、人力资源和社会保障、市场监督管理等部门按照职责分工责令限期改正，给予警告，没收违法所得，可以并处十万元以下罚款；拒不改正或者情节严重的，责令停产停业或者吊销营业执照、吊销相关许可证，并处十万元以上一百万元以下罚款。

第一百二十六条　密切接触未成年人的单位违反本法第六十二条规定，未履行查询义务，或者招用、继续聘用具有相关违法犯罪记录人员的，由教育、人力资源和社会保障、市场监督管理等部门按照职责分工责令限期改正，给予警告，并处五万元以下罚款；拒不改正或者造成严重后果的，责令停业整顿或者吊销营业执照、吊销相关许可证，并处五万元以上五十万元以下罚款，对直接负责的主管人员和其他直接责任人员依法给予处分。

第一百二十七条　信息处理者违反本法第七十二条规定，或者网络产品和服务提供者违反本法第七十三条、第七十四条、第七十五条、第七十六条、第七十七条、第八十条规定的，由公安、网信、电信、新闻出版、广播电视、文化和旅游等有关部门按照职责分工责令改正，给予警告，没收违法所得，违法所得一百万元以上的，并处违法所得一倍以上十倍以下罚款，没有违法所得或者违法所得不足一百万元的，并处十万元以上一百万元以下罚款，对直接负责的主管人员和其他责任人员处一万元以上十万元以下罚款；拒不改正或者情节严重的，并可以责令暂停相关业务、停业整顿、关闭网站、吊销营业执照或者吊销相关许可证。

第一百二十八条　国家机关工作人员玩忽职守、滥用职权、徇私舞弊，损害未成年人合法权益的，依法给予处分。

第一百二十九条　违反本法规定，侵犯未成年人合法权益，造成人身、财产或者其他损害的，依法承担民事责任。

违反本法规定，构成违反治安管理行为的，依法给予治安管理处罚；构成犯罪的，依法追究刑事责任。

第九章　附　则

第一百三十条　本法中下列用语的含义：

（一）密切接触未成年人的单位，是指学校、幼儿园等教育机构；校外培训机构；未成年人救助保护机构、儿童福利机构等未成年人安置、救助机构；婴幼儿照护服务机构、早期教育服务机构；校外托管、临时看护机构；家政服务机构；为未成年人提供医疗服务的医疗机构；其他对未成年人负有教育、培训、监护、救助、看护、医疗等职责的企业事业单位、社会组织等。

（二）学校，是指普通中小学、特殊教育学校、中等职业学校、专门学校。

（三）学生欺凌，是指发生在学生之间，一方蓄意或者恶意通过肢体、语言及网络等手段实施欺压、侮辱，造成另一方人身伤害、财产损失或者精神损害的行为。

第一百三十一条　对中国境内未满十八周岁的外国人、无国籍人，依照本法有关规定予以保护。

第一百三十二条　本法自2021年6月1日起施行。

中华人民共和国预防未成年人犯罪法

（1999年6月28日第九届全国人民代表大会常务委员会第十次会议通过 根据2012年10月26日第十一届全国人民代表大会常务委员会第二十九次会议《关于修改〈中华人民共和国预防未成年人犯罪法〉的决定》修正 2020年12月26日第十三届全国人民代表大会常务委员会第二十四次会议修订）

第一章 总 则

第一条 为了保障未成年人身心健康，培养未成年人良好品行，有效预防未成年人违法犯罪，制定本法。

第二条 预防未成年人犯罪，立足于教育和保护未成年人相结合，坚持预防为主、提前干预，对未成年人的不良行为和严重不良行为及时进行分级预防、干预和矫治。

第三条 开展预防未成年人犯罪工作，应当尊重未成年人人格尊严，保护未成年人的名誉权、隐私权和个人信息等合法权益。

第四条 预防未成年人犯罪，在各级人民政府组织下，实行综合治理。

国家机关、人民团体、社会组织、企业事业单位、居民委员会、村民委员会、学校、家庭等各负其责、相互配合，共同做好预防未成年人犯罪工作，及时消除滋生未成年人违法犯罪行为的各种消极因素，为未成年人身心健康发展创造良好的社会环境。

第五条 各级人民政府在预防未成年人犯罪方面的工作职责是：

（一）制定预防未成年人犯罪工作规划；

（二）组织公安、教育、民政、文化和旅游、市场监督管理、网信、卫生健康、新闻出版、电影、广播电视、司法行政等有关部门开展预防未成年人犯罪工作；

（三）为预防未成年人犯罪工作提供政策支持和经费保障；

（四）对本法的实施情况和工作规划的执行情况进行检查；

（五）组织开展预防未成年人犯罪宣传教育；

（六）其他预防未成年人犯罪工作职责。

第六条 国家加强专门学校建设，对有严重不良行为的未成年人进行专门教育。专门教育是国民教育体系的组成部分，是对有严重不良行为的未成年人进行教育和矫治的重要保护处分措施。

省级人民政府应当将专门教育发展和专门学校建设纳入经济社会发展规划。县级以上地方人民政府成立专门教育指导委员会，根据需要合理设置专门学校。

专门教育指导委员会由教育、民政、财政、人力资源社会保障、公安、司法行政、人民检察院、人民法院、共产主义青年团、妇女联合会、关心下一代工作委员会、专门学校等单位，以及律师、社会工作者等人员组成，研究确定专门学校教学、管理等相关工作。

专门学校建设和专门教育具体办法，由国务院规定。

第七条 公安机关、人民检察院、人民法院、司法行政部门应当由专门机构或者经过专业培训、熟悉未成年人身心特点的专门人员负责预防未成年人犯罪工作。

第八条 共产主义青年团、妇女联合会、工会、残疾人联合会、关心下一代工作委员会、青年联合会、学生联合会、少年先锋队以及有关社会组织，应当协助各级人民政府及其有关部门、人民检察院和人民法院做好预防未成年人犯罪工作，为预防未成年人犯罪培育社会力量，提供支持服务。

第九条 国家鼓励、支持和指导社会工作服务机构等社会组织参与预防未成年人犯罪相关工作，并加强监督。

第十条 任何组织或者个人不得教唆、胁迫、引诱未成年人实施不良行为或者严重不良行为，以及为未成年人实施上述行为提供条件。

第十一条 未成年人应当遵守法律法规及社会公共道德规范，树立自尊、自律、自强意识，增强辨别是非和自我保护的能力，自觉抵制各种不良行为以及违法犯罪行为的引诱和侵害。

第十二条　预防未成年人犯罪，应当结合未成年人不同年龄的生理、心理特点，加强青春期教育、心理关爱、心理矫治和预防犯罪对策的研究。

第十三条　国家鼓励和支持预防未成年人犯罪相关学科建设、专业设置、人才培养及科学研究，开展国际交流与合作。

第十四条　国家对预防未成年人犯罪工作有显著成绩的组织和个人，给予表彰和奖励。

第二章　预防犯罪的教育

第十五条　国家、社会、学校和家庭应当对未成年人加强社会主义核心价值观教育，开展预防犯罪教育，增强未成年人的法治观念，使未成年人树立遵纪守法和防范违法犯罪的意识，提高自我管控能力。

第十六条　未成年人的父母或者其他监护人对未成年人的预防犯罪教育负有直接责任，应当依法履行监护职责，树立优良家风，培养未成年人良好品行；发现未成年人心理或者行为异常的，应当及时了解情况并进行教育、引导和劝诫，不得拒绝或者怠于履行监护职责。

第十七条　教育行政部门、学校应当将预防犯罪教育纳入学校教学计划，指导教职员工结合未成年人的特点，采取多种方式对未成年学生进行有针对性的预防犯罪教育。

第十八条　学校应当聘任从事法治教育的专职或者兼职教师，并可以从司法和执法机关、法学教育和法律服务机构等单位聘请法治副校长、校外法治辅导员。

第十九条　学校应当配备专职或者兼职的心理健康教育教师，开展心理健康教育。学校可以根据实际情况与专业心理健康机构合作，建立心理健康筛查和早期干预机制，预防和解决学生心理、行为异常问题。

学校应当与未成年学生的父母或者其他监护人加强沟通，共同做好未成年学生心理健康教育；发现未成年学生可能患有精神障碍的，应当立即告知其父母或者其他监护人送相关专业机构诊治。

第二十条　教育行政部门应当会同有关部门建立学生欺凌防控制度。学校应当加强日常安全管理，完善学生欺凌发现和处置的工作流程，严格排查并及时消除可能导致学生欺凌行为的各种隐患。

第二十一条　教育行政部门鼓励和支持学校聘请社会工作者长期或者定期进驻学校，协助开展道德教育、法治教育、生命教育和心理健康教育，参与预防和处理学生欺凌等行为。

第二十二条　教育行政部门、学校应当通过举办讲座、座谈、培训等活动，介绍科学合理的教育方法，指导教职员工、未成年学生的父母或者其他监护人有效预防未成年人犯罪。

学校应当将预防犯罪教育计划告知未成年学生的父母或者其他监护人。未成年学生的父母或者其他监护人应当配合学校对未成年学生进行有针对性的预防犯罪教育。

第二十三条　教育行政部门应当将预防犯罪教育的工作效果纳入学校年度考核内容。

第二十四条　各级人民政府及其有关部门、人民检察院、人民法院、共产主义青年团、少年先锋队、妇女联合会、残疾人联合会、关心下一代工作委员会等应当结合实际，组织、举办多种形式的预防未成年人犯罪宣传教育活动。有条件的地方可以建立青少年法治教育基地，对未成年人开展法治教育。

第二十五条　居民委员会、村民委员会应当积极开展有针对性的预防未成年人犯罪宣传活动，协助公安机关维护学校周围治安，及时掌握本辖区内未成年人的监护、就学和就业情况，组织、引导社区社会组织参与预防未成年人犯罪工作。

第二十六条　青少年宫、儿童活动中心等校外活动场所应当把预防犯罪教育作为一项重要的工作内容，开展多种形式的宣传教育活动。

第二十七条　职业培训机构、用人单位在对已满十六周岁准备就业的未成年人进行职业培训时，应当将预防犯罪教育纳入培训内容。

第三章　对不良行为的干预

第二十八条　本法所称不良行为，是指未成年人实施的不利于其健康成长的下列行为：

（一）吸烟、饮酒；

（二）多次旷课、逃学；

（三）无故夜不归宿、离家出走；

（四）沉迷网络；

（五）与社会上具有不良习性的人交往，组织或者参加实施不良行为的团伙；

（六）进入法律法规规定未成年人不宜进入的场所；

（七）参与赌博、变相赌博，或者参加封建迷信、邪教等活动；

（八）阅览、观看或者收听宣扬淫秽、色情、暴力、恐怖、极端等内容的读物、音像制品或者网络信息等；

（九）其他不利于未成年人身心健康成长的不良行为。

第二十九条　未成年人的父母或者其他监护人发现未成年人有不良行为的，应当及时制止并加强管教。

第三十条　公安机关、居民委员会、村民委员会发现本辖区内未成年人有不良行为的，应当及时制止，并督促其父母或者其他监护人依法履行监护职责。

第三十一条　学校对有不良行为的未成年学生，应当加强管理教育，不得歧视；对拒不改正或者情节严重的，学校可以根据情况予以处分或者采取以下管理教育措施：

（一）予以训导；

（二）要求遵守特定的行为规范；

（三）要求参加特定的专题教育；

（四）要求参加校内服务活动；

（五）要求接受社会工作者或者其他专业人员的心理辅导和行为干预；

（六）其他适当的管理教育措施。

第三十二条　学校和家庭应当加强沟通，建立家校合作机制。学校决定对未成年学生采取管理教育措施的，应当及时告知其父母或者其他监护人；未成年学生的父母或者其他监护人应当支持、配合学校进行管理教育。

第三十三条　未成年学生偷窃少量财物，或者有殴打、辱骂、恐吓、强行索要财物等学生欺凌行为,情节轻微的,可以由学校依照本法第三十一条规定采取相应的管理教育措施。

第三十四条　未成年学生旷课、逃学的,学校应当及时联系其父母或者其他监护人,了解有关情况;无正当理由的,学校和未成年学生的父母或者其他监护人应当督促其返校学习。

第三十五条　未成年人无故夜不归宿、离家出走的,父母或者其他监护人、所在的寄宿制学校应当及时查找,必要时向公安机关报告。

收留夜不归宿、离家出走未成年人的,应当及时联系其父母或者其他监护人、所在学校;无法取得联系的,应当及时向公安机关报告。

第三十六条　对夜不归宿、离家出走或者流落街头的未成年人,公安机关、公共场所管理机构等发现或者接到报告后,应当及时采取有效保护措施,并通知其父母或者其他监护人、所在的寄宿制学校,必要时应当护送其返回住所、学校;无法与其父母或者其他监护人、学校取得联系的,应当护送未成年人到救助保护机构接受救助。

第三十七条　未成年人的父母或者其他监护人、学校发现未成年人组织或者参加实施不良行为的团伙,应当及时制止;发现该团伙有违法犯罪嫌疑的,应当立即向公安机关报告。

第四章　对严重不良行为的矫治

第三十八条　本法所称严重不良行为,是指未成年人实施的有刑法规定、因不满法定刑事责任年龄不予刑事处罚的行为,以及严重危害社会的下列行为:

（一）结伙斗殴,追逐、拦截他人,强拿硬要或者任意损毁、占用公私财物等寻衅滋事行为;

（二）非法携带枪支、弹药或者弩、匕首等国家规定的管制器具;

（三）殴打、辱骂、恐吓,或者故意伤害他人身体;

（四）盗窃、哄抢、抢夺或者故意损毁公私财物;

（五）传播淫秽的读物、音像制品或者信息等;

（六）卖淫、嫖娼,或者进行淫秽表演;

（七）吸食、注射毒品，或者向他人提供毒品；

（八）参与赌博赌资较大；

（九）其他严重危害社会的行为。

第三十九条　未成年人的父母或者其他监护人、学校、居民委员会、村民委员会发现有人教唆、胁迫、引诱未成年人实施严重不良行为的，应当立即向公安机关报告。公安机关接到报告或者发现有上述情形的，应当及时依法查处；对人身安全受到威胁的未成年人，应当立即采取有效保护措施。

第四十条　公安机关接到举报或者发现未成年人有严重不良行为的，应当及时制止，依法调查处理，并可以责令其父母或者其他监护人消除或者减轻违法后果，采取措施严加管教。

第四十一条　对有严重不良行为的未成年人，公安机关可以根据具体情况，采取以下矫治教育措施：

（一）予以训诫；

（二）责令赔礼道歉、赔偿损失；

（三）责令具结悔过；

（四）责令定期报告活动情况；

（五）责令遵守特定的行为规范，不得实施特定行为、接触特定人员或者进入特定场所；

（六）责令接受心理辅导、行为矫治；

（七）责令参加社会服务活动；

（八）责令接受社会观护，由社会组织、有关机构在适当场所对未成年人进行教育、监督和管束；

（九）其他适当的矫治教育措施。

第四十二条　公安机关在对未成年人进行矫治教育时，可以根据需要邀请学校、居民委员会、村民委员会以及社会工作服务机构等社会组织参与。

未成年人的父母或者其他监护人应当积极配合矫治教育措施的实施，不得妨碍阻挠或者放任不管。

第四十三条　对有严重不良行为的未成年人，未成年人的父母或者其他监护人、所在学校无力管教或者管教无效的，可以向教育行政部门提出申请，经专门教育指导委员会评估同意后，由教育行政部门决定送入专门学校接受专门教育。

第四十四条　未成年人有下列情形之一的，经专门教育指导委员会评估同意，教育行政部门会同公安机关可以决定将其送入专门学校接受专门教育：

（一）实施严重危害社会的行为，情节恶劣或者造成严重后果；

（二）多次实施严重危害社会的行为；

（三）拒不接受或者配合本法第四十一条规定的矫治教育措施；

（四）法律、行政法规规定的其他情形。

第四十五条　未成年人实施刑法规定的行为、因不满法定刑事责任年龄不予刑事处罚的，经专门教育指导委员会评估同意，教育行政部门会同公安机关可以决定对其进行专门矫治教育。

省级人民政府应当结合本地的实际情况，至少确定一所专门学校按照分校区、分班级等方式设置专门场所，对前款规定的未成年人进行专门矫治教育。

前款规定的专门场所实行闭环管理，公安机关、司法行政部门负责未成年人的矫治工作，教育行政部门承担未成年人的教育工作。

第四十六条　专门学校应当在每个学期适时提请专门教育指导委员会对接受专门教育的未成年学生的情况进行评估。对经评估适合转回普通学校就读的，专门教育指导委员会应当向原决定机关提出书面建议，由原决定机关决定是否将未成年学生转回普通学校就读。

原决定机关决定将未成年学生转回普通学校的，其原所在学校不得拒绝接收；因特殊情况，不适宜转回原所在学校的，由教育行政部门安排转学。

第四十七条　专门学校应当对接受专门教育的未成年人分级分类进行教育和矫治，有针对性地开展道德教育、法治教育、心理健康教育，并根据实际情况进行职业教育；对没有完成义务教育的未成年人，应当保证其继续接受义务教育。

专门学校的未成年学生的学籍保留在原学校，符合毕业条件的，原学校应当颁发毕业证书。

第四十八条　专门学校应当与接受专门教育的未成年人的父母或者其他监护人加强联系，定期向其反馈未成年人的矫治和教育情况，为父母或者其他监护人、亲属等看望未成年人提供便利。

第四十九条　未成年人及其父母或者其他监护人对本章规定的行政决定不服的，可以依法提起行政复议或者行政诉讼。

第五章　对重新犯罪的预防

第五十条　公安机关、人民检察院、人民法院办理未成年人刑事案件，应当根据未成年人的生理、心理特点和犯罪的情况，有针对性地进行法治教育。

对涉及刑事案件的未成年人进行教育，其法定代理人以外的成年亲属或者教师、辅导员等参与有利于感化、挽救未成年人的，公安机关、人民检察院、人民法院应当邀请其参加有关活动。

第五十一条　公安机关、人民检察院、人民法院办理未成年人刑事案件，可以自行或者委托有关社会组织、机构对未成年犯罪嫌疑人或者被告人的成长经历、犯罪原因、监护、教育等情况进行社会调查；根据实际需要并经未成年犯罪嫌疑人、被告人及其法定代理人同意，可以对未成年犯罪嫌疑人、被告人进行心理测评。

社会调查和心理测评的报告可以作为办理案件和教育未成年人的参考。

第五十二条　公安机关、人民检察院、人民法院对于无固定住所、无法提供保证人的未成年人适用取保候审的，应当指定合适成年人作为保证人，必要时可以安排取保候审的未成年人接受社会观护。

第五十三条　对被拘留、逮捕以及在未成年犯管教所执行刑罚的未成年人，应当与成年人分别关押、管理和教育。对未成年人的社区矫正，应当与成年人分别进行。

对有上述情形且没有完成义务教育的未成年人，公安机关、人民检察院、人民法院、司法行政部门应当与教育行政部门相互配合，保证其继续接受义务教育。

第五十四条　未成年犯管教所、社区矫正机构应当对未成年犯、未成年社区矫正对象加强法治教育，并根据实际情况对其进行职业教育。

第五十五条　社区矫正机构应当告知未成年社区矫正对象安置帮教的有关规定，并配合安置帮教工作部门落实或者解决未成年社区矫正对象的就学、就业等问题。

第五十六条　对刑满释放的未成年人，未成年犯管教所应当提前通知其父母或者其他监护人按时接回，并协助落实安置帮教措施。没有父母或者其他监护人、无法查明其父母或者其他监护人的，未成年犯管教所应当提前通知未成年人原户籍所在地或者居住地的司法行政部门安排人员按时接回，由民政部门或者居民委员会、村民委员会依法对其进行监护。

第五十七条　未成年人的父母或者其他监护人和学校、居民委员会、村民委员会对接受社区矫正、刑满释放的未成年人，应当采取有效的帮教措施，协助司法机关以及有关部门做好安置帮教工作。

居民委员会、村民委员会可以聘请思想品德优秀，作风正派，热心未成年人工作的离退休人员、志愿者或其他人员协助做好前款规定的安置帮教工作。

第五十八条　刑满释放和接受社区矫正的未成年人，在复学、升学、就业等方面依法享有与其他未成年人同等的权利，任何单位和个人不得歧视。

第五十九条　未成年人的犯罪记录依法被封存的，公安机关、人民检察院、人民法院和司法行政部门不得向任何单位或者个人提供，但司法机关因办案需要或者有关单位根据国家有关规定进行查询的除外。依法进行查询的单位和个人应当对相关记录信息予以保密。

未成年人接受专门矫治教育、专门教育的记录，以及被行政处罚、采取刑事强制措施和不起诉的记录，适用前款规定。

第六十条　人民检察院通过依法行使检察权，对未成年人重新犯罪预防工作等进行监督。

第六章　法律责任

第六十一条　公安机关、人民检察院、人民法院在办理案件过程中发现实施严重不良行为的未成年人的父母或者其他监护人不依法履行监护职责的，应当予以训诫，并可以责令其接受家庭教育指导。

第六十二条 学校及其教职员工违反本法规定，不履行预防未成年人犯罪工作职责，或者虐待、歧视相关未成年人的，由教育行政等部门责令改正，通报批评；情节严重的，对直接负责的主管人员和其他直接责任人员依法给予处分。构成违反治安管理行为的，由公安机关依法予以治安管理处罚。

教职员工教唆、胁迫、引诱未成年人实施不良行为或者严重不良行为，以及品行不良、影响恶劣的，教育行政部门、学校应当依法予以解聘或者辞退。

第六十三条 违反本法规定，在复学、升学、就业等方面歧视相关未成年人的，由所在单位或者教育、人力资源社会保障等部门责令改正；拒不改正的，对直接负责的主管人员或者其他直接责任人员依法给予处分。

第六十四条 有关社会组织、机构及其工作人员虐待、歧视接受社会观护的未成年人，或者出具虚假社会调查、心理测评报告的，由民政、司法行政等部门对直接负责的主管人员或者其他直接责任人员依法给予处分，构成违反治安管理行为的，由公安机关予以治安管理处罚。

第六十五条 教唆、胁迫、引诱未成年人实施不良行为或者严重不良行为，构成违反治安管理行为的，由公安机关依法予以治安管理处罚。

第六十六条 国家机关及其工作人员在预防未成年人犯罪工作中滥用职权、玩忽职守、徇私舞弊的，对直接负责的主管人员和其他直接责任人员，依法给予处分。

第六十七条 违反本法规定，构成犯罪的，依法追究刑事责任。

第七章 附 则

第六十八条 本法自 2021 年 6 月 1 日起施行。

行政法规

中华人民共和国学位条例暂行实施办法

(国务院学位委员会制定　1981年5月20日国务院批准)

第一条　根据中华人民共和国学位条例,制定本暂行实施办法。

第二条　学位按下列学科的门类授予:哲学、经济学、法学、教育学、文学、历史学、理学、工学、农学、医学。

学士学位

第三条　学士学位由国务院授权的高等学校授予。

高等学校本科学生完成教学计划的各项要求,经审核准予毕业,其课程学习和毕业论文(毕业设计或其他毕业实践环节)的成绩,表明确已较好地掌握本门学科的基础理论、专门知识和基本技能,并且有从事科学研究工作或担负专门技术工作的初步能力的,授予学士学位。

第四条　授予学士学位的高等学校,应当由系逐个审核本科毕业生的成绩和毕业鉴定等材料,对符合本暂行办法第三条及有关规定的,可向学校学位评定委员会提名,列入学士学位获得者的名单。

非授予学士学位的高等学校,对达到学士学术水平的本科毕业生,应当由系向学校提出名单,经学校同意后,由学校就近向本系统、本地区的授予学士学位的高等学校推荐。授予学士学位的高等学校有关的系,对非授予学士学位的高等学校推荐的本科毕业生进行审查考核,认为符合本暂行办法第三条及有关规定的,可向学校学位评定委员会提名,列入学士学位获得者的名单。

第五条　学士学位获得者的名单,经授予学士学位的高等学校学位评定委员会审查通过,由授予学士学位的高等学校授予学士学位。

硕士学位

第六条　硕士学位由国务院授权的高等学校和科学研究机构授予。

申请硕士学位人员应当在学位授予单位规定的期限内，向学位授予单位提交申请书和申请硕士学位的学术论文等材料。学位授予单位应当在申请日期截止后两个月内进行审查，决定是否同意申请，并将结果通知申请人及其所在单位。

非学位授予单位应届毕业的研究生申请时，应当送交本单位关于申请硕士学位的推荐书。

同等学力人员申请时，应当送交两位副教授、教授或相当职称的专家的推荐书。学位授予单位对未具有大学毕业学历的申请人员，可以在接受申请前，采取适当方式，考核其某些大学课程。

申请人员不得同时向两个学位授予单位提出申请。

第七条 硕士学位的考试课程和要求：

（一）马克思主义理论课，要求掌握马克思主义的基本理论；

（二）基础理论课和专业课，一般为三至四门，要求掌握坚实的基础理论和系统的专门知识；

（三）一门外国语，要求比较熟练地阅读本专业的外文资料。

学位授予单位研究生的硕士学位课程考试，可按上述的课程要求，结合培养计划安排进行。

非学位授予单位研究生的硕士学位课程考试，由学位授予单位组织进行。凡经学位授予单位审核，认为其在原单位的课程考试内容和成绩合格的，可以免除部分或全部课程考试。

同等学力人员的硕士学位课程考试，由学位授予单位组织进行。

申请硕士学位人员必须通过规定的课程考试，成绩合格，方可参加论文答辩。规定考试的课程中，如有一门不及格，可在半年内申请补考一次，补考不及格的，不能参加论文答辩。

试行学分制的学位授予单位，应当按上述的课程要求，规定授予硕士学位所应取得的课程学分。申请硕士学位人员必须取得规定的学分后，方可参加论文答辩。

第八条 硕士学位论文对所研究地课题应当有新的见解，表明作者具有从事科学研究工作或独立担负专门技术工作的能力。

学位授予单位应当聘请一至二位与论文有关学科的专家评阅论文。评阅人应当对论文写出详细的学术评语,供论文答辩委员会参考。

硕士学位论文答辩委员会由三至五人组成。成员中一般应当有外单位的专家。论文答辩委员会主席由副教授、教授或相当职称的专家担任。

论文答辩委员会根据答辩的情况,就是否授予硕士学位作出决议。决议采取不记名投票方式,经全体成员三分之二以上同意,方得通过。决议经论文答辩委员会主席签字后,报送学位评定委员会。会议应当有记录。

硕士学位论文答辩不合格的,经论文答辩委员会同意,可在一年内修改论文,重新答辩一次。

第九条 硕士学位论文答辩委员会多数成员如认为申请人的论文已相当于博士学位的学术水平,除作出授予硕士学位的决议外,可向授予博士学位的单位提出建议,由授予博士学位的单位按本暂行办法博士学位部分中有关规定办理。

博士学位

第十条 博士学位由国务院授权的高等学校和科学研究机构授予。

申请博士学位人员应当在学位授予单位规定的期限内,向学位授予单位提交申请书和申请博士学位的学术论文等材料。学位授予单位应当在申请日期截止后两个月内进行审查,决定是否同意申请,并将结果通知申请人及其所在单位。

同等学力人员申请时,应当送交两位教授或相当职称的专家的推荐书。学位授予单位对未获得硕士学位的申请人员,可以在接受申请前,采取适当方式,考核其某些硕士学位的基础理论课和专业课。

申请人员不得同时向两个学位授予单位提出申请。

第十一条 博士学位的考试课程和要求:

(一)马克思主义理论课,要求较好地掌握马克思主义的基本理论。

(二)基础理论课和专业课,要求掌握坚实宽广的基础理论和系统深入的专门知识,考试范围由学位授予单位的学位评定委员会审定,基础理论课和专业课的考试,由学位授予单位学位评定委员会指定三位专家组成的考试委员会主持,考试委员会主席必须由教授、副教授或相当职称的专家担任；

（三）两门外国语，第一外语要求熟练地阅读本专业的外文资料，并具有一定的写作能力，第二外国语要求有阅读本专业外文资料的初步能力，个别学科、专业，经学位授予单位的学位评定委员会审定，可只考第一外国语。

攻读博士学位研究生的课程考试，可按上述的课程要求，结合培养计划安排进行。

第十二条　申请博士学位人员必须通过博士学位的课程考试，成绩合格，方可参加博士学位论文答辩。

申请博士学位人员在科学或专门技术上有重要著作、发明、发现或发展的，应当向学位授予单位提交有关的出版著作、发明的鉴定或证明书等材料，经两位教授或相当职称的专家推荐，学位授予单位按本暂行办法第十一条审查同意，可以免除部分或全部课程考试。

第十三条　博士学位论文应当表明作者具有独立从事科学研究工作的能力，并在科学或专门技术上做出创造性的成果。博士学位论文或摘要，应当在答辩前三个月印送有关单位，并经同行评议。

学位授予单位应当聘请两位与论文有关学科的专家评阅论文，其中一位应当是外单位的专家。评阅人应当对论文写出详细的学术评语，供论文答辩委员会参考。

第十四条　博士学位论文答辩委员会由五至七人组成。成员的半数以上应当是教授或相当职称的专家。成员中必须包括二至三位外单位的专家。论文答辩委员会主席一般应当由教授或相当职称的专家担任。

论文答辩委员会根据答辩的情况，就是否授予博士学位作出决议。决议采取不记名投票方式，经全体成员三分之二以上同意，方得通过。决议经论文答辩委员会主席签字后，报送学位评定委员会。会议应当有记录。

博士学位的论文答辩一般应当公开举行；已经通过的博士学位论文或摘要应当公开发表（保密专业除外）。

博士学位论文答辩不合格的，经论文答辩委员会同意，可在两年内修改论文，重新答辩一次。

第十五条　博士学位论文答辩委员会认为申请人的论文虽未达到博士学位的学术水平，但已达到硕士学位的学术水平，而且申请人尚未获得过该学科硕士学位的，可作出授予硕士学位的决议，报送学位评定委员会。

名誉博士学位

第十六条　名誉博士学位由国务院授权授予博士学位的单位授予。

第十七条　授予名誉博士学位须经学位授予单位的学位评定委员会讨论通过，由学位授予单位报国务院学位委员会批准后授予。

学位评定委员会

第十八条　学位授予单位的学位评定委员会根据国务院批准的授予学位的权限，分别履行以下职责：

（一）审查通过接受申请硕士学位和博士学位的人员名单；

（二）确定硕士学位的考试科目、门数和博士学位基础理论课和专业课的考试范围，审批主考人和论文答辩委员会成员名单；

（三）通过学士学位获得者的名单；

（四）作出授予硕士学位的决定；

（五）审批申请博士学位人员免除部分或全部课程考试的名单；

（六）作出授予博士学位的决定；

（七）通过授予名誉博士学位的人员名单；

（八）作出撤销违反规定而授予学位的决定；

（九）研究和处理授予学位的争议和其他事项。

第十九条　学位授予单位的学位评定委员会由九至二十五人组成，任期二至三年。成员应当包括学位授予单位主要负责人和教学、研究人员。

授予学士学位的高等学校，参加学位评定委员会的教学人员应当从本校讲师以上教师中遴选。授予学士学位、硕士学位和博士学位的单位，参加学位评定委员会的教学、研究人员主要应当从本单位副教授、教授或相当职称的专家中遴选。授予博士学位的单位，学位评定委员会中至少应当有半数以上的教授或相当职称的专家。

学位评定委员会主席由学位授予单位具有教授、副教授或相当职称的主要负责人（高等学校校长，主管教学、科学研究和研究生工作的副校长，或科学研究机构相当职称的人员）担任。

学位评定委员会可以按学位的学科门类，设置若干分委员会。各由七至十五人组成，任期二至三年。分委员会主席必须由学位评定委员会委员担任。分委员会协助学位评定委员会工作。

学位评定委员会成员名单，应当由各学位授予单位报主管部门批准，主管部门转报国务院学位委员会备案。

学位评定委员会可根据需要，配备必要的专职或兼职的工作人员，处理日常工作。

第二十条　学位授予单位每年应当将授予学士学位的人数、授予硕士学位和博士学位的名单及有关材料，分别报主管部门和国务院学位委员会备案。

其他规定

第二十一条　在我国学习的外国留学生申请学士学位，参照本暂行办法第三条及有关规定办理。

在我国学习的外国留学生和从事研究或教学工作的外国学者申请硕士学位或博上学位，参照本暂行办法的有关规定办理。

第二十二条　学士学位的证书格式，由教育部制定。硕士学位和博士学位的证书格式，由国务院学位委员会制定。学位获得者的学位证书，由学位授予单位发给。

第二十三条　已经通过的硕士学位和博士学位的论文，应当交存学位授予单位图书馆一份，已经通过的博士学位论文，还应当交存北京图书馆和有关的专业图书馆各一份。

第二十四条　在职人员申请硕士学位或博士学位，经学位授予单位审核同意参加课程考试和论文答辩后，准备参加考试或答辩，可享有不超过两个月的假期。

第二十五条　学位授予单位可根据本暂行实施办法，制定本单位授予学位的工作细则。

普通高等学校设置暂行条例

（1986年12月15日国务院发布）

第一章 总 则

第一条 为了加强高等教育的宏观管理，保证普通高等学校的教育质量，促进高等教育事业有计划、按比例地协调发展，制定本条例。

第二条 本条例所称的普通高等学校，是指以通过国家规定的专门入学考试的高级中学毕业学生为主要培养对象的全日制大学、独立设置的学院和高等专科学校、高等职业学校。

普通高等学校的设置，由国家教育委员会审批。

第三条 国家教育委员会应当根据经济建设和社会发展的需要、人才需求的科学预测和办学条件的实际可能，编制全国普通高等教育事业发展规划，调整普通高等教育的结构，妥善地处理发展普通高等教育同发展成人高等教育、中等专业教育和基础教育的关系，合理地确定科类和层次。

第四条 国家教育委员会应当根据学校的人才培养目标、招生及分配面向地区以及现有普通高等学校的分布状况等，统筹规划普通高等学校的布局，并注意在高等教育事业需要加强的省、自治区有计划地设置普通高等学校。

第五条 凡通过现有普通高等学校的扩大招生、增设专业、接受委托培养、联合办学及发展成人高等教育等途径，能够基本满足人才需求的，不另行增设普通高等学校。

第二章 设置标准

第六条 设置普通高等学校，应当配备具有较高政治素质和管理高等教育工作的能力、达到大学本科毕业文化水平的专职校（院）长和副校（院）长。同时，还应当配备专职思想政治工作和系科、专业的负责人。

第七条　设置普通高等学校，须按下列规定配备与学校的专业设置、学生人数相适应的合格教师：

（一）大学及学院在建校招生时，各门公共必修课程和专业基础必修课程，至少应当分别配备具有讲师职务以上的专任教师二人；各门专业必修课程，至少应当分别配备具有讲师职务以上的专任教师一人。具有副教授职务以上的专任教师人数，应当不低于本校（院）专任教师总数的10%。

（二）高等专科学校及高等职业学校在建校招生时，各门公共必修课程和专业基础必修课程，至少应当分别配备具有讲师职务以上的专任教师二人；各门主要专业课程至少应当分别配备具有讲师职务以上的专任教师一人。具有副教授职务以上的专任教师人数，应当不低于本校专任教师总数的5%。

（三）大学及学院的兼任教师人数，应当不超过本校（院）专任教师人数的四分之一；高等专科学校的兼任教师人数，应当不超过本校专任教师的三分之一；高等职业学校的兼任教师人数，应当不超过本校专任教师的二分之一。

少数地区或特殊科类的普通高等学校建校招生，具有副教授职务以上的专任教师达不到第（一）、（二）项要求的，需经国家教育委员会批准。

第八条　设置普通高等学校，须有与学校的学科门类和规模相适应的土地和校舍，保证教学、生活、体育锻炼及学校长远发展的需要。普通高等学校的占地面积及校舍建筑面积，参照国家规定的一般高等学校校舍规划面积的定额核算。

普通高等学校的校舍可分期建设，但其可供使用的校舍面积，应当保证各年度招生的需要。

第九条　普通高等学校在建校招生时，大学及学院的适用图书，文科、政法、财经院校应当不少于八万册；理、工、农、医院校应当不少于六万册。高等专科学校及高等职业学校的适用图书，文科、政法、财经学校应当不少于五万册；理、工、农、医学校应当不少于四万册。并应当按照专业性质、学生人数分别配置必需的仪器、设备、标本、模型。

理、工、农院校应当有必需的教学实习工厂或农（林）场和固定的生产实习基地；师范院校应当有附属的实验学校或固定的实习学校；医学院校至少应当有一所附属医院和适应需要的教学医院。

第十条　设置普通高等学校所需的基本建设投资和教育事业费，须有稳定的来源和切实的保证。

第三章　学校名称

第十一条　设置普通高等学校，应当根据学校的人才培养目标、学科门类、规模、领导体制、所在地等，确定名实相符的学校名称。

第十二条　称为大学的，须符合下列规定：

（一）主要培养本科及本科以上专门人才；

（二）在文科（含文学、历史、哲学、艺术）、政法、财经、教育（含体育）、理科、工科、农林、医药等八个学科门类中，以三个以上不同学科为主要学科；

（三）具有较强的教学、科学研究力量和较高的教学、科学研究水平；

（四）全日制在校学生计划规模在五千人以上。但边远地区或有特殊需要，经国家教育委员会批准，可以不受此限。

第十三条　称为学院的，须符合下列规定：

（一）主要培养本科及本科以上专门人才；

（二）以本条例第十二条第（二）项所列学科门类中的一个学科为主要学科；

（三）全日制在校学生计划规模在三千人以上。但艺术、体育及其他特殊科类或有特殊需要的学院，经国家教育委员会批准，可以不受此限。

第十四条　称为高等专科学校的，须符合下列规定：

（一）主要培养高等专科层次的专门人才；

（二）以本条例第十二条第（二）项所列学科门类中的一个学科为主要学科；

（三）全日制在校学生计划规模在一千人以上。但边远地区或有特殊需要的学校，经国家教育委员会批准，可以不受此限。

第十五条　称为高等职业学校的，须符合下列规定：

（一）主要培养高等专科层次的专门人才；

（二）以职业技术教育为主；

（三）全日制在校学生计划规模在一千人以上。但边远地区或有特殊需要的学校，经国家教育委员会批准，可以不受此限。

第四章　审批验收

第十六条　国家教育委员会每年第三季度办理设置普通高等学校的审批手续。设置普通高等学校的主管部门，应当在每年第三季度以前提出申请，逾期则延至下一年度审批时间办理。

第十七条　设置普通高等学校的审批程序，一般分为审批筹建和审批正式建校招生两个阶段。完全具备建校招生条件的，也可以直接申请正式建校招生。

第十八条　设置普通高等学校，应当由学校的主管部门邀请教育、计划、人才需求预测、劳动人事、财政、基本建设等有关部门和专家共同进行论证，并提出论证报告。

论证报告应当包括下列内容：

（一）拟建学校的名称、校址、学科门类、专业设置、人才培养目标、规模、领导体制、招生及分配面向地区；

（二）人才需求预测、办学效益、高等教育的布局；

（三）拟建学校的师资来源、经费来源、基建计划。

第十九条　凡经过论证，确需设置普通高等学校的，按学校隶属关系，由省、自治区、直辖市人民政府或国务院有关部门向国家教育委员会提出筹建普通高等学校申请书，并附交论证报告。

国务院有关部门申请筹建普通高等学校，还应当附交学校所在地的省、自治区、直辖市人民政府的意见书。

第二十条　普通高等学校的筹建期限，从批准之日起，应当不少于一年，但最长不得超过五年。

第二十一条　经批准筹建的普通高等学校，凡符合本条例第二章规定的，按学校隶属关系，由省、自治区、直辖市人民政府或国务院有关部门向国家教育委员会提出正式建校招生申请书，并附交筹建情况报告。

第二十二条　国家教育委员会在接到筹建普通高等学校申请书，或正式建校招生申请书后，应当进行审查，并作出是否准予筹建或正式建校招生的决定。

第二十三条　为保证新建普通高等学校的办学质量，由国家教育委员会或它委托的机构，对新建普通高等学校第一届毕业生进行考核验收。

第二十四条　经批准建立的普通高等学校，从批准正式建校招生之日起十年内，应当达到审定的计划规模及正常的教师配备标准和办学条件。国家教育委员会或它委托的机构负责对此进行审核验收。

第五章　检查处理

第二十五条　凡违反本规定有下列情形之一的，由国家教育委员会区别情况，责令其调整、整顿、停止招生或停办：

（一）虚报条件，筹建或建立普通高等学校的；

（二）擅自筹建或建校招生的；

（三）超过筹建期限，未具备招生条件的；

（四）第一届毕业生经考核验收达不到规定要求的；

（五）在规定期限内，达不到审定的计划规模及正常的教师配备标准和办学条件的。

第六章　附　则

第二十六条　对本条例施行前设置或变更学校名称的普通高等学校，应当参照本条例，进行整顿。整顿办法，由国家教育委员会另行制定。

第二十七条　本条例由国家教育委员会负责解释。

第二十八条　本条例自发布之日起施行。

扫除文盲工作条例

（1988年2月5日国务院发布 根据1993年8月1日《国务院关于修改〈扫除文盲工作条例〉的决定》修正）

第一条 为了提高中华民族的文化素质，促进社会主义物质文明和精神文明建设，根据《中华人民共和国宪法》的有关规定，制定本条例。

第二条 凡年满十五周岁以上的文盲、半文盲公民，除丧失学习能力的以外，不分性别、民族、种族，均有接受扫除文盲教育的权利和义务。

对丧失学习能力者的鉴定，由县级人民政府教育行政部门组织进行。

第三条 地方各级人民政府应当加强对扫除文盲工作的领导，制订本地区的规划和措施，组织有关方面分工协作，具体实施，并按规划的要求完成扫除文盲任务。地方各级教育行政部门应当加强对扫除文盲工作的具体管理。

城乡基层单位的扫除文盲工作，在当地人民政府的领导下，由单位行政领导负责。

村民委员会、居民委员会应当积极协助组织扫除文盲工作。

第四条 扫除文盲与普及初等义务教育应当统筹规划，同步实施。已经实现基本普及初等义务教育，尚未完成扫除文盲任务的地方，应在五年以内实现基本扫除文盲的目标。

第五条 扫除文盲教育应当讲求实效，把学习文化同学习科学技术知识结合起来，在农村把学习文化同学习农业科学技术知识结合起来。

扫除文盲教育的形式应当因地制宜，灵活多样。

扫除文盲教育的教材，由省、自治区、直辖市教育行政部门审定。

第六条 扫除文盲教学应当使用全国通用的普通话。在少数民族地区可以使用本民族语言文字教学，也可以使用当地各民族通用的语言文字教学。

第七条　个人脱盲的标准是：农民识一千五百个汉字，企业和事业单位职工、城镇居民识二千个汉字；能够看懂浅显通俗的报刊、文章，能够记简单的账目，能够书写简单的应用文。

用当地民族语言文字扫盲的地方，脱盲标准由省、自治区人民政府根据前款规定制定。

基本扫除文盲单位的标准是：其下属的每个单位一九四九年十月一日以后出生的年满十五周岁以上人口中的非文盲人数，除丧失学习能力的以外，在农村达到95%以上，在城镇达到98%以上；复盲率低于5%。

基本扫除文盲的单位应当普及初等义务教育。

第八条　扫除文盲实行验收制度。扫除文盲的学员由所在乡（镇）人民政府、城市街道办事处或同级企业、事业单位组织考核，对达到脱盲标准的，发给"脱盲证书"。

基本扫除文盲的市、县（区），由省、自治区、直辖市人民政府验收；乡（镇）、城市的街道，由上一级人民政府验收；企业、事业单位，由所在地人民政府验收。对符合标准的，发给"基本扫除文盲单位证书"。

第九条　地方各级人民政府应当制定措施，督促基本扫除文盲的单位制订规划，继续扫除剩余文盲。在农村，应当积极办好乡（镇）、村文化技术学校，采取农科教相结合等多种形式巩固扫盲成果。

第十条　扫除文盲教师由乡（镇）、街道、村和企业、事业单位聘用，并给予相应报酬。

当地普通学校、文化馆（站）等有关方面均应积极承担扫除文盲的教学工作。

鼓励社会上一切有扫除文盲教育能力的人员参与扫除文盲教学活动。

第十一条　地方各级人民政府应当在教育事业编制中，充实县、乡（镇）成人教育专职工作人员，加强对农村扫除文盲工作的管理。

第十二条　扫除文盲教育所需经费采取多渠道办法解决。除下列各项外，由地方各级人民政府给予必要的补助：

（一）由乡（镇）人民政府、街道办事处组织村民委员会或有关单位自筹；

（二）企业、事业单位的扫除文盲经费，在职工教育经费中列支；

（三）农村征收的教育事业费附加，应当安排一部分用于农村扫除文盲教育。

各级教育行政部门在扫除文盲工作中，培训专职工作人员和教师，编写教材和读物，开展教研活动，以及交流经验和奖励先进等所需费用，在教育事业费中列支。

鼓励社会力量和个人自愿资助扫除文盲教育。

第十三条　扫除文盲工作实行行政领导责任制。扫盲任务应当列为县、乡（镇）、城市街道和企业、事业单位行政负责人的职责，作为考核工作成绩的一项重要内容。

对未按规划完成扫除文盲任务的单位，由地方各级人民政府处理。

地方各级人民政府应定期向上一级人民政府报告扫除文盲工作的情况，接受检查、监督。

第十四条　国家教育委员会定期对在扫除文盲工作中做出突出贡献的单位或个人颁发"扫盲奖"。地方各级人民政府也应当对在扫除文盲工作中成绩显著的单位或个人予以表彰、奖励。

对在规定期限内具备学习条件而不参加扫除文盲学习的适龄文盲、半文盲公民，当地人民政府应当进行批评教育，并采取切实有效的措施组织入学，使其达到脱盲标准。

第十五条　省、自治区、直辖市人民政府可以根据本条例，结合本地实际情况，制定实施办法。

第十六条　本条例由国家教育委员会负责解释。

第十七条　本条例自发布之日起施行。

高等教育自学考试暂行条例

（1988年3月3日国务院发布 根据2014年7月29日《国务院关于修改部分行政法规的决定》修订）

第一章 总 则

第一条 为建立高等教育自学考试制度，完善高等教育体系，根据宪法第十九条"鼓励自学成才"的规定，制定本条例。

第二条 本条例所称高等教育自学考试，是对自学者进行以学历考试为主的高等教育国家考试，是个人自学、社会助学和国家考试相结合的高等教育形式。

高等教育自学考试的任务，是通过国家考试促进广泛的个人自学和社会助学活动，推进在职专业教育和大学后继续教育，造就和选拔德才兼备的专门人才，提高全民族的思想道德、科学文化素质，适应社会主义现代化建设的需要。

第三条 中华人民共和国公民，不受性别、年龄、民族、种族和已受教育程度的限制，均可依照本条例的规定参加高等教育自学考试。

第四条 高等教育自学考试，应以教育为社会主义建设服务为根本方向，讲求社会效益，保证人才质量。根据经济建设和社会发展的需要，人才需求的科学预测和开考条件的实际可能，设置考试专业。

第五条 高等教育自学考试的专科（基础科）、本科等学历层次，与普通高等学校的学历层次水平的要求应相一致。

第二章 考试机构

第六条 全国高等教育自学考试指导委员会（以下简称"全国考委"）

在国家教育委员会领导下，负责全国高等教育自学考试工作。

全国考委由国务院教育、计划、财政、劳动人事部门的负责人，军队和有关人民团体的负责人，以及部分高等学校的校（院）长、专家、学者组成。

全国考委的职责是：

（一）根据国家的教育方针和有关政策、法规，制定高等教育自学考试的具体政策和业务规范；

（二）指导和协调各省、自治区、直辖市的高等教育自学考试工作；

（三）制定高等教育自学考试开考专业的规划，审批或委托有关省、自治区、直辖市的高等教育自学考试机构审批开考专业；

（四）制定和审定高等教育自学考试专业考试计划、课程自学考试大纲；

（五）根据本条例，对高等教育自学考试的有效性进行审查；

（六）组织高等教育自学考试的研究工作。

国家教育委员会设立高等教育自学考试工作管理机构，该机构同时作为全国考委的日常办事机构。

第七条　全国考委根据工作需要设立若干专业委员会，负责拟订专业考试计划和课程自学考试大纲，组织编写和推荐适合自学的高等教育教材，对本专业考试工作进行业务指导和质量评估。

第八条　省、自治区、直辖市高等教育自学考试委员会（以下简称"省考委"）在省、自治区、直辖市人民政府领导和全国考委指导下进行工作。省考委的组成，参照全国考委的组成确定。

省考委的职责是：

（一）贯彻执行高等教育自学考试的方针、政策、法规和业务规范；

（二）在全国考委关于开考专业的规划和原则的指导下，结合本地实际拟定开考专业，指定主考学校；

（三）组织本地区开考专业的考试工作；

（四）负责本地区应考者的考籍管理，颁发单作合格证书和毕业证书；

（五）指导本地区的社会助学活动；

（六）根据国家教育委员会的委托，对已经批准建校招生的成人高等学校的教学质量，通过考试的方法进行检查。

省、自治区、直辖市教育行政部门设立高等教育自学考试工作管理机构，该机构同时作为省考委的日常办事机构。

第九条 省、自治区人民政府的派出机关所辖地区（以下简称"地区"）、市、直辖市的市辖区高等教育自学考试工作委员会（以下简称"地市考委"）在地区行署或市（区）人民政府领导和省考委的指导下进行工作。

地市考委的职责是：

（一）负责本地区高等教育自学考试的组织工作；

（二）指导本地区的社会助学活动；

（三）负责组织本地区高等教育自学考试毕业人员的思想品德鉴定工作。

地市考委的日常工作由当地教育行政部门负责。

第十条 主考学校由省考委遴选专业师资力量较强的全日制普通高等学校担任。主考学校在高等教育自学考试工作上接受省考委的领导，参与命题和评卷，负责有关实践性学习环节的考核，在毕业证书上副署，办理省考委交办的其他有关工作。

主考学校应设立高等教育自学考试办事机构，根据任务配备专职工作人员，所需编制列入学校总编制数内，由学校主管部门解决。

第三章 开考专业

第十一条 高等教育自学考试开考新专业，由省考委组织相关部门和专家进行论证，并提出申请，报全国考委审批。

第十二条 可以实行省际协作开考新专业。

第十三条 开考新专业必须具备下列条件：

（一）有健全的工作机构，必要的专职人员和经费；

（二）有符合本条例第一条规定的主考学校；

（三）有专业考试计划；

（四）有保证实践性环节考核的必要条件。

第十四条 开考承认学历的新专业，一般应在普通高等学校已有专业目录中选择确定。

第十五条 国务院各部委、各直属机构和军队系统要求开考本系统所需专业的，可以委托省考委组织办理，或由全国考委协调办理。

第十六条 全国考委每年一次集中进行专业审批。省考委应于每年六月底前将申报材料报送全国考委，逾期者延至下一年度重新申季办理。审批结果由全国考委于当年第三季度内下达。凡批准开考的专业均可于次年接受报考，并于首次开考前半年向社会公布开考专业名称和专业考试计划。

第四章 考试办法

第十七条 高等教育自学考试的命题由全国考委统筹安排，分别采取全国统一命题、区域命题、省级命题三种办法。逐步建立题库，实现必要的命题标准化。

试题（包括副题）及参考答案，评分标准启用前属绝密材料。

第十八条 各专业考试计划的安排，专科（基础科）一般为三至四年，本科一般为四至五年。

第十九条 按照专业考试计划的要求，每门课程进行一次性考试。课程考试合格者，发给单科合格证书，并按规定计算学分。不及格者，可参加下一次该门课程的考试。

第二十条 报考人员可在本地区的开考专业范围内，自愿选择考试专业，但根据专业要求对报考对象作职业上必要限制的专业除外。

提倡在职人员按照学用一致的原则选择考试专业。

各级各类全日制学校的在校生不得报考。

第二十一条 报考人员应按本地区的有关规定，到省考委或地市考委指定的单位办理报名手续。

第二十二条 已经取得高等学校研究生、本科生或专科生学历的人员参加高等教育自学考试的，可以按照有关规定免考部分课程。

第二十三条 高等教育自学考试以地区、市、直辖市的市辖区为单位设考场。有条件的，地市考委经省考委批准可在县设考场，由地市考委直接领导。

第五章　考籍管理

第二十四条　高等教育自学考试应考者取得一门课程的单科合格证书后，省考委即应为其建立考籍管理档案。

应考者因户口迁移或工作变动需要转地区或转专业参加考试的，按考籍管理办法办理有关手续。

第二十五条　高等教育自学考试应考者符合下列规定，可以取得毕业证书：

（一）考完专业考试计划规定的全部课程，并取得合格成绩；

（二）完成规定的毕业论文（设计）或其他教学实践任务；

（三）思想品德鉴定合格。

获得专科（基础科）或本科毕业证书者，国家承认其学历。

第二十六条　符合相应学位条件的高等教育自学考试本科毕业人员，由有学位授予权的主考学校依照《中华人民共和国学位条例》规定，授予相应的学位。

第二十七条　高等教育自学考试应考者毕业时间，为每年的六月和十二月。

第六章　社会助学

第二十八条　国家鼓励企业、事业单位和其他社会力量，根据高等教育自学考试的专业考试计划和课程自学考试大纲的要求，通过电视、广播、函授、面授等多种形式开展助学活动。

第二十九条　各种形式的社会助学活动，应当接受高等教育自学考试机构的指导和教育行政部门的管理。

第三十条　高等教育自学考试辅导材料的出版、发行，应遵守国家的有关规定。

第七章　毕业人员的使用与待遇

第三十一条　高等教育自学考试专科（基础科）或本科毕业证书获得者，在职人员由所在单位或其上级主管部门本着用其所学、发挥所长的原则，根据工作需要，调整他们的工作；非在职人员（包括农民）由省、自治区、直辖市劳动人事部门根据需要，在编制和增人指标范围内有计划地择优录用或聘用。

第三十二条　高等教育自学考试毕业证书获得者的工资待遇：非在职人员录用后，与普通高等学校同类毕业生相同；在职人员的工资待遇低于普通高等学校同类毕业生的，从获得毕业证书之日起，按普通高等学校同类毕业生工资标准执行。

第八章　考试经费

第三十三条　县以上各级所需高等教育自学考试经费，按照现行财政管理体制，在教育事业费中列支。地方各级人民政府应妥善安排，予以保证。

第三十四条　各业务部门和军队系统要求开考本部门、本系统所需要专业的，须向高等教育自学考试机构提供考试补助费。

第三十五条　高等教育自学考试所收缴的报名费，应用于高等教育自学考试工作，不得挪作他用。

第九章　奖励和处罚

第三十六条　有下列情形之一的个人或单位，可由全国考委或省考委给予奖励：

（一）参加高等教育自学考试成绩特别优异或事迹突出的；

（二）从事高等教育自学考试工作，作出重大贡献的；

（三）从事高等教育自学考试的社会助学工作，取得显著成绩的。

第三十七条　高等教育自学考试应考者在考试中有夹带、传递、抄袭、换卷、代考等舞弊行为以及其他违反考试规则的行为，省考委视情节轻重，分别给予警告、取消考试成绩、停考一至三年的处罚。

第三十八条　高等教育自学考试工作人员和考试组织工作参与人员有下列行为之一的，省考委或其所在单位取消其考试工作人员资格或给予行政处分：

（一）涂改应考者试卷，考试分数及其他考籍档案材料的；

（二）在应考者证明材料中弄虚作假的；

（三）纵容他人实施本条第（一）、（二）项舞弊行为的。

第三十九条　有下列破坏高等教育自学考试工作行为之一的个人，由公安机关或司法机关依法追究法律责任：

（一）盗窃或泄露试题及其它有关保密材料的；

（二）扰乱考场秩序不听劝阻的；

（三）利用职权徇私舞弊，情节严重的。

第十章　附　则

第四十条　国家教育委员会根据本条例制定实施细则。

省、自治区、直辖市人民政府可以根据本条例和国家教育委员会的实施细则，制定具体实施办法。

第四十一条　本条例由国家教育委员会负责解释。

第四十二条　本条例自发布之日起施行。

1981年1月13日《国务院批转教育部关于高等教育自学考试试行办法的报告》和1983年5月3日《国务院批转教育部等部门关于成立全国高等教育自学考试指导委员会的请示的通知》同时废止。

幼儿园管理条例

（1989年8月20日国务院批准　1989年9月11日中华人民共和国国家教育委员会令第4号发布　自1990年2月1日起施行）

第一章　总　则

第一条　为了加强幼儿园的管理，促进幼儿教育事业的发展，制定本条例。

第二条　本条例适用于招收三周岁以上学龄前幼儿，对其进行保育和教育的幼儿园。

第三条　幼儿园的保育和教育工作应当促进幼儿在体、智、德、美诸方面和谐发展。

第四条　地方各级人民政府应当根据本地区社会经济发展状况，制定幼儿园的发展规划。

幼儿园的设置应当与当地居民人口相适应。

乡、镇、市辖区和不设区的市的幼儿园的发展规划，应当包括幼儿园设置的布局方案。

第五条　地方各级人民政府可以依据本条例举办幼儿园，并鼓励和支持企业事业单位、社会团体、居民委员会、村民委员会和公民举办幼儿园或捐资助园。

第六条　幼儿园的管理实行地方负责、分级管理和各有关部门分工负责的原则。

国家教育委员会主管全国的幼儿园管理工作；地方各级人民政府的教育行政部门，主管本行政辖区内的幼儿园管理工作。

第二章　举办幼儿园的基本条件和审批程序

第七条　举办幼儿园必须将幼儿园设置在安全区域内。

严禁在污染区和危险区内设置幼儿园。

第八条　举办幼儿园必须具有与保育、教育的要求相适应的园舍和设施。

幼儿园的园舍和设施必须符合国家的卫生标准和安全标准。

第九条　举办幼儿园应当具有符合下列条件的保育、幼儿教育、医务和其他工作人员：

（一）幼儿园园长、教师应当具有幼儿师范学校（包括职业学校幼儿教育专业）毕业程度，或者经教育行政部门考核合格；

（二）医师应当具有医学院校毕业程度，医士和护士应当具有中等卫生学校毕业程度，或者取得卫生行政部门的资格认可；

（三）保健员应当具有高中毕业程度，并受过幼儿保健培训；

（四）保育员应当具有初中毕业程度，并受过幼儿保育职业培训。

慢性传染病、精神病患者，不得在幼儿园工作。

第十条　举办幼儿园的单位或者个人必须具有进行保育、教育以及维修或扩建、改建幼儿园的园舍与设施的经费来源。

第十一条　国家实行幼儿园登记注册制度，未经登记注册，任何单位和个人不得举办幼儿园。

第十二条　城市幼儿园的举办、停办、由所在区、不设区的市的人民政府教育行政部门登记注册。

农村幼儿园的举办、停办，由所在乡、镇人民政府登记注册，并报县人民政府教育行政部门备案。

第三章　幼儿园的保育和教育工作

第十三条　幼儿园应当贯彻保育与教育相结合的原则，创设与幼儿的教育和发展相适应的和谐环境，引导幼儿个性的健康发展。

幼儿园应当保障幼儿的身体健康，培养幼儿的良好生活、卫生习惯；促进幼儿的智力发展；培养幼儿热爱祖国的情感以及良好的品德行为。

第十四条　幼儿园的招生、编班应当符合教育行政部门的规定。

第十五条　幼儿园应当使用全国通用的普通话。招收少数民族为主的幼儿园，可以使用本民族通用的语言。

第十六条　幼儿园应当以游戏为基本活动形式。

幼儿园可以根据本园的实际，安排和选择教育内容与方法，但不得进行违背幼儿教育规律，有损于幼儿身心健康的活动。

第十七条　严禁体罚和变相体罚幼儿。

第十八条　幼儿园应当建立卫生保健制度，防止发生食物中毒和传染病的流行。

第十九条　幼儿园应当建立安全防护制度，严禁在幼儿园内设置威胁幼儿安全的危险建筑物和设施，严禁使用有毒、有害物质制作教具、玩具。

第二十条　幼儿园发生食物中毒、传染病流行时，举办幼儿园的单位或者个人应当立即采取紧急救护措施，并及时报告当地教育行政部门或卫生行政部门。

第二十一条　幼儿园的园舍和设施有可能发生危险时，举办幼儿园的单位或个人应当采取措施，排除险情，防止事故发生。

第四章　幼儿园的行政事务

第二十二条　各级教育行政部门应当负责监督、评估和指导幼儿园的保育、教育工作，组织培训幼儿园的师资，审定、考核幼儿园教师的资格，并协助卫生行政部门检查和指导幼儿园的卫生保健工作，会同建设行政部门制定幼儿园园舍、设施的标准。

第二十三条　幼儿园园长负责幼儿园的工作。

幼儿园园长由举办幼儿园的单位或个人聘任，并向幼儿园的登记注册机关备案。

幼儿园的教师、医师、保健员、保育员和其他工作人员，由幼儿园园长聘任，也可由举办幼儿园的单位或个人聘任。

第二十四条　幼儿园可以依据本省、自治区、直辖市人民政府制定的收费标准，向幼儿家长收取保育费、教育费。

幼儿园应当加强财务管理，合理使用各项经费，任何单位和个人不得克扣、挪用幼儿园经费。

第二十五条　任何单位和个人，不得侵占和破坏幼儿园园舍和设施，不得在幼儿园周围设置有危险、有污染或影响幼儿园采光的建筑和设施，不得干扰幼儿园正常的工作秩序。

第五章　奖励与处罚

第二十六条　凡具备下列条件之一的单位或者个人，由教育行政部门和有关部门予以奖励：

（一）改善幼儿园的办园条件成绩显著的；

（二）保育、教育工作成绩显著的；

（三）幼儿园管理工作成绩显著的。

第二十七条　违反本条例，具有下列情形之一的幼儿园，由教育行政部门视情节轻重，给予限期整顿、停止招生、停止办园的行政处罚：

（一）未经登记注册，擅自招收幼儿的；

（二）园舍、设施不符合国家卫生标准、安全标准，妨害幼儿身体健康或者威胁幼儿生命安全的；

（三）教育内容和方法违背幼儿教育规律，损害幼儿身心健康的。

第二十八条　违反本条例，具有下列情形之一的单位或者个人，由教育行政部门对直接责任人员给予警告、罚款的行政处罚，或者由教育行政部门建议有关部门对责任人员给予行政处分：

（一）体罚或变相体罚幼儿的；

（二）使用有毒、有害物质制作教具、玩具的；

（三）克扣、挪用幼儿园经费的；

（四）侵占、破坏幼儿园园舍、设备的；

（五）干扰幼儿园正常工作秩序的；

（六）在幼儿园周围设置有危险、有污染或者影响幼儿园采光的建设和设施的。

前款所列情形,情节严重,构成犯罪的,由司法机关依法追究刑事责任。

第二十九条　当事人对行政处罚不服的,可以在接到处罚通知之日起十五日内,向作出处罚决定的机关的上一级机关申请复议,对复议决定不服的,可在接到复议决定之日起十五日内,向人民法院提起诉讼。当事人逾期不申请复议或者不向人民法院提起诉讼又不履行处罚决定的,由作出处罚决定的机关申请人民法院强制执行。

第六章　附　则

第三十条　省、自治区、直辖市人民政府可根据本条例制定实施办法。

第三十一条　本条例由国家教育委员会解释。

第三十二条　本条例自1990年2月1日起施行。

学校体育工作条例

（1990年2月20日国务院批准　1990年3月12日国家教育委员会令第8号、国家体育运动委员会令第11号发布　根据2017年3月1日《国务院关于修改和废止部分行政法规的决定》修订）

第一章　总　则

第一条　为保证学校体育工作的正常开展，促进学生身心的健康成长，制定本条例。

第二条　学校体育工作是指普通中小学校、农业中学、职业中学、中等专业学校、普通高等学校的体育课教学、课外体育活动、课余体育训练和体育竞赛。

第三条　学校体育工作的基本任务是：增进学生身心健康、增强学生体质；使学生掌握体育基本知识，培养学生体育运动能力和习惯；提高学生运动技术水平，为国家培养体育后备人才；对学生进行品德教育，增强组织纪律性，培养学生的勇敢、顽强、进取精神。

第四条　学校体育工作应当坚持普及与提高相结合、体育锻炼与安全卫生相结合的原则，积极开展多种形式的强身健体活动，重视继承和发扬民族传统体育，注意吸取国外学校体育的有益经验，积极开展体育科学研究工作。

第五条　学校体育工作应当面向全体学生，积极推行国家体育锻炼标准。

第六条　学校体育工作在教育行政部门领导下，由学校组织实施，并接受体育行政部门的指导。

第二章　体育课教学

第七条　学校应当根据教育行政部门的规定，组织实施体育课教学活动。

普通中小学校、农业中学、职业中学、中等专业学校各年级和普通高等学校的一、二年级必须开设体育课。普通高等学校对三年级以上学生开设体育选修课。

第八条　体育课教学应当遵循学生身心发展的规律，教学内容应当符合教学大纲的要求，符合学生年龄、性别特点和所在地区地理、气候条件。

体育课的教学形式应当灵活多样，不断改进教学方法，改善教学条件，提高教学质量。

第九条　体育课是学生毕业、升学考试科目。学生因病、残免修体育课或者免除体育课考试的，必须持医院证明，经学校体育教研室（组）审核同意，并报学校教务部门备案，记入学生健康档案。

第三章　课外体育活动

第十条　开展课外体育活动应当从实际情况出发，因地制宜，生动活泼。

普通中小学校、农业中学、职业中学每天应当安排课间操，每周安排3次以上课外体育活动，保证学生每天有1小时体育活动的时间（含体育课）。

中等专业学校、普通高等学校除安排有体育课、劳动课的当天外，每天应当组织学生开展各种课外体育活动。

第十一条　学校应当在学生中认真推行国家体育锻炼标准的达标活动和等级运动员制度。

学校可根据条件有计划地组织学生远足、野营和举办夏（冬）令营等多种形式的体育活动。

第四章　课余体育训练与竞赛

第十二条　学校应当在体育课教学和课外体育活动的基础上，开展多种形式的课余体育训练，提高学生的运动技术水平。有条件的普通中小学校、农业中学、职业中学、中等专业学校经省级教育行政部门批准，普通高等学校经国家教育委员会批准，可以开展培养优秀体育后备人才的训练。

第十三条　学校对参加课余体育训练的学生，应当安排好文化课学习，加强思想品德教育，并注意改善他们的营养。普通高等学校对运动水平较高、具有培养前途的学生，报国家教育委员会批准，可适当延长学习年限。

第十四条 学校体育竞赛贯彻小型多样、单项分散、基层为主、勤俭节约的原则。学校每学年至少举行一次以田径项目为主的全校性运动会。

第十五条 全国中学生运动会每3年举行一次，全国大学生运动会每4年举行一次。特殊情况下，经国家教育委员会批准可提前或者延期举行。

国家教育委员会根据需要，可以安排学生参加国际学生体育竞赛。

第十六条 学校体育竞赛应当执行国家有关的体育竞赛制度和规定，树立良好的赛风。

第五章 体育教师

第十七条 体育教师应当热爱学校体育工作，具有良好的思想品德、文化素养，掌握体育教育的理论和教学方法。

第十八条 学校应当在各级教育行政部门核定的教师总编制数内，按照教学计划中体育课授课时数所占的比例和开展课余体育活动的需要配备体育教师。除普通小学外，学校应当根据学校女生数量配备一定比例的女体育教师。承担培养优秀体育后备人才训练任务的学校，体育教师的配备应当相应增加。

第十九条 各级教育行政部门和学校应当有计划地安排体育教师进修培训。对体育教师的职务聘任、工资待遇应当与其他任课教师同等对待。按照国家有关规定，有关部门应当妥善解决体育教师的工作服装和粮食定量。

体育教师组织课间操（早操）、课外体育活动和课余训练、体育竞赛应当计算工作量。

学校对妊娠、产后的女体育教师，应当依照《女职工劳动保护规定》给予相应的照顾。

第六章 场地、器材、设备和经费

第二十条 学校的上级主管部门和学校应当按照国家或者地方制订的

各类学校体育场地、器材、设备标准，有计划地逐步配齐。学校体育器材应当纳入教学仪器供应计划。新建、改建学校必须按照有关场地、器材的规定进行规划、设计和建设。

在学校比较密集的城镇地区，逐步建立中小学体育活动中心，并纳入城市建设规划。社会的体育场（馆）和体育设施应当安排一定时间免费向学生开放。

第二十一条　学校应当制定体育场地、器材、设备的管理维修制度，并由专人负责管理。

任何单位或者个人不得侵占、破坏学校体育场地或者破坏体育器材、设备。

第二十二条　各级教育行政部门和学校应当根据学校体育工作的实际需要，把学校体育经费纳入核定的年度教育经费预算内，予以妥善安排。

地方各级人民政府在安排年度学校教育经费时，应当安排一定数额的体育经费，以保证学校体育工作的开展。

国家和地方各级体育行政部门在经费上应当尽可能对学校体育工作给予支持。

国家鼓励各种社会力量以及个人自愿捐资支援学校体育工作。

第七章　组织机构和管理

第二十三条　各级教育行政部门应当健全学校体育管理机构，加强对学校体育工作的指导和检查。

学校体育工作应当作为考核学校工作的一项基本内容。普通中小学校的体育工作应当列入督导计划。

第二十四条　学校应当由一位副校（院）长主管体育工作，在制定计划、总结工作、评选先进时，应当把体育工作列为重要内容。

第二十五条　普通高等学校、中等专业学校和规模较大的普通中学，可以建立相应的体育管理部门，配备专职干部和管理人员。

班主任、辅导员应当把学校体育工作作为一项工作内容，教育和督促学生积极参加体育活动。学校的卫生部门应当与体育管理部门互相配合，搞好体育卫生工作。总务部门应当搞好学校体育工作的后勤保障。

学校应当充分发挥共青团、少先队、学生会以及大、中学生体育协会等组织在学校体育工作中的作用。

第八章　奖励与处罚

第二十六条　对在学校体育工作中成绩显著的单位和个人，各级教育、体育行政部门或者学校应当给予表彰、奖励。

第二十七条　对违反本条例，有下列行为之一的单位或者个人，由当地教育行政部门令其限期改正，并视情节轻重对直接责任人员给予批评教育或者行政处分：

（一）不按规定开设或者随意停止体育课的；

（二）未保证学生每天1小时体育活动时间（含体育课）的；

（三）在体育竞赛中违反纪律、弄虚作假的；

（四）不按国家规定解决体育教师工作服装、粮食定量的。

第二十八条　对违反本条例，侵占、破坏学校体育场地、器材、设备的单位或者个人，由当地人民政府或者教育行政部门令其限期清退和修复场地、赔偿或者修复器材、设备。

第九章　附　则

第二十九条　高等体育院校和普通高等学校的体育专业的体育工作不适用本条例。

技工学校、工读学校、特殊教育学校、成人学校的学校体育工作参照本条例执行。

第三十条　国家教育委员会、国家体育运动委员会可根据本条例制定实施办法。

第三十一条　本条例自发布之日起施行。原教育部、国家体育运动委员会1979年10月5日发布的《高等学校体育工作暂行规定（试行草案）》和《中、小学体育工作暂行规定（试行草案）》同时废止。

学校卫生工作条例

（1990年4月25日国务院批准 1990年6月4日国家教育委员会令第10号、卫生部令第1号发布 自发布之日起施行）

第一章 总 则

第一条 为加强学校卫生工作，提高学生的健康水平，制定本条例。

第二条 学校卫生工作的主要任务是：监测学生健康状况；对学生进行健康教育，培养学生良好的卫生习惯；改善学校卫生环境和教学卫生条件；加强对传染病、学生常见病的预防和治疗。

第三条 本条例所称的学校，是指普通中小学、农业中学、职业中学、中等专业学校、技工学校、普通高等学校。

第四条 教育行政部门负责学校卫生工作的行政管理。卫生行政部门负责对学校卫生工作的监督指导。

第二章 学校卫生工作要求

第五条 学校应当合理安排学生的学习时间。学生每日学习时间（包括自习），小学不超过六小时，中学不超过八小时，大学不超过十小时。

学校或者教师不得以任何理由和方式，增加授课时间和作业量，加重学生学习负担。

第六条 学校教学建筑、环境噪声、室内微小气候、采光、照明等环境质量以及黑板、课桌椅的设置应当符合国家有关标准。

新建、改建、扩建校舍，其选址、设计应当符合国家的卫生标准，并取得当地卫生行政部门的许可。竣工验收应当有当地卫生行政部门参加。

第七条 学校应当按照有关规定为学生设置厕所和洗手设施。寄宿制学校应当为学生提供相应的洗漱、洗澡等卫生设施。

学校应当为学生提供充足的符合卫生标准的饮用水。

第八条　学校应当建立卫生制度，加强对学生个人卫生、环境卫生以及教室、宿舍卫生的管理。

第九条　学校应当认真贯彻执行食品卫生法律、法规，加强饮食卫生管理，办好学生膳食，加强营养指导。

第十条　学校体育场地和器材应当符合卫生和安全要求。运动项目和运动强度应当适合学生的生理承受能力和体质健康状况，防止发生伤害事故。

第十一条　学校应当根据学生的年龄，组织学生参加适当的劳动，并对参加劳动的学生，进行安全教育，提供必要的安全和卫生防护措施。

普通中小学校组织学生参加劳动，不得让学生接触有毒有害物质或者从事不安全工种的作业，不得让学生参加夜班劳动。

普通高等学校、中等专业学校、技工学校、农业中学、职业中学组织学生参加生产劳动，接触有毒有害物质的，按照国家有关规定，提供保健待遇。学校应当定期对他们进行体格检查，加强卫生防护。

第十二条　学校在安排体育课以及劳动等体力活动时，应当注意女学生的生理特点，给予必要的照顾。

第十三条　学校应当把健康教育纳入教学计划。普通中小学必须开设健康教育课，普通高等学校、中等专业学校、技工学校、农业中学、职业中学应当开设健康教育选修课或者讲座。

学校应当开展学生健康咨询活动。

第十四条　学校应当建立学生健康管理制度。根据条件定期对学生进行体格检查，建立学生体质健康卡片，纳入学生档案。

学校对体格检查中发现学生有器质性疾病的，应当配合学生家长做好转诊治疗。

学校对残疾、体弱学生，应当加强医学照顾和心理卫生工作。

第十五条　学校应当配备可以处理一般伤病事故的医疗用品。

第十六条　学校应当积极做好近视眼、弱视、沙眼、龋齿、寄生虫、营养不良、贫血、脊柱弯曲、神经衰弱等学生常见疾病的群体预防和矫治工作。

第十七条　学校应当认真贯彻执行传染病防治法律、法规，做好急、慢性传染病的预防和控制管理工作，同时做好地方病的预防和控制管理工作。

第三章　学校卫生工作管理

第十八条　各级教育行政部门应当把学校卫生工作纳入学校工作计划，作为考评学校工作的一项内容。

第十九条　普通高等学校、中等专业学校、技工学校和规模较大的农业中学、职业中学、普通中小学，可以设立卫生管理机构，管理学校的卫生工作。

第二十条　普通高等学校设校医院或者卫生科。校医院应当设保健科（室），负责师生的卫生保健工作。

城市普通中小学、农村中心小学和普通中学设卫生室，按学生人数六百比一的比例配备专职卫生技术人员。

中等专业学校、技工学校、农业中学、职业中学，可以根据需要，配备专职卫生技术人员。

学生人数不足六百人的学校，可以配备专职或者兼职保健教师，开展学校卫生工作。

第二十一条　经本地区卫生行政部门批准，可以成立区域性中小学卫生保健机构。

区域性的中小学生卫生保健机构的主要任务是：

（一）调查研究本地区中小学生体质健康状况；

（二）开展中小学生常见疾病的预防与矫治；

（三）开展中小学卫生技术人员的技术培训和业务指导。

第二十二条　学校卫生技术人员的专业技术职称考核、评定，按照卫生、教育行政部门制定的考核标准和办法，由教育行政部门组织实施。

学校卫生技术人员按照国家有关规定，享受卫生保健津贴。

第二十三条　教育行政部门应当将培养学校卫生技术人员的工作列入招生计划，并通过各种教育形式为学校卫生技术人员和保健教师提供进修机会。

第二十四条　各级教育行政部门和学校应当将学校卫生经费纳入核定的年度教育经费预算。

第二十五条　各级卫生行政部门应当组织医疗单位和专业防治机构对学生进行健康检查、传染病防治和常见病矫治，接受转诊治疗。

第二十六条　各级卫生防疫站，对学校卫生工作承担下列任务：

（一）实施学校卫生监测，掌握本地区学生生长发育和健康状况，掌握学生常见病、传染病、地方病动态；

（二）制定学生常见病、传染病、地方病的防治计划；

（三）对本地区学校卫生工作进行技术指导；

（四）开展学校卫生服务。

第二十七条　供学生使用的文具、娱乐器具、保健用品，必须符合国家有关卫生标准。

第四章　学校卫生工作监督

第二十八条　县以上卫生行政部门对学校卫生工作行使监督职权。其职责是：

（一）对新建、改建、扩建校舍的选址、设计实行卫生监督；

（二）对学校内影响学生健康的学习、生活、劳动、环境、食品等方面的卫生和传染病防治工作实行卫生监督；

（三）对学生使用的文具、娱乐器具、保健用品实行卫生监督。

国务院卫生行政部门可以委托国务院其他有关部门的卫生主管机构，在本系统内对前款所列第（一）、（二）项职责行使学校卫生监督职权。

第二十九条　行使学校卫生监督职权的机构设立学校卫生监督员，由省级以上卫生行政部门聘任并发给学校卫生监督员证书。

学校卫生监督员执行卫生行政部门或者其他有关部门卫生主管机构交付的学校卫生监督任务。

第三十条　学校卫生监督员在执行任务时应出示证件。

学校卫生监督员在进行卫生监督时，有权查阅与卫生监督有关的资料，搜集与卫生监督有关的情况，被监督的单位或者个人应当给予配合。学校卫生监督员对所掌握的资料、情况负有保密责任。

第五章　奖励与处罚

第三十一条　对在学校卫生工作中成绩显著的单位或者个人，各级教育、卫生行政部门和学校应当给予表彰、奖励。

第三十二条　违反本条例第六条第二款规定，未经卫生行政部门许可新建、改建、扩建校舍的，由卫生行政部门对直接责任单位或者个人给予警告、责令停止施工或者限期改建。

第三十三条　违反本条例第六条第一款、第七条和第十条规定的，由卫生行政部门对直接责任单位或者个人给予警告并责令限期改进。情节严重的，可以同时建议教育行政部门给予行政处分。

第三十四条　违反本条例第十一条规定，致使学生健康受到损害的，由卫生行政部门对直接责任单位或者个人给予警告，责令限期改进。

第三十五条　违反本条例第二十七条规定的，由卫生行政部门对直接责任单位或者个人给予警告。情节严重的，可以会同工商行政部门没收其不符合国家有关卫生标准的物品，并处以非法所得两倍以下的罚款。

第三十六条　拒绝或者妨碍学校卫生监督员依照本条例实施卫生监督的，由卫生行政部门对直接责任单位或者个人给予警告。情节严重的，可以建议教育行政部门给予行政处分或者处以二百元以下的罚款。

第三十七条　当事人对没收、罚款的行政处罚不服的，可以在接到处罚决定书之日起十五日内，向作出处罚决定机关的上一级机关申请复议，也可以直接向人民法院起诉。对复议决定不服的，可以在接到复议决定之日起十五日内，向人民法院起诉。对罚款决定不履行又逾期不起诉的，由作出处罚决定的机关申请人民法院强制执行。

第六章　附　则

第三十八条　学校卫生监督办法、学校卫生标准由卫生部会同国家教育委员会制定。

第三十九条　贫困县不能全部适用本条例第六条第一款和第七条规定的，可以由所在省、自治区的教育、卫生行政部门制定变通的规定。变通的规定，应当报送国家教育委员会、卫生部备案。

第四十条　本条例由国家教育委员会、卫生部负责解释。

第四十一条　本条例自发布之日起施行。原教育部、卫生部1979年12月6日颁布的《中、小学卫生工作暂行规定（草案）》和1980年8月26日颁布的《高等学校卫生工作暂行规定（草案）》同时废止。

中华人民共和国义务教育法实施细则

（1992年3月14日中华人民共和国国家教育委员会令第19号发布）

第一章 总 则

第一条 根据中华人民共和国义务教育法（以下简称义务教育法）第十七条的规定，制定本细则。

第二条 义务教育法第四条所称适龄儿童、少年，是指依法应当入学至受完规定年限义务教育的年龄阶段的儿童、少年。

适龄儿童、少年接受义务教育的入学年龄和年限，以及因缓学或者其他特殊情况需延长的在校年龄，由省级人民政府依照义务教育法的规定和本地区实际情况确定。盲、聋哑、弱智儿童和少年接受义务教育的入学年龄和在校年龄可适当放宽。

第三条 实施义务教育，在国务院领导下，由地方各级人民政府负责，按省、县、乡分级管理。各级教育主管部门在本级人民政府领导下，具体负责组织、管理本行政区域内实施义务教育的工作。

第四条 省级人民政府根据本地区经济和社会发展状况，因地制宜，分阶段、有步骤地推行九年制义务教育。

第五条 实施义务教育，城市以市或者市辖区为单位组织进行；农村以县为单位组织进行，并落实到乡（镇）。工矿区、农垦区、林区等组织实施义务教育的行政区划单位，由省级人民政府规定。

第六条 承担实施义务教育任务的学校为：地方人民政府设置或者批准设置的全日制小学，全日制普通中学，九年一贯制学校，初级中等职业技术学校，各种形式的简易小学或者教学点（班或者组），盲童学校，聋哑学校，弱智儿童辅读学校（班），工读学校等。

文艺、体育和特种工艺等单位，应当保证招收的适龄儿童、少年接受义务教育。上述单位自行实施义务教育教学工作,需经县级以上教育主管部门批准。

第二章 实施步骤

第七条 实施九年制义务教育,可以分为两个阶段。第一阶段,实施初等义务教育;第二阶段,在实施初等义务教育的基础上实施初级中等义务教育。初等教育达到义务教育法规定要求的,可直接实施初级中等义务教育。

第八条 实施义务教育,应当具备下列基本条件:

(一)与适龄儿童、少年数量相适应的校舍及其他基本教学设施;

(二)具有按编制标准配备的教师和符合义务教育法规定要求的师资来源;

(三)具有一定的经济能力,能够按照规定标准逐步配置教学仪器、图书资料和文娱、体育、卫生器材。

地方各级人民政府和其他办学单位应当积极采取措施,不断改善实施义务教育的条件。

第九条 直接实施初等义务教育有困难、需要分两步实施的,由设区的市级或者县级人民政府提出报告,报省级人民政府决定或者依照地方性法规规定办理。

第十条 各级人民政府应当努力在本世纪末普及初等义务教育。在全国大部分地区应当基本普及九年义务教育或者初级中等义务教育。

省级人民政府应当制定义务教育实施规划,规定实施义务教育的目标、完成规划期限和措施等。设区的市级或者县级人民政府应当根据省级人民政府的规划制定实施义务教育的具体方案。

第三章 就 学

第十一条 当地基层人民政府或者其授权的实施义务教育的学校至迟在新学年始业前十五天,将应当接受义务教育的儿童、少年的入学通知发给其父母或者其他监护人。适龄儿童、少年的父母或者其他监护人必须按照通知要求送子女或者其他被监护人入学。

第十二条 适龄儿童、少年需免学、缓学的，由其父母或者其他监护人提出申请，经县级以上教育主管部门或者乡级人民政府批准。因身体原因申请免学、缓学的，应当附具县级以上教育主管部门指定的医疗机构的证明。

缓学期满仍不能就学的，应当重新提出缓学申请。

第十三条 父母或者其他监护人不送其适龄子女或者其他被监护人入学的，以及其在校接受义务教育的适龄子女或者其他被监护人辍学的，在城市由市或者市辖区人民政府及其教育主管部门，在农村由乡级人民政府，采取措施，使其送子女或者其他被监护人就学。

第十四条 适龄儿童、少年到非户籍所在地接受义务教育的，经户籍所在地的县级教育主管部门或者乡级人民政府批准，可以按照居住地人民政府的有关规定申请借读。

借读的适龄儿童、少年接受义务教育的年限，以其户籍所在地的规定为准。

第十五条 对受完规定年限义务教育的儿童、少年，由学校发给完成义务教育的证书。完成义务教育证书的格式由省级教育主管部门统一制定。

受完当地规定年限义务教育获得的毕业证书或者结业证书，可视为完成义务教育的证书。

第十六条 适龄儿童、少年因学业成绩优异而提前达到与规定年限义务教育相应的初等教育或者初级中等教育毕业程度的，视为完成义务教育。

第十七条 实施义务教育的学校可收取杂费。收取杂费的标准和具体办法，由省级教育、物价、财政部门提出方案，报省级人民政府批准。已规定免收杂费的，其规定可以继续执行。

对家庭经济困难的学生，应当酌情减免杂费。

其他行政机关和学校不得违反国家有关规定，自行制定收费的项目及标准；不得向学生乱收费用。

第十八条 依照义务教育法第十条第二款规定享受助学金的贫困学生是指：初级中等学校、特殊教育学校的家庭经济困难的学生，少数民族聚居地区、经济困难地区、边远地区的小学及其他寄宿小学的家庭经济困难的学生。实行助学金制度的具体办法，由省级人民政府规定。

第四章 教育教学

第十九条 实施义务教育必须贯彻国家的教育方针，坚持社会主义方向，实行教育与生产劳动相结合，对学生进行德育、智育、体育、美育和劳动教育。

第二十条 实施义务教育的学校必须按照国务院教育主管部门发布的指导性教学计划、教学大纲和省级教育主管部门制定的教学计划，进行教育教学活动。

第二十一条 实施义务教育的学校应当选用经国务院教育主管部门审定或者其授权的省级教育主管部门审定的教科书。非经审定的教科书不得使用。但国家另有规定的除外。

第二十二条 实施义务教育学校的教育教学工作，应当适应全体学生身心发展的需要。

学校和教师不得对学生实施体罚、变相体罚或者其他侮辱人格尊严的行为；对品行有缺陷、学习有困难的儿童、少年应当给予帮助，不得歧视。

第二十三条 实施义务教育的学校可根据城乡经济、社会发展和学生自身发展的实际情况，有计划地对学生进行职业指导教育和职业预备教育或者劳动技艺教育。

第二十四条 实施义务教育的学校在教育教学和各种活动中，应当推广使用全国通用的普通话。

师范院校的教育教学和各种活动应当使用普通话。

第二十五条 民族自治地方应当按照义务教育法及其他有关法律规定组织实施本地区的义务教育。实施义务教育学校的设置、学制、办学形式、教学内容、教学用语，由民族自治地方的自治机关依照有关法律决定。

用少数民族通用的语言文字教学的学校，应当在小学高年级或者中学开设汉语文课程，也可以根据实际情况适当提前开设。

第五章　实施保障

第二十六条　实施义务教育学校的设置，由设区的市级或者县级人民政府统筹规划，合理布局。

小学的设置应当有利于适龄儿童、少年就近入学。寄宿制小学设置可适当集中。普通初级中学和初级中等职业技术学校的设置，应当根据人口分布状况和地理条件相对集中。

盲童学校（班）的设置，由省级或者设区的市级人民政府统筹安排。聋哑学校（班）和弱智儿童辅读学校（班）的设置，由设区的市级或者县级人民政府统筹安排。

第二十七条　省级人民政府应当制订实施义务教育各类学校的经费开支定额，并制订按照学生人数平均的公用经费开支标准、教职工编制标准和校舍建设、图书资料、仪器设备配置等标准。

地方各级人民政府应当制订实施规划，使学校分期分批达到前款所列的办学条件标准，并进行检查验收。

第二十八条　地方各级人民政府设置的实施义务教育学校的事业费和基本建设投资，由地方各级人民政府负责筹措。用于义务教育的财政拨款的增长比例，应当高于财政经常性收入的增长比例，并使按在校学生人数平均的教育费用逐步增长。

社会力量举办实施义务教育学校的事业费和基本建设投资，由办学单位或者经国家批准的私人办学者负责筹措。

中央和地方财政视具体情况，对经济困难地区和少数民族聚居地区实施义务教育给予适当补助。

地方各级人民政府应当鼓励各种社会力量以及个人自愿捐资助学。

第二十九条　依法征收的教育费附加，城市的，纳入预算管理，由教育主管部门统筹安排，提出分配方案，商同级财政部门同意后，用于改善中小学办学条件；农村的，由乡级人民政府负责统筹安排，主要用于支付国家补助、集体支付工资的教师的工资，改善办学条件和补充学校公用经费等。

学校的勤工俭学收入,部分应当用于改善办学条件。

第三十条　实施义务教育各类学校的新建、改建、扩建,应当列入城乡建设总体规划,并与居住人口和义务教育实施规划相协调。

实施义务教育的学校新建、改建、扩建所需资金,在城镇由当地人民政府负责列入基本建设投资计划,或者通过其他渠道筹措;在农村由乡、村负责筹措,县级人民政府对有困难的乡、村可酌情予以补助。

第三十一条　地方各级人民政府应当采取切实措施,保证实施义务教育各类学校教科书和文具纸张按时、按质、按量供应。

第三十二条　省级人民政府应当制定规划、采取措施,加强和发展师范教育,并组织其他高等学校为实施义务教育培养师资。

盲、聋哑、弱智儿童学校的师资,由省级人民政府根据实际情况组织培养。

第三十三条　各级教育主管部门应当加强实施义务教育学校的教师培训工作,使教师的思想政治素质和业务水平达到义务教育法规定的要求。

各级人民政府应当加强培训工作,提高实施义务教育学校校长的思想政治素质和管理水平。

校长和教师的在职培训工作,由县级以上地方各级教育主管部门负责组织。

第六章　管理与监督

第三十四条　地方各级人民政府及其教育主管部门应当建立实施义务教育的目标责任制,把实施义务教育的情况作为对有关负责人员政绩考核的重要内容。

第三十五条　县级以上各级人民政府应当建立对实施义务教育的工作进行监督、指导、检查的制度。

第三十六条　实施义务教育的学校及其他机构,在实施义务教育工作上,接受当地人民政府及其教育主管部门的管理、指导和监督。

第三十七条　地方各级人民政府对为实施义务教育作出突出贡献的企业事业单位、学校、社会团体、部队、居(村)民组织和公民,给予奖励。

第七章 罚 则

第三十八条 有下列情形之一的,由地方人民政府或者有关部门依照管理权限对有关责任人给予行政处分:

（一）因工作失职未能如期实现义务教育实施规划目标的;

（二）无特殊原因,未能如期达到实施义务教育学校办学条件要求的;

（三）对学生辍学未采取必要措施加以解决的;

（四）无正当理由拒绝接收应当在该地区或者该学校接受义务教育的适龄儿童、少年就学的;

（五）将学校校舍、场地出租、出让或者移作他用,妨碍义务教育实施的;

（六）使用未经依法审定的教科书,造成不良影响的;

（七）其他妨碍义务教育实施的。

第三十九条 有下列情形之一的,由地方人民政府或者有关部门依照管理权限对有关责任人员给予行政处分;情节严重,构成犯罪的,依法追究刑事责任:

（一）侵占、克扣、挪用义务教育款项的;

（二）玩忽职守致使校舍倒塌,造成师生伤亡事故的。

第四十条 适龄儿童、少年的父母或者其他监护人未按规定送子女或者其他被监护人就学接受义务教育的,城市由市、市辖区人民政府或者其指定机构,农村由乡级人民政府,进行批评教育;经教育仍拒不送其子女或者其他被监护人就学的,可视具体情况处以罚款,并采取其他措施使其子女或者其他被监护人就学。

第四十一条 招用应当接受义务教育的适龄儿童、少年做工、经商或者从事其他雇佣性劳动的,按照国家有关禁止使用童工的规定处罚。

第四十二条 有下列行为之一的,由有关部门给予行政处分;违反《中华人民共和国治安管理处罚条例》的,由公安机关给予行政处罚;构成犯罪的,依法追究刑事责任:

（一）扰乱实施义务教育学校秩序的;

（二）侮辱、殴打教师、学生的；

（三）体罚学生情节严重的；

（四）侵占或者破坏学校校舍、场地和设备的。

第四十三条　当事人对行政处罚决定不服的，可以依照法律、法规的规定申请复议。当事人对复议决定不服的，可以依照法律、法规的规定向人民法院提起诉讼。当事人在规定的期限内不申请复议，也不向人民法院提起诉讼，又不履行处罚决定的，由作出处罚决定的机关申请人民法院强制执行，或者依法强制执行。

第八章　附　则

第四十四条　适龄儿童的入学年龄以新学年始业前达到的实足年龄为准。

第四十五条　本细则由国家教育委员会负责解释。

第四十六条　本细则自发布之日起施行。

教学成果奖励条例

（1994年3月14日中华人民共和国国务院令第151号发布 自发布之日起施行）

第一条 为奖励取得教学成果的集体和个人，鼓励教育工作者从事教育教学研究，提高教学水平和教育质量，制定本条例。

第二条 本条例所称教学成果，是指反映教育教学规律，具有独创性、新颖性、实用性，对提高教学水平和教育质量、实现培养目标产生明显效果的教育教学方案。

第三条 各级各类学校、学术团体和其他社会组织、教师及其他个人，均可以依照本条例的规定申请教学成果奖。

第四条 教学成果奖，按其对提高教学水平和教育质量、实现培养目标产生的效果，分为国家级和省（部）级。

第五条 具备下列条件的，可以申请国家级教学成果奖：

（一）国内首创的；

（二）经过2年以上教育教学实践检验的；

（三）在全国产生一定影响的。

第六条 国家级教学成果奖分为特等奖、一等奖、二等奖三个等级，授予相应的证书、奖章和奖金。

第七条 国家级教学成果奖的评审、批准和授予工作，由国家教育委员会负责；其中授予特等奖的，应当报经国务院批准。

第八条 申请国家级教学成果奖，由成果的持有单位或者个人，按照其行政隶属关系，向省、自治区、直辖市人民政府教育行政部门或者国务院有关部门教育管理机构提出申请，由受理申请的教育行政部门或者教育管理机构向国家教育委员会推荐。

国务院有关部门所属单位或者个人也可以向所在地省、自治区、直辖市人民政府教育行政部门提出申请,由受理申请的教育行政部门向国家教育委员会推荐。

第九条　不属于同一省、自治区、直辖市或者国务院部门的两个以上单位或者个人共同完成的教学成果项目申请国家级教学成果奖的,由参加单位或者个人联合向主持单位或者主持人所在地省、自治区、直辖市人民政府教育行政部门或者国务院有关部门教育管理机构提出申请,由受理申请的教育行政部门或者教育管理机构向国家教育委员会推荐。

第十条　国家教育委员会对申请国家级教学成果奖的项目,应当自收到推荐之日起90日内予以公布;任何单位或者个人对该教学成果权属有异议的,可以自公布之日起90日内提出,报国家教育委员会裁定。

第十一条　国家级教学成果奖每4年评审一次。

第十二条　省(部)级教学成果奖的评奖条件、奖励等级、奖金数额、评审组织和办法,由省、自治区、直辖市人民政府、国务院有关部门参照本条例规定。其奖金来源,属于省、自治区、直辖市人民政府批准授予的,从地方预算安排的事业费中支付;属于国务院有关部门批准授予的,从其事业费中支付。

第十三条　教学成果奖的奖金,归项目获奖者所有,任何单位或者个人不得截留。

第十四条　获得教学成果奖,应当记入本人考绩档案,作为评定职称、晋级增薪的一项重要依据。

第十五条　弄虚作假或者剽窃他人教学成果获奖的,由授奖单位予以撤销,收回证书、奖章和奖金,并责成有关单位给予行政处分。

第十六条　本条例自发布之日起施行。

残疾人教育条例

（1994年8月23日中华人民共和国国务院令第161号发布　根据2011年1月8日《国务院关于废止和修改部分行政法规的决定》修订　2017年1月11日国务院第161次常务会议修订通过　2017年2月1日中华人民共和国国务院令第674号公布　自2017年5月1日起施行）

第一章　总　则

第一条　为了保障残疾人受教育的权利，发展残疾人教育事业，根据《中华人民共和国教育法》和《中华人民共和国残疾人保障法》，制定本条例。

第二条　国家保障残疾人享有平等接受教育的权利，禁止任何基于残疾的教育歧视。

残疾人教育应当贯彻国家的教育方针，并根据残疾人的身心特性和需要，全面提高其素质，为残疾人平等地参与社会生活创造条件。

第三条　残疾人教育是国家教育事业的组成部分。

发展残疾人教育事业，实行普及与提高相结合、以普及为重点的方针，保障义务教育，着重发展职业教育，积极开展学前教育，逐步发展高级中等以上教育。

残疾人教育应当提高教育质量，积极推进融合教育，根据残疾人的残疾类别和接受能力，采取普通教育方式或者特殊教育方式，优先采取普通教育方式。

第四条　县级以上人民政府应当加强对残疾人教育事业的领导，将残疾人教育纳入教育事业发展规划，统筹安排实施，合理配置资源，保障残疾人教育经费投入，改善办学条件。

第五条　国务院教育行政部门主管全国的残疾人教育工作,统筹规划、协调管理全国的残疾人教育事业;国务院其他有关部门在国务院规定的职责范围内负责有关的残疾人教育工作。

县级以上地方人民政府教育行政部门主管本行政区域内的残疾人教育工作;县级以上地方人民政府其他有关部门在各自的职责范围内负责有关的残疾人教育工作。

第六条　中国残疾人联合会及其地方组织应当积极促进和开展残疾人教育工作,协助相关部门实施残疾人教育,为残疾人接受教育提供支持和帮助。

第七条　学前教育机构、各级各类学校及其他教育机构应当依照本条例以及国家有关法律、法规的规定,实施残疾人教育;对符合法律、法规规定条件的残疾人申请入学,不得拒绝招收。

第八条　残疾人家庭应当帮助残疾人接受教育。

残疾儿童、少年的父母或者其他监护人应当尊重和保障残疾儿童、少年接受教育的权利,积极开展家庭教育,使残疾儿童、少年及时接受康复训练和教育,并协助、参与有关教育机构的教育教学活动,为残疾儿童、少年接受教育提供支持。

第九条　社会各界应当关心和支持残疾人教育事业。残疾人所在社区、相关社会组织和企事业单位,应当支持和帮助残疾人平等接受教育、融入社会。

第十条　国家对为残疾人教育事业作出突出贡献的组织和个人,按照有关规定给予表彰、奖励。

第十一条　县级以上人民政府负责教育督导的机构应当将残疾人教育实施情况纳入督导范围,并可以就执行残疾人教育法律法规情况、残疾人教育教学质量以及经费管理和使用情况等实施专项督导。

第二章　义务教育

第十二条　各级人民政府应当依法履行职责,保障适龄残疾儿童、少年接受义务教育的权利。

县级以上人民政府对实施义务教育的工作进行监督、指导、检查，应当包括对残疾儿童、少年实施义务教育工作的监督、指导、检查。

第十三条　适龄残疾儿童、少年的父母或者其他监护人，应当依法保证其残疾子女或者被监护人入学接受并完成义务教育。

第十四条　残疾儿童、少年接受义务教育的入学年龄和年限，应当与当地儿童、少年接受义务教育的入学年龄和年限相同；必要时，其入学年龄和在校年龄可以适当提高。

第十五条　县级人民政府教育行政部门应当会同卫生行政部门、民政部门、残疾人联合会，根据新生儿疾病筛查和学龄前儿童残疾筛查、残疾人统计等信息，对义务教育适龄残疾儿童、少年进行入学前登记，全面掌握本行政区域内义务教育适龄残疾儿童、少年的数量和残疾情况。

第十六条　县级人民政府应当根据本行政区域内残疾儿童、少年的数量、类别和分布情况，统筹规划，优先在部分普通学校中建立特殊教育资源教室，配备必要的设备和专门从事残疾人教育的教师及专业人员，指定其招收残疾儿童、少年接受义务教育；并支持其他普通学校根据需要建立特殊教育资源教室，或者安排具备相应资源、条件的学校为招收残疾学生的其他普通学校提供必要的支持。

县级人民政府应当为实施义务教育的特殊教育学校配备必要的残疾人教育教学、康复评估和康复训练等仪器设备，并加强九年一贯制义务教育特殊教育学校建设。

第十七条　适龄残疾儿童、少年能够适应普通学校学习生活、接受普通教育的，依照《中华人民共和国义务教育法》的规定就近到普通学校入学接受义务教育。

适龄残疾儿童、少年能够接受普通教育，但是学习生活需要特别支持的，根据身体状况就近到县级人民政府教育行政部门在一定区域内指定的具备相应资源、条件的普通学校入学接受义务教育。

适龄残疾儿童、少年不能接受普通教育的，由县级人民政府教育行政部门统筹安排进入特殊教育学校接受义务教育。

适龄残疾儿童、少年需要专人护理，不能到学校就读的，由县级人民政府教育行政部门统筹安排，通过提供送教上门或者远程教育等方式实施义务教育，并纳入学籍管理。

第十八条　在特殊教育学校学习的残疾儿童、少年，经教育、康复训练，能够接受普通教育的，学校可以建议残疾儿童、少年的父母或者其他监护人将其转入或者升入普通学校接受义务教育。

在普通学校学习的残疾儿童、少年，难以适应普通学校学习生活的，学校可以建议残疾儿童、少年的父母或者其他监护人将其转入指定的普通学校或者特殊教育学校接受义务教育。

第十九条　适龄残疾儿童、少年接受教育的能力和适应学校学习生活的能力应当根据其残疾类别、残疾程度、补偿程度以及学校办学条件等因素判断。

第二十条　县级人民政府教育行政部门应当会同卫生行政部门、民政部门、残疾人联合会，建立由教育、心理、康复、社会工作等方面专家组成的残疾人教育专家委员会。

残疾人教育专家委员会可以接受教育行政部门的委托，对适龄残疾儿童、少年的身体状况、接受教育的能力和适应学校学习生活的能力进行评估，提出入学、转学建议；对残疾人义务教育问题提供咨询，提出建议。

依照前款规定作出的评估结果属于残疾儿童、少年的隐私，仅可被用于对残疾儿童、少年实施教育、康复。教育行政部门、残疾人教育专家委员会、学校及其工作人员对在工作中了解的残疾儿童、少年评估结果及其他个人信息负有保密义务。

第二十一条　残疾儿童、少年的父母或者其他监护人与学校就入学、转学安排发生争议的，可以申请县级人民政府教育行政部门处理。

接到申请的县级人民政府教育行政部门应当委托残疾人教育专家委员会对残疾儿童、少年的身体状况、接受教育的能力和适应学校学习生活的能力进行评估并提出入学、转学建议，并根据残疾人教育专家委员会的评估结果和提出的入学、转学建议，综合考虑学校的办学条件和残疾儿童、少年及其父母或者其他监护人的意愿，对残疾儿童、少年的入学、转学安排作出决定。

第二十二条　招收残疾学生的普通学校应当将残疾学生合理编入班级；残疾学生较多的，可以设置专门的特殊教育班级。

招收残疾学生的普通学校应当安排专门从事残疾人教育的教师或者经

验丰富的教师承担随班就读或者特殊教育班级的教育教学工作，并适当缩减班级学生数额，为残疾学生入学后的学习、生活提供便利和条件，保障残疾学生平等参与教育教学和学校组织的各项活动。

第二十三条　在普通学校随班就读残疾学生的义务教育，可以适用普通义务教育的课程设置方案、课程标准和教材，但是对其学习要求可以有适度弹性。

第二十四条　残疾儿童、少年特殊教育学校（班）应当坚持思想教育、文化教育、劳动技能教育与身心补偿相结合，并根据学生残疾状况和补偿程度，实施分类教学；必要时，应当听取残疾学生父母或者其他监护人的意见，制定符合残疾学生身心特性和需要的个别化教育计划，实施个别教学。

第二十五条　残疾儿童、少年特殊教育学校（班）的课程设置方案、课程标准和教材，应当适合残疾儿童、少年的身心特性和需要。

残疾儿童、少年特殊教育学校（班）的课程设置方案、课程标准由国务院教育行政部门制订；教材由省级以上人民政府教育行政部门按照国家有关规定审定。

第二十六条　县级人民政府教育行政部门应当加强对本行政区域内的残疾儿童、少年实施义务教育工作的指导。

县级以上地方人民政府教育行政部门应当统筹安排支持特殊教育学校建立特殊教育资源中心，在一定区域内提供特殊教育指导和支持服务。特殊教育资源中心可以受教育行政部门的委托承担以下工作：

（一）指导、评价区域内的随班就读工作；

（二）为区域内承担随班就读教育教学任务的教师提供培训；

（三）派出教师和相关专业服务人员支持随班就读，为接受送教上门和远程教育的残疾儿童、少年提供辅导和支持；

（四）为残疾学生父母或者其他监护人提供咨询；

（五）其他特殊教育相关工作。

第三章　职业教育

第二十七条　残疾人职业教育应当大力发展中等职业教育，加快发展高等职业教育，积极开展以实用技术为主的中期、短期培训，以提高就业能力为主，培养技术技能人才，并加强对残疾学生的就业指导。

第二十八条　残疾人职业教育由普通职业教育机构和特殊职业教育机构实施，以普通职业教育机构为主。

县级以上地方人民政府应当根据需要，合理设置特殊职业教育机构，改善办学条件，扩大残疾人中等职业学校招生规模。

第二十九条　普通职业学校不得拒绝招收符合国家规定的录取标准的残疾人入学，普通职业培训机构应当积极招收残疾人入学。

县级以上地方人民政府应当采取措施，鼓励和支持普通职业教育机构积极招收残疾学生。

第三十条　实施残疾人职业教育的学校和培训机构，应当根据社会需要和残疾人的身心特性合理设置专业，并与企业合作设立实习实训基地，或者根据教学需要和条件办好实习基地。

第四章　学前教育

第三十一条　各级人民政府应当积极采取措施，逐步提高残疾幼儿接受学前教育的比例。

县级人民政府及其教育行政部门、民政部门等有关部门应当支持普通幼儿园创造条件招收残疾幼儿；支持特殊教育学校和具备办学条件的残疾儿童福利机构、残疾儿童康复机构等实施学前教育。

第三十二条　残疾幼儿的教育应当与保育、康复结合实施。

招收残疾幼儿的学前教育机构应当根据自身条件配备必要的康复设施、设备和专业康复人员，或者与其他具有康复设施、设备和专业康复人员的特殊教育机构、康复机构合作对残疾幼儿实施康复训练。

第三十三条　卫生保健机构、残疾幼儿的学前教育机构、儿童福利机构和家庭，应当注重对残疾幼儿的早期发现、早期康复和早期教育。

卫生保健机构、残疾幼儿的学前教育机构、残疾儿童康复机构应当就残疾幼儿的早期发现、早期康复和早期教育为残疾幼儿家庭提供咨询、指导。

第五章　普通高级中等以上教育及继续教育

第三十四条　普通高级中等学校、高等学校、继续教育机构应当招收符合国家规定的录取标准的残疾考生入学，不得因其残疾而拒绝招收。

第三十五条　设区的市级以上地方人民政府可以根据实际情况举办实施高级中等以上教育的特殊教育学校，支持高等学校设置特殊教育学院或者相关专业，提高残疾人的受教育水平。

第三十六条　县级以上人民政府教育行政部门以及其他有关部门、学校应当充分利用现代信息技术，以远程教育等方式为残疾人接受成人高等教育、高等教育自学考试等提供便利和帮助，根据实际情况开设适合残疾人学习的专业、课程，采取灵活开放的教学和管理模式，支持残疾人顺利完成学业。

第三十七条　残疾人所在单位应当对本单位的残疾人开展文化知识教育和技术培训。

第三十八条　扫除文盲教育应当包括对年满15周岁以上的未丧失学习能力的文盲、半文盲残疾人实施的扫盲教育。

第三十九条　国家、社会鼓励和帮助残疾人自学成才。

第六章　教　师

第四十条　县级以上人民政府应当重视从事残疾人教育的教师培养、培训工作，并采取措施逐步提高他们的地位和待遇，改善他们的工作环境和条件，鼓励教师终身从事残疾人教育事业。

县级以上人民政府可以采取免费教育、学费减免、助学贷款代偿等措施，鼓励具备条件的高等学校毕业生到特殊教育学校或者其他特殊教育机构任教。

第四十一条　从事残疾人教育的教师，应当热爱残疾人教育事业，具有社会主义的人道主义精神，尊重和关爱残疾学生，并掌握残疾人教育的专业知识和技能。

第四十二条　专门从事残疾人教育工作的教师(以下称特殊教育教师)应当符合下列条件：

（一）依照《中华人民共和国教师法》的规定取得教师资格；

（二）特殊教育专业毕业或者经省、自治区、直辖市人民政府教育行政部门组织的特殊教育专业培训并考核合格。

从事听力残疾人教育的特殊教育教师应当达到国家规定的手语等级标准，从事视力残疾人教育的特殊教育教师应当达到国家规定的盲文等级标准。

第四十三条　省、自治区、直辖市人民政府可以根据残疾人教育发展的需求，结合当地实际为特殊教育学校和指定招收残疾学生的普通学校制定教职工编制标准。

县级以上地方人民政府教育行政部门应当会同其他有关部门，在核定的编制总额内，为特殊教育学校配备承担教学、康复等工作的特殊教育教师和相关专业人员；在指定招收残疾学生的普通学校设置特殊教育教师等专职岗位。

第四十四条　国务院教育行政部门和省、自治区、直辖市人民政府应当根据残疾人教育发展的需要有计划地举办特殊教育师范院校，支持普通师范院校和综合性院校设置相关院系或者专业，培养特殊教育教师。

普通师范院校和综合性院校的师范专业应当设置特殊教育课程，使学生掌握必要的特殊教育的基本知识和技能，以适应对随班就读的残疾学生的教育教学需要。

第四十五条　县级以上地方人民政府教育行政部门应当将特殊教育教师的培训纳入教师培训计划，以多种形式组织在职特殊教育教师进修提高专业水平；在普通教师培训中增加一定比例的特殊教育内容和相关知识，提高普通教师的特殊教育能力。

第四十六条　特殊教育教师和其他从事特殊教育的相关专业人员根据国家有关规定享受特殊岗位补助津贴及其他待遇；普通学校的教师承担残疾学生随班就读教学、管理工作的，应当将其承担的残疾学生教学、管理工作纳入其绩效考核内容，并作为核定工资待遇和职务评聘的重要依据。

县级以上人民政府教育行政部门、人力资源社会保障部门在职务评聘、培训进修、表彰奖励等方面，应当为特殊教育教师制定优惠政策、提供专门机会。

第七章　条件保障

第四十七条　省、自治区、直辖市人民政府应当根据残疾人教育的特殊情况，依据国务院有关行政主管部门的指导性标准，制定本行政区域内特殊教育学校的建设标准、经费开支标准、教学仪器设备配备标准等。

义务教育阶段普通学校招收残疾学生，县级人民政府财政部门及教育行政部门应当按照特殊教育学校生均预算内公用经费标准足额拨付费用。

第四十八条　各级人民政府应当按照有关规定安排残疾人教育经费，并将所需经费纳入本级政府预算。

县级以上人民政府根据需要可以设立专项补助款，用于发展残疾人教育。

地方各级人民政府用于义务教育的财政拨款和征收的教育费附加，应当有一定比例用于发展残疾儿童、少年义务教育。

地方各级人民政府可以按照有关规定将依法征收的残疾人就业保障金用于特殊教育学校开展各种残疾人职业教育。

第四十九条　县级以上地方人民政府应当根据残疾人教育发展的需要统筹规划、合理布局，设置特殊教育学校，并按照国家有关规定配备必要的残疾人教育教学、康复评估和康复训练等仪器设备。

特殊教育学校的设置，由教育行政部门按照国家有关规定审批。

第五十条　新建、改建、扩建各级各类学校应当符合《无障碍环境建设条例》的要求。

县级以上地方人民政府及其教育行政部门应当逐步推进各级各类学校无障碍校园环境建设。

第五十一条　招收残疾学生的学校对经济困难的残疾学生，应当按照国家有关规定减免学费和其他费用，并按照国家资助政策优先给予补助。

国家鼓励有条件的地方优先为经济困难的残疾学生提供免费的学前教育和高中教育,逐步实施残疾学生高中阶段免费教育。

第五十二条　残疾人参加国家教育考试,需要提供必要支持条件和合理便利的,可以提出申请。教育考试机构、学校应当按照国家有关规定予以提供。

第五十三条　国家鼓励社会力量举办特殊教育机构或者捐资助学；鼓励和支持民办学校或者其他教育机构招收残疾学生。

县级以上地方人民政府及其有关部门对民办特殊教育机构、招收残疾学生的民办学校,应当按照国家有关规定予以支持。

第五十四条　国家鼓励开展残疾人教育的科学研究,组织和扶持盲文、手语的研究和应用,支持特殊教育教材的编写和出版。

第五十五条　县级以上人民政府及其有关部门应当采取优惠政策和措施,支持研究、生产残疾人教育教学专用仪器设备、教具、学具、软件及其他辅助用品,扶持特殊教育机构兴办和发展福利企业和辅助性就业机构。

第八章　法律责任

第五十六条　地方各级人民政府及其有关部门违反本条例规定,未履行残疾人教育相关职责的,由上一级人民政府或者其有关部门责令限期改正；情节严重的,予以通报批评,并对直接负责的主管人员和其他直接责任人员依法给予处分。

第五十七条　学前教育机构、学校、其他教育机构及其工作人员违反本条例规定,有下列情形之一的,由其主管行政部门责令改正,对直接负责的主管人员和其他直接责任人员依法给予处分；构成违反治安管理行为的,由公安机关依法给予治安管理处罚；构成犯罪的,依法追究刑事责任：

（一）拒绝招收符合法律、法规规定条件的残疾学生入学的；

（二）歧视、侮辱、体罚残疾学生,或者放任对残疾学生的歧视言行,对残疾学生造成身心伤害的；

（三）未按照国家有关规定对经济困难的残疾学生减免学费或者其他费用的。

第九章 附 则

第五十八条 本条例下列用语的含义：

融合教育是指将对残疾学生的教育最大程度地融入普通教育。

特殊教育资源教室是指在普通学校设置的装备有特殊教育和康复训练设施设备的专用教室。

第五十九条 本条例自 2017 年 5 月 1 日起施行。

教师资格条例

（1995年12月12日中华人民共和国国务院令第188号发布 自发布之日起施行）

第一章 总 则

第一条 为了提高教师素质，加强教师队伍建设，依据《中华人民共和国教师法》（以下简称教师法），制定本条例。

第二条 中国公民在各级各类学校和其他教育机构中专门从事教育教学工作，应当依法取得教师资格。

第三条 国务院教育行政部门主管全国教师资格工作。

第二章 教师资格分类与适用

第四条 教师资格分为：

（一）幼儿园教师资格；

（二）小学教师资格；

（三）初级中学教师和初级职业学校文化课、专业课教师资格（以下统称初级中学教师资格）；

（四）高级中学教师资格；

（五）中等专业学校、技工学校、职业高级中学文化课、专业课教师资格（以下统称中等职业学校教师资格）；

（六）中等专业学校、技工学校、职业高级中学实习指导教师资格（以下统称中等职业学校实习指导教师资格）；

（七）高等学校教师资格。

成人教育的教师资格，按照成人教育的层次，依照上款规定确定类别。

第五条　取得教师资格的公民，可以在本级及其以下等级的各类学校和其他教育机构担任教师；但是，取得中等职业学校实习指导教师资格的公民只能在中等专业学校、技工学校、职业高级中学或者初级职业学校担任实习指导教师。

高级中学教师资格与中等职业学校教师资格相互通用。

第三章　教师资格条件

第六条　教师资格条件依照教师法第十条第二款的规定执行，其中"有教育教学能力"应当包括符合国家规定的从事教育教学工作的身体条件。

第七条　取得教师资格应当具备的相应学历，依照教师法第十一条的规定执行。

取得中等职业学校实习指导教师资格，应当具备国务院教育行政部门规定的学历，并应当具有相当助理工程师以上专业技术职务或者中级以上工人技术等级。

第四章　教师资格考试

第八条　不具备教师法规定的教师资格学历的公民，申请获得教师资格，应当通过国家举办的或者认可的教师资格考试。

第九条　教师资格考试科目、标准和考试大纲由国务院教育行政部门审定。

教师资格考试试卷的编制、考务工作和考试成绩证明的发放，属于幼儿园、小学、初级中学、高级中学、中等职业学校教师资格考试和中等职业学校实习指导教师资格考试的，由县级以上人民政府教育行政部门组织实施；属于高等学校教师资格考试的，由国务院教育行政部门或者省、自治区、直辖市人民政府教育行政部门委托的高等学校组织实施。

第十条　幼儿园、小学、初级中学、高级中学、中等职业学校的教师资格考试和中等职业学校实习指导教师资格考试，每年进行一次。

参加前款所列教师资格考试，考试科目全部及格的，发给教师资格考试合格证明；当年考试不及格的科目，可以在下一年度补考；经补考仍有一门或者一门以上科目不及格的，应当重新参加全部考试科目的考试。

第十一条　高等学校教师资格考试根据需要举行。

申请参加高等学校教师资格考试的，应当学有专长，并有两名相关专业的教授或者副教授推荐。

第五章　教师资格认定

第十二条　具备教师法规定的学历或者经教师资格考试合格的公民，可以依照本条例的规定申请认定其教师资格。

第十三条　幼儿园、小学和初级中学教师资格，由申请人户籍所在地或者申请人任教学校所在地的县级人民政府教育行政部门认定。高级中学教师资格，由申请人户籍所在地或者申请人任教学校所在地的县级人民政府教育行政部门审查后，报上一级教育行政部门认定。中等职业学校教师资格和中等职业学校实习指导教师资格，由申请人户籍所在地或者申请人任教学校所在地的县级人民政府教育行政部门审查后，报上一级教育行政部门认定或者组织有关部门认定。

受国务院教育行政部门或者省、自治区、直辖市人民政府教育行政部门委托的高等学校，负责认定在本校任职的人员和拟聘人员的高等学校教师资格。

在未受国务院教育行政部门或者省、自治区、直辖市人民政府教育行政部门委托的高等学校任职的人员和拟聘人员的高等学校教师资格，按照学校行政隶属关系，由国务院教育行政部门认定或者由学校所在地的省、自治区、直辖市人民政府教育行政部门认定。

第十四条　认定教师资格，应当由本人提出申请。

教育行政部门和受委托的高等学校每年春季、秋季各受理一次教师资格认定申请。具体受理期限由教育行政部门或者受委托的高等学校规定，并以适当形式公布。申请人应当在规定的受理期限内提出申请。

第十五条　申请认定教师资格，应当提交教师资格认定申请表和下列证明或者材料：

（一）身份证明；

（二）学历证书或者教师资格考试合格证明；

（三）教育行政部门或者受委托的高等学校指定的医院出具的体格检查证明；

（四）户籍所在地的街道办事处、乡人民政府或者工作单位、所毕业的学校对其思想品德、有无犯罪记录等方面情况的鉴定及证明材料。

申请人提交的证明或者材料不全的，教育行政部门或者受委托的高等学校应当及时通知申请人于受理期限终止前补齐。

教师资格认定申请表由国务院教育行政部门统一格式。

第十六条　教育行政部门或者受委托的高等学校在接到公民的教师资格认定申请后，应当对申请人的条件进行审查；对符合认定条件的，应当在受理期限终止之日起 30 日内颁发相应的教师资格证书；对不符合认定条件的，应当在受理期限终止之日起 30 日内将认定结论通知本人。

非师范院校毕业或者教师资格考试合格的公民申请认定幼儿园、小学或者其他教师资格的，应当进行面试和试讲，考察其教育教学能力；根据实际情况和需要，教育行政部门或者受委托的高等学校可以要求申请人补修教育学、心理学等课程。

教师资格证书在全国范围内适用。教师资格证书由国务院教育行政部门统一印制。

第十七条　已取得教师资格的公民拟取得更高等级学校或者其他教育机构教师资格的，应当通过相应的教师资格考试或者取得教师法规定的相应学历，并依照本章规定，经认定合格后，由教育行政部门或者受委托的高等学校颁发相应的教师资格证书。

第六章　罚　则

第十八条　依照教师法第十四条的规定丧失教师资格的，不能重新取得教师资格，其教师资格证书由县级以上人民政府教育行政部门收缴。

第十九条　有下列情形之一的，由县级以上人民政府教育行政部门撤销其教师资格：

（一）弄虚作假、骗取教师资格的；

（二）品行不良、侮辱学生，影响恶劣的。

被撤销教师资格的，自撤销之日起5年内不得重新申请认定教师资格，其教师资格证书由县级以上人民政府教育行政部门收缴。

第二十条　参加教师资格考试有作弊行为的，其考试成绩作废，3年内不得再次参加教师资格考试。

第二十一条　教师资格考试命题人员和其他有关人员违反保密规定，造成试题、参考答案及评分标准泄露的，依法追究法律责任。

第二十二条　在教师资格认定工作中玩忽职守、徇私舞弊，对教师资格认定工作造成损失的，由教育行政部门依法给予行政处分；构成犯罪的，依法追究刑事责任。

第七章　附　则

第二十三条　本条例自发布之日起施行。

中华人民共和国中外合作办学条例

（2003年3月1日中华人民共和国国务院令第372号公布 根据2013年7月18日《国务院关于废止和修改部分行政法规的决定》第一次修订 根据2019年3月2日《国务院关于修改部分行政法规的决定》第二次修订）

第一章 总 则

第一条 为了规范中外合作办学活动，加强教育对外交流与合作，促进教育事业的发展，根据《中华人民共和国教育法》《中华人民共和国职业教育法》和《中华人民共和国民办教育促进法》，制定本条例。

第二条 外国教育机构同中国教育机构（以下简称中外合作办学者）在中国境内合作举办以中国公民为主要招生对象的教育机构（以下简称中外合作办学机构）的活动，适用本条例。

第三条 中外合作办学属于公益性事业，是中国教育事业的组成部分。

国家对中外合作办学实行扩大开放、规范办学、依法管理、促进发展的方针。

国家鼓励引进外国优质教育资源的中外合作办学。

国家鼓励在高等教育、职业教育领域开展中外合作办学，鼓励中国高等教育机构与外国知名的高等教育机构合作办学。

第四条 中外合作办学者、中外合作办学机构的合法权益，受中国法律保护。

中外合作办学机构依法享受国家规定的优惠政策，依法自主开展教育教学活动。

第五条 中外合作办学必须遵守中国法律，贯彻中国的教育方针，符合中国的公共道德，不得损害中国的国家主权、安全和社会公共利益。

中外合作办学应当符合中国教育事业发展的需要,保证教育教学质量,致力于培养中国社会主义建设事业的各类人才。

第六条　中外合作办学者可以合作举办各级各类教育机构。但是,不得举办实施义务教育和实施军事、警察、政治等特殊性质教育的机构。

第七条　外国宗教组织、宗教机构、宗教院校和宗教教职人员不得在中国境内从事合作办学活动。

中外合作办学机构不得进行宗教教育和开展宗教活动。

第八条　国务院教育行政部门负责全国中外合作办学工作的统筹规划、综合协调和宏观管理。国务院教育行政部门、劳动行政部门和其他有关行政部门在国务院规定的职责范围内负责有关的中外合作办学工作。

省、自治区、直辖市人民政府教育行政部门负责本行政区域内中外合作办学工作的统筹规划、综合协调和宏观管理。省、自治区、直辖市人民政府教育行政部门、劳动行政部门和其他有关行政部门在其职责范围内负责本行政区域内有关的中外合作办学工作。

第二章　设　立

第九条　申请设立中外合作办学机构的教育机构应当具有法人资格。

第十条　中外合作办学者可以用资金、实物、土地使用权、知识产权以及其他财产作为办学投入。

中外合作办学者的知识产权投入不得超过各自投入的1/3。但是,接受国务院教育行政部门、劳动行政部门或者省、自治区、直辖市人民政府邀请前来中国合作办学的外国教育机构的知识产权投入可以超过其投入的1/3。

第十一条　中外合作办学机构应当具备《中华人民共和国教育法》《中华人民共和国职业教育法》《中华人民共和国高等教育法》等法律和有关行政法规规定的基本条件,并具有法人资格。但是,外国教育机构同中国实施学历教育的高等学校设立的实施高等教育的中外合作办学机构,可以不具有法人资格。

设立中外合作办学机构,参照国家举办的同级同类教育机构的设置标准执行。

第十二条　申请设立实施本科以上高等学历教育的中外合作办学机构，由国务院教育行政部门审批；申请设立实施高等专科教育和非学历高等教育的中外合作办学机构，由拟设立机构所在地的省、自治区、直辖市人民政府审批。

申请设立实施中等学历教育和自学考试助学、文化补习、学前教育等的中外合作办学机构，由拟设立机构所在地的省、自治区、直辖市人民政府教育行政部门审批。

申请设立实施职业技能培训的中外合作办学机构，由拟设立机构所在地的省、自治区、直辖市人民政府劳动行政部门审批。

第十三条　设立中外合作办学机构，分为筹备设立和正式设立两个步骤。但是，具备办学条件，达到设置标准的，可以直接申请正式设立。

第十四条　申请筹备设立中外合作办学机构，应当提交下列文件：

（一）申办报告，内容应当主要包括：中外合作办学者、拟设立中外合作办学机构的名称、培养目标、办学规模、办学层次、办学形式、办学条件、内部管理体制、经费筹措与管理使用等；

（二）合作协议，内容应当包括：合作期限、争议解决办法等；

（三）资产来源、资金数额及有效证明文件，并载明产权；

（四）属捐赠性质的校产须提交捐赠协议，载明捐赠人的姓名、所捐资产的数额、用途和管理办法及相关有效证明文件；

（五）不低于中外合作办学者资金投入15%的启动资金到位证明。

第十五条　申请筹备设立中外合作办学机构的，审批机关应当自受理申请之日起45个工作日内作出是否批准的决定。批准的，发给筹备设立批准书；不批准的，应当书面说明理由。

第十六条　经批准筹备设立中外合作办学机构的，应当自批准之日起3年内提出正式设立申请；超过3年的，中外合作办学者应当重新申报。

筹备设立期内，不得招生。

第十七条　完成筹备设立申请正式设立的，应当提交下列文件：

（一）正式设立申请书；

（二）筹备设立批准书；

（三）筹备设立情况报告；

（四）中外合作办学机构的章程，首届理事会、董事会或者联合管理委员会组成人员名单；

（五）中外合作办学机构资产的有效证明文件；

（六）校长或者主要行政负责人、教师、财会人员的资格证明文件。

直接申请正式设立中外合作办学机构的，应当提交前款第一项、第四项、第五项、第六项和第十四条第二项、第三项、第四项所列文件。

第十八条 申请正式设立实施非学历教育的中外合作办学机构的，审批机关应当自受理申请之日起 3 个月内作出是否批准的决定；申请正式设立实施学历教育的中外合作办学机构的，审批机关应当自受理申请之日起 6 个月内作出是否批准的决定。批准的，颁发统一格式、统一编号的中外合作办学许可证；不批准的，应当书面说明理由。

中外合作办学许可证由国务院教育行政部门制定式样，由国务院教育行政部门和劳动行政部门按照职责分工分别组织印制；中外合作办学许可证由国务院教育行政部门统一编号，具体办法由国务院教育行政部门会同劳动行政部门确定。

第十九条 申请正式设立实施学历教育的中外合作办学机构的，审批机关受理申请后，应当组织专家委员会评议，由专家委员会提出咨询意见。

第二十条 中外合作办学机构取得中外合作办学许可证后，应当依照有关的法律、行政法规进行登记，登记机关应当依照有关规定即时予以办理。

第三章　组织与管理

第二十一条 具有法人资格的中外合作办学机构应当设立理事会或者董事会，不具有法人资格的中外合作办学机构应当设立联合管理委员会。理事会、董事会或者联合管理委员会的中方组成人员不得少于 1/2。

理事会、董事会或者联合管理委员会由 5 人以上组成，设理事长、副理事长，董事长、副董事长或者主任、副主任各 1 人。中外合作办学者一方担任理事长、董事长或者主任的，由另一方担任副理事长、副董事长或者副主任。

具有法人资格的中外合作办学机构的法定代表人，由中外合作办学者协商，在理事长、董事长或者校长中确定。

第二十二条　中外合作办学机构的理事会、董事会或者联合管理委员会由中外合作办学者的代表、校长或者主要行政负责人、教职工代表等组成，其中1/3以上组成人员应当具有5年以上教育、教学经验。

中外合作办学机构的理事会、董事会或者联合管理委员会组成人员名单应当报审批机关备案。

第二十三条　中外合作办学机构的理事会、董事会或者联合管理委员会行使下列职权：

（一）改选或者补选理事会、董事会或者联合管理委员会组成人员；

（二）聘任、解聘校长或者主要行政负责人；

（三）修改章程，制定规章制度；

（四）制定发展规划，批准年度工作计划；

（五）筹集办学经费，审核预算、决算；

（六）决定教职工的编制定额和工资标准；

（七）决定中外合作办学机构的分立、合并、终止；

（八）章程规定的其他职权。

第二十四条　中外合作办学机构的理事会、董事会或者联合管理委员会每年至少召开一次会议。经1/3以上组成人员提议，可以召开理事会、董事会或者联合管理委员会临时会议。

中外合作办学机构的理事会、董事会或者联合管理委员会讨论下列重大事项，应当经2/3以上组成人员同意方可通过：

（一）聘任、解聘校长或者主要行政负责人；

（二）修改章程；

（三）制定发展规划；

（四）决定中外合作办学机构的分立、合并、终止；

（五）章程规定的其他重大事项。

第二十五条　中外合作办学机构的校长或者主要行政负责人，应当具有中华人民共和国国籍，在中国境内定居，热爱祖国，品行良好，具有教育、教学经验，并具备相应的专业水平。

第二十六条　中外合作办学机构的校长或者主要行政负责人行使下列职权：

（一）执行理事会、董事会或者联合管理委员会的决定；

（二）实施发展规划，拟订年度工作计划、财务预算和规章制度；

（三）聘任和解聘工作人员，实施奖惩；

（四）组织教育教学、科学研究活动，保证教育教学质量；

（五）负责日常管理工作；

（六）章程规定的其他职权。

第二十七条　中外合作办学机构依法对教师、学生进行管理。

中外合作办学机构聘任的外籍教师和外籍管理人员，应当具备学士以上学位和相应的职业证书，并具有2年以上教育、教学经验。

外方合作办学者应当从本教育机构中选派一定数量的教师到中外合作办学机构任教。

第二十八条　中外合作办学机构应当依法维护教师、学生的合法权益，保障教职工的工资、福利待遇，并为教职工缴纳社会保险费。

中外合作办学机构的教职工依法建立工会等组织，并通过教职工代表大会等形式，参与中外合作办学机构的民主管理。

第二十九条　中外合作办学机构的外籍人员应当遵守外国人在中国就业的有关规定。

第四章　教育教学

第三十条　中外合作办学机构应当按照中国对同级同类教育机构的要求开设关于宪法、法律、公民道德、国情等内容的课程。

国家鼓励中外合作办学机构引进国内急需、在国际上具有先进性的课程和教材。

中外合作办学机构应当将所开设的课程和引进的教材报审批机关备案。

第三十一条　中外合作办学机构根据需要，可以使用外国语言文字教学，但应当以普通话和规范汉字为基本教学语言文字。

第三十二条　实施高等学历教育的中外合作办学机构招收学生，纳入国家高等学校招生计划。实施其他学历教育的中外合作办学机构招收学生，按照省、自治区、直辖市人民政府教育行政部门的规定执行。

中外合作办学机构招收境外学生，按照国家有关规定执行。

第三十三条　中外合作办学机构的招生简章和广告应当报审批机关备案。

中外合作办学机构应当将办学类型和层次、专业设置、课程内容和招生规模等有关情况，定期向社会公布。

第三十四条　中外合作办学机构实施学历教育的，按照国家有关规定颁发学历证书或者其他学业证书；实施非学历教育的，按照国家有关规定颁发培训证书或者结业证书。对于接受职业技能培训的学生，经政府批准的职业技能鉴定机构鉴定合格的，可以按照国家有关规定颁发相应的国家职业资格证书。

中外合作办学机构实施高等学历教育的，可以按照国家有关规定颁发中国相应的学位证书。

中外合作办学机构颁发的外国教育机构的学历、学位证书，应当与该教育机构在其所属国颁发的学历、学位证书相同，并在该国获得承认。

中国对中外合作办学机构颁发的外国教育机构的学历、学位证书的承认，依照中华人民共和国缔结或者加入的国际条约办理，或者按照国家有关规定办理。

第三十五条　国务院教育行政部门或者省、自治区、直辖市人民政府教育行政部门及劳动行政部门等其他有关行政部门应当加强对中外合作办学机构的日常监督，组织或者委托社会中介组织对中外合作办学机构的办学水平和教育质量进行评估，并将评估结果向社会公布。

第五章　资产与财务

第三十六条　中外合作办学机构应当依法建立健全财务、会计制度和资产管理制度，并按照国家有关规定设置会计账簿。

第三十七条　中外合作办学机构存续期间，所有资产由中外合作办学机构依法享有法人财产权，任何组织和个人不得侵占。

第三十八条　中外合作办学机构的收费项目和标准，依照国家有关政府定价的规定确定并公布；未经批准，不得增加项目或者提高标准。

中外合作办学机构应当以人民币计收学费和其他费用，不得以外汇计收学费和其他费用。

第三十九条　中外合作办学机构收取的费用应当主要用于教育教学活动和改善办学条件。

第四十条　中外合作办学机构的外汇收支活动以及开设和使用外汇账户，应当遵守国家外汇管理规定。

第四十一条　中外合作办学机构应当在每个会计年度结束时制作财务会计报告，委托社会审计机构依法进行审计，向社会公布审计结果，并报审批机关备案。

第六章　变更与终止

第四十二条　中外合作办学机构的分立、合并，在进行财务清算后，由该机构理事会、董事会或者联合管理委员会报审批机关批准。

申请分立、合并实施非学历教育的中外合作办学机构的，审批机关应当自受理申请之日起3个月内以书面形式答复；申请分立、合并实施学历教育的中外合作办学机构的，审批机关应当自受理申请之日起6个月内以书面形式答复。

第四十三条　中外合作办学机构合作办学者的变更，应当由合作办学者提出，在进行财务清算后，经该机构理事会、董事会或者联合管理委员会同意，报审批机关核准，并办理相应的变更手续。

中外合作办学机构住所、法定代表人、校长或者主要行政负责人的变更，应当经审批机关核准，并办理相应的变更手续。

第四十四条　中外合作办学机构名称、层次、类别的变更，由该机构理事会、董事会或者联合管理委员会报审批机关批准。

申请变更为实施非学历教育的中外合作办学机构的,审批机关应当自受理申请之日起 3 个月内以书面形式答复;申请变更为实施学历教育的中外合作办学机构的,审批机关应当自受理申请之日起 6 个月内以书面形式答复。

第四十五条　中外合作办学机构有下列情形之一的,应当终止:

(一)根据章程规定要求终止,并经审批机关批准的;

(二)被吊销中外合作办学许可证的;

(三)因资不抵债无法继续办学,并经审批机关批准的。

中外合作办学机构终止,应当妥善安置在校学生;中外合作办学机构提出终止申请时,应当同时提交妥善安置在校学生的方案。

第四十六条　中外合作办学机构终止时,应当依法进行财务清算。

中外合作办学机构自己要求终止的,由中外合作办学机构组织清算;被审批机关依法撤销的,由审批机关组织清算;因资不抵债无法继续办学而被终止的,依法请求人民法院组织清算。

第四十七条　中外合作办学机构清算时,应当按照下列顺序清偿:

(一)应当退还学生的学费和其他费用;

(二)应当支付给教职工的工资和应当缴纳的社会保险费用;

(三)应当偿还的其他债务。

中外合作办学机构清偿上述债务后的剩余财产,依照有关法律、行政法规的规定处理。

第四十八条　中外合作办学机构经批准终止或者被吊销中外合作办学许可证的,应当将中外合作办学许可证和印章交回审批机关,依法办理注销登记。

第七章　法律责任

第四十九条　中外合作办学审批机关及其工作人员,利用职务上的便利收取他人财物或者获取其他利益,滥用职权、玩忽职守,对不符合本条例规定条件者颁发中外合作办学许可证,或者发现违法行为不予以查处,造成严重后果,触犯刑律的,对负有责任的主管人员和其他直接责任人员,依照刑法关于受贿罪、滥用职权罪、玩忽职守罪或者其他罪的规定，依法追究刑事责任；尚不够刑事处罚的，依法给予行政处分。

第五十条 违反本条例的规定，超越职权审批中外合作办学机构的，其批准文件无效，由上级机关责令改正；对负有责任的主管人员和其他直接责任人员，依法给予行政处分；致使公共财产、国家和人民利益遭受重大损失的，依照刑法关于滥用职权罪或者其他罪的规定，依法追究刑事责任。

第五十一条 违反本条例的规定，未经批准擅自设立中外合作办学机构，或者以不正当手段骗取中外合作办学许可证的，由教育行政部门、劳动行政部门按照职责分工予以取缔或者会同公安机关予以取缔，责令退还向学生收取的费用，并处以10万元以下的罚款；触犯刑律的，依照刑法关于诈骗罪或者其他罪的规定，依法追究刑事责任。

第五十二条 违反本条例的规定，在中外合作办学机构筹备设立期间招收学生的，由教育行政部门、劳动行政部门按照职责分工责令停止招生，责令退还向学生收取的费用，并处以10万元以下的罚款；情节严重，拒不停止招生的，由审批机关撤销筹备设立批准书。

第五十三条 中外合作办学者虚假出资或者在中外合作办学机构成立后抽逃出资的，由教育行政部门、劳动行政部门按照职责分工责令限期改正；逾期不改正的，由教育行政部门、劳动行政部门按照职责分工处以虚假出资金额或者抽逃出资金额2倍以下的罚款。

第五十四条 伪造、变造和买卖中外合作办学许可证的，依照刑法关于伪造、变造、买卖国家机关证件罪或者其他罪的规定，依法追究刑事责任。

第五十五条 中外合作办学机构未经批准增加收费项目或者提高收费标准的，由教育行政部门、劳动行政部门按照职责分工责令退还多收的费用，并由价格主管部门依照有关法律、行政法规的规定予以处罚。

第五十六条 中外合作办学机构管理混乱、教育教学质量低下，造成恶劣影响的，由教育行政部门、劳动行政部门按照职责分工责令限期整顿并予以公告；情节严重、逾期不整顿或者经整顿仍达不到要求的，由教育行政部门、劳动行政部门按照职责分工责令停止招生、吊销中外合作办学许可证。

第五十七条　违反本条例的规定，发布虚假招生简章，骗取钱财的，由教育行政部门、劳动行政部门按照职责分工，责令限期改正并予以警告；有违法所得的，退还所收费用后没收违法所得，并可处以10万元以下的罚款；情节严重的，责令停止招生、吊销中外合作办学许可证；构成犯罪的，依照刑法关于诈骗罪或者其他罪的规定，依法追究刑事责任。

中外合作办学机构发布虚假招生广告的，依照《中华人民共和国广告法》的有关规定追究其法律责任。

第五十八条　中外合作办学机构被处以吊销中外合作办学许可证行政处罚的，其理事长或者董事长、校长或者主要行政负责人自中外合作办学许可证被吊销之日起10年内不得担任任何中外合作办学机构的理事长或者董事长、校长或者主要行政负责人。

违反本条例的规定，触犯刑律被依法追究刑事责任的，自刑罚执行期满之日起10年内不得从事中外合作办学活动。

第八章　附　则

第五十九条　香港特别行政区、澳门特别行政区和台湾地区的教育机构与内地教育机构合作办学的，参照本条例的规定执行。

第六十条　在市场监督管理部门登记注册的经营性的中外合作举办的培训机构的管理办法，由国务院另行规定。

第六十一条　外国教育机构同中国教育机构在中国境内合作举办以中国公民为主要招生对象的实施学历教育和自学考试助学、文化补习、学前教育等的合作办学项目的具体审批和管理办法，由国务院教育行政部门制定。

外国教育机构同中国教育机构在中国境内合作举办以中国公民为主要招生对象的实施职业技能培训的合作办学项目的具体审批和管理办法，由国务院劳动行政部门制定。

第六十二条　外国教育机构、其他组织或者个人不得在中国境内单独设立以中国公民为主要招生对象的学校及其他教育机构。

第六十三条　本条例施行前依法设立的中外合作办学机构，应当补办本条例规定的中外合作办学许可证。其中，不完全具备本条例所规定条件的，应当在本条例施行之日起2年内达到本条例规定的条件；逾期未达到本条例规定条件的，由审批机关予以撤销。

第六十四条　本条例自2003年9月1日起施行。

中华人民共和国
民办教育促进法实施条例

（2004年3月5日中华人民共和国国务院令第399号公布　2021年4月7日中华人民共和国国务院令第741号修订）

第一章　总　则

第一条　根据《中华人民共和国民办教育促进法》（以下简称民办教育促进法），制定本条例。

第二条　国家机构以外的社会组织或者个人可以利用非国家财政性经费举办各级各类民办学校；但是，不得举办实施军事、警察、政治等特殊性质教育的民办学校。

民办教育促进法和本条例所称国家财政性经费，是指财政拨款、依法取得并应当上缴国库或者财政专户的财政性资金。

第三条　各级人民政府应当依法支持和规范社会力量举办民办教育，保障民办学校依法办学、自主管理，鼓励、引导民办学校提高质量、办出特色，满足多样化教育需求。

对于举办民办学校表现突出或者为发展民办教育事业做出突出贡献的社会组织或者个人，按照国家有关规定给予奖励和表彰。

第四条　民办学校应当坚持中国共产党的领导，坚持社会主义办学方向，坚持教育公益性，对受教育者加强社会主义核心价值观教育，落实立德树人根本任务。

民办学校中的中国共产党基层组织贯彻党的方针政策，依照法律、行政法规和国家有关规定参与学校重大决策并实施监督。

第二章 民办学校的设立

第五条 国家机构以外的社会组织或者个人可以单独或者联合举办民办学校。联合举办民办学校的，应当签订联合办学协议，明确合作方式、各方权利义务和争议解决方式等。

国家鼓励以捐资、设立基金会等方式依法举办民办学校。以捐资等方式举办民办学校，无举办者的，其办学过程中的举办者权责由发起人履行。

在中国境内设立的外商投资企业以及外方为实际控制人的社会组织不得举办、参与举办或者实际控制实施义务教育的民办学校；举办其他类型民办学校的，应当符合国家有关外商投资的规定。

第六条 举办民办学校的社会组织或者个人应当有良好的信用状况。举办民办学校可以用货币出资，也可以用实物、建设用地使用权、知识产权等可以用货币估价并可以依法转让的非货币财产作价出资；但是，法律、行政法规规定不得作为出资的财产除外。

第七条 实施义务教育的公办学校不得举办或者参与举办民办学校，也不得转为民办学校。其他公办学校不得举办或者参与举办营利性民办学校。但是，实施职业教育的公办学校可以吸引企业的资本、技术、管理等要素，举办或者参与举办实施职业教育的营利性民办学校。

公办学校举办或者参与举办民办学校，不得利用国家财政性经费，不得影响公办学校教学活动，不得仅以品牌输出方式参与办学，并应当经其主管部门批准。公办学校举办或者参与举办非营利性民办学校，不得以管理费等方式取得或者变相取得办学收益。

公办学校举办或者参与举办的民办学校应当具有独立的法人资格，具有与公办学校相分离的校园、基本教育教学设施和独立的专任教师队伍，按照国家统一的会计制度独立进行会计核算，独立招生，独立颁发学业证书。

举办或者参与举办民办学校的公办学校依法享有举办者权益，依法履行国有资产管理义务。

第八条 地方人民政府不得利用国有企业、公办教育资源举办或者参与举办实施义务教育的民办学校。

以国有资产参与举办民办学校的，应当根据国家有关国有资产监督管理的规定，聘请具有评估资格的中介机构依法进行评估，根据评估结果合理确定出资额，并报对该国有资产负有监管职责的机构备案。

第九条　国家鼓励企业以独资、合资、合作等方式依法举办或者参与举办实施职业教育的民办学校。

第十条　举办民办学校，应当按时、足额履行出资义务。民办学校存续期间，举办者不得抽逃出资，不得挪用办学经费。

举办者可以依法募集资金举办营利性民办学校，所募集资金应当主要用于办学，不得擅自改变用途，并按规定履行信息披露义务。民办学校及其举办者不得以赞助费等名目向学生、学生家长收取或者变相收取与入学关联的费用。

第十一条　举办者依法制定学校章程，负责推选民办学校首届理事会、董事会或者其他形式决策机构的组成人员。

举办者可以依据法律、法规和学校章程规定的程序和要求参加或者委派代表参加理事会、董事会或者其他形式决策机构，并依据学校章程规定的权限行使相应的决策权、管理权。

第十二条　民办学校举办者变更的，应当签订变更协议，但不得涉及学校的法人财产，也不得影响学校发展，不得损害师生权益；现有民办学校的举办者变更的，可以根据其依法享有的合法权益与继任举办者协议约定变更收益。

民办学校的举办者不再具备法定条件的，应当在6个月内向审批机关提出变更；逾期不变更的，由审批机关责令变更。

举办者为法人的，其控股股东和实际控制人应当符合法律、行政法规规定的举办民办学校的条件，控股股东和实际控制人变更的，应当报主管部门备案并公示。

举办者变更，符合法定条件的，审批机关应当在规定的期限内予以办理。

第十三条　同时举办或者实际控制多所民办学校的，举办者或者实际控制人应当具备与其所开展办学活动相适应的资金、人员、组织机构等条件与能力，并对所举办民办学校承担管理和监督职责。

同时举办或者实际控制多所民办学校的举办者或者实际控制人向所举

办或者实际控制的民办学校提供教材、课程、技术支持等服务以及组织教育教学活动，应当符合国家有关规定并建立相应的质量标准和保障机制。

同时举办或者实际控制多所民办学校的，应当保障所举办或者实际控制的民办学校依法独立开展办学活动，存续期间所有资产由学校依法管理和使用；不得改变所举办或者实际控制的非营利性民办学校的性质，直接或者间接取得办学收益；也不得滥用市场支配地位，排除、限制竞争。

任何社会组织和个人不得通过兼并收购、协议控制等方式控制实施义务教育的民办学校、实施学前教育的非营利性民办学校。

第十四条　实施国家认可的教育考试、职业资格考试和职业技能等级考试等考试的机构，举办或者参与举办与其所实施的考试相关的民办学校应当符合国家有关规定。

第十五条　设立民办学校的审批权限，依照有关法律、法规的规定执行。

地方人民政府及其有关部门应当依法履行实施义务教育的职责。设立实施义务教育的民办学校，应当符合当地义务教育发展规划。

第十六条　国家鼓励民办学校利用互联网技术在线实施教育活动。

利用互联网技术在线实施教育活动应当符合国家互联网管理有关法律、行政法规的规定。利用互联网技术在线实施教育活动的民办学校应当取得相应的办学许可。

民办学校利用互联网技术在线实施教育活动，应当依法建立并落实互联网安全管理制度和安全保护技术措施，发现法律、行政法规禁止发布或者传输的信息的，应当立即停止传输，采取消除等处置措施，防止信息扩散，保存有关记录，并向有关主管部门报告。

外籍人员利用互联网技术在线实施教育活动，应当遵守教育和外国人在华工作管理等有关法律、行政法规的规定。

第十七条　民办学校的举办者在获得筹设批准书之日起3年内完成筹设的，可以提出正式设立申请。

民办学校在筹设期内不得招生。

第十八条　申请正式设立实施学历教育的民办学校的，审批机关受理申请后，应当组织专家委员会评议，由专家委员会提出咨询意见。

第十九条　民办学校的章程应当规定下列主要事项：

（一）学校的名称、住所、办学地址、法人属性；
（二）举办者的权利义务，举办者变更、权益转让的办法；
（三）办学宗旨、发展定位、层次、类型、规模、形式等；
（四）学校开办资金、注册资本，资产的来源、性质等；
（五）理事会、董事会或者其他形式决策机构和监督机构的产生方法、人员构成、任期、议事规则等；
（六）学校党组织负责人或者代表进入学校决策机构和监督机构的程序；
（七）学校的法定代表人；
（八）学校自行终止的事由，剩余资产处置的办法与程序；
（九）章程修改程序。

民办学校应当将章程向社会公示，修订章程应当事先公告，征求利益相关方意见。完成修订后，报主管部门备案或者核准。

第二十条　民办学校只能使用一个名称。

民办学校的名称应当符合有关法律、行政法规的规定，不得损害社会公共利益，不得含有可能引发歧义的文字或者含有可能误导公众的其他法人名称。营利性民办学校可以在学校牌匾、成绩单、毕业证书、结业证书、学位证书及相关证明、招生广告和简章上使用经审批机关批准的法人简称。

第二十一条　民办学校开办资金、注册资本应当与学校类型、层次、办学规模相适应。民办学校正式设立时，开办资金、注册资本应当缴足。

第二十二条　对批准正式设立的民办学校，审批机关应当颁发办学许可证，并向社会公告。

办学许可的期限应当与民办学校的办学层次和类型相适应。民办学校在许可期限内无违法违规行为的，有效期届满可以自动延续、换领新证。

民办学校办学许可证的管理办法由国务院教育行政部门、人力资源社会保障行政部门依据职责分工分别制定。

第二十三条　民办学校增设校区应当向审批机关申请地址变更；设立分校应当向分校所在地审批机关单独申请办学许可，并报原审批机关备案。

第二十四条　民办学校依照有关法律、行政法规的规定申请法人登记，登记机关应当依法予以办理。

第三章　民办学校的组织与活动

第二十五条　民办学校理事会、董事会或者其他形式决策机构的负责人应当具有中华人民共和国国籍，具有政治权利和完全民事行为能力，在中国境内定居，品行良好，无故意犯罪记录或者教育领域不良从业记录。

民办学校法定代表人应当由民办学校决策机构负责人或者校长担任。

第二十六条　民办学校的理事会、董事会或者其他形式决策机构应当由举办者或者其代表、校长、党组织负责人、教职工代表等共同组成。鼓励民办学校理事会、董事会或者其他形式决策机构吸收社会公众代表，根据需要设独立理事或者独立董事。实施义务教育的民办学校理事会、董事会或者其他形式决策机构组成人员应当具有中华人民共和国国籍，且应当有审批机关委派的代表。

民办学校的理事会、董事会或者其他形式决策机构每年至少召开2次会议。经1/3以上组成人员提议，可以召开理事会、董事会或者其他形式决策机构临时会议。讨论下列重大事项，应当经2/3以上组成人员同意方可通过：

（一）变更举办者；

（二）聘任、解聘校长；

（三）修改学校章程；

（四）制定发展规划；

（五）审核预算、决算；

（六）决定学校的分立、合并、终止；

（七）学校章程规定的其他重大事项。

第二十七条　民办学校应当设立监督机构。监督机构应当有党的基层组织代表，且教职工代表不少于1/3。教职工人数少于20人的民办学校可以只设1至2名监事。

监督机构依据国家有关规定和学校章程对学校办学行为进行监督。监督机构负责人或者监事应当列席学校决策机构会议。

理事会、董事会或者其他形式决策机构组成人员及其近亲属不得兼任、担任监督机构组成人员或者监事。

第二十八条 民办学校校长依法独立行使教育教学和行政管理职权。

民办学校内部组织机构的设置方案由校长提出，报理事会、董事会或者其他形式决策机构批准。

第二十九条 民办学校依照法律、行政法规和国家有关规定，自主开展教育教学活动；使用境外教材的，应当符合国家有关规定。

实施高等教育和中等职业技术学历教育的民办学校，可以按照办学宗旨和培养目标自主设置专业、开设课程、选用教材。

实施普通高中教育、义务教育的民办学校可以基于国家课程标准自主开设有特色的课程，实施教育教学创新，自主设置的课程应当报主管教育行政部门备案。实施义务教育的民办学校不得使用境外教材。

实施学前教育的民办学校开展保育和教育活动，应当遵循儿童身心发展规律，设置、开发以游戏、活动为主要形式的课程。

实施以职业技能为主的职业资格培训、职业技能培训的民办学校可以按照与培训专业（职业、工种）相对应的国家职业标准及相关职业培训要求开展培训活动，不得教唆、组织学员规避监管，以不正当手段获取职业资格证书、成绩证明等。

第三十条 民办学校应当按照招生简章或者招生广告的承诺，开设相应课程，开展教育教学活动，保证教育教学质量。

民办学校应当提供符合标准的校舍和教育教学设施设备。

第三十一条 实施学前教育、学历教育的民办学校享有与同级同类公办学校同等的招生权，可以在审批机关核定的办学规模内，自主确定招生的标准和方式，与公办学校同期招生。

实施义务教育的民办学校应当在审批机关管辖的区域内招生，纳入审批机关所在地统一管理。实施普通高中教育的民办学校应当主要在学校所在设区的市范围内招生，符合省、自治区、直辖市人民政府教育行政部门有关规定的可以跨区域招生。招收接受高等学历教育学生的应当遵守国家有关规定。

县级以上地方人民政府教育行政部门、人力资源社会保障行政部门应当为外地的民办学校在本地招生提供平等待遇，不得设置跨区域招生障碍实行地区封锁。

民办学校招收学生应当遵守招生规则，维护招生秩序，公开公平公正录取学生。实施义务教育的民办学校不得组织或者变相组织学科知识类入学考试，不得提前招生。

民办学校招收境外学生，按照国家有关规定执行。

第三十二条　实施高等学历教育的民办学校符合学位授予条件的，依照有关法律、行政法规的规定经审批同意后，可以获得相应的学位授予资格。

第四章　教师与受教育者

第三十三条　民办学校聘任的教师或者教学人员应当具备相应的教师资格或者其他相应的专业资格、资质。

民办学校应当有一定数量的专任教师；其中，实施学前教育、学历教育的民办学校应当按照国家有关规定配备专任教师。

鼓励民办学校创新教师聘任方式，利用信息技术等手段提高教学效率和水平。

第三十四条　民办学校自主招聘教师和其他工作人员，并应当与所招聘人员依法签订劳动或者聘用合同，明确双方的权利义务等。

民办学校聘任专任教师，在合同中除依法约定必备条款外，还应当对教师岗位及其职责要求、师德和业务考核办法、福利待遇、培训和继续教育等事项作出约定。

公办学校教师未经所在学校同意不得在民办学校兼职。

民办学校聘任外籍人员，按照国家有关规定执行。

第三十五条　民办学校应当建立教师培训制度，为受聘教师接受相应的思想政治培训和业务培训提供条件。

第三十六条　民办学校应当依法保障教职工待遇，按照学校登记的法人类型，按时足额支付工资，足额缴纳社会保险费和住房公积金。国家鼓励民办学校按照有关规定为教职工建立职业年金或者企业年金等补充养老保险。

实施学前教育、学历教育的民办学校应当从学费收入中提取一定比例建立专项资金或者基金，由学校管理，用于教职工职业激励或者增加待遇保障。

第三十七条　教育行政部门应当会同有关部门建立民办幼儿园、中小学专任教师劳动、聘用合同备案制度，建立统一档案，记录教师的教龄、工龄，在培训、考核、专业技术职务评聘、表彰奖励、权利保护等方面，统筹规划、统一管理，与公办幼儿园、中小学聘任的教师平等对待。

民办职业学校、高等学校按照国家有关规定自主开展教师专业技术职务评聘。

教育行政部门应当会同有关部门完善管理制度，保证教师在公办学校和民办学校之间的合理流动；指导和监督民办学校建立健全教职工代表大会制度。

第三十八条　实施学历教育的民办学校应当依法建立学籍和教学管理制度，并报主管部门备案。

第三十九条　民办学校及其教师、职员、受教育者申请政府设立的有关科研项目、课题等，享有与同级同类公办学校及其教师、职员、受教育者同等的权利。相关项目管理部门应当按规定及时足额拨付科研项目、课题资金。

各级人民政府应当保障民办学校的受教育者在升学、就业、社会优待、参加先进评选，以及获得助学贷款、奖助学金等国家资助等方面，享有与同级同类公办学校的受教育者同等的权利。

实施学历教育的民办学校应当建立学生资助、奖励制度，并按照不低于当地同级同类公办学校的标准，从学费收入中提取相应资金用于资助、奖励学生。

第四十条　教育行政部门、人力资源社会保障行政部门和其他有关部门，组织有关的评奖评优、文艺体育活动和课题、项目招标，应当为民办学校及其教师、职员、受教育者提供同等的机会。

第五章　民办学校的资产与财务管理

第四十一条　民办学校应当依照《中华人民共和国会计法》和国家统一的会计制度进行会计核算，编制财务会计报告。

第四十二条　民办学校应当建立办学成本核算制度，基于办学成本和市场需求等因素，遵循公平、合法和诚实信用原则，考虑经济效益与社会效益，合理确定收费项目和标准。对公办学校参与举办、使用国有资产或者接受政府生均经费补助的非营利性民办学校，省、自治区、直辖市人民政府可以对其收费制定最高限价。

第四十三条　民办学校资产中的国有资产的监督、管理，按照国家有关规定执行。

民办学校依法接受的捐赠财产的使用和管理，依照有关法律、行政法规执行。

第四十四条　非营利性民办学校收取费用、开展活动的资金往来，应当使用在有关主管部门备案的账户。有关主管部门应当对该账户实施监督。

营利性民办学校收入应当全部纳入学校开设的银行结算账户，办学结余分配应当在年度财务结算后进行。

第四十五条　实施义务教育的民办学校不得与利益关联方进行交易。其他民办学校与利益关联方进行交易的，应当遵循公开、公平、公允的原则，合理定价、规范决策，不得损害国家利益、学校利益和师生权益。

民办学校应当建立利益关联方交易的信息披露制度。教育、人力资源社会保障以及财政等有关部门应当加强对非营利性民办学校与利益关联方签订协议的监管，并按年度对关联交易进行审查。

前款所称利益关联方是指民办学校的举办者、实际控制人、校长、理事、董事、监事、财务负责人等以及与上述组织或者个人之间存在互相控制和影响关系、可能导致民办学校利益被转移的组织或者个人。

第四十六条　在每个会计年度结束时，民办学校应当委托会计师事务所对年度财务报告进行审计。非营利性民办学校应当从经审计的年度非限定性净资产增加额中，营利性民办学校应当从经审计的年度净收益中，按不低于年度非限定性净资产增加额或者净收益的10%的比例提取发展基金，用于学校的发展。

第六章　管理与监督

第四十七条　县级以上地方人民政府应当建立民办教育工作联席会议制

度。教育、人力资源社会保障、民政、市场监督管理等部门应当根据职责会同有关部门建立民办学校年度检查和年度报告制度，健全日常监管机制。

教育行政部门、人力资源社会保障行政部门及有关部门应当建立民办学校信用档案和举办者、校长执业信用制度，对民办学校进行执法监督的情况和处罚、处理结果应当予以记录，由执法、监督人员签字后归档，并依法依规公开执法监督结果。相关信用档案和信用记录依法纳入全国信用信息共享平台、国家企业信用信息公示系统。

第四十八条　审批机关应当及时公开民办学校举办者情况、办学条件等审批信息。

教育行政部门、人力资源社会保障行政部门应当依据职责分工，定期组织或者委托第三方机构对民办学校的办学水平和教育质量进行评估，评估结果应当向社会公开。

第四十九条　教育行政部门及有关部门应当制定实施学前教育、学历教育民办学校的信息公示清单，监督民办学校定期向社会公开办学条件、教育质量等有关信息。

营利性民办学校应当通过全国信用信息共享平台、国家企业信用信息公示系统公示相关信息。

有关部门应当支持和鼓励民办学校依法建立行业组织，研究制定相应的质量标准，建立认证体系，制定推广反映行业规律和特色要求的合同示范文本。

第五十条　民办学校终止的，应当交回办学许可证，向登记机关办理注销登记，并向社会公告。

民办学校自己要求终止的，应当提前6个月发布拟终止公告，依法依章程制定终止方案。

民办学校无实际招生、办学行为的，办学许可证到期后自然废止，由审批机关予以公告。民办学校自行组织清算后，向登记机关办理注销登记。

对于因资不抵债无法继续办学而被终止的民办学校，应当向人民法院申请破产清算。

第五十一条　国务院教育督导机构及省、自治区、直辖市人民政府负责教育督导的机构应当对县级以上地方人民政府及其有关部门落实支持和规范民办教育发展法定职责的情况进行督导、检查。

县级以上人民政府负责教育督导的机构依法对民办学校进行督导并公布督导结果，建立民办中小学、幼儿园责任督学制度。

第七章　支持与奖励

第五十二条　各级人民政府及有关部门应当依法健全对民办学校的支持政策，优先扶持办学质量高、特色明显、社会效益显著的民办学校。

县级以上地方人民政府可以参照同级同类公办学校生均经费等相关经费标准和支持政策，对非营利性民办学校给予适当补助。

地方人民政府出租、转让闲置的国有资产应当优先扶持非营利性民办学校。

第五十三条　民办学校可以依法以捐赠者的姓名、名称命名学校的校舍或者其他教育教学设施、生活设施。捐赠者对民办学校发展做出特殊贡献的，实施高等学历教育的民办学校经国务院教育行政部门按照国家规定的条件批准，其他民办学校经省、自治区、直辖市人民政府教育行政部门或者人力资源社会保障行政部门按照国家规定的条件批准，可以以捐赠者的姓名或者名称作为学校校名。

第五十四条　民办学校享受国家规定的税收优惠政策；其中，非营利性民办学校享受与公办学校同等的税收优惠政策。

第五十五条　地方人民政府在制定闲置校园综合利用方案时，应当考虑当地民办教育发展需求。

新建、扩建非营利性民办学校，地方人民政府应当按照与公办学校同等原则，以划拨等方式给予用地优惠。

实施学前教育、学历教育的民办学校使用土地，地方人民政府可以依法以协议、招标、拍卖等方式供应土地，也可以采取长期租赁、先租后让、租让结合的方式供应土地，土地出让价款和租金可以在规定期限内按合同约定分期缴纳。

第五十六条　在西部地区、边远地区和少数民族地区举办的民办学校申请贷款用于学校自身发展的，享受国家相关的信贷优惠政策。

第五十七条　县级以上地方人民政府可以根据本行政区域的具体情况，设立民办教育发展专项资金，用于支持民办学校提高教育质量和办学水平、奖励举办者等。

国家鼓励社会力量依法设立民办教育发展方面的基金会或者专项基金，用于支持民办教育发展。

第五十八条　县级人民政府根据本行政区域实施学前教育、义务教育或者其他公共教育服务的需要，可以与民办学校签订协议，以购买服务等方式，委托其承担相应教育任务。

委托民办学校承担普惠性学前教育、义务教育或者其他公共教育任务的，应当根据当地相关教育阶段的委托协议，拨付相应的教育经费。

第五十九条　县级以上地方人民政府可以采取政府补贴、以奖代补等方式鼓励、支持非营利性民办学校保障教师待遇。

第六十条　国家鼓励、支持保险机构设立适合民办学校的保险产品，探索建立行业互助保险等机制，为民办学校重大事故处理、终止善后、教职工权益保障等事项提供风险保障。

金融机构可以在风险可控前提下开发适合民办学校特点的金融产品。民办学校可以以未来经营收入、知识产权等进行融资。

第六十一条　除民办教育促进法和本条例规定的支持与奖励措施外，省、自治区、直辖市人民政府还可以根据实际情况，制定本地区促进民办教育发展的支持与奖励措施。

各级人民政府及有关部门在对现有民办学校实施分类管理改革时，应当充分考虑有关历史和现实情况，保障受教育者、教职工和举办者的合法权益，确保民办学校分类管理改革平稳有序推进。

第八章　法律责任

第六十二条　民办学校举办者及实际控制人、决策机构或者监督机构组成人员有下列情形之一的，由县级以上人民政府教育行政部门、人力资源社会保障行政部门或者其他有关部门依据职责分工责令限期改正，有违法所得的，退还所收费用后没收违法所得；情节严重的，1至5年内不得新成为民办学校举办者或实际控制人、决策机构或者监督机构组成人员；情节特别严重、社会影响恶劣的，永久不得新成为民办学校举办者或实际控制人、决策机构或者监督机构组成人员；构成违反治安管理行为的，由公安机关依法给予治安管理处罚；构成犯罪的，依法追究刑事责任：

（一）利用办学非法集资，或者收取与入学关联的费用的；

（二）未按时、足额履行出资义务，或者抽逃出资、挪用办学经费的；

（三）侵占学校法人财产或者非法从学校获取利益的；

（四）与实施义务教育的民办学校进行关联交易，或者与其他民办学校进行关联交易损害国家利益、学校利益和师生权益的；

（五）伪造、变造、买卖、出租、出借办学许可证的；

（六）干扰学校办学秩序或者非法干预学校决策、管理的；

（七）擅自变更学校名称、层次、类型和举办者的；

（八）有其他危害学校稳定和安全、侵犯学校法人权利或者损害教职工、受教育者权益的行为的。

第六十三条 民办学校有下列情形之一的，依照民办教育促进法第六十二条规定给予处罚：

（一）违背国家教育方针，偏离社会主义办学方向，或者未保障学校党组织履行职责的；

（二）违反法律、行政法规和国家有关规定开展教育教学活动的；

（三）理事会、董事会或者其他形式决策机构未依法履行职责的；

（四）教学条件明显不能满足教学要求、教育教学质量低下，未及时采取措施的；

（五）校舍、其他教育教学设施设备存在重大安全隐患，未及时采取措施的；

（六）侵犯受教育者的合法权益，产生恶劣社会影响的；

（七）违反国家规定聘任、解聘教师，或者未依法保障教职工待遇的；

（八）违反规定招生，或者在招生过程中弄虚作假的；

（九）超出办学许可范围，擅自改变办学地址或者设立分校的；

（十）未依法履行公示办学条件和教育质量有关材料、财务状况等信息披露义务，或者公示的材料不真实的；

（十一）未按照国家统一的会计制度进行会计核算、编制财务会计报告，财务、资产管理混乱，或者违反法律、法规增加收费项目、提高收费标准的；

（十二）有其他管理混乱严重影响教育教学的行为的。

法律、行政法规对前款规定情形的处罚另有规定的，从其规定。

第六十四条　民办学校有民办教育促进法第六十二条或者本条例第六十三条规定的违法情形的，由县级以上人民政府教育行政部门、人力资源社会保障行政部门或者其他有关部门依据职责分工对学校决策机构负责人、校长及直接责任人予以警告；情节严重的，1至5年内不得新成为民办学校决策机构负责人或者校长；情节特别严重、社会影响恶劣的，永久不得新成为民办学校决策机构负责人或者校长。

同时举办或者实际控制多所民办学校的举办者或者实际控制人违反本条例规定，对所举办或者实际控制的民办学校疏于管理，造成恶劣影响的，由县级以上教育行政部门、人力资源社会保障行政部门或者其他有关部门依据职责分工责令限期整顿；拒不整改或者整改后仍发生同类问题的，1至5年内不得举办新的民办学校，情节严重的，10年内不得举办新的民办学校。

第六十五条　违反本条例规定举办、参与举办民办学校或者在民办学校筹设期内招生的，依照民办教育促进法第六十四条规定给予处罚。

第九章　附　则

第六十六条　本条例所称现有民办学校，是指2016年11月7日《全国人民代表大会常务委员会关于修改〈中华人民共和国民办教育促进法〉的决定》公布前设立的民办学校。

第六十七条　本条例规定的支持与奖励措施适用于中外合作办学机构。

第六十八条　本条例自2021年9月1日起施行。

校车安全管理条例

（2012年3月28日国务院第197次常务会议通过 2012年4月5日中华人民共和国国务院令第617号公布 自公布之日起施行）

第一章 总 则

第一条 为了加强校车安全管理，保障乘坐校车学生的人身安全，制定本条例。

第二条 本条例所称校车，是指依照本条例取得使用许可，用于接送接受义务教育的学生上下学的7座以上的载客汽车。

接送小学生的校车应当是按照专用校车国家标准设计和制造的小学生专用校车。

第三条 县级以上地方人民政府应当根据本行政区域的学生数量和分布状况等因素，依法制定、调整学校设置规划，保障学生就近入学或者在寄宿制学校入学，减少学生上下学的交通风险。实施义务教育的学校及其教学点的设置、调整，应当充分听取学生家长等有关方面的意见。

县级以上地方人民政府应当采取措施，发展城市和农村的公共交通，合理规划、设置公共交通线路和站点，为需要乘车上下学的学生提供方便。

对确实难以保障就近入学，并且公共交通不能满足学生上下学需要的农村地区，县级以上地方人民政府应当采取措施，保障接受义务教育的学生获得校车服务。

国家建立多渠道筹措校车经费的机制，并通过财政资助、税收优惠、鼓励社会捐赠等多种方式，按照规定支持使用校车接送学生的服务。支持校车服务所需的财政资金由中央财政和地方财政分担，具体办法由国务院财政部门制定。支持校车服务的税收优惠办法，依照法律、行政法规规定的税收管理权限制定。

第四条　国务院教育、公安、交通运输以及工业和信息化、质量监督检验检疫、安全生产监督管理等部门依照法律、行政法规和国务院的规定，负责校车安全管理的有关工作。国务院教育、公安部门会同国务院有关部门建立校车安全管理工作协调机制，统筹协调校车安全管理工作中的重大事项，共同做好校车安全管理工作。

第五条　县级以上地方人民政府对本行政区域的校车安全管理工作负总责，组织有关部门制定并实施与当地经济发展水平和校车服务需求相适应的校车服务方案，统一领导、组织、协调有关部门履行校车安全管理职责。

县级以上地方人民政府教育、公安、交通运输、安全生产监督管理等有关部门依照本条例以及本级人民政府的规定，履行校车安全管理的相关职责。有关部门应当建立健全校车安全管理信息共享机制。

第六条　国务院标准化主管部门会同国务院工业和信息化、公安、交通运输等部门，按照保障安全、经济适用的要求，制定并及时修订校车安全国家标准。

生产校车的企业应当建立健全产品质量保证体系，保证所生产（包括改装，下同）的校车符合校车安全国家标准；不符合标准的，不得出厂、销售。

第七条　保障学生上下学交通安全是政府、学校、社会和家庭的共同责任。社会各方面应当为校车通行提供便利，协助保障校车通行安全。

第八条　县级和设区的市级人民政府教育、公安、交通运输、安全生产监督管理部门应当设立并公布举报电话、举报网络平台，方便群众举报违反校车安全管理规定的行为。

接到举报的部门应当及时依法处理；对不属于本部门管理职责的举报，应当及时移送有关部门处理。

第二章　学校和校车服务提供者

第九条　学校可以配备校车。依法设立的道路旅客运输经营企业、城市公共交通企业，以及根据县级以上地方人民政府规定设立的校车运营单位，可以提供校车服务。

县级以上地方人民政府根据本地区实际情况，可以制定管理办法，组织依法取得道路旅客运输经营许可的个体经营者提供校车服务。

第十条　配备校车的学校和校车服务提供者应当建立健全校车安全管理制度，配备安全管理人员，加强校车的安全维护，定期对校车驾驶人进行安全教育，组织校车驾驶人学习道路交通安全法律法规以及安全防范、应急处置和应急救援知识，保障学生乘坐校车安全。

第十一条　由校车服务提供者提供校车服务的，学校应当与校车服务提供者签订校车安全管理责任书，明确各自的安全管理责任，落实校车运行安全管理措施。

学校应当将校车安全管理责任书报县级或者设区的市级人民政府教育行政部门备案。

第十二条　学校应当对教师、学生及其监护人进行交通安全教育，向学生讲解校车安全乘坐知识和校车安全事故应急处理技能，并定期组织校车安全事故应急处理演练。

学生的监护人应当履行监护义务，配合学校或者校车服务提供者的校车安全管理工作。学生的监护人应当拒绝使用不符合安全要求的车辆接送学生上下学。

第十三条　县级以上地方人民政府教育行政部门应当指导、监督学校建立健全校车安全管理制度，落实校车安全管理责任，组织学校开展交通安全教育。公安机关交通管理部门应当配合教育行政部门组织学校开展交通安全教育。

第三章　校车使用许可

第十四条　使用校车应当依照本条例的规定取得许可。

取得校车使用许可应当符合下列条件：

（一）车辆符合校车安全国家标准，取得机动车检验合格证明，并已经在公安机关交通管理部门办理注册登记；

（二）有取得校车驾驶资格的驾驶人；

（三）有包括行驶线路、开行时间和停靠站点的合理可行的校车运行方案；

（四）有健全的安全管理制度；

（五）已经投保机动车承运人责任保险。

第十五条　学校或者校车服务提供者申请取得校车使用许可，应当向县级或者设区的市级人民政府教育行政部门提交书面申请和证明其符合本条例第十四条规定条件的材料。教育行政部门应当自收到申请材料之日起3个工作日内，分别送同级公安机关交通管理部门、交通运输部门征求意见，公安机关交通管理部门和交通运输部门应当在3个工作日内回复意见。教育行政部门应当自收到回复意见之日起5个工作日内提出审查意见，报本级人民政府。本级人民政府决定批准的，由公安机关交通管理部门发给校车标牌，并在机动车行驶证上签注校车类型和核载人数；不予批准的，书面说明理由。

第十六条　校车标牌应当载明本车的号牌号码、车辆的所有人、驾驶人、行驶线路、开行时间、停靠站点以及校车标牌发牌单位、有效期等事项。

第十七条　取得校车标牌的车辆应当配备统一的校车标志灯和停车指示标志。

校车未运载学生上道路行驶的，不得使用校车标牌、校车标志灯和停车指示标志。

第十八条　禁止使用未取得校车标牌的车辆提供校车服务。

第十九条　取得校车标牌的车辆达到报废标准或者不再作为校车使用的，学校或者校车服务提供者应当将校车标牌交回公安机关交通管理部门。

第二十条　校车应当每半年进行一次机动车安全技术检验。

第二十一条　校车应当配备逃生锤、干粉灭火器、急救箱等安全设备。安全设备应当放置在便于取用的位置，并确保性能良好、有效适用。

校车应当按照规定配备具有行驶记录功能的卫星定位装置。

第二十二条　配备校车的学校和校车服务提供者应当按照国家规定做好校车的安全维护，建立安全维护档案，保证校车处于良好技术状态。不符合安全技术条件的校车，应当停运维修，消除安全隐患。

校车应当由依法取得相应资质的维修企业维修。承接校车维修业务的企业应当按照规定的维修技术规范维修校车，并按照国务院交通运输主管部门的规定对所维修的校车实行质量保证期制度，在质量保证期内对校车的维修质量负责。

第四章　校车驾驶人

第二十三条　校车驾驶人应当依照本条例的规定取得校车驾驶资格。

取得校车驾驶资格应当符合下列条件：

（一）取得相应准驾车型驾驶证并具有3年以上驾驶经历，年龄在25周岁以上、不超过60周岁；

（二）最近连续3个记分周期内没有被记满分记录；

（三）无致人死亡或者重伤的交通事故责任记录；

（四）无饮酒后驾驶或者醉酒驾驶机动车记录，最近1年内无驾驶客运车辆超员、超速等严重交通违法行为记录；

（五）无犯罪记录；

（六）身心健康，无传染性疾病，无癫痫、精神病等可能危及行车安全的疾病病史，无酗酒、吸毒行为记录。

第二十四条　机动车驾驶人申请取得校车驾驶资格，应当向县级或者设区的市级人民政府公安机关交通管理部门提交书面申请和证明其符合本条例第二十三条规定条件的材料。公安机关交通管理部门应当自收到申请材料之日起5个工作日内审查完毕，对符合条件的，在机动车驾驶证上签注准许驾驶校车；不符合条件的，书面说明理由。

第二十五条　机动车驾驶人未取得校车驾驶资格，不得驾驶校车。禁止聘用未取得校车驾驶资格的机动车驾驶人驾驶校车。

第二十六条　校车驾驶人应当每年接受公安机关交通管理部门的审验。

第二十七条　校车驾驶人应当遵守道路交通安全法律法规，严格按照机动车道路通行规则和驾驶操作规范安全驾驶、文明驾驶。

第五章　校车通行安全

第二十八条　校车行驶线路应当尽量避开急弯、陡坡、临崖、临水的危险路段；确实无法避开的，道路或者交通设施的管理、养护单位应当按照标准对上述危险路段设置安全防护设施、限速标志、警告标牌。

第二十九条　校车经过的道路出现不符合安全通行条件的状况或者存在交通安全隐患的，当地人民政府应当组织有关部门及时改善道路安全通行条件、消除安全隐患。

第三十条　校车运载学生，应当按照国务院公安部门规定的位置放置校车标牌，开启校车标志灯。

校车运载学生，应当按照经审核确定的线路行驶，遇有交通管制、道路施工以及自然灾害、恶劣气象条件或者重大交通事故等影响道路通行情形的除外。

第三十一条　公安机关交通管理部门应当加强对校车行驶线路的道路交通秩序管理。遇交通拥堵的，交通警察应当指挥疏导运载学生的校车优先通行。

校车运载学生，可以在公共交通专用车道以及其他禁止社会车辆通行但允许公共交通车辆通行的路段行驶。

第三十二条　校车上下学生，应当在校车停靠站点停靠；未设校车停靠站点的路段可以在公共交通站台停靠。

道路或者交通设施的管理、养护单位应当按照标准设置校车停靠站点预告标识和校车停靠站点标牌，施划校车停靠站点标线。

第三十三条　校车在道路上停车上下学生，应当靠道路右侧停靠，开启危险报警闪光灯，打开停车指示标志。校车在同方向只有一条机动车道的道路上停靠时，后方车辆应当停车等待，不得超越。校车在同方向有两条以上机动车道的道路上停靠时，校车停靠车道后方和相邻机动车道上的机动车应当停车等待，其他机动车道上的机动车应当减速通过。校车后方停车等待的机动车不得鸣喇叭或者使用灯光催促校车。

第三十四条　校车载人不得超过核定的人数，不得以任何理由超员。

学校和校车服务提供者不得要求校车驾驶人超员、超速驾驶校车。

第三十五条　载有学生的校车在高速公路上行驶的最高时速不得超过80公里，在其他道路上行驶的最高时速不得超过60公里。

道路交通安全法律法规规定或者道路上限速标志、标线标明的最高时速低于前款规定的，从其规定。

载有学生的校车在急弯、陡坡、窄路、窄桥以及冰雪、泥泞的道路上行驶，或者遇有雾、雨、雪、沙尘、冰雹等低能见度气象条件时，最高时速不得超过20公里。

第三十六条 交通警察对违反道路交通安全法律法规的校车，可以在消除违法行为的前提下先予放行，待校车完成接送学生任务后再对校车驾驶人进行处罚。

第三十七条 公安机关交通管理部门应当加强对校车运行情况的监督检查，依法查处校车道路交通安全违法行为，定期将校车驾驶人的道路交通安全违法行为和交通事故信息抄送其所属单位和教育行政部门。

第六章　校车乘车安全

第三十八条 配备校车的学校、校车服务提供者应当指派照管人员随校车全程照管乘车学生。校车服务提供者为学校提供校车服务的，双方可以约定由学校指派随车照管人员。

学校和校车服务提供者应当定期对随车照管人员进行安全教育，组织随车照管人员学习道路交通安全法律法规、应急处置和应急救援知识。

第三十九条 随车照管人员应当履行下列职责：

（一）学生上下车时，在车下引导、指挥，维护上下车秩序；

（二）发现驾驶人无校车驾驶资格，饮酒、醉酒后驾驶，或者身体严重不适以及校车超员等明显妨碍行车安全情形的，制止校车开行；

（三）清点乘车学生人数，帮助、指导学生安全落座、系好安全带，确认车门关闭后示意驾驶人启动校车；

（四）制止学生在校车行驶过程中离开座位等危险行为；

（五）核实学生下车人数，确认乘车学生已经全部离车后本人方可离车。

第四十条 校车的副驾驶座位不得安排学生乘坐。

校车运载学生过程中，禁止除驾驶人、随车照管人员以外的人员乘坐。

第四十一条 校车驾驶人驾驶校车上道路行驶前，应当对校车的制动、转向、外部照明、轮胎、安全门、座椅、安全带等车况是否符合安全技术要求进行检查，不得驾驶存在安全隐患的校车上道路行驶。

校车驾驶人不得在校车载有学生时给车辆加油，不得在校车发动机引擎熄灭前离开驾驶座位。

第四十二条　校车发生交通事故，驾驶人、随车照管人员应当立即报警，设置警示标志。乘车学生继续留在校车内有危险的，随车照管人员应当将学生撤离到安全区域，并及时与学校、校车服务提供者、学生的监护人联系处理后续事宜。

第七章　法律责任

第四十三条　生产、销售不符合校车安全国家标准的校车的，依照道路交通安全、产品质量管理的法律、行政法规的规定处罚。

第四十四条　使用拼装或者达到报废标准的机动车接送学生的，由公安机关交通管理部门收缴并强制报废机动车；对驾驶人处2000元以上5000元以下的罚款，吊销其机动车驾驶证；对车辆所有人处8万元以上10万元以下的罚款，有违法所得的予以没收。

第四十五条　使用未取得校车标牌的车辆提供校车服务，或者使用未取得校车驾驶资格的人员驾驶校车的，由公安机关交通管理部门扣留该机动车，处1万元以上2万元以下的罚款，有违法所得的予以没收。

取得道路运输经营许可的企业或者个体经营者有前款规定的违法行为，除依照前款规定处罚外，情节严重的，由交通运输主管部门吊销其经营许可证件。

伪造、变造或者使用伪造、变造的校车标牌的，由公安机关交通管理部门收缴伪造、变造的校车标牌，扣留该机动车，处2000元以上5000元以下的罚款。

第四十六条　不按照规定为校车配备安全设备，或者不按照规定对校车进行安全维护的，由公安机关交通管理部门责令改正，处1000元以上3000元以下的罚款。

第四十七条　机动车驾驶人未取得校车驾驶资格驾驶校车的，由公安机关交通管理部门处 1000 元以上 3000 元以下的罚款，情节严重的，可以并处吊销机动车驾驶证。

第四十八条　校车驾驶人有下列情形之一的，由公安机关交通管理部门责令改正，可以处 200 元罚款：

（一）驾驶校车运载学生，不按照规定放置校车标牌、开启校车标志灯，或者不按照经审核确定的线路行驶；

（二）校车上下学生，不按照规定在校车停靠站点停靠；

（三）校车未运载学生上道路行驶，使用校车标牌、校车标志灯和停车指示标志；

（四）驾驶校车上道路行驶前，未对校车车况是否符合安全技术要求进行检查，或者驾驶存在安全隐患的校车上道路行驶；

（五）在校车载有学生时给车辆加油，或者在校车发动机引擎熄灭前离开驾驶座位。

校车驾驶人违反道路交通安全法律法规关于道路通行规定的，由公安机关交通管理部门依法从重处罚。

第四十九条　校车驾驶人违反道路交通安全法律法规被依法处罚或者发生道路交通事故，不再符合本条例规定的校车驾驶人条件的，由公安机关交通管理部门取消校车驾驶资格，并在机动车驾驶证上签注。

第五十条　校车载人超过核定人数的，由公安机关交通管理部门扣留车辆至违法状态消除，并依照道路交通安全法律法规的规定从重处罚。

第五十一条　公安机关交通管理部门查处校车道路交通安全违法行为，依法扣留车辆的，应当通知相关学校或者校车服务提供者转运学生，并在违法状态消除后立即发还被扣留车辆。

第五十二条　机动车驾驶人违反本条例规定，不避让校车的，由公安机关交通管理部门处 200 元罚款。

第五十三条　未依照本条例规定指派照管人员随校车全程照管乘车学生的，由公安机关责令改正，可以处 500 元罚款。

随车照管人员未履行本条例规定的职责的，由学校或者校车服务提供者责令改正；拒不改正的，给予处分或者予以解聘。

第五十四条　取得校车使用许可的学校、校车服务提供者违反本条例规定，情节严重的，原作出许可决定的地方人民政府可以吊销其校车使用许可，由公安机关交通管理部门收回校车标牌。

第五十五条 学校违反本条例规定的，除依照本条例有关规定予以处罚外，由教育行政部门给予通报批评；导致发生学生伤亡事故的，对政府举办的学校的负有责任的领导人员和直接责任人员依法给予处分；对民办学校由审批机关责令暂停招生，情节严重的，吊销其办学许可证，并由教育行政部门责令负有责任的领导人员和直接责任人员5年内不得从事学校管理事务。

第五十六条 县级以上地方人民政府不依法履行校车安全管理职责，致使本行政区域发生校车安全重大事故的，对负有责任的领导人员和直接责任人员依法给予处分。

第五十七条 教育、公安、交通运输、工业和信息化、质量监督检验检疫、安全生产监督管理等有关部门及其工作人员不依法履行校车安全管理职责的，对负有责任的领导人员和直接责任人员依法给予处分。

第五十八条 违反本条例的规定，构成违反治安管理行为的，由公安机关依法给予治安管理处罚；构成犯罪的，依法追究刑事责任。

第五十九条 发生校车安全事故，造成人身伤亡或者财产损失的，依法承担赔偿责任。

第八章 附 则

第六十条 县级以上地方人民政府应当合理规划幼儿园布局，方便幼儿就近入园。

入园幼儿应当由监护人或者其委托的成年人接送。对确因特殊情况不能由监护人或者其委托的成年人接送，需要使用车辆集中接送的，应当使用按照专用校车国家标准设计和制造的幼儿专用校车，遵守本条例校车安全管理的规定。

第六十一条 省、自治区、直辖市人民政府应当结合本地区实际情况，制定本条例的实施办法。

第六十二条 本条例自公布之日起施行。

本条例施行前已经配备校车的学校和校车服务提供者及其聘用的校车驾驶人应当自本条例施行之日起90日内，依照本条例的规定申请取得校车使用许可、校车驾驶资格。

本条例施行后，用于接送小学生、幼儿的专用校车不能满足需求的，在省、自治区、直辖市人民政府规定的过渡期限内可以使用取得校车标牌的其他载客汽车。

教育督导条例

（2012年8月29日国务院第215次常务会议通过 2012年9月9日中华人民共和国国务院令第624号公布 自2012年10月1日起施行）

第一章 总 则

第一条 为了保证教育法律、法规、规章和国家教育方针、政策的贯彻执行，实施素质教育，提高教育质量，促进教育公平，推动教育事业科学发展，制定本条例。

第二条 对法律、法规规定范围的各级各类教育实施教育督导，适用本条例。

教育督导包括以下内容：

（一）县级以上人民政府对下级人民政府落实教育法律、法规、规章和国家教育方针、政策的督导；

（二）县级以上地方人民政府对本行政区域内的学校和其他教育机构（以下统称学校）教育教学工作的督导。

第三条 实施教育督导应当坚持以下原则：

（一）以提高教育教学质量为中心；

（二）遵循教育规律；

（三）遵守教育法律、法规、规章和国家教育方针、政策的规定；

（四）对政府履行教育工作相关职责的督导与对学校教育教学工作的督导并重，监督与指导并重；

（五）实事求是、客观公正。

第四条 国务院教育督导机构承担全国的教育督导实施工作，制定教育督导的基本准则，指导地方教育督导工作。

县级以上地方人民政府负责教育督导的机构承担本行政区域的教育督导实施工作。

国务院教育督导机构和县级以上地方人民政府负责教育督导的机构（以下统称教育督导机构）在本级人民政府领导下独立行使督导职能。

第五条　县级以上人民政府应当将教育督导经费列入财政预算。

第二章　督　学

第六条　国家实行督学制度。

县级以上人民政府根据教育督导工作需要，为教育督导机构配备专职督学。教育督导机构可以根据教育督导工作需要聘任兼职督学。

兼职督学的任期为3年，可以连续任职，连续任职不得超过3个任期。

第七条　督学应当符合下列条件：

（一）坚持党的基本路线，热爱社会主义教育事业；

（二）熟悉教育法律、法规、规章和国家教育方针、政策，具有相应的专业知识和业务能力；

（三）坚持原则，办事公道，品行端正，廉洁自律；

（四）具有大学本科以上学历，从事教育管理、教学或者教育研究工作10年以上，工作实绩突出；

（五）具有较强的组织协调能力和表达能力；

（六）身体健康，能胜任教育督导工作。

符合前款规定条件的人员经教育督导机构考核合格，可以由县级以上人民政府任命为督学，或者由教育督导机构聘任为督学。

第八条　督学受教育督导机构的指派实施教育督导。

教育督导机构应当加强对督学实施教育督导活动的管理，对其履行督学职责的情况进行考核。

第九条　督学实施教育督导，应当客观公正地反映实际情况，不得隐瞒或者虚构事实。

第十条　实施督导的督学是被督导单位主要负责人的近亲属或者有其他可能影响客观公正实施教育督导情形的，应当回避。

第三章　督导的实施

第十一条　教育督导机构对下列事项实施教育督导：

（一）学校实施素质教育的情况，教育教学水平、教育教学管理等教育教学工作情况；

（二）校长队伍建设情况，教师资格、职务、聘任等管理制度建设和执行情况，招生、学籍等管理情况和教育质量，学校的安全、卫生制度建设和执行情况，校舍的安全情况，教学和生活设施、设备的配备和使用等教育条件的保障情况，教育投入的管理和使用情况；

（三）义务教育普及水平和均衡发展情况，各级各类教育的规划布局、协调发展等情况；

（四）法律、法规、规章和国家教育政策规定的其他事项。

第十二条　教育督导机构实施教育督导，可以行使下列职权：

（一）查阅、复制财务账目和与督导事项有关的其他文件、资料；

（二）要求被督导单位就督导事项有关问题作出说明；

（三）就督导事项有关问题开展调查；

（四）向有关人民政府或者主管部门提出对被督导单位或者其相关负责人给予奖惩的建议。

被督导单位及其工作人员对教育督导机构依法实施的教育督导应当积极配合，不得拒绝和阻挠。

第十三条　县级人民政府负责教育督导的机构应当根据本行政区域内的学校布局设立教育督导责任区，指派督学对责任区内学校的教育教学工作实施经常性督导。

教育督导机构根据教育发展需要或者本级人民政府的要求，可以就本条例第十一条规定的一项或者几项事项对被督导单位实施专项督导，也可以就本条例第十一条规定的所有事项对被督导单位实施综合督导。

第十四条　督学对责任区内学校实施经常性督导每学期不得少于2次。

县级以上人民政府对下一级人民政府应当每5年至少实施一次专项督导或者综合督导；县级人民政府负责教育督导的机构对本行政区域内的学校，应当每3至5年实施一次综合督导。

第十五条　经常性督导结束，督学应当向教育督导机构提交报告；发现违法违规办学行为或者危及师生生命安全的隐患，应当及时督促学校和相关部门处理。

第十六条　教育督导机构实施专项督导或者综合督导，应当事先确定督导事项，成立督导小组。督导小组由3名以上督学组成。

教育督导机构可以根据需要联合有关部门实施专项督导或者综合督导，也可以聘请相关专业人员参加专项督导或者综合督导活动。

第十七条　教育督导机构实施专项督导或者综合督导，应当事先向被督导单位发出书面督导通知。

第十八条　教育督导机构可以要求被督导单位组织自评。被督导单位应当按照要求进行自评，并将自评报告报送教育督导机构。督导小组应当审核被督导单位的自评报告。

督导小组应当对被督导单位进行现场考察。

第十九条　教育督导机构实施专项督导或者综合督导，应当征求公众对被督导单位的意见，并采取召开座谈会或者其他形式专门听取学生及其家长和教师的意见。

第二十条　督导小组应当对被督导单位的自评报告、现场考察情况和公众的意见进行评议，形成初步督导意见。

督导小组应当向被督导单位反馈初步督导意见；被督导单位可以进行申辩。

第二十一条　教育督导机构应当根据督导小组的初步督导意见，综合分析被督导单位的申辩意见，向被督导单位发出督导意见书。

督导意见书应当就督导事项对被督导单位作出客观公正的评价；对存在的问题，应当提出限期整改要求和建议。

第二十二条　被督导单位应当根据督导意见书进行整改，并将整改情况报告教育督导机构。

教育督导机构应当对被督导单位的整改情况进行核查。

第二十三条　专项督导或者综合督导结束，教育督导机构应当向本级人民政府提交督导报告；县级以上地方人民政府负责教育督导的机构还应当将督导报告报上一级人民政府教育督导机构备案。

督导报告应当向社会公布。

第二十四条　县级以上人民政府或者有关主管部门应当将督导报告作为对被督导单位及其主要负责人进行考核、奖惩的重要依据。

第四章　法律责任

第二十五条　被督导单位及其工作人员有下列情形之一的，由教育督导机构通报批评并责令其改正；拒不改正或者情节严重的，对直接负责的主管人员和其他责任人员，由教育督导机构向有关人民政府或者主管部门提出给予处分的建议：

（一）拒绝、阻挠教育督导机构或者督学依法实施教育督导的；

（二）隐瞒实情、弄虚作假，欺骗教育督导机构或者督学的；

（三）未根据督导意见书进行整改并将整改情况报告教育督导机构的；

（四）打击报复督学的；

（五）有其他严重妨碍教育督导机构或者督学依法履行职责情形的。

第二十六条　督学或者教育督导机构工作人员有下列情形之一的，由教育督导机构给予批评教育；情节严重的，依法给予处分，对督学还应当取消任命或者聘任；构成犯罪的，依法追究刑事责任：

（一）玩忽职守，贻误督导工作的；

（二）弄虚作假，徇私舞弊，影响督导结果公正的；

（三）滥用职权，干扰被督导单位正常工作的。

督学违反本条例第十条规定，应当回避而未回避的，由教育督导机构给予批评教育。

督学违反本条例第十五条规定，发现违法违规办学行为或者危及师生生命安全隐患而未及时督促学校和相关部门处理的，由教育督导机构给予批评教育；情节严重的，依法给予处分，取消任命或者聘任；构成犯罪的，依法追究刑事责任。

第五章　附　则

第二十七条　本条例自 2012 年 10 月 1 日起施行。

重大行政决策程序暂行条例

（2019年4月20日中华人民共和国国务院令第713号公布 自2019年9月1日起施行）

第一章 总 则

第一条 为了健全科学、民主、依法决策机制，规范重大行政决策程序，提高决策质量和效率，明确决策责任，根据宪法、地方各级人民代表大会和地方各级人民政府组织法等规定，制定本条例。

第二条 县级以上地方人民政府（以下称决策机关）重大行政决策的作出和调整程序，适用本条例。

第三条 本条例所称重大行政决策事项（以下简称决策事项）包括：

（一）制定有关公共服务、市场监管、社会管理、环境保护等方面的重大公共政策和措施；

（二）制定经济和社会发展等方面的重要规划；

（三）制定开发利用、保护重要自然资源和文化资源的重大公共政策和措施；

（四）决定在本行政区域实施的重大公共建设项目；

（五）决定对经济社会发展有重大影响、涉及重大公共利益或者社会公众切身利益的其他重大事项。

法律、行政法规对本条第一款规定事项的决策程序另有规定的，依照其规定。财政政策、货币政策等宏观调控决策，政府立法决策以及突发事件应急处置决策不适用本条例。

决策机关可以根据本条第一款的规定，结合职责权限和本地实际，确定决策事项目录、标准，经同级党委同意后向社会公布，并根据实际情况调整。

第四条　重大行政决策必须坚持和加强党的全面领导，全面贯彻党的路线方针政策和决策部署，发挥党的领导核心作用，把党的领导贯彻到重大行政决策全过程。

第五条　作出重大行政决策应当遵循科学决策原则，贯彻创新、协调、绿色、开放、共享的发展理念，坚持从实际出发，运用科学技术和方法，尊重客观规律，适应经济社会发展和全面深化改革要求。

第六条　作出重大行政决策应当遵循民主决策原则，充分听取各方面意见，保障人民群众通过多种途径和形式参与决策。

第七条　作出重大行政决策应当遵循依法决策原则，严格遵守法定权限，依法履行法定程序，保证决策内容符合法律、法规和规章等规定。

第八条　重大行政决策依法接受本级人民代表大会及其常务委员会的监督，根据法律、法规规定属于本级人民代表大会及其常务委员会讨论决定的重大事项范围或者应当在出台前向本级人民代表大会常务委员会报告的，按照有关规定办理。

上级行政机关应当加强对下级行政机关重大行政决策的监督。审计机关按照规定对重大行政决策进行监督。

第九条　重大行政决策情况应当作为考核评价决策机关及其领导人员的重要内容。

第二章　决策草案的形成

第一节　决策启动

第十条　对各方面提出的决策事项建议，按照下列规定进行研究论证后，报请决策机关决定是否启动决策程序：

（一）决策机关领导人员提出决策事项建议的，交有关单位研究论证；

（二）决策机关所属部门或者下一级人民政府提出决策事项建议的，应当论证拟解决的主要问题、建议理由和依据、解决问题的初步方案及其必要性、可行性等；

（三）人大代表、政协委员等通过建议、提案等方式提出决策事项建议，以及公民、法人或者其他组织提出书面决策事项建议的，交有关单位研究论证。

第十一条　决策机关决定启动决策程序的，应当明确决策事项的承办单位（以下简称决策承办单位），由决策承办单位负责重大行政决策草案的拟订等工作。决策事项需要两个以上单位承办的，应当明确牵头的决策承办单位。

第十二条　决策承办单位应当在广泛深入开展调查研究、全面准确掌握有关信息、充分协商协调的基础上，拟订决策草案。

决策承办单位应当全面梳理与决策事项有关的法律、法规、规章和政策，使决策草案合法合规、与有关政策相衔接。

决策承办单位根据需要对决策事项涉及的人财物投入、资源消耗、环境影响等成本和经济、社会、环境效益进行分析预测。

有关方面对决策事项存在较大分歧的，决策承办单位可以提出两个以上方案。

第十三条　决策事项涉及决策机关所属部门、下一级人民政府等单位的职责，或者与其关系紧密的，决策承办单位应当与其充分协商；不能取得一致意见的，应当向决策机关说明争议的主要问题，有关单位的意见，决策承办单位的意见、理由和依据。

第二节　公众参与

第十四条　决策承办单位应当采取便于社会公众参与的方式充分听取意见，依法不予公开的决策事项除外。

听取意见可以采取座谈会、听证会、实地走访、书面征求意见、向社会公开征求意见、问卷调查、民意调查等多种方式。

决策事项涉及特定群体利益的，决策承办单位应当与相关人民团体、社会组织以及群众代表进行沟通协商，充分听取相关群体的意见建议。

第十五条　决策事项向社会公开征求意见的，决策承办单位应当通过政府网站、政务新媒体以及报刊、广播、电视等便于社会公众知晓的途径，公布决策草案及其说明等材料，明确提出意见的方式和期限。公开征求意见的期限一般不少于30日；因情况紧急等原因需要缩短期限的，公开征求意见时应当予以说明。

对社会公众普遍关心或者专业性、技术性较强的问题，决策承办单位可以通过专家访谈等方式进行解释说明。

第十六条　决策事项直接涉及公民、法人、其他组织切身利益或者存在较大分歧的，可以召开听证会。法律、法规、规章对召开听证会另有规定的，依照其规定。

决策承办单位或者组织听证会的其他单位应当提前公布决策草案及其说明等材料，明确听证时间、地点等信息。

需要遴选听证参加人的，决策承办单位或者组织听证会的其他单位应当提前公布听证参加人遴选办法，公平公开组织遴选，保证相关各方都有代表参加听证会。听证参加人名单应当提前向社会公布。听证会材料应当于召开听证会7日前送达听证参加人。

第十七条　听证会应当按照下列程序公开举行：

（一）决策承办单位介绍决策草案、依据和有关情况；

（二）听证参加人陈述意见，进行询问、质证和辩论，必要时可以由决策承办单位或者有关专家进行解释说明；

（三）听证参加人确认听证会记录并签字。

第十八条　决策承办单位应当对社会各方面提出的意见进行归纳整理、研究论证，充分采纳合理意见，完善决策草案。

第三节　专家论证

第十九条　对专业性、技术性较强的决策事项，决策承办单位应当组织专家、专业机构论证其必要性、可行性、科学性等，并提供必要保障。

专家、专业机构应当独立开展论证工作，客观、公正、科学地提出论证意见，并对所知悉的国家秘密、商业秘密、个人隐私依法履行保密义务；提供书面论证意见的，应当署名、盖章。

第二十条　决策承办单位组织专家论证，可以采取论证会、书面咨询、委托咨询论证等方式。选择专家、专业机构参与论证，应当坚持专业性、代表性和中立性，注重选择持不同意见的专家、专业机构，不得选择与决策事项有直接利害关系的专家、专业机构。

第二十一条　省、自治区、直辖市人民政府应当建立决策咨询论证专家库，规范专家库运行管理制度，健全专家诚信考核和退出机制。

市、县级人民政府可以根据需要建立决策咨询论证专家库。

决策机关没有建立决策咨询论证专家库的，可以使用上级行政机关的专家库。

第四节　风险评估

第二十二条　重大行政决策的实施可能对社会稳定、公共安全等方面造成不利影响的，决策承办单位或者负责风险评估工作的其他单位应当组织评估决策草案的风险可控性。

按照有关规定已对有关风险进行评价、评估的，不作重复评估。

第二十三条　开展风险评估，可以通过舆情跟踪、重点走访、会商分析等方式，运用定性分析与定量分析等方法，对决策实施的风险进行科学预测、综合研判。

开展风险评估，应当听取有关部门的意见，形成风险评估报告，明确风险点，提出风险防范措施和处置预案。

开展风险评估，可以委托专业机构、社会组织等第三方进行。

第二十四条　风险评估结果应当作为重大行政决策的重要依据。决策机关认为风险可控的，可以作出决策；认为风险不可控的，在采取调整决策草案等措施确保风险可控后，可以作出决策。

第三章　合法性审查和集体讨论决定

第一节　合法性审查

第二十五条　决策草案提交决策机关讨论前，应当由负责合法性审查的部门进行合法性审查。不得以征求意见等方式代替合法性审查。

决策草案未经合法性审查或者经审查不合法的，不得提交决策机关讨论。对国家尚无明确规定的探索性改革决策事项，可以明示法律风险，提交决策机关讨论。

第二十六条　送请合法性审查，应当提供决策草案及相关材料，包括有关法律、法规、规章等依据和履行决策法定程序的说明等。提供的材料不符合要求的，负责合法性审查的部门可以退回，或者要求补充。

送请合法性审查，应当保证必要的审查时间，一般不少于7个工作日。

第二十七条　合法性审查的内容包括：

（一）决策事项是否符合法定权限；

（二）决策草案的形成是否履行相关法定程序；

（三）决策草案内容是否符合有关法律、法规、规章和国家政策的规定。

第二十八条　负责合法性审查的部门应当及时提出合法性审查意见，并对合法性审查意见负责。在合法性审查过程中，应当组织法律顾问、公职律师提出法律意见。决策承办单位根据合法性审查意见进行必要的调整或者补充。

第二节　集体讨论决定和决策公布

第二十九条　决策承办单位提交决策机关讨论决策草案，应当报送下列材料：

（一）决策草案及相关材料，决策草案涉及市场主体经济活动的，应当包含公平竞争审查的有关情况；

（二）履行公众参与程序的，同时报送社会公众提出的主要意见的研究采纳情况；

（三）履行专家论证程序的，同时报送专家论证意见的研究采纳情况；

（四）履行风险评估程序的，同时报送风险评估报告等有关材料；

（五）合法性审查意见；

（六）需要报送的其他材料。

第三十条　决策草案应当经决策机关常务会议或者全体会议讨论。决策机关行政首长在集体讨论的基础上作出决定。

讨论决策草案，会议组成人员应当充分发表意见，行政首长最后发表意见。行政首长拟作出的决定与会议组成人员多数人的意见不一致的，应当在会上说明理由。

集体讨论决定情况应当如实记录，不同意见应当如实载明。

第三十一条　重大行政决策出台前应当按照规定向同级党委请示

报告。

第三十二条　决策机关应当通过本级人民政府公报和政府网站以及在本行政区域内发行的报纸等途径及时公布重大行政决策。对社会公众普遍关心或者专业性、技术性较强的重大行政决策，应当说明公众意见、专家论证意见的采纳情况，通过新闻发布会、接受访谈等方式进行宣传解读。依法不予公开的除外。

第三十三条　决策机关应当建立重大行政决策过程记录和材料归档制度，由有关单位将履行决策程序形成的记录、材料及时完整归档。

第四章　决策执行和调整

第三十四条　决策机关应当明确负责重大行政决策执行工作的单位（以下简称决策执行单位），并对决策执行情况进行督促检查。决策执行单位应当依法全面、及时、正确执行重大行政决策，并向决策机关报告决策执行情况。

第三十五条　决策执行单位发现重大行政决策存在问题、客观情况发生重大变化，或者决策执行中发生不可抗力等严重影响决策目标实现的，应当及时向决策机关报告。

公民、法人或者其他组织认为重大行政决策及其实施存在问题的，可以通过信件、电话、电子邮件等方式向决策机关或者决策执行单位提出意见建议。

第三十六条　有下列情形之一的，决策机关可以组织决策后评估，并确定承担评估具体工作的单位：

（一）重大行政决策实施后明显未达到预期效果；

（二）公民、法人或者其他组织提出较多意见；

（三）决策机关认为有必要。

开展决策后评估，可以委托专业机构、社会组织等第三方进行，决策作出前承担主要论证评估工作的单位除外。

开展决策后评估，应当注重听取社会公众的意见，吸收人大代表、政协委员、人民团体、基层组织、社会组织参与评估。

决策后评估结果应当作为调整重大行政决策的重要依据。

第三十七条　依法作出的重大行政决策，未经法定程序不得随意变更或者停止执行；执行中出现本条例第三十五条规定的情形、情况紧急的，决策机关行政首长可以先决定中止执行；需要作出重大调整的，应当依照本条例履行相关法定程序。

第五章　法律责任

第三十八条　决策机关违反本条例规定的，由上一级行政机关责令改正，对决策机关行政首长、负有责任的其他领导人员和直接责任人员依法追究责任。

决策机关违反本条例规定造成决策严重失误，或者依法应当及时作出决策而久拖不决，造成重大损失、恶劣影响的，应当倒查责任，实行终身责任追究，对决策机关行政首长、负有责任的其他领导人员和直接责任人员依法追究责任。

决策机关集体讨论决策草案时，有关人员对严重失误的决策表示不同意见的，按照规定减免责任。

第三十九条　决策承办单位或者承担决策有关工作的单位未按照本条例规定履行决策程序或者履行决策程序时失职渎职、弄虚作假的，由决策机关责令改正，对负有责任的领导人员和直接责任人员依法追究责任。

第四十条　决策执行单位拒不执行、推诿执行、拖延执行重大行政决策，或者对执行中发现的重大问题瞒报、谎报或者漏报的，由决策机关责令改正，对负有责任的领导人员和直接责任人员依法追究责任。

第四十一条　承担论证评估工作的专家、专业机构、社会组织等违反职业道德和本条例规定的，予以通报批评、责令限期整改；造成严重后果的，取消评估资格、承担相应责任。

第六章　附　则

第四十二条　县级以上人民政府部门和乡级人民政府重大行政决策的

作出和调整程序，参照本条例规定执行。

第四十三条 省、自治区、直辖市人民政府根据本条例制定本行政区域重大行政决策程序的具体制度。

国务院有关部门参照本条例规定，制定本部门重大行政决策程序的具体制度。

第四十四条 本条例自 2019 年 9 月 1 日起施行。

教育部规章

高等学校校园秩序管理若干规定

(国家教育委员会令第 13 号 1990 年 9 月 18 日发布)

第一条 为了优化育人环境,加强高等学校校园管理,维护教学、科研、生活秩序和安定团结的局面,建立有利于培养社会主义现代化建设专门人才的校园秩序,制定本规定。

第二条 本规定所称的高等学校(以下简称"学校")是指全日制普通高等学校和成人高等学校。

本规定所称的师生员工是指学校的教师(包括外籍教师)、学生(包括外国在华留学生)、教育教学辅助人员、管理人员和工勤人员。

第三条 学校的师生员工以及其他到学校活动的人员都应当遵守本规定,维护宪法确立的根本制度和国家利益,维护学校的教学、科研秩序和生活秩序。

学校应当加强校园管理,采取措施,及时有效地预防和制止校园内的违反法律、法规、校规的活动。

第四条 学校应当尊重和维护师生员工的人身权利、政治权利、教育和受教育的权利以及法律规定的其他权利,不得限制、剥夺师生员工的权利。

第五条 进入学校的人员,必须持有本校的学生证、工作证、听课证或者学校颁发的其他进入学校的证章、证件。

未持有前款规定的证章、证件的国内人员进入学校,应当向门卫登记后进入学校。

第六条 国内新闻记者进入学校采访,必须持有记者证和采访介绍信,在通知学校有关机构后,方可进入学校采访。

外国新闻记者和港澳台新闻记者进入学校采访,必须持有学校所在省、自治区、直辖市人民政府外事机关或港澳台办的介绍信和记者证,并在进校采访前与学校外事机构联系，经许可后方可进入学校采访。

第七条　外国人、港澳台人员进入学校进行公务、业务活动，应当经过省、自治区、直辖市或者国务院有关部门同意并告知学校后，或按学术交流计划经学校主管领导研究同意后，方可进入学校。自行要求进入学校的外国人、港澳台人员，应当在学校外事机构或港澳台办批准后，方可进入学校。接受师生员工个人邀请进入学校探亲访友的外国人、港澳台人员，应当履行门卫登记手续后进入学校。

第八条　依照本规定第五条、第六条、第七条的规定进入学校的人员，应当遵守法律、法规、规章和学校的制度，不得从事与其身份不符的活动，不得危害校园治安。

对违反本规定第五条、第六条、第七条和本条前款规定的人员，师生员工有权向学校保卫机构报告，学校保卫机构可以要求其说明情况或者责令其离开学校。

第九条　学生一般不得在学生宿舍留宿校外人员，遇有特殊情况留宿校外人员，应当报请学校有关机构许可，并且进行留宿登记，留宿人离校应注销登记。不得在学生宿舍内留宿异性。

违反前款规定的，学校保卫机构可以责令留宿人离开学生宿舍。

第十条　告示、通知、启事、广告等，应当张贴在学校指定或者许可的地点。散发宣传品、印刷品应当经过学校有关机构同意。对于张贴、散发反对我国宪法确立的根本制度、损害国家利益或者侮辱诽谤他人的公开张贴物、宣传品和印刷品的当事者，由司法机关依法追究其法律责任。

第十一条　在校园设置临时或者永久建筑物以及安装音响、广播、电视设施，设置者、安装者应当报请学校有关机构审批，未经批准不得擅自设置、安装。

师生员工或者有关团体、组织使用学校的广播、电视设施，必须报请学校有关机构批准，禁止任何组织或者个人擅自使用学校广播、电视设施。

违反第一款、第二款、第三款规定的，学校有关机构可以劝其停止设置、安装或者停止活动，已经设置、安装的，学校有关机构可以拆除，或者责令设置者、安装者拆除。

第十二条　在校内举行集会、讲演等公共活动，组织者必须在七十二小时前向学校有关机构提出申请，申请中应当说明活动的目的、人数、时间、地点和负责人的姓名。学校有关机构应当最迟在举行时间的四小时前将许可或者不许可的决定通知组织者。逾期未通知的，视为许可。

集会、讲演等应符合我国的教育方针和相应的法规、规章，不得反对我国宪法确立的根本制度，不得干扰学校的教学、科研和生活秩序，不得损害国家财产和其他公民的权利。

第十三条 在校内组织讲座、报告等室内活动，组织者应当在七十二小时前向学校有关机构提出申请，申请中应当说明活动的内容、报告人和负责人的姓名。学校有关机构应当最迟在举行时间的四小时前将许可或者不许可的决定通知组织者。逾期未通知的，视为许可。

讲座、报告等不得反对我国宪法确立的根本制度，不得违反我国的教育方针，不得宣传封建迷信，不得进行宗教活动，不得干扰学校的教学、科研和生活秩序。

第十四条 师生员工应当严格按照学校的安排进行教学、科研、生活和其他活动，任何人都不得破坏学校的教学、科研和生活秩序，不得阻止他人根据学校的安排进行教学、科研、生活和其他活动。

禁止师生员工赌博、酗酒、打架斗殴以及其它干扰学校的教学、科研和生活秩序的行为。

第十五条 师生员工组织社会团体，应当按照《社会团体登记管理条例》的规定办理。成立校内非社会团体的组织，应当在成立前由其组织者报请学校有关机构批准，未经批准不得成立和开展活动。

校内非社会团体的组织和校内报刊必须遵守法律、法规、规章，贯彻我国的教育方针和遵守学校的制度，接受学校的管理，不得进行超出其宗旨的活动。

第十六条 违反本规定第十二条、第十三条、第十四条和第十五条的规定的，学校有关机构可以责令其组织者以及其他当事人立即停止活动。违反本规定第十二条第二款的规定，损害国家财产的，学校有关机构可以责令其赔偿损失。

第十七条 禁止无照人员在校园内经商。设在校园内的商业网点必须在指定地点经营。违反前款规定的，学校有关机构可以责令其停止经商活动或者离开校园。

第十八条　对违反本规定，经过劝告、制止仍不改正的师生员工，学校可视情节给予行政处分或者纪律处分；属于违反治安管理行为的，由公安机关依法处理；情节严重构成犯罪的，由司法机关处理。

师生员工对学校的处分不服的，可以向有关教育行政部门提出申诉，教育行政部门应当在接到申诉的三十日内作出处理决定。

对违反本规定，经劝告、制止仍不改正的校外人员，由公安、司法机关根据情节依法处理。

第十九条　各高等学校可以根据本规定制定具体管理制度。

第二十条　本规定自发布之日起施行。

教育行政处罚暂行实施办法

（1998年3月6日国家教育委员会第27号令发布）

第一章 总 则

第一条 为了规范教育行政处罚行为，保障和监督教育行政部门有效实施教育行政管理，保护公民、法人和其他组织的合法权益，根据有关法律、行政法规制定本法。

第二条 对违反教育行政管理秩序，按照《中华人民共和国教育法》和其他教育法律、法规、规章的规定，应当给予行政处罚的违法行为，依据《中华人民共和国行政处罚法》和本办法的规定实施处罚。

第三条 实施教育行政处罚必须以事实为依据，以法律为准绳，遵循公正、公开、及时的原则。

实施教育行政处罚，应当坚持教育与处罚相结合，纠正违法行为，教育公民、法人和其他组织自觉守法。

第二章 实施机关与管辖

第四条 实施教育行政处罚的机关，除法律、法规另有规定的外，必须是县级以上人民政府的教育行政部门。

教育行政部门可以委托符合《中华人民共和国行政处罚法》第十九条规定的组织实施处罚。

受委托组织应以委托教育行政部门的名义作出处罚决定；委托教育行政部门应对受委托组织实施处罚的行为进行监督，并对其处罚行为的后果承担法律责任。

教育行政部门委托实施处罚，应当与受委托组织签订《教育行政处罚委托书》，在《教育行政处罚委托书》中依法规定双方实施处罚的权利和义务。

第五条　教育行政处罚由违法行为发生地的教育行政部门管辖。

对给予撤销学校或者其他教育机构处罚的案件，由批准该学校或者其他教育机构设立的教育行政部门管辖。

国务院教育行政部门管辖以下处罚案件：应当由其撤销高等学校或者其他教育机构的案件；应当由其撤销教师资格的案件；全国重大、复杂的案件以及教育法律、法规规定由其管辖的处罚案件。

除国务院教育行政部门管辖的处罚案件外，对其他各级各类学校或者其他教育机构及其内部人员处罚案件的管辖为：

（一）对高等学校或者其他高等教育机构及其内部人员的处罚，为省级人民政府教育行政部门；

（二）对中等学校或者其他中等教育机构及其内部人员的处罚，为省级或地、设区的市级人民政府教育行政部门；

（三）对实施初级中等以下义务教育的学校或者其他教育机构、幼儿园及其内部人员的处罚，为县、区级人民政府教育行政部门。

第六条　上一级教育行政部门认为必要时，可以将下一级教育行政部门管辖的处罚案件提到本部门处理；下一级教育行政部门认为所管辖的处罚案件重大、复杂或超出本部门职权范围，应当报请上一级教育行政部门处理。

第七条　两个以上教育行政部门对同一个违法行为都具有管辖权的，由最先立案的教育行政部门管辖；主要违法行为发生地的教育行政部门处理更为合适的，可以移送主要违法行为发生地的教育行政部门处理。

第八条　教育行政部门发现正在处理的行政处罚案件，还应由其他行政主管机关处罚的，应向有关行政机关通报情况、移送材料并协商意见；对构成犯罪的，应先移送司法机关依法追究刑事责任。

第三章　处罚种类与主要违法情形

第九条　教育行政处罚的种类包括：

（一）警告；

（二）罚款；

（三）没收违法所得，没收违法颁发、印制的学历证书、学位证书及其他学业证书；

（四）撤销违法举办的学校和其他教育机构；

（五）取消颁发学历、学位和其他学业证书的资格；

（六）撤销教师资格；

（七）停考，停止申请认定资格；

（八）责令停止招生；

（九）吊销办学许可证；

（十）法律、法规规定的其他教育行政处罚。

教育行政部门实施上述处罚时，应当责令当事人改正、限期改正违法行为。

第十条　幼儿园在实施保育教学活动中具有下列情形之一的，由教育行政部门责令限期整顿，并视情节轻重给予停止招生、停止办园的处罚：

（一）未经注册登记，擅自招收幼儿的；

（二）园舍、设施不符合国家卫生标准、安全标准，妨害幼儿身体健康或威胁幼儿生命安全的；

（三）教育内容和方法违背幼儿教育规律，损害幼儿身心健康的。

具有下列情形之一的单位或个人，由教育行政部门对直接责任人员给予警告、一千元以下的罚款，或者由教育行政部门建议有关部门对责任人员给予行政处分：

（一）体罚或变相体罚幼儿的；

（二）使用有毒、有害物质制作教具、玩具的；

（三）克扣、挪用幼儿园经费的；

（四）侵占、破坏幼儿园舍、设备的；

（五）干扰幼儿园正常工作秩序的；

（六）在幼儿园周围设置有危险、有污染或者影响幼儿园采光的建筑和设施的。

前款所列情形,情节严重,构成犯罪的,由司法机关依法追究刑事责任。

第十一条　适龄儿童、少年的父母或监护人、未按法律规定送子女或被监护人就学接受义务教育的，城市由市、市辖区人民政府或者其指定机构，农村乡级人民政府，对经教育仍拒绝送子女或被监护人就学的，根据情节轻重，给予罚款的处罚。

第十二条　违反法律、法规和国家有关规定举办学校或其他教育机构的，由教育行政部门予以撤销；有违法所得的，没收违法所得。社会力量举办的教育机构，举办者虚假出资或者在教育机构成立后抽逃出资的，由审批的教育行政部门责令改正；拒不改正的，处以应出资金额或者抽逃资金额两倍以下、最高不超过十万元的罚款；情节严重的，由审批的教育行政部门给予责令停止招生、吊销办学许可证的处罚。

第十三条　非法举办国家教育考试的，由主管教育行政部门宣布考试无效；有违法所得，没收违法所得。

第十四条　参加国家教育考试的考生，有下列情形之一的，由主管教育行政部门宣布考试无效；已经被录取或取得学籍的，由教育行政部门责令学校退回招收的学员；参加高等教育自学考试的应试者，有下列情形之一，情节严重的，由各省、自治区、直辖市高等教育自学考试委员会同时给予警告或停考一至三年的处罚：

（一）以虚报或伪造、涂改有关材料及其他欺诈手段取得考试资格的；

（二）在考试中有夹带、传递、抄袭、换卷、代考等考场舞弊行为的；

（三）破坏报名点、考场、评卷地点秩序，使考试工作不能正常进行或以其他方法影响、妨碍考试工作人员使其不能正常履行责任以及其他严重违反考场规则的行为。

第十五条　社会力量举办的学校或者其他教育机构不确定各类人员的工资福利开支占经常办学费用的比例或者不按照确定的比例执行的，或者将积累用于分配或者校外投资的，由审批的教育行政部门责令改正，并可给予警告；情节严重或者拒不改正的，由审批的教育行政部门给予责令停止招生、吊销办学许可证的处罚。

第十六条　社会力量举办的学校或者其他教育机构管理混乱，教学质量低下，造成恶劣影响的，由审批的教育行政部门限期整顿，并可以给予警告；情节严重或经整顿后仍达不到要求的，由审批的教育行政部门给予责令停止招生、吊销办学许可证的处罚。

第十七条 学校或其他教育机构违反法律、行政法规的规定,颁发学位、学历或者其他学业证书的,由教育行政部门宣布该证书无效,责令收回或者予以没收;有违法所得的,没收违法所得;情节严重的,取消其颁发证书的资格。

第十八条 教师有下列情形之一的,由教育行政部门给予撤销教师资格、自撤销之日起五年内不得重新申请认定教师资格的处罚:

(一)弄虚作假或以其他欺骗手段获得教师资格的;

(二)品行不良、侮辱学生,影响恶劣的。

受到剥夺政治权利或因故意犯罪受到有期徒刑以上刑事处罚的教师,永远丧失教师资格。

上述被剥夺教师资格的教师资格证书应由教育行政部门收缴。

第十九条 参加教师资格考试的人员有作弊行为的,其考试成绩作废,并由教育行政部门给予三年内不得参加教师资格考试的处罚。

第四章 处罚程序与执行

第二十条 实施教育行政处罚,应当根据法定的条件和案件的具体情况分别适用《中华人民共和国行政处罚法》和本办法规定的简易程序、一般程序和听证程序。

第二十一条 教育行政处罚执法人员持有能够证明违法事实的确凿证据和法定的依据,对公民处以五十元以下、对法人或者其他组织处以一千元以下罚款或给予警告处罚的,可以适用简单程序,当场作出处罚决定,但应报所属教育行政部门备案。

第二十二条 执法人员当场作出教育行政处罚决定的,应向当事人出示执法身份证件,制作《教育行政处罚当场处罚笔录》,填写《教育行政处罚当场处罚决定书》,按规定格式载明当事人的违法行为、处罚依据、给予的处罚、时间、地点以及教育行政部门的名称,由教育行政执法人员签名或者盖章后,当场付当事人。

执法人员与当事人有直接利害关系的,应当主动回避,当事人有权以口头或者书面方式申请他们回避。执法人员的回避，由其所在教育行政部门的负责人决定。

第二十三条　除依法适用简易程序和听证程序以外，对其他教育违法行为的处罚应当适用一般程序。

教育行政部门发现公民、法人或者其他组织有应当给予教育行政处罚的违法行为的，应当作出立案决定，进行调查。教育行政部门在调查时，执法人员不得少于两人。

第二十四条　教育行政部门必须按照法定程序和方法，全面、客观、公正地调查、收集有关证据；必要时，依照法律、行政法规的规定，可以进行检查。教育行政部门在进行检查时，执法人员不得少于两人。

教育行政部门在收集证据时，对可能灭失或者以后难以取得的证据，经教育行政部门负责人批准，可以将证据先行登记，就地封存。

第二十五条　在做出处罚决定前，教育行政部门应当发出《教育行政处罚告知书》，告知当事人作出处罚决定的事实、理由和依据，并告知当事人依法享有的陈述权、申辩权和其他权利。

当事人在收到《教育行政处罚告知书》后七日内，有权向教育行政部门以书面方式提出陈述、申辩意见以及相应的事实、理由和证据。教育行政部门必须充分听取当事人的意见，对当事人提出的事实、理由和证据进行复核，当事人提出的事实、理由或者证据成立的，教育行政部门应当采纳。教育行政部门不得因当事人的申辩而加重处罚。

第二十六条　调查终结，案件承办人员应当向所在教育行政部门负责人提交《教育行政处罚调查处理意见书》，详细陈述所查明的事实、应当作出的处理意见及其理由和依据并应附上全部证据材料。教育行政部门负责人应当认真审查调查结果，按照《中华人民共和国行政处罚法》第三十八条的规定，根据不同情况做出决定。

教育行政部门决定给予行政处罚的，应当按照《中华人民共和国行政处罚法》第三十九条的规定，制作《教育行政处罚决定书》。

《教育行政处罚决定书》的送达，应当按照《中华人民共和国行政处罚法》第四十条和《中华人民共和国民事诉讼法》第七章第二节的规定执行。

第二十七条　教育行政部门在作出本办法第九条第（三）、（四）、

（五）、（六）、（七）、（八）、（九）项之一以及较大数额罚款的处罚决定前，除应当告知作出处罚决定的事实、理由和依据外，还应当书面告知当事人有要求举行听证的权利。

前款所指的较大数额的罚款，标准为：由国务院教育行政部门作出罚款决定的，为五千元以上；由地方人民政府教育行政部门作出罚款决定的，具体标准由省一级人民政府决定。

当事人在教育行政部门告知后三日内提出举行听证要求的，教育行政部门应当按照《中华人民共和国行政处罚法》第四十二条规定，组织听证。

第二十八条　听证结束后，听证主持人应当提出《教育行政处罚听证报告》，连同听证笔录和有关证据呈报教育行政部门负责人。

教育行政部门负责人应当对《教育行政处罚听证报告》进行认真审查，并按照《中华人民共和国行政处罚法》第三十八条规定作出处罚决定。

第二十九条　除依照《中华人民共和国行政处罚法》的规定可以当场收缴罚款外，作出罚款决定的教育行政部门应当与收缴罚款的机构分离，有关罚款的收取、缴纳及相关活动，适用国务院《罚款决定与罚款收缴分离实施办法》的规定。

第三十条　教育行政处罚决定作出后，当事人应当在行政处罚决定的期限内，予以履行。当事人逾期不履行的，教育行政部门可以申请人民法院强制执行。

第三十一条　当事人对行政处罚决定不服的，有权依据法律、法规的规定，申请行政复议或者提起行政诉讼。

行政复议、行政诉讼期间，行政处罚不停止执行。

第三十二条　教育行政部门的职能机构查处教育行政违法案件需要给予处罚的，应当以其所属的教育行政部门的名义做出处罚决定。

教育行政部门的法制工作机构，依法对教育行政执法工作监督检查，对教育行政部门的其他职能机构作出的行政处罚调查处理意见进行复核，并在其职责范围内具体负责组织听证及其他行政处罚工作。

第三十三条　教育行政部门及其工作人员在实施教育行政处罚中，有违反《中华人民共和国行政处罚法》和本办法行为的，应当按照《中华人民共和国行政处罚法》第七章的规定追究法律责任。

教育行政部门应当加强对行政处罚的监督检查，认真审查处理有关申诉和检举；发现教育行政处罚有错误的，应主动改正；对当事人造成损害的，应当依法赔偿。

第三十四条　教育行政部门应当建立行政处罚统计制度，每年向上一级教育行政部门和本级人民政府提交一次行政处罚处理报告。

第五章　附　则

第三十五条　本办法规定使用的各类教育行政处罚文本的格式，由国务院教育行政部门和各省、自治区、直辖市人民政府教育行政部门统一制定。

第三十六条　本办法自发布之日起施行。

高等学校知识产权保护管理规定

（1998年12月1日教育部部长办公会议讨论通过，1999年4月8日中华人民共和国教育部第3号令发布施行）

第一章 总 则

第一条 为有效保护高等学校知识产权，鼓励广大教职员工和学生发明创造和智力创作的积极性，发挥高等学校的智力优势，促进科技成果产业化，依据国家知识产权法律、法规，制定本规定。

第二条 本规定适用于国家举办的高等学校、高等学校所属教学科研机构和企业事业单位（以下简称"所属单位"）。社会力量举办的高等学校及其他教育机构参照适用本规定。

第三条 本规定所称的知识产权包括：

（一）专利权、商标权；

（二）技术秘密和商业秘密；

（三）著作权及其邻接权；

（四）高等学校的校标和各种服务标记；

（五）依照国家法律、法规规定或者依法由合同约定由高等学校享有或持有的其他知识产权。

第二章 任务和职责

第四条 高等学校知识产权保护工作的任务是：

（一）贯彻执行国家知识产权法律、法规，制定高等学校知识产权保护工作的方针、政策和规划；

（二）宣传、普及知识产权法律知识，增强高等学校知识产权保护意识和能力；

（三）进一步完善高等学校知识产权管理制度，切实加强高等学校知识产权保护工作；

（四）积极促进和规范管理高等学校科学技术成果及其他智力成果的开发、使用、转让和科技产业的发展。

第五条　国务院教育行政部门和各省、自治区、直辖市人民政府教育行政部门，在其职责范围内，负责对全国或本行政区域的高等学校知识产权工作进行领导和宏观管理，全面规划、推动、指导和监督高等学校知识产权保护工作的开展。

第六条　各高等学校在知识产权保护工作中应当履行的职责是：

（一）结合本校的实际情况，制定知识产权工作的具体规划和保护规定；

（二）加强对知识产权保护工作的组织和领导，完善本校知识产权保护制度，加强本校知识产权工作机构和队伍建设；

（三）组织知识产权法律、法规的教育和培训，开展知识产权课程教学和研究工作；

（四）组织开展本校知识产权的鉴定、申请、登记、注册、评估和管理工作；

（五）组织签订、审核本校知识产权的开发、使用和转让合同；

（六）协调解决本校内部有关知识产权的争议和纠纷；

（七）对在科技开发、技术转移以及知识产权保护工作中有突出贡献人员予以奖励；

（八）组织开展本校有关知识产权保护工作的国际交流与合作；

（九）其他在知识产权保护工作中应当履行的职责。

第三章　知识产权归属

第七条　高等学校对以下标识依法享有专用权：

（一）以高等学校名义申请注册的商标；

（二）校标；

（三）高等学校的其他服务性标记。

第八条　执行本校及其所属单位任务，或主要利用本校及其所属单位的物质技术条件所完成的发明创造或者其他技术成果，是高等学校职务发明创造或职务技术成果。职务发明创造申请专利的权利属于高等学校。专利权被依法授予后由高等学校持有。职务技术成果的使用权、转让权由高等学校享有。

第九条　由高等学校主持、代表高等学校意志创作、并由高等学校承担责任的作品为高等学校法人作品，其著作权由高等学校享有。为完成高等学校的工作任务所创作的作品是职务作品，除第十条规定情况外，著作权由完成者享有。高等学校在其业务范围内对职务作品享有优先使用权。作品完成二年内，未经高等学校同意，作者不得许可第三人以与高等学校相同的方式使用该作品。

第十条　主要利用高等学校的物质技术条件创作，并由高等学校承担责任的工程设计、产品设计图纸、计算机软件、地图等职务作品以及法律、行政法规规定的或者合同约定著作权由高等学校享有的职务作品，作者享有署名权，著作权的其他权利由高等学校享有。

第十一条　在执行高等学校科研等工作任务过程中所形成的信息、资料、程序等技术秘密属于高等学校所有。

第十二条　高等学校派遣出国访问、进修、留学及开展合作项目研究的人员，对其在校已进行的研究，而在国外可能完成的发明创造、获得的知识产权，应当与派遣的高等学校签订协议，确定其发明创造及其他知识产权的归属。

第十三条　在高等学校学习、进修或者开展合作项目研究的学生、研究人员，在校期间参与导师承担的本校研究课题或者承担学校安排的任务所完成的发明创造及其他技术成果，除另有协议外，应当归高等学校享有或持有。进入博士后流动站的人员，在进站前应就知识产权问题与流动站签定专门协议。

第十四条　高等学校的离休、退休、停薪留职、调离以及被辞退的人员，在离开高等学校一年内完成的与其原承担的本职工作或任务有关的发明创造或技术成果，由高等学校享有或持有。

第十五条　职务发明创造或职务技术成果，以及职务作品的完成人依法享有在有关技术文件和作品上署名及获得奖励和报酬的权利。

第四章　知识产权管理机构

第十六条　高等学校应建立知识产权办公会议制度，逐步建立健全知识产权工作机构。有条件的高等学校，可实行知识产权登记管理制度；设立知识产权保护与管理工作机构，归口管理本单位知识产权保护工作。暂未设立知识产权保护与管理机构的高等学校，应指定科研管理机构或其他机构担负相关职责。

第十七条　高等学校科研管理机构负责本校科研项目的立项、成果和档案管理。应用技术项目的课题组或课题研究人员，在申请立项之前应当进行专利文献及其相关文献的检索。课题组或课题研究人员在科研工作过程中，应当做好技术资料的记录和保管工作。科研项目完成后，课题负责人应当将全部实验报告、实验记录、图纸、声像、手稿等原始技术资料收集整理后交本校科研管理机构归档。

第十八条　在科研活动中作出的职务发明创造或者形成的职务技术成果，课题负责人应当及时向本校科研管理机构知识产权管理机构提出申请专利的建议，并提交相关资料。高等学校的科研管理机构应当对课题负责人的建议和相关资料进行审查，对需要申请专利的应当及时办理专利申请，对不宜申请专利的技术秘密要采取措施予以保护。

第十九条　高等学校应当规范和加强有关知识产权合同的签订、审核和管理工作。高等学校及其所属单位与国内外单位或者个人合作进行科学研究和技术开发，对外进行知识产权转让或者许可使用，应当依法签订书面合同，明确知识产权的归属以及相应的权利、义务等内容。高等学校的知识产权管理机构负责对高等学校及其所属单位签订的知识产权合同进行审核和管理。

第二十条　高等学校所属单位对外进行知识产权转让或者许可使用前，应当经学校知识产权管理机构审查，并报学校批准。

第二十一条　高等学校的教职员工和学生凡申请非职务专利，登记非职务计算机软件的，以及进行非职务专利、非职务技术成果以及非职务作品转让和许可的，应当向本校知识产权管理机构申报，接受审核。对于符合非职务条件的，学校应出具相应证明。

第二十二条　高等学校要加强科技保密管理。高等学校的教职员工和学生，在开展国内外学术交流与合作过程中，对属于本校保密的信息和技术，要按照国家和本校的有关规定严格保密。高等学校对在国内外科技展览会参展的项目应当加强审核和管理、做好科技保密管理工作。

第二十三条　高等学校应当重视开展知识产权的资产评估工作，加强对知识产权资产评估的组织和管理。高等学校对外进行知识产权转让、许可使用、作价投资入股或者作为对校办科技产业的投入，应当对知识产权进行资产评估。

第二十四条　高等学校可根据情况逐步实行知识产权保证书制度，与有关教职员工和学生签订保护本校知识产权的保证书，明确保护本校知识产权的义务。

第五章　奖酬与扶持

第二十五条　高等学校应当依法保护职务发明创造、职务技术成果、高等学校法人作品及职务作品的研究、创作人员的合法权益，对在知识产权的产生、发展，科技成果产业化方面作出突出贡献的人员，按照国家的有关规定给予奖励。

第二十六条　高等学校将其知识产权或职务发明创造、职务技术成果转让给他人或许可他人使用的，应当从转让或许可使用所取得的净收入中，提取不低于20%的比例，对完成该项职务发明创造、职务技术成果及其转化作出重要贡献的人员给予奖励。为促进科技成果产业化，对经学校许可，由职务发明创造、职务技术成果完成人进行产业化的，可以从转化收入中提取不低于30%的比例给予奖酬。

第二十七条　高等学校及其所属单位独立研究开发或者与其他单位合作研究开发的科技成果实施转化成功投产后，高等学校应当连续三至五年从实施该项科技成果所取得的收入中提取不低于5%的比例，对完成该项科技成果及其产业化作出重要贡献的人员给予奖酬。采用股份制形式的高等学校科技企业，或者主要以技术向其他股份制企业投资入股的高等学校，可以将在科技成果的研究开发、产业化中做出重要贡献的有关人员的报酬或者奖励，按照国家有关规定折算为相应的股份份额或者出资比例。该持股人依据其所持股份份额或出资比例分享收益。

第二十八条　高等学校应当根据实际情况，采取有效措施，对知识产权的保护、管理工作提供必要的条件保障。高等学校应拨出专款或从技术实施收益中提取一定比例，设立知识产权专项基金，用于支持补贴专利申请，维持和知识产权保护方面的有关费用。对知识产权保护与管理做出突出贡献的单位和个人，高等学校应给予奖励，并作为工作业绩和职称评聘的重要参考。

第六章　法律责任

第二十九条　剽窃、窃取、篡改、非法占有、假冒或者以其他方式侵害由高等学校及其教职员工和学生依法享有或持有的知识产权的，高等学校有处理权的，应责令其改正，并对直接责任人给予相应的处分；对无处理权的，应提请并协助有关行政部门依法作出处理。构成犯罪的，应当依法追究刑事责任。

第三十条　在高等学校教学、科研、创作以及成果的申报、评审、鉴定、产业化活动中，采取欺骗手段，获得优惠待遇或者奖励的，高等学校应当责令改正，退还非法所得，取消其获得的优惠待遇和奖励。

第三十一条　违反本规定，泄漏本校的技术秘密，或者擅自转让、变相转让以及许可使用高等学校的职务发明创造、职务技术成果、高等学校法人作品或者职务作品的，或造成高等学校资产流失和损失的，由高等学校或其主管教育行政部门对直接责任人员给予行政处分。

第三十二条　侵犯高等学校及其教职员工和学生依法享有或持有的知识产权，造成损失、损害的，应当依法承担民事责任。

第七章　附　则

第三十三条　本规定自发布之日起施行。

《教师资格条例》实施办法

(中华人民共和国教育部令第 10 号 2000 年 9 月 23 日发布实施)

第一章 总 则

第一条 为实施教师资格制度,依据《中华人民共和国教师法》(以下简称《教师法》)和《教师资格条例》,制定本办法。

第二条 符合《教师法》规定学历的中国公民申请认定教师资格,适用本办法。

第三条 中国公民在各级各类学校和其他教育机构中专门从事教育教学工作,应当具备教师资格。

第四条 国务院教育行政部门负责全国教师资格制度的组织实施和协调监督工作;县级以上(包括县级,下同)地方人民政府教育行政部门根据《教师资格条例》规定权限负责本地教师资格认定和管理的组织、指导、监督和实施工作。

第五条 依法受理教师资格认定申请的县级以上地方人民政府教育行政部门,为教师资格认定机构。

第二章 资格认定条件

第六条 申请认定教师资格者应当遵守宪法和法律,热爱教育事业,履行《教师法》规定的义务,遵守教师职业道德。

第七条 中国公民依照本办法申请认定教师资格应当具备《教师法》规定的相应学历。

申请认定中等职业学校实习指导教师资格者应当具备中等职业学校毕业及其以上学历,对于确有特殊技艺者,经省级以上人民政府教育行政部门批准，其学历要求可适当放宽。

第八条　申请认定教师资格者的教育教学能力应当符合下列要求：

（一）具备承担教育教学工作所必须的基本素质和能力。具体测试办法和标准由省级教育行政部门制定。

（二）普通话水平应当达到国家语言文字工作委员会颁布的《普通话水平测试等级标准》二级乙等以上标准。

少数方言复杂地区的普通话水平应当达到三级甲等以上标准；使用汉语和当地民族语言教学的少数民族自治地区的普通话水平，由省级人民政府教育行政部门规定标准。

（三）具有良好的身体素质和心理素质，无传染性疾病，无精神病史，适应教育教学工作的需要，在教师资格认定机构指定的县级以上医院体检合格。

第九条　高等学校拟聘任副教授以上教师职务或具有博士学位者申请认定高等学校教师资格，只需具备本办法第六条、第七条、第八条第（三）项规定的条件。

第三章　资格认定申请

第十条　教师资格认定机构和依法接受委托的高等学校每年春季、秋季各受理一次教师资格认定申请。具体受理时间由省级人民政府教育行政部门统一规定，并通过新闻媒体等形式予以公布。

第十一条　申请认定教师资格者，应当在受理申请期限内向相应的教师资格认定机构或者依法接受委托的高等学校提出申请，领取有关资料和表格。

第十二条　申请认定教师资格者应当在规定时间向教师资格认定机构或者依法接受委托的高等学校提交下列基本材料：

（一）由本人填写的《教师资格认定申请表》（见附件一）一式两份；

（二）身份证原件和复印件；

（三）学历证书原件和复印件；

（四）由教师资格认定机构指定的县级以上医院出具的体格检查合格

证明；

（五）普通话水平测试等级证书原件和复印件；

（六）思想品德情况的鉴定或者证明材料。

第十三条 体检项目由省级人民政府教育行政部门规定，其中必须包含"传染病""精神病史"项目。

申请认定幼儿园和小学教师资格的，参照《中等师范学校招生体检标准》的有关规定执行；申请认定初级中学及其以上教师资格的，参照《高等师范学校招生体检标准》的有关规定执行。

第十四条 普通话水平测试由教育行政部门和语言文字工作机构共同组织实施，对合格者颁发由国务院教育行政部门统一印制的《普通话水平测试等级证书》。

第十五条 申请人思想品德情况的鉴定或者证明材料按照《申请人思想品德鉴定表》（见附件二）要求填写。在职申请人，该表由其工作单位填写；非在职申请人，该表由其户籍所在地街道办事处或者乡级人民政府填写。应届毕业生由毕业学校负责提供鉴定。必要时，有关单位可应教师资格认定机构要求提供更为详细的证明材料。

第十六条 各级各类学校师范教育类专业毕业生可以持毕业证书，向任教学校所在地或户籍所在地教师资格认定机构申请直接认定相应的教师资格。

第十七条 申请认定教师资格者应当按照国家规定缴纳费用。但各级各类学校师范教育类专业毕业生不缴纳认定费用。

第四章 资格认定

第十八条 教师资格认定机构或者依法接受委托的高等学校应当及时根据申请人提供的材料进行初步审查。

第十九条 教师资格认定机构或者依法接受委托的高等学校应当组织成立教师资格专家审查委员会。教师资格专家审查委员会根据需要成立若干小组，按照省级教育行政部门制定的测试办法和标准组织面试、试讲，对申请人的教育教学能力进行考察，提出审查意见，报教师资格认定机构或者依法接受委托的高等学校。

第二十条　教师资格认定机构根据教师资格专家审查委员会的审查意见，在受理申请期限终止之日起30个法定工作日内作出是否认定教师资格的结论，并将认定结果通知申请人。符合法定的认定条件者，颁发相应的《教师资格证书》。

第二十一条　县级以上地方人民政府教育行政部门按照《教师资格条例》第十三条规定的权限，认定相应的教师资格。

高等学校教师资格，由申请人户籍所在地或者申请人拟受聘高等学校所在地的省级人民政府教育行政部门认定；省级人民政府教育行政部门可以委托本行政区域内经过国家批准实施本科学历教育的普通高等学校认定本校拟聘人员的高等学校教师资格。

第五章　资格证书管理

第二十二条　各级人民政府教育行政部门应当加强对教师资格证书的管理。教师资格证书作为持证人具备国家认定的教师资格的法定凭证，由国务院教育行政部门统一印制。《教师资格认定申请表》由国务院教育行政部门统一格式。

《教师资格证书》和《教师资格认定申请表》由教师资格认定机构按国家规定统一编号，加盖相应的政府教育行政部门公章、钢印后生效。

第二十三条　取得教师资格的人员，其《教师资格认定申请表》一份存入本人的人事档案，其余材料由教师资格认定机构归档保存。教师资格认定机构建立教师资格管理数据库。

第二十四条　教师资格证书遗失或者损毁影响使用的，由本人向原发证机关报告，申请补发。原发证机关应当在补发的同时收回损毁的教师资格证书。

第二十五条　丧失教师资格者，由其工作单位或者户籍所在地相应的县级以上人民政府教育行政部门按教师资格认定权限会同原发证机关办理注销手续，收缴证书，归档备案。丧失教师资格者不得重新申请认定教师资格。

第二十六条　按照《教师资格条例》应当被撤销教师资格者，由县级以上人民政府教育行政部门按教师资格认定权限会同原发证机关撤销资格，收缴证书，归档备案。被撤销教师资格者自撤销之日起5年内不得重新取得教师资格。

第二十七条　对使用假资格证书的，一经查实，按弄虚作假、骗取教师资格处理，5年内不得申请认定教师资格，由教育行政部门没收假证书。对变造、买卖教师资格证书的，依法追究法律责任。

第六章　附　则

第二十八条　省级人民政府教育行政部门依据本办法制定实施细则，并报国务院教育行政部门备案。

第二十九条　本办法自发布之日起施行。

普通话水平测试管理规定

（2003年5月21日中华人民共和国教育部令第16号发布）

第一条 为加强普通话水平测试管理，促其规范、健康发展，根据《中华人民共和国国家通用语言文字法》，制定本规定。

第二条 普通话水平测试（以下简称测试）是对应试人运用普通话的规范程度的口语考试。开展测试是促进普通话普及和应用水平提高的基本措施之一。

第三条 国家语言文字工作部门颁布测试等级标准、测试大纲、测试规程和测试工作评估办法。

第四条 国家语言文字工作部门对测试工作进行宏观管理，制定测试的政策、规划，对测试工作进行组织协调、指导监督和检查评估。

第五条 国家测试机构在国家语言文字工作部门的领导下组织实施测试，对测试业务工作进行指导，对测试质量进行监督和检查，开展测试科学研究和业务培训。

第六条 省、自治区、直辖市语言文字工作部门（以下简称省级语言文字工作部门）对本辖区测试工作进行宏观管理，制定测试工作规划、计划，对测试工作进行组织协调、指导监督和检查评估。

第七条 省级语言文字工作部门可根据需要设立地方测试机构。

省、自治区、直辖市测试机构（以下简称省级测试机构）接受省级语言文字工作部门及其办事机构的行政管理和国家测试机构的业务指导，对本地区测试业务工作进行指导，组织实施测试，对测试质量进行监督和检查，开展测试科学研究和业务培训。

省级以下测试机构的职责由省级语言文字工作部门确定。

各级测试机构的设立须经同级编制部门批准。

第八条 测试工作原则上实行属地管理。国家部委直属单位的测试工作，原则上由所在地区省级语言文字工作部门组织实施。

第九条 在测试机构的组织下，测试由测试员依照测试规程执行。测试员应遵守测试工作各项规定和纪律，保证测试质量，并接受国家和省级测试机构的业务培训。

第十条 测试员分省级测试员和国家级测试员。测试员须取得相应的测试员证书。

申请省级测试员证书者，应具有大专以上学历，熟悉推广普通话工作方针政策和普通语言学理论，熟悉方言与普通话的一般对应规律，熟练掌握《汉语拼音方案》和常用国际音标，有较强的听辨音能力，普通话水平达到一级。

申请国家级测试员证书者，一般应具有中级以上专业技术职务和两年以上省级测试员资历，具有一定的测试科研能力和较强的普通话教学能力。

第十一条 申请省级测试员证书者，通过省级测试机构的培训考核后，由省级语言文字工作部门颁发省级测试员证书；经省级语言文字工作部门推荐的申请国家级测试员证书者，通过国家测试机构的培训考核后，由国家语言文字工作部门颁发国家级测试员证书。

第十二条 测试机构根据工作需要聘任测试员并颁发有一定期限的聘书。

第十三条 在同级语言文字工作办事机构指导下，各级测试机构定期考查测试员的业务能力和工作表现，并给予奖惩。

第十四条 省级语言文字工作部门根据工作需要聘任测试视导员并颁发有一定期限的聘书。

测试视导员一般应具有语言学或相关专业的高级专业技术职务，熟悉普通语言学理论，有相关的学术研究成果，有较丰富的普通话教学经验和测试经验。

测试视导员在省级语言文字工作部门领导下，检查、监督测试质量，参与和指导测试管理和测试业务工作。

第十五条 应接受测试的人员为：

（一）教师和申请教师资格的人员；

（二）广播电台、电视台的播音员、节目主持人；

（三）影视话剧演员；

（四）国家机关工作人员；

（五）师范类专业、播音与主持艺术专业、影视话剧表演专业以及其他与口语表达密切相关专业的学生；

（六）行业主管部门规定的其他应该接受测试的人员。

第十六条　应接受测试的人员的普通话达标等级，由国家行业主管部门规定。

第十七条　社会其他人员可自愿申请接受测试。

第十八条　在高等学校注册的港澳台学生和外国留学生可随所在校学生接受测试。

测试机构对其他港澳台人士和外籍人士开展测试工作，须经国家语言文字工作部门授权。

第十九条　测试成绩由执行测试的测试机构认定。

第二十条　测试等级证书由国家语言文字工作部门统一印制，由省级语言文字工作办事机构编号并加盖印章后颁发。

第二十一条　普通话水平测试等级证书全国通用。等级证书遗失，可向原发证单位申请补发。伪造或变造的普通话水平测试等级证书无效。

第二十二条　应试人再次申请接受测试同前次接受测试的间隔应不少于3个月。

第二十三条　应试人对测试程序和测试结果有异议，可向执行测试的测试机构或上级测试机构提出申诉。

第二十四条　测试工作人员违反测试规定的，视情节予以批评教育、暂停测试工作、解除聘任或宣布测试员证书作废等处理，情节严重的提请其所在单位给予行政处分。

第二十五条　应试人违反测试规定的，取消其测试成绩，情节严重的提请其所在单位给予行政处分。

第二十六条　测试收费标准须经当地价格部门核准。

第二十七条　各级测试机构须严格执行收费标准，遵守国家财务制度，并接受当地有关部门的监督和审计。

第二十八条　本《规定》自2003年6月15日起施行。

国家教育考试违规处理办法

（2004年5月19日 教育部令第18号发布）

第一章 总 则

第一条 为规范对国家教育考试违规行为的认定与处理，维护国家教育考试的公平、公正，保障参加国家教育考试的人员（以下简称考生）、从事和参与国家教育考试工作的人员（以下简称考试工作人员）的合法权益，根据《中华人民共和国教育法》及相关法律、行政法规，制定本办法。

第二条 本办法所称国家教育考试是指普通和成人高等学校招生考试、全国硕士研究生招生考试、高等教育自学考试等，由国务院教育行政部门确定实施，由经批准的教育考试机构承办，在全国范围内统一举行的教育考试。

第三条 对参加国家教育考试的考生以及考试工作人员、其他相关人员，违反考试管理规定和考场纪律，影响考试公平、公正行为的认定与处理，适用本办法。

对国家教育考试违规行为的认定与处理应当公开公平、合法适当。

第四条 国务院教育行政部门及地方各级人民政府教育行政部门负责全国或者本地区国家教育考试组织工作的管理与监督。

承办国家教育考试的各级教育考试机构负责有关考试的具体实施，依据本办法，负责对考试违规行为的认定与处理。

第二章 违规行为的认定与处理

第五条 考生不遵守考场纪律，不服从考试工作人员的安排与要求，有下列行为之一的，应当认定为考试违纪：

（一）携带规定以外的物品进入考场或者未放在指定位置的；

（二）未在规定的座位参加考试的；

（三）考试开始信号发出前答题或者考试结束信号发出后继续答题的；

（四）在考试过程中旁窥、交头接耳、互打暗号或者手势的；

（五）在考场或者教育考试机构禁止的范围内，喧哗、吸烟或者实施其他影响考场秩序的行为的；

（六）未经考试工作人员同意在考试过程中擅自离开考场的；

（七）将试卷、答卷（含答题卡、答题纸等，下同）、草稿纸等考试用纸带出考场的；

（八）用规定以外的笔或者纸答题或者在试卷规定以外的地方书写姓名、考号或者以其他方式在答卷上标记信息的；

（九）其他违反考场规则但尚未构成作弊的行为。

第六条　考生违背考试公平、公正原则，以不正当手段获得或者试图获得试题答案、考试成绩，有下列行为之一的，应当认定为考试作弊：

（一）携带与考试内容相关的文字材料或者存储有与考试内容相关资料的电子设备参加考试的；

（二）抄袭或者协助他人抄袭试题答案或者与考试内容相关的资料的；

（三）抢夺、窃取他人试卷、答卷或者强迫他人为自己抄袭提供方便的；

（四）在考试过程中使用通讯设备的；

（五）由他人冒名代替参加考试的；

（六）故意销毁试卷、答卷或者考试材料的；

（七）在答卷上填写与本人身份不符的姓名、考号等信息的；

（八）传、接物品或者交换试卷、答卷、草稿纸的；

（九）其他作弊行为。

第七条　教育考试机构、考试工作人员在考试过程中或者在考试结束后发现下列行为之一的，应当认定相关的考生实施了考试作弊行为：

（一）通过伪造证件、证明、档案及其他材料获得考试资格和考试成绩的；

（二）评卷过程中被发现同一科目同一考场有两份以上（含两份）答

卷答案雷同的；

（三）考场纪律混乱、考试秩序失控，出现大面积考试作弊现象的；

（四）考试工作人员协助实施作弊行为，事后查实的；

（五）其他应认定为作弊的行为。

第八条　考生及其他人员应当自觉维护考试工作场所的秩序，服从考试工作人员的管理，不得有下列扰乱考场及考试工作场所秩序的行为：

（一）故意扰乱考点、考场、评卷场所等考试工作场所秩序；

（二）拒绝、妨碍考试工作人员履行管理职责；

（三）威胁、侮辱、诽谤、诬陷考试工作人员或其他考生；

（四）其他扰乱考试管理秩序的行为。

第九条　考生有第五条所列考试违纪行为之一的，取消该科目的考试成绩。

考生有第六、七条所列考试作弊行为之一的，其当次报名参加考试的各科成绩无效；参加高等教育自学考试考生，视情节轻重，可同时给予停考1至3年，或者延迟毕业时间1至3年的处理，停考期间考试成绩无效。

第十条　考生有第八条所列行为之一的，应当终止其继续参加本科目考试，其当次报名参加考试的各科成绩无效；考生及其他人员的行为违反《治安管理处罚条例》的，由公安机关进行处理；构成犯罪的，由司法机关依法追究刑事责任。

第十一条　考生以作弊行为获得的考试成绩并由此取得相应的学位证书、学历证书及其他学业证书、资格资质证书或者入学资格的，由证书颁发机关宣布证书无效，责令收回证书或者予以没收；已经被录取或者入学的，由录取学校取消录取资格或者其学籍。

第十二条　代替他人或由他人代替参加国家教育考试，是在校生的，由所在学校按有关规定严肃处理，直至开除学籍；其他人员，由教育考试机构建议其所在单位给予行政处分，直至开除或解聘，教育考试机构按照作弊行为记录并向有关单位公开其个人基本信息。

第十三条　考试工作人员应当认真履行工作职责，在考试管理、组织及评卷等工作过程中，有下列行为之一的，应当停止其参加当年及下一年度的国家教育考试工作，并由教育考试机构或者建议其所在单位视情节轻重分别给予相应的行政处分：

（一）应回避考试工作却隐瞒不报的；

（二）擅自变更考试时间、地点或者考试安排的；

（三）提示或暗示考生答题的；

（四）擅自将试题、答卷或者有关内容带出考场或者传递给他人的；

（五）在评卷、统分中严重失职，造成明显的错评、漏评或者积分误差的；

（六）在评卷中擅自更改评分细则或者不按评分细则进行评卷的；

（七）因未认真履行职责，造成所负责考场出现雷同卷的；

（八）擅自泄露评卷、统分等应予保密的情况的；

（九）其他违反监考、评卷等管理规定的行为。

第十四条　考试工作人员有下列作弊行为之一的，应当停止其参加国家教育考试工作，由教育考试机构或者其所在单位视情节轻重分别给予相应的行政处分，并调离考试工作岗位；情节严重，构成犯罪的，由司法机关依法追究刑事责任：

（一）为不具备参加国家教育考试条件的人员提供假证明、证件、档案，使其取得考试资格或者考试工作人员资格的；

（二）因玩忽职守，致使考生未能如期参加考试的或者使考试工作遭受重大损失的；

（三）利用监考或者从事考试工作之便，为考生作弊提供条件的；

（四）伪造、变造考生档案（含电子档案）的；

（五）在场外组织答卷、为考生提供答案的；

（六）指使、纵容或者伙同他人作弊的；

（七）偷换、涂改考生答卷、考试成绩或者考场原始记录材料的；

（八）擅自更改或者编造、虚报考试数据、信息的；

（九）利用考试工作便利，索贿、受贿、以权徇私的；

（十）诬陷、打击报复考生的。

第十五条　因教育考试机构管理混乱、考试工作人员玩忽职守，造成考点或者考场纪律混乱，作弊现象严重；或者同一考点同一时间的考试有1/5（含1/5）以上考场存在雷同卷的，由教育行政部门取消该考点当年及下一年度承办国家教育考试的资格；高等教育自学考试考区内一个或者一个以上专业考试纪律混乱，作弊现象严重，由高等教育自学考试管理机构给予该考区警告或者停考该考区相应专业1至3年的处理。

对出现大规模作弊情况的考场、考点的相关责任人、负责人及所属考区的负责人，有关部门应当分别给予相应的行政处分；情节严重，构成犯罪的，由司法机关依法追究刑事责任。

第十六条　违反保密规定，造成国家教育考试的试题、答案及评分参考（包括副题及其答案及评分参考，下同）丢失、泄密，或者使考生答卷在保密期限内发生重大事故的，由有关部门视情节轻重，分别给予责任人和有关负责人行政处分；构成犯罪的，由司法机关依法追究刑事责任。

盗窃、损毁、传播在保密期限内的国家教育考试试题、答案及评分参考、考生答卷、考试成绩的，由有关部门依法追究有关人员的责任；构成犯罪的，由司法机关依法追究刑事责任。

第十七条　在职人员及其他人员有下列行为之一的，由教育考试机构建议其所在单位给予行政处分或者由有关部门处理；构成犯罪的，由司法机关依法追究刑事责任：

（一）指使、纵容、授意考试工作人员放松考试纪律，致使考场秩序混乱、作弊严重的；

（二）代替他人或者由他人代替参加国家教育考试的；

（三）参与或者组织他人进行考试作弊的；

（四）利用职权，包庇、掩盖作弊行为或者胁迫他人作弊的；

（五）以打击、报复、诬陷、威胁等手段侵犯考试工作人员、考生人身权利的；

（六）向考试工作人员行贿的；

（七）故意损坏考试设施的；

（八）扰乱、妨害考场、评卷点及有关考试工作场所秩序后果严重的。

第三章　违规行为认定与处理程序

第十八条　考试工作人员在考试过程中发现考生实施本办法第五条、

第六条所列考试违纪、作弊行为的，应当及时予以纠正并如实记录；对考生用于作弊的材料、工具等，应予暂扣。

考生违规记录作为认定考生违规事实的依据，应当由两名以上（含两名）监考员或者考场巡视员、督考员签字确认。

考试工作人员应当向违纪考生告知违规记录的内容，对暂扣的考生物品应填写收据。

第十九条　教育考试机构发现本办法第七条、第八条所列行为的，应当由两名以上（含两名）工作人员进行事实调查，收集、保存相应的证据材料，并在调查事实和证据的基础上，对所涉及考生的违规行为进行认定。

第二十条　考点汇总考生违规记录，汇总情况经考点主考签字认定后，报送上级教育考试机构依据本办法的规定进行处理。

第二十一条　考生在普通和成人高等学校招生考试、高等教育自学考试中，出现第五条所列考试违纪行为的，由省级教育考试机构或者地（市）级教育考试机构作出处理决定，由地（市）级教育考试机构做出的处理决定应报省级教育考试机构备案；出现第六条、第七条所列考试作弊行为的，由地（市）级教育考试机构签署意见，报省级教育考试机构处理，省级教育考试机构也可以要求地（市）级教育考试机构报送材料及证据，直接进行处理；出现本办法第八条所列扰乱考试秩序行为的，由地（市）级教育考试机构签署意见，报省级教育考试机构按照前款规定处理，对考生及其他人员违反治安管理法律法规的行为，由当地公安部门处理；评卷过程中发现考生有本办法第七条所列考试作弊行为的，由省级教育考试机构作出处理决定，并通知地（市）级教育考试机构。

参加其他国家教育考试考生违规行为的处理由承办有关国家教育考试的考试机构参照前款规定具体确定。

第二十二条　教育行政部门和其他有关部门在考点、考场出现大面积作弊情况或者需要对教育考试机构实施监督的情况下，应当直接介入调查和处理。

发生第十四、十五、十六条所列案件，情节严重的，由省级教育行政部门会同有关部门共同处理，并及时报告国务院教育行政部门；必要时，国务院教育行政部门参与或者直接进行处理。

第二十三条　考试工作人员在考场、考点及评卷过程中有违反本办法的行为的，考点主考、评卷点负责人应当暂停其工作，并报相应的教育考试机构处理。

第二十四条　在其他与考试相关的场所违反有关规定的考生，由地（市）级教育考试机构或者省级教育考试机构做出处理决定；地（市）级教育考试机构做出的处理决定应报省级教育考试机构备案。

在其他与考试相关的场所违反有关规定的考试工作人员，由所在单位根据地（市）级教育考试机构或者省级教育考试机构提出的处理意见，进行处理，处理结果应当向提出处理的教育考试机构通报。

第二十五条　教育考试机构在对考试违规的个人或者单位做出处理决定前，应当复核违规事实和相关证据，告知被处理人或者单位做出处理决定的理由和依据；被处理人或者单位对所认定的违规事实认定存在异议的，应当给予其陈述和申辩的机会。

被处理人受到停考处理的，可以要求举行听证。

第二十六条　教育考试机构做出处理决定应制作考试违规处理决定书，载明被处理人的姓名或者单位名称、处理事实根据和法律依据、处理决定的内容、救济途径以及作出处理决定的机构名称和作出处理决定的时间。

考试违规处理决定书应当及时送达被处理人。

第二十七条　考生或者考试工作人员对教育考试机构作出的违规处理决定不服的，可以在收到处理决定之日起 15 日内，向其上一级教育考试机构提出复核申请；对省级教育考试机构或者承办国家教育考试的机构做出的处理决定不服的，也可以向省级教育行政部门或者授权承担国家教育考试的主管部门提出复核申请。

第二十八条　受理复核申请的教育考试机构、教育行政部门应对处理决定所认定的违规事实和适用的依据等进行审查，并在受理后 30 日内，按照下列规定作出复核决定：

（一）处理决定认定事实清楚、证据确凿，适用依据正确，程序合法，内容适当的，决定维持；

（二）处理决定有下列情况之一的，决定撤销或者变更：

1. 事实认定不清、证据不足的；

2. 适用依据错误的；

3. 违反本办法规定的处理程序的。

做出决定的教育考试机构对因错误的处理决定给考生造成的损失，应当予以补救。

第二十九条　申请人对复核决定或者处理决定不服的，可以依据《行政复议法》和《行政诉讼法》的有关规定，申请行政复议或者行政诉讼。

第三十条　教育考试机构应当建立考生诚信档案，记录、保留在国家教育考试中作弊考生的相关信息。

教育考试机构应当接受社会有关方面对考生诚信档案的查询，并及时向招生机构提供相关信息。

第三十一条　省级教育考试机构应当及时汇总本地区违反规定的考生及考试工作人员的处理情况，并向国家教育考试机构报告。

第四章　附　则

第三十二条　本办法所称考场是指实施考试的封闭空间；所称考点是指设置若干考场独立进行考务活动的特定场所；所称考区是指由省级教育考试机构设置，由若干考点组成，进行国家教育考试实施工作的特定地区。

第三十三条　非全日制攻读硕士学位全国考试、中国人民解放军高等教育自学考试及其他各级各类教育考试的违规处理可以参照本办法执行。

第三十四条　本办法自发布之日起施行。此前教育部颁布的各有关国家教育考试的违规处理规定同时废止。

中华人民共和国
中外合作办学条例实施办法

（2004年6月2日 教育部令第20号发布）

第一章 总 则

第一条 为实施《中华人民共和国中外合作办学条例》（以下简称《中外合作办学条例》），制定本办法。

第二条 中外合作办学机构设立、活动及管理中的具体规范，以及依据《中外合作办学条例》举办实施学历教育和自学考试助学、文化补习、学前教育等的中外合作办学项目的审批与管理，适用本办法。

本办法所称中外合作办学项目是指中国教育机构与外国教育机构以不设立教育机构的方式，在学科、专业、课程等方面，合作开展的以中国公民为主要招生对象的教育教学活动。

根据《中外合作办学条例》的规定，举办实施职业技能培训的中外合作办学项目的具体审批和管理办法，由国务院劳动行政部门另行制定。

第三条 国家鼓励中国教育机构与学术水平和教育教学质量得到普遍认可的外国教育机构合作办学；鼓励在国内新兴和急需的学科专业领域开展合作办学。

国家鼓励在中国西部地区、边远贫困地区开展中外合作办学。

第四条 中外合作办学机构根据《中华人民共和国民办教育促进法实施条例》的规定，享受国家给予民办学校的扶持与奖励措施。

教育行政部门对发展中外合作办学做出突出贡献的社会组织或者个人给予奖励和表彰。

第二章　中外合作办学机构的设立

第五条　中外合作办学者应当在平等协商的基础上签订合作协议。

合作协议应当包括拟设立的中外合作办学机构的名称、住所，中外合作办学者的名称、住所、法定代表人，办学宗旨和培养目标，合作内容和期限，各方投入数额、方式及资金缴纳期限，权利、义务，争议解决办法等内容。

合作协议应当有中文文本；有外文文本的，应当与中文文本的内容一致。

第六条　申请设立中外合作办学机构的中外合作办学者应当具有相应的办学资格和较高的办学质量。

已举办中外合作办学机构的中外合作办学者申请设立新的中外合作办学机构的，其已设立的中外合作办学机构应当通过原审批机关组织或者其委托的社会中介组织进行的评估。

第七条　中外合作办学机构不得设立分支机构，不得举办其他中外合作办学机构。

第八条　经评估，确系引进外国优质教育资源的，中外合作办学者一方可以与其他社会组织或者个人签订协议，引入办学资金。该社会组织或者个人可以作为与其签订协议的中外合作办学者一方的代表，参加拟设立的中外合作办学机构的理事会、董事会或者联合管理委员会，但不得担任理事长、董事长或者主任，不得参与中外合作办学机构的教育教学活动。

第九条　中外合作办学者投入的办学资金，应当与拟设立的中外合作办学机构的层次和规模相适应，并经依法验资。

中外合作办学者应当按照合作协议如期、足额投入办学资金。中外合作办学机构存续期间，中外合作办学者不得抽逃办学资金，不得挪用办学经费。

第十条　中外合作办学者作为办学投入的知识产权，其作价由中外合作办学者双方按照公平合理的原则协商确定或者聘请双方同意的社会中介组织依法进行评估，并依法办理有关手续。

中国教育机构以国有资产作为办学投入举办中外合作办学机构的,应当根据国家有关规定,聘请具有评估资格的社会中介组织依法进行评估,根据评估结果合理确定国有资产的数额,并依法履行国有资产的管理义务。

第十一条　中外合作办学者以知识产权作为办学投入的,应当提交该知识产权的有关资料,包括知识产权证书复印件、有效状况、实用价值、作价的计算根据、双方签订的作价协议等有关文件。

第十二条　根据与外国政府部门签订的协议或者应中国教育机构的请求,国务院教育行政部门和省、自治区、直辖市人民政府可以邀请外国教育机构与中国教育机构合作办学。

被邀请的外国教育机构应当是国际上或者所在国著名的高等教育机构或者职业教育机构。

第十三条　申请设立实施本科以上高等学历教育的中外合作办学机构,由拟设立机构所在地的省、自治区、直辖市人民政府提出意见后,报国务院教育行政部门审批。

申请举办颁发外国教育机构的学历、学位证书的中外合作办学机构的审批权限,参照《中外合作办学条例》第十二条和前款的规定执行。

第十四条　申请筹备设立或者直接申请正式设立中外合作办学机构,应当由中国教育机构提交《中外合作办学条例》规定的文件。其中,申办报告或者正式设立申请书应当按照国务院教育行政部门根据《中外合作办学条例》第十四条第(一)项和第十七条第(一)项制定的《中外合作办学机构申请表》所规定的内容和格式填写。

第十五条　有下列情形之一的,审批机关不予批准筹备设立中外合作办学机构,并应当书面说明理由:

(一)违背社会公共利益、历史文化传统和教育的公益性质,不符合国家或者地方教育事业发展需要的;

(二)中外合作办学者有一方不符合条件的;

(三)合作协议不符合法定要求,经指出仍不改正的;

(四)申请文件有虚假内容的;

(五)法律、行政法规规定的其他不予批准情形的。

第十六条　中外合作办学机构的章程应当规定以下事项:

（一）中外合作办学机构的名称、住所；

（二）办学宗旨、规模、层次、类别等；

（三）资产数额、来源、性质以及财务制度；

（四）中外合作办学者是否要求取得合理回报；

（五）理事会、董事会或者联合管理委员会的产生方法、人员构成、权限、任期、议事规则等；

（六）法定代表人的产生和罢免程序；

（七）民主管理和监督的形式；

（八）机构终止事由、程序和清算办法；

（九）章程修改程序；

（十）其他需要由章程规定的事项。

第十七条　中外合作办学机构只能使用一个名称，其外文译名应当与中文名称相符。

中外合作办学机构的名称应当反映中外合作办学机构的性质、层次和类型，不得冠以"中国""中华""全国"等字样，不得违反中国法律、行政法规，不得损害社会公共利益。

不具有法人资格的中外合作办学机构的名称前应当冠以中国高等学校的名称。

第十八条　完成筹备，申请正式设立或者直接申请正式设立中外合作办学机构，除提交《中外合作办学条例》第十七条规定的相关材料外，还应当依据《中外合作办学条例》有关条款的规定，提交以下材料：

（一）首届理事会、董事会或者联合管理委员会组成人员名单及相关证明文件；

（二）聘任的外籍教师和外籍管理人员的相关资格证明文件。

第十九条　申请设立实施学历教育的中外合作办学机构，应当于每年3月或者9月提出申请，审批机关应当组织专家评议。

专家评议的时间不计算在审批期限内，但审批机关应当将专家评议所需时间书面告知申请人。

第二十条　完成筹备，申请正式设立中外合作办学机构，有下列情形之一的，审批机关应当不予批准，并书面说明理由：

（一）不具备相应办学条件、未达到相应设置标准的；

（二）理事会、董事会或者联合管理委员会的人员及其构成不符合法定要求，校长或者主要行政负责人、教师、财会人员不具备法定资格，经告知仍不改正的；

（三）章程不符合《中外合作办学条例》和本办法规定要求，经告知仍不修改的；

（四）在筹备设立期内有违反法律、法规行为的。

申请直接设立中外合作办学机构的，除前款规定的第（一）、（二）、（三）项外，有本办法第十五条规定情形之一的，审批机关不予批准。

第三章　中外合作办学机构的组织与活动

第二十一条　中外合作办学机构的理事会、董事会或者联合管理委员会的成员应当遵守中国法律、法规，热爱教育事业，品行良好，具有完全民事行为能力。

国家机关工作人员不得担任中外合作办学机构的理事会、董事会或者联合管理委员会的成员。

第二十二条　中外合作办学机构应当聘任专职的校长或者主要行政负责人。

中外合作办学机构的校长或者主要行政负责人依法独立行使教育教学和行政管理职权。

第二十三条　中外合作办学机构内部的组织机构设置方案由校长或者主要行政负责人提出，报理事会、董事会或者联合管理委员会批准。

第二十四条　中外合作办学机构应当建立教师培训制度，为受聘教师接受相应的业务培训提供条件。

第二十五条　中外合作办学机构应当按照招生简章或者招生广告的承诺，开设相应课程，开展教育教学活动，保证教育教学质量。

中外合作办学机构应当提供符合标准的校舍和教育教学设施、设备。

第二十六条　中外合作办学机构可以依法自主确定招生范围、标准和方式；但实施中国学历教育的，应当遵守国家有关规定。

第二十七条　实施高等学历教育的中外合作办学机构符合中国学位授予条件的，可以依照国家有关规定申请相应的学位授予资格。

第二十八条　中外合作办学机构依法自主管理和使用中外合作办学机构的资产，但不得改变按照公益事业获得的土地及校舍的用途。

中外合作办学机构不得从事营利性经营活动。

第二十九条　在每个会计年度结束时，中外合作办学者不要求取得合理回报的中外合作办学机构应当从年度净资产增加额中，中外合作办学者要求取得合理回报的中外合作办学机构应当从年度净收益中，按不低于年度净资产增加额或者净收益的25%的比例提取发展基金，用于中外合作办学机构的建设、维护和教学设备的添置、更新等。

第三十条　中外合作办学机构资产中的国有资产的监督、管理，按照国家有关规定执行。

中外合作办学机构接受的捐赠财产的使用和管理，依照《中华人民共和国公益事业捐赠法》的有关规定执行。

第三十一条　中外合作办学者要求取得合理回报的，应当按照《中华人民共和国民办教育促进法实施条例》的规定执行。

第三十二条　中外合作办学机构有下列情形之一的，中外合作办学者不得取得回报：

（一）发布虚假招生简章或者招生广告，骗取钱财的；

（二）擅自增加收费项目或者提高收费标准，情节严重的；

（三）非法颁发或者伪造学历、学位证书及其他学业证书的；

（四）骗取办学许可证或者伪造、变造、买卖、出租、出借办学许可证的；

（五）未依照《中华人民共和国会计法》和国家统一的会计制度进行会计核算、编制财务会计报告，财务、资产管理混乱的；

（六）违反国家税收征管法律、行政法规的规定，受到税务机关处罚的；

（七）校舍或者其他教育教学设施、设备存在重大安全隐患，未及时采取措施，致使发生重大伤亡事故的；

（八）教育教学质量低下，产生恶劣社会影响的。

中外合作办学者抽逃办学资金或者挪用办学经费的，不得取得回报。

第四章　中外合作办学项目的审批与活动

第三十三条　中外合作办学项目的办学层次和类别，应当与中国教育机构和外国教育机构的办学层次和类别相符合，并一般应当在中国教育机构中已有或者相近专业、课程举办。合作举办新的专业或者课程的，中国教育机构应当基本具备举办该专业或者课程的师资、设备、设施等条件。

第三十四条　中国教育机构可以采取与相应层次和类别的外国教育机构共同制定教育教学计划，颁发中国学历、学位证书或者外国学历、学位证书，在中国境外实施部分教育教学活动的方式，举办中外合作办学项目。

第三十五条　举办中外合作办学项目，中国教育机构和外国教育机构应当参照本办法第五条的规定签订合作协议。

第三十六条　申请举办实施本科以上高等学历教育的中外合作办学项目，由拟举办项目所在地的省、自治区、直辖市人民政府教育行政部门提出意见后，报国务院教育行政部门批准；申请举办实施高等专科教育、非学历高等教育和高级中等教育、自学考试助学、文化补习、学前教育的中外合作办学项目，报拟举办项目所在地的省、自治区、直辖市人民政府教育行政部门批准，并报国务院教育行政部门备案。

申请举办颁发外国教育机构的学历、学位证书以及引进外国教育机构的名称、标志或者教育服务商标的中外合作办学项目的审批，参照前款的规定执行。

第三十七条　申请举办中外合作办学项目，应当由中国教育机构提交下列文件：

（一）《中外合作办学项目申请表》；

（二）合作协议；

（三）中外合作办学者法人资格证明；

（四）验资证明（有资产、资金投入的）；

（五）捐赠资产协议及相关证明（有捐赠的）。

外国教育机构已在中国境内合作举办中外合作办学机构或者中外合作办学项目的，还应当提交原审批机关或者其委托的社会中介组织的评估报告。

第三十八条　申请设立实施学历教育的中外合作办学项目，应当于每年3月或者9月提出申请，审批机关应当组织专家评议。

专家评议的时间不计算在审批期限内，但审批机关应当将专家评议所需时间书面告知申请人。

第三十九条　申请设立中外合作办学项目的，审批机关应当按照《中华人民共和国行政许可法》规定的时限作出是否批准的决定。批准的，颁发统一格式、统一编号的中外合作办学项目批准书；不批准的，应当书面说明理由。

中外合作办学项目批准书由国务院教育行政部门制定式样并统一编号；编号办法由国务院教育行政部门参照中外合作办学许可证的编号办法确定。

第四十条　中外合作办学项目是中国教育机构教育教学活动的组成部分，应当接受中国教育机构的管理。实施中国学历教育的中外合作办学项目，中国教育机构应当对外国教育机构提供的课程和教育质量进行评估。

第四十一条　中外合作办学项目可以依法自主确定招生范围、标准和方式；但实施中国学历教育的，应当遵守国家有关规定。

第四十二条　举办中外合作办学项目的中国教育机构应当依法对中外合作办学项目的财务进行管理，并在学校财务账户内设立中外合作办学项目专项，统一办理收支业务。

第四十三条　中外合作办学项目收费项目和标准的确定，按照国家有关规定执行，并在招生简章或者招生广告中载明。

中外合作办学项目的办学结余，应当继续用于项目的教育教学活动和改善办学条件。

第五章　管理与监督

第四十四条　中外合作办学机构和举办中外合作办学项目的中国教育机构应当根据国家有关规定，通过合法渠道引进教材。引进的教材应当具有先进性，内容不得与中国宪法和有关法律、法规相抵触。

中外合作办学机构和举办中外合作办学项目的中国教育机构应当对开设课程和引进教材的内容进行审核，并将课程和教材清单及说明及时报审批机关备案。

第四十五条　中外合作办学机构和举办中外合作办学项目的中国教育机构应当依法建立学籍管理制度，并报审批机关备案。

第四十六条　中外合作办学机构和项目教师和管理人员的聘任，应当遵循双方地位平等的原则，由中外合作办学机构和举办中外合作办学项目的中国教育机构与教师和管理人员签订聘任合同，明确规定双方的权利、义务和责任。

第四十七条　中外合作办学机构和项目的招生简章、招生广告的样本应当及时报审批机关备案。

第四十八条　举办颁发外国教育机构的学历、学位证书的中外合作办学机构和项目，中方合作办学者应当是实施相应层次和类别学历教育的中国教育机构。

中外合作办学机构和项目颁发外国教育机构的学历、学位证书的，其课程设置、教学内容应当不低于该外国教育机构在其所属国的标准和要求。

第四十九条　中外合作办学项目颁发的外国教育机构的学历、学位证书，应当与该外国教育机构在其所属国颁发的学历、学位证书相同，并在该国获得承认。

第五十条　实施学历教育的中外合作办学机构和项目应当通过网络、报刊等渠道，将该机构或者项目的办学层次和类别、专业设置、课程内容、招生规模、收费项目和标准等情况，每年向社会公布。

中外合作办学机构应当于每年4月1日前公布经社会审计机构对其年度财务会计报告的审计结果。

第五十一条　实施学历教育的中外合作办学机构和项目，应当按学年或者学期收费，不得跨学年或者学期预收。

第五十二条　中外合作办学机构和举办中外合作办学项目的中国教育机构应当于每年3月底前向审批机关提交办学报告，内容应当包括中外合作办学机构和项目的招收学生、课程设置、师资配备、教学质量、财务状况等基本情况。

第五十三条　审批机关应当组织或者委托社会中介组织本着公开、公正、公平的原则，对实施学历教育的中外合作办学项目进行办学质量评估，并将评估结果向社会公布。

第五十四条　中外合作办学项目审批机关及其工作人员，利用职务上的便利收取他人财物或者获取其他利益，滥用职权、玩忽职守，对不符合本办法规定条件者颁发中外合作办学项目批准书，或者发现违法行为不予以查处，造成严重后果，构成犯罪的，依法追究刑事责任；尚不构成犯罪的，依法给予行政处分。

第五十五条　违反本办法的规定，超越职权审批中外合作办学项目的，其批准文件无效，由上级机关责令改正；对负有责任的主管人员和其他直接责任人员，依法给予行政处分。

第五十六条　违反本办法的规定，未经批准擅自举办中外合作办学项目的，由教育行政部门责令限期改正，并责令退还向学生收取的费用；对负有责任的主管人员和其他直接责任人员，依法给予行政处分。

第五十七条　中外合作办学项目有下列情形之一的，由审批机关责令限期改正，并视情节轻重，处以警告或者3万元以下的罚款；对负有责任的主管人员和其他直接责任人员，依法给予行政处分：

（一）发布虚假招生简章或者招生广告，骗取钱财的；

（二）擅自增加收费项目或者提高收费标准的；

（三）管理混乱，教育教学质量低下的；

（四）未按照国家有关规定进行财务管理的；

（五）对办学结余进行分配的。

第五十八条　中外合作办学机构和项目违反《中华人民共和国教育法》的规定，颁发学历、学位证书或者其他学业证书的，依照《中华人民共和国教育法》的有关规定进行处罚。

第六章　附　则

第五十九条　在工商行政管理部门登记注册的经营性的中国培训机构与外国经营性的教育培训公司合作举办教育培训的活动，不适用本办法。

第六十条　中国教育机构没有实质性引进外国教育资源，仅以互认学分的方式与外国教育机构开展学生交流的活动，不适用本办法。

第六十一条　香港特别行政区、澳门特别行政区和台湾地区的教育机构与内地教育机构举办合作办学项目的，参照本办法的规定执行，国家另有规定的除外。

第六十二条　《中外合作办学条例》实施前已经批准的中外合作办学项目，应当参照《中外合作办学条例》第六十三条规定的时限和程序，补办中外合作办学项目批准书。逾期未达到《中外合作办学条例》和本办法规定条件的，审批机关不予换发项目批准书。

第六十三条　本办法自2004年7月1日起施行。原中华人民共和国国家教育委员会1995年1月26日发布的《中外合作办学暂行规定》同时废止。

实施教育行政许可若干规定

（中华人民共和国教育部令第 22 号 2005 年 4 月 21 日发布）

第一条　为实施《中华人民共和国行政许可法》（以下简称行政许可法），规范教育行政部门行政许可行为，推进依法行政，制定本规定。

第二条　教育行政部门实施行政许可，应当遵守行政许可法及有关法律、法规和本规定。

第三条　国务院教育行政部门制定的规章和规范性文件、地方各级教育行政部门制定的规范性文件不得设定教育行政许可。

国务院教育行政部门制定的规章可以对法律、行政法规和国务院决定设定的教育行政许可规定具体实施的程序、条件等。

第四条　地方各级教育行政部门认为需要增设新的教育行政许可或者认为教育行政许可的设定、规定不合理、需要修改或者废止的，可以向国务院教育行政部门提出建议，由国务院教育行政部门向国务院提出立法建议；也可向省、自治区、直辖市人民政府提出立法建议。

第五条　教育行政部门依据法律、法规和规章委托其他行政机关实施行政许可的，应当签署实施行政许可委托书。

委托书应当载明委托机关和受委托机关的名称、地址、联系方式，委托的具体事项、委托期限及法律责任等。

第六条　教育行政部门应当在办公场所公示以下内容：

（一）行政许可的事项、依据、条件、数量、程序、期限；

（二）申请行政许可需要提交的全部资料目录；

（三）申请书示范文本；

（四）收取费用的法定项目和标准；

（五）法律、法规、规章规定需要公示的其他内容。

除涉及国家秘密、商业秘密和个人隐私以外，教育行政部门应当通过政府网站或者其他适当方式将前款内容向社会公开，便于申请人查询和办理。

申请人要求对公示内容予以说明、解释的，教育行政部门应当说明、解释，提供准确、可靠的信息。

第七条　申请教育行政许可应当以书面形式提出。申请书需要采用格式文本的，教育行政部门应当免费提供。

第八条　教育行政许可申请一般由申请人到教育行政部门办公场所提出，也可以通过信函、电报、电传、传真和电子邮件等方式提出。行政许可申请以电报、电传、传真和电子邮件等方式提出的，申请人应当提供能够证明其申请文件效力的材料。

教育行政部门应当公开行政许可的承办机构、联系电话、传真、电子邮箱等，为申请人通过信函、电报、电传和电子邮件等方式提出行政许可申请提供便利。

第九条　实施行政许可需要由教育行政部门多个内设机构办理的，教育行政部门应当明确一个机构为主承办，并转告其他机构分别提出意见后统一办理。

第十条　教育行政部门接到行政许可申请后，应当按照以下规定进行是否受理的审查：

（一）申请事项是否依法需要取得行政许可；

（二）申请事项是否属于本机关职权范围；

（三）申请人是否具有不得提出行政许可申请的情形；

（四）申请人是否提交了法律、法规、规章规定的申请材料；

（五）申请人提供的申请材料是否齐全和符合法定形式。

第十一条　教育行政部门受理或者不予受理行政许可申请，应当自收到符合法定形式的全部行政许可申请材料后5日内，出具加盖本行政机关专用印章和注明日期的书面凭证。

申请材料不齐全或者不符合法定形式的，自收到全部补正申请材料之日起计算；行政机关未告知申请人需要补正的，自收到申请材料之日起计算。

第十二条　教育行政部门受理行政许可申请后，应当对申请人提交的申请材料进行审查。

申请人对其申请材料实质内容的真实性负责。根据法律、法规、规章的规定需要对申请材料的实质内容进行核实的，教育行政部门应当指派两名以上工作人员共同进行。核查人员核查时应当出示证件，根据核查的情况制作核查记录，并由核查人员与被核查方共同签字确认。被核查方拒绝签字的，核查人员应予注明。

第十三条　依法应当先经下一级教育行政部门初审的行政许可，除法律、法规另有规定的外，下一级教育行政部门应当自受理申请之日起20日内审查完毕，并在审查完毕后7日内将初审意见和全部申请材料直接报送上一级教育行政部门。

上级教育行政部门不得要求申请人重复提供申请材料。

第十四条　审查教育行政许可申请，对依法需要专家评审、考试、听证的，应当制作《教育行政许可特别程序通知书》，告知申请人所需时间，所需时间不计算在许可期限内。

第十五条　对依法需要进行专家评审的，教育行政部门应当按照国家有关规定组织承担评审职责的机构和人员，明确评审的依据、标准、规程、期限和要求。

评审工作完成后，承担评审任务的机构或者人员应当出具书面评审报告，送交组织评审的教育行政部门。

第十六条　对依法需要举行国家考试取得资格的行政许可的，教育行政部门应当依据行政许可法的规定，事先公布资格考试的报名条件、报考办法、考试科目以及考试大纲。不得组织强制性的资格考试的考前培训，不得指定教材或者其他助考材料。

通过考试，符合条件的，教育行政部门应当授予相应的资格或者颁发证书。

第十七条　对于属于听证范围的行政许可事项，经告知后申请人或利害关系人提出听证申请的，教育行政部门应当指派审查该行政许可申请的工作人员以外的人员担任听证主持人组织听证。

听证应当制作笔录。听证笔录包括以下主要内容：听证事项；听证举行的时间、地点；听证主持人、记录人；听证参加人；行政许可申请内容；

承办业务机构的审查意见及相关证据、理由;申请人、利害关系人发表的意见,提出的证据、理由;审查人与申请人、利害关系人辩论、质证的情况和听证申请人最后陈述的意见等。

听证笔录由听证主持人和记录人签名,并经听证参加人确认无误后当场签名或者盖章。听证参加人对笔录内容有异议的,听证主持人应当告知其他参加人,各方认为异议成立的,应当予以补充或者更正;对异议有不同意见或者听证参加人拒绝签名、盖章的,听证主持人应当在听证笔录中予以载明。

教育行政部门应当根据听证笔录,作出准予行政许可或者不予行政许可的决定。

对听证笔录中没有认证、记载的事实、证据,教育行政部门不予采信。

第十八条 除法律、法规授权组织外,实施行政许可,应当以教育行政部门名义作出。

有关行政许可的文书、证件,应当以实施行政许可的教育行政部门名义签发并对外发布。

第十九条 教育行政部门作出准予行政许可的决定,应当制作格式化的准予行政许可决定书,并予以公开,公众有权查阅。需要颁发行政许可证件的,应当向申请人颁发加盖本行政机关印章的许可证、资格证、批准文件或者法律、法规规定的其他行政许可证件。

教育行政部门依法作出不予行政许可的书面决定的,应当向申请人书面说明理由,并告知申请人依法申请行政复议或者提起行政诉讼的途径和期限。

第二十条 教育行政部门送达行政许可决定以及其他行政许可文书,一般应当由受送达人直接领取。受送达人直接领取行政许可决定以及其他行政许可文书时,应当在送达回证上注明收到日期,并签名或者盖章。

受送达人不直接领取行政许可决定以及其他行政许可文书的,教育行政部门可以采取邮寄送达、委托送达等方式。无法采取上述方式送达,或者同一送达事项的受送达人众多的,可以在公告栏、受送达人住所地张贴公告,也可以在报刊上刊登公告。

第二十一条 申请人认为教育行政部门不依法实施行政许可的,可以依法向上级行政机关或者监察机关举报或者投诉，也可以依法申请行政复议或者提起行政诉讼。

第二十二条　上级教育行政部门发现下级教育行政部门有违反行政许可法规定设定或者实施行政许可的，应当责令其限期改正。

下级教育行政部门擅自改变上级教育行政部门作出的行政许可决定的，上级教育行政部门应当令其限期改正或者直接予以纠正；情节严重的，对直接负责的主管人员和其他直接责任人员依法给予行政处分。

第二十三条　教育行政部门应当按照行政许可法的规定，建立检查、备案、档案管理等制度。对被许可人从事行政许可事项的活动进行监督检查时，应当制作笔录，笔录归档后，公众有权查阅。

第二十四条　教育行政部门违法实施行政许可，给当事人的合法权益造成损害的，依照国家赔偿法的规定处理。

第二十五条　本规定自 2005 年 6 月 1 日起施行。

中小学幼儿园安全管理办法

（中华人民共和国教育部令第 23 号 2006 年 6 月 30 日）

第一章 总 则

第一条 为加强中小学、幼儿园安全管理，保障学校及其学生和教职工的人身、财产安全，维护中小学、幼儿园正常的教育教学秩序，根据《中华人民共和国教育法》等法律法规，制定本办法。

第二条 普通中小学、中等职业学校、幼儿园（班）、特殊教育学校、工读学校（以下统称学校）的安全管理适用本办法。

第三条 学校安全管理遵循积极预防、依法管理、社会参与、各负其责的方针。

第四条 学校安全管理工作主要包括：

（一）构建学校安全工作保障体系，全面落实安全工作责任制和事故责任追究制，保障学校安全工作规范、有序进行；

（二）健全学校安全预警机制，制定突发事件应急预案，完善事故预防措施，及时排除安全隐患，不断提高学校安全工作管理水平；

（三）建立校园周边整治协调工作机制，维护校园及周边环境安全；

（四）加强安全宣传教育培训，提高师生安全意识和防护能力；

（五）事故发生后启动应急预案、对伤亡人员实施救治和责任追究等。

第五条 各级教育、公安、司法行政、建设、交通、文化、卫生、工商、质检、新闻出版等部门在本级人民政府的领导下，依法履行学校周边治理和学校安全的监督与管理职责。

学校应当按照本办法履行安全管理和安全教育职责。

社会团体、企业事业单位、其他社会组织和个人应当积极参与和支持学校安全工作，依法维护学校安全。

第二章　安全管理职责

第六条　地方各级人民政府及其教育、公安、司法行政、建设、交通、文化、卫生、工商、质检、新闻出版等部门应当按照职责分工，依法负责学校安全工作，履行学校安全管理职责。

第七条　教育行政部门对学校安全工作履行下列职责：

（一）全面掌握学校安全工作状况，制定学校安全工作考核目标，加强对学校安全工作的检查指导，督促学校建立健全并落实安全管理制度；

（二）建立安全工作责任制和事故责任追究制，及时消除安全隐患，指导学校妥善处理学生伤害事故；

（三）及时了解学校安全教育情况，组织学校有针对性地开展学生安全教育，不断提高教育实效；

（四）制定校园安全的应急预案，指导、监督下级教育行政部门和学校开展安全工作；

（五）协调政府其他相关职能部门共同做好学校安全管理工作，协助当地人民政府组织对学校安全事故的救援和调查处理。

教育督导机构应当组织学校安全工作的专项督导。

第八条　公安机关对学校安全工作履行下列职责：

（一）了解掌握学校及周边治安状况，指导学校做好校园保卫工作，及时依法查处扰乱校园秩序、侵害师生人身、财产安全的案件；

（二）指导和监督学校做好消防安全工作；

（三）协助学校处理校园突发事件。

第九条　卫生部门对学校安全工作履行下列职责：

（一）检查、指导学校卫生防疫和卫生保健工作，落实疾病预防控制措施；

（二）监督、检查学校食堂、学校饮用水和游泳池的卫生状况。

第十条　建设部门对学校安全工作履行下列职责：

（一）加强对学校建筑、燃气设施设备安全状况的监管，发现安全事故隐患的，应当依法责令立即排除；

（二）指导校舍安全检查鉴定工作；

（三）加强对学校工程建设各环节的监督管理，发现校舍、楼梯护栏及其他教学、生活设施违反工程建设强制性标准的，应责令纠正；

（四）依法督促学校定期检验、维修和更新学校相关设施设备。

第十一条　质量技术监督部门应当定期检查学校特种设备及相关设施的安全状况。

第十二条　公安、卫生、交通、建设等部门应当定期向教育行政部门和学校通报与学校安全管理相关的社会治安、疾病防治、交通等情况，提出具体预防要求。

第十三条　文化、新闻出版、工商等部门应当对校园周边的有关经营服务场所加强管理和监督，依法查处违法经营者，维护有利于青少年成长的良好环境。

司法行政、公安等部门应当按照有关规定履行学校安全教育职责。

第十四条　举办学校的地方人民政府、企业事业组织、社会团体和公民个人，应当对学校安全工作履行下列职责：

（一）保证学校符合基本办学标准，保证学校围墙、校舍、场地、教学设施、教学用具、生活设施和饮用水源等办学条件符合国家安全质量标准；

（二）配置紧急照明装置和消防设施与器材，保证学校教学楼、图书馆、实验室、师生宿舍等场所的照明、消防条件符合国家安全规定；

（三）定期对校舍安全进行检查，对需要维修的，及时予以维修；对确认的危房，及时予以改造。

举办学校的地方人民政府应当依法维护学校周边秩序，保障师生和学校的合法权益，为学校提供安全保障。

有条件的，学校举办者应当为学校购买责任保险。

第三章　校内安全管理制度

第十五条　学校应当遵守有关安全工作的法律、法规和规章，建立健全校内各项安全管理制度和安全应急机制，及时消除隐患，预防发生事故。

第十六条　学校应当建立校内安全工作领导机构，实行校长负责制；

应当设立保卫机构,配备专职或者兼职安全保卫人员,明确其安全保卫职责。

第十七条　学校应当健全门卫制度,建立校外人员入校的登记或者验证制度,禁止无关人员和校外机动车入内,禁止将非教学用易燃易爆物品、有毒物品、动物和管制器具等危险物品带入校园。

学校门卫应当由专职保安或者其他能够切实履行职责的人员担任。

第十八条　学校应当建立校内安全定期检查制度和危房报告制度,按照国家有关规定安排对学校建筑物、构筑物、设备、设施进行安全检查、检验;发现存在安全隐患的,应当停止使用,及时维修或者更换;维修、更换前应当采取必要的防护措施或者设置警示标志。学校无力解决或者无法排除的重大安全隐患,应当及时书面报告主管部门和其他相关部门。

学校应当在校内高地、水池、楼梯等易发生危险的地方设置警示标志或者采取防护设施。

第十九条　学校应当落实消防安全制度和消防工作责任制,对于政府保障配备的消防设施和器材加强日常维护,保证其能够有效使用,并设置消防安全标志,保证疏散通道、安全出口和消防车通道畅通。

第二十条　学校应当建立用水、用电、用气等相关设施设备的安全管理制度,定期进行检查或者按照规定接受有关主管部门的定期检查,发现老化或者损毁的,及时进行维修或者更换。

第二十一条　学校应当严格执行《学校食堂与学生集体用餐卫生管理规定》《餐饮业和学生集体用餐配送单位卫生规范》,严格遵守卫生操作规范。建立食堂物资定点采购和索证、登记制度与饭菜留验和记录制度,检查饮用水的卫生安全状况,保障师生饮食卫生安全。

第二十二条　学校应当建立实验室安全管理制度,并将安全管理制度和操作规程置于实验室显著位置。

学校应当严格建立危险化学品、放射物质的购买、保管、使用、登记、注销等制度,保证将危险化学品、放射物质存放在安全地点。

第二十三条　学校应当按照国家有关规定配备具有从业资格的专职医务(保健)人员或者兼职卫生保健教师,购置必需的急救器材和药品,保障对学生常见病的治疗,并负责学校传染病疫情及其他突发公共卫生事件的报告。有条件的学校,应当设立卫生(保健)室。

新生入学应当提交体检证明。托幼机构与小学在入托、入学时应当查验预防接种证。学校应当建立学生健康档案，组织学生定期体检。

第二十四条　学校应当建立学生安全信息通报制度，将学校规定的学生到校和放学时间、学生非正常缺席或者擅自离校情况、以及学生身体和心理的异常状况等关系学生安全的信息，及时告知其监护人。

对有特异体质、特定疾病或者其他生理、心理状况异常以及有吸毒行为的学生，学校应当做好安全信息记录，妥善保管学生的健康与安全信息资料，依法保护学生的个人隐私。

第二十五条　有寄宿生的学校应当建立住宿学生安全管理制度，配备专人负责住宿学生的生活管理和安全保卫工作。

学校应当对学生宿舍实行夜间巡查、值班制度，并针对女生宿舍安全工作的特点，加强对女生宿舍的安全管理。

学校应当采取有效措施，保证学生宿舍的消防安全。

第二十六条　学校购买或者租用机动车专门用于接送学生的，应当建立车辆管理制度，并及时到公安机关交通管理部门备案。接送学生的车辆必须检验用校车应当粘贴统一标识。标识样式由省级公安机关交通管理部门和教育行政部门制定。

学校不得租用拼装车、报废车和个人机动车接送学生。

接送学生的机动车驾驶员应当身体健康，具备相应准驾车型3年以上安全驾驶经历，最近3年内任一记分周期没有记满12分记录，无致人伤亡的交通责任事故。

第二十七条　学校应当建立安全工作档案，记录日常安全工作、安全责任落实、安全检查、安全隐患消除等情况。

安全档案作为实施安全工作目标考核、责任追究和事故处理的重要依据。

第四章　日常安全管理

第二十八条　学校在日常的教育教学活动中应当遵循教学规范，落实安全管理要求，合理预见、积极防范可能发生的风险。

学校组织学生参加的集体劳动、教学实习或者社会实践活动，应当符合学生的心理、生理特点和身体健康状况。

学校以及接受学生参加教育教学活动的单位必须采取有效措施，为学生活动提供安全保障。

第二十九条　学校组织学生参加大型集体活动，应当采取下列安全措施：

（一）成立临时的安全管理组织机构；

（二）有针对性地对学生进行安全教育；

（三）安排必要的管理人员，明确所负担的安全职责；

（四）制定安全应急预案，配备相应设施。

第三十条　学校应当按照《学校体育工作条例》和教学计划组织体育教学和体育活动，并根据教学要求采取必要的保护和帮助措施。

学校组织学生开展体育活动，应当避开主要街道和交通要道；开展大型体育活动以及其他大型学生活动，必须经过主要街道和交通要道的，应当事先与公安机关交通管理部门共同研究并落实安全措施。

第三十一条　小学、幼儿园应当建立低年级学生、幼儿上下学时接送的交接制度，不得将晚离学校的低年级学生、幼儿交与无关人员。

第三十二条　学生在教学楼进行教学活动和晚自习时，学校应当合理安排学生疏散时间和楼道上下顺序，同时安排人员巡查，防止发生拥挤踩踏伤害事故。

晚自习学生没有离校之前，学校应当有负责人和教师值班、巡查。

第三十三条　学校不得组织学生参加抢险等应当由专业人员或者成人从事的活动，不得组织学生参与制作烟花爆竹、有毒化学品等具有危险性的活动，不得组织学生参加商业性活动。

第三十四条　学校不得将场地出租给他人从事易燃、易爆、有毒、有害等危险品的生产、经营活动。

学校不得出租校园内场地停放校外机动车辆；不得利用学校用地建设对社会开放的停车场。

第三十五条　学校教职工应当符合相应任职资格和条件要求。学校不得聘用因故意犯罪而受到刑事处罚的人，或者有精神病史的人担任教职工。

学校教师应当遵守职业道德规范和工作纪律，不得侮辱、殴打、体罚或者变相体罚学生；发现学生行为具有危险性的，应当及时告诫、制止，并与学生监护人沟通。

第三十六条　学生在校学习和生活期间，应当遵守学校纪律和规章制度，服从学校的安全教育和管理，不得从事危及自身或者他人安全的活动。

第三十七条　监护人发现被监护人有特异体质、特定疾病或者异常心理状况的，应当及时告知学校。

学校对已知的有特异体质、特定疾病或者异常心理状况的学生，应当给予适当关注和照顾。生理、心理状况异常不宜在校学习的学生，应当休学，由监护人安排治疗、休养。

第五章　安全教育

第三十八条　学校应当按照国家课程标准和地方课程设置要求，将安全教育纳入教学内容，对学生开展安全教育，培养学生的安全意识，提高学生的自我防护能力。

第三十九条　学校应当在开学初、放假前，有针对性地对学生集中开展安全教育。新生入校后，学校应当帮助学生及时了解相关的学校安全制度和安全规定。

第四十条　学校应当针对不同课程实验课的特点与要求，对学生进行实验用品的防毒、防爆、防辐射、防污染等的安全防护教育。

学校应当对学生进行用水、用电的安全教育，对寄宿学生进行防火、防盗和人身防护等方面的安全教育。

第四十一条　学校应当对学生开展安全防范教育，使学生掌握基本的自我保护技能，应对不法侵害。

学校应当对学生开展交通安全教育，使学生掌握基本的交通规则和行为规范。

学校应当对学生开展消防安全教育，有条件的可以组织学生到当地消防站参观和体验，使学生掌握基本的消防安全知识，提高防火意识和逃生自救的能力。

学校应当根据当地实际情况，有针对性地对学生开展到江河湖海、水库等地方戏水、游泳的安全卫生教育。

第四十二条　学校可根据当地实际情况，组织师生开展多种形式的事故预防演练。

学校应当每学期至少开展一次针对洪水、地震、火灾等灾害事故的紧急疏散演练，使师生掌握避险、逃生、自救的方法。

第四十三条　教育行政部门按照有关规定，与人民法院、人民检察院和公安、司法行政等部门以及高等学校协商，选聘优秀的法律工作者担任学校的兼职法制副校长或者法制辅导员。

兼职法制副校长或者法制辅导员应当协助学校检查落实安全制度和安全事故处理、定期对师生进行法制教育等，其工作成果纳入派出单位的工作考核内容。

第四十四条　教育行政部门应当组织负责安全管理的主管人员、学校校长、幼儿园园长和学校负责安全保卫工作的人员，定期接受有关安全管理培训。

第四十五条　学校应当制定教职工安全教育培训计划，通过多种途径和方法，使教职工熟悉安全规章制度、掌握安全救护常识，学会指导学生预防事故、自救、逃生、紧急避险的方法和手段。

第四十六条　学生监护人应当与学校互相配合，在日常生活中加强对被监护人的各项安全教育。

学校鼓励和提倡监护人自愿为学生购买意外伤害保险。

第六章　校园周边安全管理

第四十七条　教育、公安、司法行政、建设、交通、文化、卫生、工商、质检、新闻出版等部门应当建立联席会议制度，定期研究部署学校安全管理工作，依法维护学校周边秩序；通过多种途径和方式，听取学校和社会各界关于学校安全管理工作的意见和建议。

第四十八条　建设、公安等部门应当加强对学校周边建设工程的执法检查，禁止任何单位或者个人违反有关法律、法规、规章、标准，在学校围墙或者建筑物边建设工程，在校园周边设立易燃易爆、剧毒、放射性、腐蚀性等危险物品的生产、经营、储存、使用场所或者设施以及其他可能影响学校安全的场所或者设施。

第四十九条　公安机关应当把学校周边地区作为重点治安巡逻区域，在治安情况复杂的学校周边地区增设治安岗亭和报警点，及时发现和消除各类安全隐患，处置扰乱学校秩序和侵害学生人身、财产安全的违法犯罪行为。

第五十条　公安、建设和交通部门应当依法在学校门前道路设置规范的交通警示标志，施划人行横线，根据需要设置交通信号灯、减速带、过街天桥等设施。

在地处交通复杂路段的学校上下学时间，公安机关应当根据需要部署警力或者交通协管人员维护道路交通秩序。

第五十一条　公安机关和交通部门应当依法加强对农村地区交通工具的监督管理，禁止没有资质的车船搭载学生。

第五十二条　文化部门依法禁止在中学、小学校园周围 200 米范围内设立互联网上网服务营业场所，并依法查处接纳未成年人进入的互联网上网服务营业场所。工商行政管理部门依法查处取缔擅自设立的互联网上网服务营业场所。

第五十三条　新闻出版、公安、工商行政管理等部门应当依法取缔学校周边兜售非法出版物的游商和无证照摊点，查处学校周边制售含有淫秽色情、凶杀暴力等内容的出版物的单位和个人。

第五十四条　卫生、工商行政管理部门应当对校园周边饮食单位的卫生状况进行监督，取缔非法经营的小卖部、饮食摊点。

第七章　安全事故处理

第五十五条　在发生地震、洪水、泥石流、台风等自然灾害和重大治安、公共卫生突发事件时，教育等部门应当立即启动应急预案，及时转移、疏散学生，或者采取其他必要防护措施，保障学校安全和师生人身财产安全。

第五十六条　校园内发生火灾、食物中毒、重大治安等突发安全事故以及自然灾害时，学校应当启动应急预案，及时组织教职工参与抢险、救助和防护，保障学生身体健康和人身、财产安全。

第五十七条　发生学生伤亡事故时，学校应当按照《学生伤害事故处理办法》规定的原则和程序等，及时实施救助，并进行妥善处理。

第五十八条　发生教职工和学生伤亡等安全事故的，学校应当及时报告主管教育行政部门和政府有关部门；属于重大事故的，教育行政部门应当按照有关规定及时逐级上报。

第五十九条　省级教育行政部门应当在每年1月31日前向国务院教育行政部门书面报告上一年度学校安全工作和学生伤亡事故情况。

第八章　奖励与责任

第六十条　教育、公安、司法行政、建设、交通、文化、卫生、工商、质检、新闻出版等部门，对在学校安全工作中成绩显著或者做出突出贡献的单位和个人，应当视情况联合或者分别给予表彰、奖励。

第六十一条　教育、公安、司法行政、建设、交通、文化、卫生、工商、质检、新闻出版等部门，不依法履行学校安全监督与管理职责的，由上级部门给予批评；对直接责任人员由上级部门和所在单位视情节轻重，给予批评教育或者行政处分；构成犯罪的，依法追究刑事责任。

第六十二条　学校不履行安全管理和安全教育职责，对重大安全隐患未及时采取措施的，有关主管部门应当责令其限期改正；拒不改正或者有下列情形之一的，教育行政部门应当对学校负责人和其他直接责任人员给予行政处分；构成犯罪的，依法追究刑事责任：

（一）发生重大安全事故、造成学生和教职工伤亡的；

（二）发生事故后未及时采取适当措施、造成严重后果的；

（三）瞒报、谎报或者缓报重大事故的；

（四）妨碍事故调查或者提供虚假情况的；

（五）拒绝或者不配合有关部门依法实施安全监督管理职责的。

《中华人民共和国民办教育促进法》及其实施条例另有规定的，依其规定执行。

第六十三条　校外单位或者人员违反治安管理规定、引发学校安全事故的，或者在学校安全事故处理过程中，扰乱学校正常教育教学秩序、违反治安管理规定的，由公安机关依法处理；构成犯罪的，依法追究其刑事责任；造成学校财产损失的，依法承担赔偿责任。

第六十四条　学生人身伤害事故的赔偿，依据有关法律法规、国家有关规定以及《学生伤害事故处理办法》处理。

第九章　附　则

第六十五条　中等职业学校学生实习劳动的安全管理办法另行制定。

第六十六条　本办法自 2006 年 9 月 1 日起施行。

学生伤害事故处理办法

（2002年6月25日教育部令第12号发布）

第一章 总 则

第一条 为积极预防、妥善处理在校学生伤害事故，保护学生、学校的合法权益，根据《中华人民共和国教育法》《中华人民共和国未成年人保护法》和其他相关法律、行政法规及有关规定，制定本办法。

第二条 在学校实施的教育教学活动或者学校组织的校外活动中，以及在学校负有管理责任的校舍、场地、其他教育教学设施、生活设施内发生的，造成在校学生人身损害后果的事故的处理，适用本办法。

第三条 学生伤害事故应当遵循依法、客观公正、合理适当的原则，及时、妥善地处理。

第四条 学校的举办者应当提供符合安全标准的校舍、场地、其他教育教学设施和生活设施。

教育行政部门应当加强学校安全工作，指导学校落实预防学生伤害事故的措施，指导、协助学校妥善处理学生伤害事故，维护学校正常的教育教学秩序。

第五条 学校应当对在校学生进行必要的安全教育和自护自救教育；应当按照规定，建立健全安全制度，采取相应的管理措施，预防和消除教育教学环境中存在的安全隐患；当发生伤害事故时，应当及时采取措施救助受伤害学生。

学校对学生进行安全教育、管理和保护，应当针对学生年龄、认知能力和法律行为能力的不同，采用相应的内容和预防措施。

第六条 学生应当遵守学校的规章制度和纪律；在不同的受教育阶段，应当根据自身的年龄、认知能力和法律行为能力，避免和消除相应的危险。

第七条 未成年学生的父母或者其他监护人（以下称为监护人）应当依法履行监护职责，配合学校对学生进行安全教育、管理和保护工作。

学校对未成年学生不承担监护职责，但法律有规定的或者学校依法接受委托承担相应监护职责的情形除外。

第二章 事故与责任

第八条 学生伤害事故的责任，应当根据相关当事人的行为与损害后果之间的因果关系依法确定。

因学校、学生或者其他相关当事人的过错造成的学生伤害事故，相关当事人应当根据其行为过错程度的比例及其与损害后果之间的因果关系承担相应的责任。当事人的行为是损害后果发生的主要原因，应当承担主要责任；当事人的行为是损害后果发生的非主要原因，承担相应的责任。

第九条 因下列情形之一造成的学生伤害事故，学校应当依法承担相应的责任：

（一）学校的校舍、场地、其他公共设施，以及学校提供给学生使用的学具、教育教学和生活设施、设备不符合国家规定的标准，或者有明显不安全因素的；

（二）学校的安全保卫、消防、设施设备管理等安全管理制度有明显疏漏，或者管理混乱，存在重大安全隐患，而未及时采取措施的；

（三）学校向学生提供的药品、食品、饮用水等不符合国家或者行业的有关标准、要求的；

（四）学校组织学生参加教育教学活动或者校外活动，未对学生进行相应的安全教育，并未在可预见的范围内采取必要的安全措施的；

（五）学校知道教师或者其他工作人员患有不适宜担任教育教学工作的疾病，但未采取必要措施的；

（六）学校违反有关规定，组织或者安排未成年学生从事不宜未成年人参加的劳动、体育运动或者其他活动的；

（七）学生有特异体质或者特定疾病，不宜参加某种教育教学活动，学校知道或者应当知道，但未予以必要的注意的；

（八）学生在校期间突发疾病或者受到伤害，学校发现，但未根据实际情况及时采取相应措施，导致不良后果加重的；

（九）学校教师或者其他工作人员体罚或者变相体罚学生，或者在履行职责过程中违反工作要求、操作规程、职业道德或者其他有关规定的；

（十）学校教师或者其他工作人员在负有组织、管理未成年学生的职责期间，发现学生行为具有危险性，但未进行必要的管理、告诫或者制止的；

（十一）对未成年学生擅自离校等与学生人身安全直接相关的信息，学校发现或者知道，但未及时告知未成年学生的监护人，导致未成年学生因脱离监护人的保护而发生伤害的；

（十二）学校有未依法履行职责的其他情形的。

第十条　学生或者未成年学生监护人由于过错，有下列情形之一，造成学生伤害事故，应当依法承担相应的责任：

（一）学生违反法律法规的规定，违反社会公共行为准则、学校的规章制度或者纪律，实施按其年龄和认知能力应当知道具有危险或者可能危及他人的行为的；

（二）学生行为具有危险性，学校、教师已经告诫、纠正，但学生不听劝阻、拒不改正的；

（三）学生或者其监护人知道学生有特异体质，或者患有特定疾病，但未告知学校的；

（四）未成年学生的身体状况、行为、情绪等有异常情况，监护人知道或者已被学校告知，但未履行相应监护职责的；

（五）学生或者未成年学生监护人有其他过错的。

第十一条　学校安排学生参加活动，因提供场地、设备、交通工具、食品及其他消费与服务的经营者，或者学校以外的活动组织者的过错造成的学生伤害事故，有过错的当事人应当依法承担相应的责任。

第十二条　因下列情形之一造成的学生伤害事故，学校已履行了相应职责，行为并无不当的，无法律责任：

（一）地震、雷击、台风、洪水等不可抗的自然因素造成的；

（二）来自学校外部的突发性、偶发性侵害造成的；

（三）学生有特异体质、特定疾病或者异常心理状态，学校不知道或者难于知道的；

（四）学生自杀、自伤的；

（五）在对抗性或者具有风险性的体育竞赛活动中发生意外伤害的；

（六）其他意外因素造成的。

第十三条 下列情形下发生的造成学生人身损害后果的事故，学校行为并无不当的，不承担事故责任；事故责任应当按有关法律法规或者其他有关规定认定：

（一）在学生自行上学、放学、返校、离校途中发生的；

（二）在学生自行外出或者擅自离校期间发生的；

（三）在放学后、节假日或者假期等学校工作时间以外，学生自行滞留学校或者自行到校发生的；

（四）其他在学校管理职责范围外发生的。

第十四条 因学校教师或者其他工作人员与其职务无关的个人行为，或者因学生、教师及其他个人故意实施的违法犯罪行为，造成学生人身损害的，由致害人依法承担相应的责任。

第三章 事故处理程序

第十五条 发生学生伤害事故，学校应当及时救助受伤害学生，并应当及时告知未成年学生的监护人；有条件的，应当采取紧急救援等方式救助。

第十六条 发生学生伤害事故，情形严重的，学校应当及时向主管教育行政部门及有关部门报告；属于重大伤亡事故的，教育行政部门应当按照有关规定及时向同级人民政府和上一级教育行政部门报告。

第十七条 学校的主管教育行政部门应学校要求或者认为必要，可以指导、协助学校进行事故的处理工作，尽快恢复学校正常的教育教学秩序。

第十八条 发生学生伤害事故，学校与受伤害学生或者学生家长可以通过协商方式解决；双方自愿，可以书面请求主管教育行政部门进行调解。

成年学生或者未成年学生的监护人也可以依法直接提起诉讼。

第十九条 教育行政部门收到调解申请，认为必要的，可以指定专门人员进行调解，并应当在受理申请之日起 60 日内完成调解。

第二十条　经教育行政部门调解，双方就事故处理达成一致意见的，应当在调解人员的见证下签订调解协议，结束调解；在调解期限内，双方不能达成一致意见，或者调解过程中一方提起诉讼，人民法院已经受理的，应当终止调解。

调解结束或者终止，教育行政部门应当书面通知当事人。

第二十一条　对经调解达成的协议，一方当事人不履行或者反悔的，双方可以依法提起诉讼。

第二十二条　事故处理结束，学校应当将事故处理结果书面报告主管的教育行政部门；重大伤亡事故的处理结果，学校主管的教育行政部门应当向同级人民政府和上一级教育行政部门报告。

第四章　事故损害的赔偿

第二十三条　对发生学生伤害事故负有责任的组织或者个人，应当按照法律法规的有关规定，承担相应的损害赔偿责任。

第二十四条　学生伤害事故赔偿的范围与标准，按照有关行政法规、地方性法规或者最高人民法院司法解释中的有关规定确定。

教育行政部门进行调解时，认为学校有责任的，可以依照有关法律法规及国家有关规定，提出相应的调解方案。

第二十五条　对受伤害学生的伤残程度存在争议的，可以委托当地具有相应鉴定资格的医院或者有关机构，依据国家规定的人体伤残标准进行鉴定。

第二十六条　学校对学生伤害事故负有责任的，根据责任大小，适当予以经济赔偿，但不承担解决户口、住房、就业等与救助受伤害学生、赔偿相应经济损失无直接关系的其他事项。

学校无责任的，如果有条件，可以根据实际情况，本着自愿和可能的原则，对受伤害学生给予适当的帮助。

第二十七条　因学校教师或者其他工作人员在履行职务中的故意或者重大过失造成的学生伤害事故，学校予以赔偿后，可以向有关责任人员追偿。

第二十八条　未成年学生对学生伤害事故负有责任的，由其监护人依法承担相应的赔偿责任。

学生的行为侵害学校教师及其他工作人员以及其他组织、个人的合法权益，造成损失的，成年学生或者未成年学生的监护人应当依法予以赔偿。

第二十九条　根据双方达成的协议、经调解形成的协议或者人民法院的生效判决，应当由学校负担的赔偿金，学校应当负责筹措；学校无力完全筹措的，由学校的主管部门或者举办者协助筹措。

第三十条　县级以上人民政府教育行政部门或者学校举办者有条件的，可以通过设立学生伤害赔偿准备金等多种形式，依法筹措伤害赔偿金。

第三十一条　学校有条件的，应当依据保险法的有关规定，参加学校责任保险。

教育行政部门可以根据实际情况，鼓励中小学参加学校责任保险。

提倡学生自愿参加意外伤害保险。在尊重学生意愿的前提下，学校可以为学生参加意外伤害保险创造便利条件，但不得从中收取任何费用。

第五章　事故责任者的处理

第三十二条　发生学生伤害事故，学校负有责任且情节严重的，教育行政部门应当根据有关规定，对学校的直接负责的主管人员和其他直接责任人员，分别给予相应的行政处分；有关责任人的行为触犯刑律的，应当移送司法机关依法追究刑事责任。

第三十三条　学校管理混乱，存在重大安全隐患的，主管的教育行政部门或者其他有关部门应当责令其限期整顿；对情节严重或者拒不改正的，应当依据法律法规的有关规定，给予相应的行政处罚。

第三十四条　教育行政部门未履行相应职责，对学生伤害事故的发生负有责任的，由有关部门对直接负责的主管人员和其他直接责任人员分别给予相应的行政处分；有关责任人的行为触犯刑律的，应当移送司法机关依法追究刑事责任。

第三十五条　违反学校纪律，对造成学生伤害事故负有责任的学生，学校可以给予相应的处分；触犯刑律的，由司法机关依法追究刑事责任。

第三十六条　受伤害学生的监护人、亲属或者其他有关人员，在事故处理过程中无理取闹，扰乱学校正常教育教学秩序，或者侵犯学校、学校教师或者其他工作人员的合法权益的，学校应当报告公安机关依法处理；造成损失的，可以依法要求赔偿。

第六章　附　则

第三十七条　本办法所称学校，是指国家或者社会力量举办的全日制的中小学（含特殊教育学校）、各类中等职业学校、高等学校。

本办法所称学生是指在上述学校中全日制就读的受教育者。

第三十八条　幼儿园发生的幼儿伤害事故，应当根据幼儿为完全无行为能力人的特点，参照本办法处理。

第三十九条　其他教育机构发生的学生伤害事故，参照本办法处理。

在学校注册的其他受教育者在学校管理范围内发生的伤害事故，参照本办法处理。

第四十条　本办法自2002年9月1日起实施，原国家教委、教育部颁布的与学生人身安全事故处理有关的规定，与本办法不符的，以本办法为准。

在本办法实施之前已处理完毕的学生伤害事故不再重新处理。

民办高等学校办学管理若干规定

（2007年2月3日教育部令第25号发布）

第一条　为规范实施专科以上高等学历教育的民办学校（以下简称民办高校）的办学行为，维护民办高校举办者和学校、教师、学生的合法权益，引导民办高校健康发展，根据民办教育促进法及其实施条例和国家有关规定，制定本规定。

第二条　民办高校及其举办者应当遵守法律、法规、规章和国家有关规定，贯彻国家的教育方针，坚持社会主义办学方向和教育公益性原则，保证教育质量。

第三条　教育行政部门应当将民办高等教育纳入教育事业发展规划。按照积极鼓励、大力支持、正确引导、依法管理的方针，引导民办高等教育健康发展。

教育行政部门对民办高等教育事业做出突出贡献的集体和个人予以表彰奖励。

第四条　国务院教育行政部门负责全国民办教育统筹规划、综合协调和宏观管理工作。

省、自治区、直辖市人民政府教育行政部门（以下简称省级教育行政部门）主管本行政区域内的民办教育工作。对民办高校依法履行下列职责：

（一）办学许可证管理；

（二）民办高校招生简章和广告备案的审查；

（三）民办高校相关信息的发布；

（四）民办高校的年度检查；

（五）民办高校的表彰奖励；

（六）民办高校违法违规行为的查处；

（七）法律法规规定的其他职责。

第五条　民办高校的办学条件必须符合国家规定的设置标准和普通高等学校基本办学条件指标的要求。

民办高校设置本、专科专业，按照国家有关规定执行。

第六条　民办高校的举办者应当按照民办教育促进法及其实施条例的规定，按时、足额履行出资义务。

民办高校的借款、向学生收取的学费、接受的捐赠财产和国家的资助，不属于举办者的出资。

民办高校对举办者投入学校的资产、国有资产、受赠的财产、办学积累依法享有法人财产权，并分别登记建账。任何组织和个人不得截留、挪用或侵占民办高校的资产。

第七条　民办高校的资产必须于批准设立之日起 1 年内过户到学校名下。

本规定下发前资产未过户到学校名下的，自本规定下发之日起 1 年内完成过户工作。

资产未过户到学校名下前，举办者对学校债务承担连带责任。

第八条　民办高校符合举办者、学校名称、办学地址和办学层次变更条件的，按照民办教育促进法规定的程序，报审批机关批准。

民办高校应当按照办学许可证核定的学校名称、办学地点、办学类型、办学层次组织招生工作，开展教育教学活动。

民办高校不得在办学许可证核定的办学地点之外办学。不得设立分支机构。不得出租、出借办学许可证。

第九条　民办高校必须根据有关规定，建立健全党团组织。民办高校党组织应当发挥政治核心作用，民办高校团组织应当发挥团结教育学生的重要作用。

第十条　民办高校校长应当具备国家规定的任职条件，具有 10 年以上从事高等教育管理经历，年龄不超过 70 岁。校长报审批机关核准后，方可行使民办教育促进法及其实施条例规定的职权。

校长任期原则上为 4 年。报经审批机关同意后可以连任。

第十一条　未列入国务院教育行政部门当年公布的具有学历教育招生资格学校名单的民办高校，不得招收学历教育学生。

第十二条　民办高校招生简章和广告必须载明学校名称、办学地点、办学性质、招生类型、学历层次、学习年限、收费项目和标准、退费办法、招生人数、证书类别和颁发办法等。

民办高校应当依法将招生简章和广告报审批机关或其委托的机关备案。发布的招生简章和广告必须与备案的内容相一致。未经备案的招生简章和广告不得发布。

第十三条　民办高校招收学历教育学生的，必须严格执行国家下达的招生计划，按照国家招生规定和程序招收学生。对纳入国家计划、经省级招生部门统一录取的学生发放录取通知书。

第十四条　民办高校应当按照普通高等学校学生管理规定的要求完善学籍管理制度。纳入国家计划、经省级招生部门统一录取的学生入学后，学校招生部门按照国家规定对其进行复查，复查合格后予以电子注册并取得相应的学籍。

第十五条　民办高校自行招收的学生为非学历教育学生，学校对其发放学习通知书。学习通知书必须明确学习形式、学习年限、取得学习证书办法等。

民办高校对学习时间1年以上的非学历教育学生实行登记制度。已登记的学生名单及有关情况，必须于登记后7日内报省级教育行政部门备案。备案后的学生名单在校内予以公布。

第十六条　民办高校应当按照民办教育促进法及其实施条例的要求，配备教师，不断提高专职教师数量和比例。

民办高校应当依法聘任具有国家规定任教资格的教师，与教师签订聘任合同，明确双方的责任、权利、义务。保障教师的工资、福利待遇，按国家有关规定为教师办理社会保险和补充保险。

第十七条　民办高校应当加强教师的培养和培训，提高教师队伍整体素质。

第十八条　民办高校应当按照国家有关规定建立学生管理队伍。按不低于1∶200的师生比配备辅导员，每个班级配备1名班主任。

第十九条　民办高校应当建立健全教学管理机构，加强教学管理队伍建设。改进教学方式方法，不断提高教育质量。

不得以任何形式将承担的教育教学任务转交其他组织和个人。

第二十条 民办高校应当建立教师、学生校内申诉渠道，依法妥善处理教师、学生提出的申诉。

第二十一条 民办高校依法设置会计机构，配备会计人员。会计人员必须取得会计业务资格证书。建立健全内部控制制度，严格执行国家统一的会计制度。

第二十二条 民办高校必须严格执行政府有关部门批准的收费项目和标准。收取的费用主要用于教育教学活动和改善办学条件。

第二十三条 民办高校应当在每学年结束时制作财务会计报告，委托会计师事务所进行审计。必要时，省级教育行政部门可会同有关部门对民办高校进行财务审计。

第二十四条 民办高校的法定代表人为学校安全和稳定工作第一责任人。民办高校应当加强应急管理，建立健全安全稳定工作机制。推进学校安全保卫工作队伍建设，加强对学校教学、生活、活动设施的安全检查，落实各项安全防范措施，维护校园安全和教学秩序。

第二十五条 建立对民办高校的督导制度。

省级教育部门按照国家有关规定向民办高校委派的督导专员应当拥护宪法确定的基本原则，具有从事高等教育管理工作经历，熟悉高等学校情况，具有较强的贯彻国家法律、法规和政策的能力，年龄不超过70岁。督导专员的级别、工资、日常工作经费等由委派机构商有关部门确定。

督导专员任期原则上为4年。因工作需要的，委派机构可根据具体情况适当延长其任期。

第二十六条 督导专员行使下列职权：

（一）监督学校贯彻执行有关法律、法规、政策的情况；

（二）监督、引导学校的办学方向、办学行为和办学质量；

（三）参加学校发展规划、人事安排、财产财务管理、基本建设、招生、收退费等重大事项的研究讨论；

（四）向委派机构报告学校办学情况，提出意见建议；

（五）有关党政部门规定的其他职责。

第二十七条 省级教育行政部门应当建立健全民办高校办学过程监控

机制，及时向社会发布民办高校的有关信息。

第二十八条 省级教育行政部门按照国家规定对民办高校实行年度检查制度。年度检查工作于每年 12 月 31 日前完成。省级教育行政部门根据年度检查情况和国务院教育行政部门基本办学条件核查的结果，在办学许可证副本上加盖年度检查结论戳记。

年度检查时，民办高校应当向省级教育行政部门提交年度学校自查报告、财务审计报告和要求提供的其他材料。

第二十九条 省级教育行政部门对民办高校年度检查的主要内容：

（一）遵守法律、法规和政策的情况；

（二）党团组织建设、和谐校园建设、安全稳定工作的情况；

（三）按照章程开展活动的情况；

（四）内部管理机构设置及人员配备情况；

（五）办学许可证核定项目的变动情况；

（六）财务状况，收入支出情况或现金流动情况；

（七）法人财产权的落实情况；

（八）其他需要检查的情况。

第三十条 民办高校出现以下行为的，由省级教育行政部门责令改正；并可给予 1 至 3 万元的罚款、减少招生计划或者暂停招生的处罚：

（一）学校资产不按期过户的；

（二）办学条件不达标的；

（三）发布未经备案的招生简章和广告的；

（四）年度检查不合格的。

第三十一条 民办高校违反民办教育促进法及其实施条例以及其他法律法规规定的，由省级教育行政部门或者会同相关部门依法予以处罚。

第三十二条 省级教育行政部门应当配合相关主管部门对发布违法招生广告的广告主、广告经营者、广告发布者和非法办学机构、非法中介进行查处。

第三十三条 教育行政部门会同民政部门加强对民办高等教育领域行业协会的业务指导和监督管理。充分发挥行业协会在民办高等教育健康发展中提供服务、反映诉求、行业自律的作用。

第三十四条 教育行政部门配合新闻单位做好引导民办高等教育健康发展的舆论宣传工作,营造有利于民办高校健康发展的舆论环境。

第三十五条 教育行政部门及其工作人员滥用职权、玩忽职守,违反民办教育促进法及其实施条例规定的,依法予以处理。

第三十六条 本规定自2007年2月10日起施行。

高等学校信息公开办法

(教育部令第29号 2010年4月6日发布)

第一章 总 则

第一条 为了保障公民、法人和其他组织依法获取高等学校信息，促进高等学校依法治校，根据高等教育法和政府信息公开条例的有关规定，制定本办法。

第二条 高等学校在开展办学活动和提供社会公共服务过程中产生、制作、获取的以一定形式记录、保存的信息，应当按照有关法律法规和本办法的规定公开。

第三条 国务院教育行政部门负责指导、监督全国高等学校信息公开工作。

省级教育行政部门负责统筹推进、协调、监督本行政区域内高等学校信息公开工作。

第四条 高等学校应当遵循公正、公平、便民的原则，建立信息公开工作机制和各项工作制度。

高等学校公开信息，不得危及国家安全、公共安全、经济安全、社会稳定和学校安全稳定。

第五条 高等学校应当建立健全信息发布保密审查机制，明确审查的程序和责任。高等学校公开信息前，应当依照法律法规和国家其他有关规定对拟公开的信息进行保密审查。

有关信息依照国家有关规定或者根据实际情况需要审批的，高等学校应当按照规定程序履行审批手续，未经批准不得公开。

第六条 高等学校发现不利于校园和社会稳定的虚假信息或者不完整信息的，应当在其职责范围内及时发布准确信息予以澄清。

第二章 公开的内容

第七条 高等学校应当主动公开以下信息：

（一）学校名称、办学地点、办学性质、办学宗旨、办学层次、办学规模，内部管理体制、机构设置、学校领导等基本情况；

（二）学校章程以及学校制定的各项规章制度；

（三）学校发展规划和年度工作计划；

（四）各层次、类型学历教育招生、考试与录取规定，学籍管理、学位评定办法，学生申诉途径与处理程序；毕业生就业指导与服务情况等；

（五）学科与专业设置，重点学科建设情况，课程与教学计划，实验室、仪器设备配置与图书藏量，教学与科研成果评选，国家组织的教学评估结果等；

（六）学生奖学金、助学金、学费减免、助学贷款与勤工俭学的申请与管理规定等；

（七）教师和其他专业技术人员数量、专业技术职务等级、岗位设置管理与聘用办法，教师争议解决办法等；

（八）收费的项目、依据、标准与投诉方式；

（九）财务、资产与财务管理制度，学校经费来源、年度经费预算决算方案，财政性资金、受捐赠财产的使用与管理情况，仪器设备、图书、药品等物资设备采购和重大基建工程的招投标；

（十）自然灾害等突发事件的应急处理预案、处置情况，涉及学校的重大事件的调查和处理情况；

（十一）对外交流与中外合作办学情况，外籍教师与留学生的管理制度；

（十二）法律、法规和规章规定需要公开的其他事项。

第八条 除第七条规定需要公开的信息外，高等学校应当明确其他需要主动公开的信息内容与公开范围。

第九条 除高等学校已公开的信息外，公民、法人和其他组织还可以根据自身学习、科研、工作等特殊需要，以书面形式（包括数据电文形式）

向学校申请获取相关信息。

第十条 高等学校对下列信息不予公开：

（一）涉及国家秘密的；

（二）涉及商业秘密的；

（三）涉及个人隐私的；

（四）法律、法规和规章以及学校规定的不予公开的其他信息。

其中第（二）（三）项所列的信息，经权利人同意公开或者高校认为不公开可能对公共利益造成重大影响的，可以予以公开。

第三章 公开的途径和要求

第十一条 高等学校校长领导学校的信息公开工作。校长（学校）办公室为信息公开工作机构，负责学校信息公开的日常工作，具体职责是：

（一）具体承办本校信息公开事宜；

（二）管理、协调、维护和更新本校公开的信息；

（三）统一受理、协调处理、统一答复向本校提出的信息公开申请；

（四）组织编制本校的信息公开指南、信息公开目录和信息公开工作年度报告；

（五）协调对拟公开的学校信息进行保密审查；

（六）组织学校信息公开工作的内部评议；

（七）推进、监督学校内设组织机构的信息公开；

（八）承担与本校信息公开有关的其他职责。

高等学校应当向社会公开信息公开工作机构的名称、负责人、办公地址、办公时间、联系电话、传真号码、电子邮箱等。

第十二条 对依照本办法规定需要公开的信息，高等学校应当根据实际情况，通过学校网站、校报校刊、校内广播等校内媒体和报刊、杂志、广播、电视等校外媒体以及新闻发布会、年鉴、会议纪要或者简报等方式予以公开；并根据需要设置公共查阅室、资料索取点、信息公告栏或者电子屏幕等场所、设施。

第十三条 高等学校应当在学校网站开设信息公开意见箱，设置信息公开专栏、建立有效链接，及时更新信息，并通过信息公开意见箱听取对学校信息公开工作的意见和建议。

第十四条　高等学校应当编制信息公开指南和目录，并及时公布和更新。信息公开指南应当明确信息公开工作机构，信息的分类、编排体系和获取方式，依申请公开的处理和答复流程等。信息公开目录应当包括信息的索引、名称、生成日期、责任部门等内容。

第十五条　高等学校应当将学校基本的规章制度汇编成册，置于学校有关内部组织机构的办公地点、档案馆、图书馆等场所，提供免费查阅。

高等学校应当将学生管理制度、教师管理制度分别汇编成册，在新生和新聘教师报到时发放。

第十六条　高等学校完成信息制作或者获取信息后，应当及时明确该信息是否公开。确定公开的，应当明确公开的受众；确定不予公开的，应当说明理由；难以确定是否公开的，应当及时报请高等学校所在地省级教育行政部门或者上级主管部门审定。

第十七条　属于主动公开的信息，高等学校应当自该信息制作完成或者获取之日起20个工作日内予以公开。公开的信息内容发生变更的，应当在变更后20个工作日内予以更新。

学校决策事项需要征求教师、学生和学校其他工作人员意见的，公开征求意见的期限不得少于10个工作日。

法律法规对信息内容公开的期限另有规定的，从其规定。

第十八条　对申请人的信息公开申请，高等学校根据下列情况在15个工作日内分别作出答复：

（一）属于公开范围的，应当告知申请人获取该信息的方式和途径；

（二）属于不予公开范围的，应当告知申请人并说明理由；

（三）不属于本校职责范围的或者该信息不存在的，应当告知申请人，对能够确定该信息的职责单位的，应当告知申请人该单位的名称、联系方式；

（四）申请公开的信息含有不应当公开的内容但能够区分处理的，应当告知申请人并提供可以公开的信息内容，对不予公开的部分，应当说明理由；

（五）申请内容不明确的，应当告知申请人作出更改、补充；申请人逾期未补正的，视为放弃本次申请；

（六）同一申请人无正当理由重复向同一高等学校申请公开同一信息，高等学校已经作出答复且该信息未发生变化的，应当告知申请人，不再重复处理；

（七）高等学校根据实际情况作出的其他答复。

第十九条　申请人向高等学校申请公开信息的，应当出示有效身份证件或者证明文件。

申请人有证据证明高等学校提供的与自身相关的信息记录不准确的，有权要求该高等学校予以更正；该高等学校无权更正的，应当转送有权更正的单位处理，并告知申请人。

第二十条　高等学校向申请人提供信息，可以按照学校所在地省级价格部门和财政部门规定的收费标准收取检索、复制、邮寄等费用。收取的费用应当纳入学校财务管理。

高等学校不得通过其他组织、个人以有偿方式提供信息。

第二十一条　高等学校应当健全内部组织机构的信息公开制度，明确其信息公开的具体内容。

第四章　监督和保障

第二十二条　国务院教育行政部门开展对全国高等学校推进信息公开工作的监督检查。

省级教育行政部门应当加强对本行政区域内高等学校信息公开工作的日常监督检查。

高等学校主管部门应当将信息公开工作开展情况纳入高等学校领导干部考核内容。

第二十三条　省级教育行政部门和高等学校应当将信息公开工作纳入干部岗位责任考核内容。考核工作可与年终考核结合进行。

高等学校内设监察部门负责组织对本校信息公开工作的监督检查，监督检查应当有教师、学生和学校其他工作人员代表参加。

第二十四条　高等学校应当编制学校上一学年信息公开工作年度报告，并于每年10月底前报送所在地省级教育行政部门。中央部门所属高校，还应当报送其上级主管部门。

第二十五条　省级教育行政部门应当建立健全高等学校信息公开评议制度，聘请人大代表、政协委员、家长、教师、学生等有关人员成立信息公开评议委员会或者以其他形式，定期对本行政区域内高等学校信息公开工作进行评议，并向社会公布评议结果。

第二十六条　公民、法人和其他组织认为高等学校未按照本办法规定履行信息公开义务的，可以向学校内设监察部门、省级教育行政部门举报；对于中央部委所属高等学校，还可向其上级主管部门举报。收到举报的部门应当及时处理，并以适当方式向举报人告知处理结果。

第二十七条　高等学校违反有关法律法规或者本办法规定，有下列情形之一的，由省级教育行政部门责令改正；情节严重的，由省级教育行政部门或者国务院教育行政部门予以通报批评；对高等学校直接负责的主管领导和其他直接责任人员，由高等学校主管部门依据有关规定给予处分：

（一）不依法履行信息公开义务的；

（二）不及时更新公开的信息内容、信息公开指南和目录的；

（三）公开不应当公开的信息的；

（四）在信息公开工作中隐瞒或者捏造事实的；

（五）违反规定收取费用的；

（六）通过其他组织、个人以有偿服务方式提供信息的；

（七）违反有关法律法规和本办法规定的其他行为的。

高等学校上述行为侵害当事人合法权益，造成损失的，应当依法承担民事责任。

第二十八条　高等学校应当将开展信息公开工作所需经费纳入年度预算，为学校信息公开工作提供经费保障。

第五章　附　则

第二十九条　本办法所称的高等学校，是指大学、独立设置的学院和高等专科学校，其中包括高等职业学校和成人高等学校。

高等学校以外其他高等教育机构的信息公开，参照本办法执行。

第三十条　已经移交档案工作机构的高等学校信息的公开，依照有关档案管理的法律、法规和规章执行。

第三十一条　省级教育行政部门可以根据需要制订实施办法。高等学校应当依据本办法制订实施细则。

第三十二条　本办法自2010年9月1日起施行。

高等学校章程制定暂行办法

(教育部令第 31 号 2011 年 11 月 28 日发布)

第一章 总 则

第一条 为完善中国特色现代大学制度,指导和规范高等学校章程建设,促进高等学校依法治校、科学发展,依据教育法、高等教育法及其他有关规定,制定本办法。

第二条 国家举办的高等学校章程的起草、审议、修订以及核准、备案等,适用本办法。

第三条 章程是高等学校依法自主办学、实施管理和履行公共职能的基本准则。高等学校应当以章程为依据,制定内部管理制度及规范性文件、实施办学和管理活动、开展社会合作。

高等学校应当公开章程,接受举办者、教育主管部门、其他有关机关以及教师、学生、社会公众依据章程实施的监督、评估。

第四条 高等学校制定章程应当以中国特色社会主义理论体系为指导,以宪法、法律法规为依据,坚持社会主义办学方向,遵循高等教育规律,推进高等学校科学发展;应当促进改革创新,围绕人才培养、科学研究、服务社会、推进文化传承创新的任务,依法完善内部法人治理结构,体现和保护学校改革创新的成功经验与制度成果;应当着重完善学校自主管理、自我约束的体制、机制,反映学校的办学特色。

第五条 高等学校的举办者、主管教育行政部门应当按照政校分开、管办分离的原则,以章程明确界定与学校的关系,明确学校的办学方向与发展原则,落实举办者权利义务,保障学校的办学自主权。

第六条 章程用语应当准确、简洁、规范,条文内容应当明确、具体,具有可操作性。

章程根据内容需要，可以分编、章、节、条、款、项、目。

第二章　章程内容

第七条　章程应当按照高等教育法的规定，载明以下内容：

（一）学校的登记名称、简称、英文译名等，学校办学地点、住所地；

（二）学校的机构性质、发展定位、培养目标、办学方向；

（三）经审批机关核定的办学层次、规模；

（四）学校的主要学科门类，以及设置和调整的原则、程序；

（五）学校实施的全日制与非全日制、学历教育与非学历教育、远程教育、中外合作办学等不同教育形式的性质、目的、要求；

（六）学校的领导体制、法定代表人、组织结构、决策机制、民主管理和监督机制，内设机构的组成、职责、管理体制；

（七）学校经费的来源渠道、财产属性、使用原则和管理制度，接受捐赠的规则与办法；

（八）学校的举办者，举办者对学校进行管理或考核的方式、标准等，学校负责人的产生与任命机制，举办者的投入与保障义务；

（九）章程修改的启动、审议程序，以及章程解释权的归属；

（十）学校的分立、合并及终止事由，校徽、校歌等学校标志物、学校与相关社会组织关系等学校认为必要的事项，以及本办法规定的需要在章程中规定的重大事项。

第八条　章程应当按照高等教育法的规定，健全学校办学自主权的行使与监督机制，明确以下事项的基本规则、决策程序与监督机制：

（一）开展教学活动、科学研究、技术开发和社会服务；

（二）设置和调整学科、专业；

（三）制定招生方案，调节系科招生比例，确定选拔学生的条件、标准、办法和程序；

（四）制定学校规划并组织实施；

（五）设置教学、科研及行政职能部门；

（六）确定内部收入分配原则；

（七）招聘、管理和使用人才；

（八）学校财产和经费的使用与管理；

（九）其他学校可以自主决定的重大事项。

第九条　章程应当依照法律及其他有关规定，健全中国共产党高等学校基层委员会领导下的校长负责制的具体实施规则、实施意见，规范学校党委集体领导的议事规则、决策程序，明确支持校长独立负责地行使职权的制度规范。

章程应当明确校长作为学校法定代表人和主要行政负责人，全面负责教学、科学研究和其他管理工作的职权范围；规范校长办公会议或者校务会议的组成、职责、议事规则等内容。

第十条　章程应当根据学校实际与发展需要，科学设计学校的内部治理结构和组织框架，明确学校与内设机构，以及各管理层级、系统之间的职责权限，管理的程序与规则。

章程根据学校实际，可以按照有利于推进教授治学、民主管理，有利于调动基层组织积极性的原则，设置并规范学院（学部、系）、其他内设机构以及教学、科研基层组织的领导体制、管理制度。

第十一条　章程应当明确规定学校学术委员会、学位评定委员会以及其他学术组织的组成原则、负责人产生机制、运行规则与监督机制，保障学术组织在学校的学科建设、专业设置、学术评价、学术发展、教学科研计划方案制定、教师队伍建设等方面充分发挥咨询、审议、决策作用，维护学术活动的独立性。

章程应当明确学校学术评价和学位授予的基本规则和办法；明确尊重和保障教师、学生在教学、研究和学习方面依法享有的学术自由、探索自由，营造宽松的学术环境。

第十二条　章程应当明确规定教职工代表大会、学生代表大会的地位作用、职责权限、组成与负责人产生规则，以及议事程序等，维护师生员工通过教职工代表大会、学生代表大会参与学校相关事项的民主决策、实施监督的权利。

对学校根据发展需要自主设置的各类组织机构，如校务委员会、教授委员会、校友会等，章程中应明确其地位、宗旨以及基本的组织与议事规则。

第十三条　章程应当明确学校开展社会服务、获得社会支持、接受社会监督的原则与办法，健全社会支持和监督学校发展的长效机制。

学校根据发展需要和办学特色，自主设置有政府、行业、企事业单位以及其他社会组织代表参加的学校理事会或者董事会的，应当在章程中明确理事会或者董事会的地位作用、组成和议事规则。

第十四条　章程应当围绕提高质量的核心任务，明确学校保障和提高教育教学质量的原则与制度，规定学校对学科、专业、课程以及教学、科研的水平与质量进行评价、考核的基本规则，建立科学、规范的质量保障体系和评价机制。

第十五条　章程应当体现以人为本的办学理念，健全教师、学生权益的救济机制，突出对教师、学生权益、地位的确认与保护，明确其权利义务；明确学校受理教师、学生申诉的机构与程序。

第三章　章程制定程序

第十六条　高等学校应当按照民主、公开的原则，成立专门起草组织开展章程起草工作。

章程起草组织应当由学校党政领导、学术组织负责人、教师代表、学生代表、相关专家，以及学校举办者或者主管部门的代表组成，可以邀请社会相关方面的代表、社会知名人士、退休教职工代表、校友代表等参加。

第十七条　高等学校起草章程，应当深入研究、分析学校的特色与需求，总结实践经验，广泛听取政府有关部门、学校内部组织、师生员工的意见，充分反映学校举办者、管理者、办学者，以及教职员工、学生的要求与意愿，使章程起草成为学校凝聚共识、促进管理、增进和谐的过程。

第十八条　章程起草过程中，应当在校内公开听取意见；涉及关系学校发展定位、办学方向、培养目标、管理体制，以及与教职工、学生切身利益相关的重大问题，应当采取多种方式，征求意见、充分论证。

第十九条　起草章程，涉及与举办者权利关系的内容，高等学校应当与举办者、主管教育行政部门及其他相关部门充分沟通、协商。

第二十条　章程草案应提交教职工代表大会讨论。学校章程起草组织负责人，应当就章程起草情况与主要问题，向教职工代表大会做出说明。

第二十一条　章程草案征求意见结束后，起草组织应当将章程草案及其起草说明，以及征求意见的情况、主要问题的不同意见等，提交校长办公会议审议。

第二十二条　章程草案经校长办公会议讨论通过后，由学校党委会讨论审定。

章程草案经讨论审定后，应当形成章程核准稿和说明，由学校法定代表人签发，报核准机关。

第四章　章程核准与监督

第二十三条　地方政府举办的高等学校的章程由省级教育行政部门核准，其中本科以上高等学校的章程核准后，应当报教育部备案；教育部直属高等学校的章程由教育部核准；其他中央部门所属高校的章程，经主管部门同意，报教育部核准。

第二十四条　章程报送核准应当提交以下材料：

（一）核准申请书；

（二）章程核准稿；

（三）对章程制定程序和主要内容的说明。

第二十五条　核准机关应当指定专门机构依照本办法的要求，对章程核准稿的合法性、适当性、规范性以及制定程序，进行初步审查。审查通过的，提交核准机关组织的章程核准委员会评议。

章程核准委员会由核准机关、有关主管部门推荐代表，高校、社会代表以及相关领域的专家组成。

第二十六条　核准机关应当自收到核准申请2个月内完成初步审查。涉及对核准稿条款、文字进行修改的，核准机关应当及时与学校进行沟通，提出修改意见。

有下列情形之一的，核准机关可以提出时限，要求学校修改后，重新申请核准：

（一）违反法律、法规的；

（二）超越高等学校职权的；

（三）章程核准委员会未予通过或者提出重大修改意见的；

（四）违反本办法相关规定的；

（五）核准期间发现学校内部存在重大分歧的；

（六）有其他不宜核准情形的。

第二十七条　经核准机关核准的章程文本为正式文本。高等学校应当以学校名义发布章程的正式文本，并向本校和社会公开。

第二十八条　高等学校应当保持章程的稳定。

高等学校发生分立、合并、终止，或者名称、类别层次、办学宗旨、发展目标、举办与管理体制变化等重大事项的，可以依据章程规定的程序，对章程进行修订。

第二十九条　高等学校章程的修订案，应当依法报原核准机关核准。

章程修订案经核准后，高等学校应当重新发布章程。

第三十条　高等学校应当指定专门机构监督章程的执行情况，依据章程审查学校内部规章制度、规范性文件，受理对违反章程的管理行为、办学活动的举报和投诉。

第三十一条　高等学校的主管教育行政部门对章程中自主确定的不违反法律和国家政策强制性规定的办学形式、管理办法等，应当予以认可；对高等学校履行章程情况应当进行指导、监督；对高等学校不执行章程的情况或者违反章程规定自行实施的管理行为，应当责令限期改正。

第五章　附　则

第三十二条　新设立的高等学校，由学校举办者或者其委托的筹设机构，依法制定章程，并报审批机关批准；其中新设立的国家举办的高等学校，其章程应当具备本办法规定的内容；民办高等学校和中外合作举办的高等学校，依据相关法律法规制定章程，章程内容可参照本办法的规定。

第三十三条　本办法自 2012 年 1 月 1 日起施行。

学校教职工代表大会规定

(教育部令第 32 号 2011 年 12 月 8 日发布)

第一章 总 则

第一条 为依法保障教职工参与学校民主管理和监督,完善现代学校制度,促进学校依法治校,依据教育法、教师法、工会法等法律,制定本规定。

第二条 本规定适用于中国境内公办的幼儿园和各级各类学校(以下统称学校)。

民办学校、中外合作办学机构参照本规定执行。

第三条 学校教职工代表大会(以下简称教职工代表大会)是教职工依法参与学校民主管理和监督的基本形式。

学校应当建立和完善教职工代表大会制度。

第四条 教职工代表大会应当高举中国特色社会主义伟大旗帜,以马克思列宁主义、毛泽东思想、邓小平理论和"三个代表"重要思想为指导,深入贯彻落实科学发展观,全面贯彻执行党的基本路线和教育方针,认真参与学校民主管理和监督。

第五条 教职工代表大会和教职工代表大会代表应当遵守国家法律法规,遵守学校规章制度,正确处理国家、学校、集体和教职工的利益关系。

第六条 教职工代表大会在中国共产党学校基层组织的领导下开展工作。教职工代表大会的组织原则是民主集中制。

第二章 职 权

第七条 教职工代表大会的职权是:

(一)听取学校章程草案的制定和修订情况报告,提出修改意见和建议；

（二）听取学校发展规划、教职工队伍建设、教育教学改革、校园建设以及其他重大改革和重大问题解决方案的报告，提出意见和建议；

（三）听取学校年度工作、财务工作、工会工作报告以及其他专项工作报告，提出意见和建议；

（四）讨论通过学校提出的与教职工利益直接相关的福利、校内分配实施方案以及相应的教职工聘任、考核、奖惩办法；

（五）审议学校上一届（次）教职工代表大会提案的办理情况报告；

（六）按照有关工作规定和安排评议学校领导干部；

（七）通过多种方式对学校工作提出意见和建议，监督学校章程、规章制度和决策的落实，提出整改意见和建议；

（八）讨论法律法规规章规定的以及学校与学校工会商定的其他事项。

教职工代表大会的意见和建议，以会议决议的方式作出。

第八条　学校应当建立健全沟通机制，全面听取教职工代表大会提出的意见和建议，并合理吸收采纳；不能吸收采纳的，应当作出说明。

第三章　教职工代表大会代表

第九条　凡与学校签订聘任聘用合同、具有聘任聘用关系的教职工，均可当选为教职工代表大会代表。

教职工代表大会代表占全体教职工的比例，由地方省级教育等部门确定；地方省级教育等部门没有确定的，由学校自主确定。

第十条　教职工代表大会代表以学院、系（所、年级）、室（组）等为单位，由教职工直接选举产生。

教职工代表大会代表可以按照选举单位组成代表团（组），并推选出团（组）长。

第十一条　教职工代表大会代表以教师为主体，教师代表不得低于代表总数的60%，并应当根据学校实际，保证一定比例的青年教师和女教师代表。民族地区的学校和民族学校，少数民族代表应当占有一定比例。

教职工代表大会代表接受选举单位教职工的监督。

第十二条　教职工代表大会代表实行任期制，任期3年或5年，可以连选连任。

选举、更换和撤换教职工代表大会代表的程序，由学校根据相关规定，并结合本校实际予以明确规定。

第十三条　教职工代表大会代表享有以下权利：

（一）在教职工代表大会上享有选举权、被选举权和表决权；

（二）在教职工代表大会上充分发表意见和建议；

（三）提出提案并对提案办理情况进行询问和监督；

（四）就学校工作向学校领导和学校有关机构反映教职工的意见和要求；

（五）因履行职责受到压制、阻挠或者打击报复时，向有关部门提出申诉和控告。

第十四条　教职工代表大会代表应当履行以下义务：

（一）努力学习并认真执行党的路线方针政策、国家的法律法规、党和国家关于教育改革发展的方针政策，不断提高思想政治素质和参与民主管理的能力；

（二）积极参加教职工代表大会的活动，认真宣传、贯彻教职工代表大会决议，完成教职工代表大会交给的任务；

（三）办事公正，为人正派，密切联系教职工群众，如实反映群众的意见和要求；

（四）及时向本部门教职工通报参加教职工代表大会活动和履行职责的情况，接受评议监督；

（五）自觉遵守学校的规章制度和职业道德，提高业务水平，做好本职工作。

第四章　组织规则

第十五条　有教职工80人以上的学校，应当建立教职工代表大会制度；不足80人的学校，建立由全体教职工直接参加的教职工大会制度。

学校根据实际情况，可在其内部单位建立教职工代表大会制度或者教职工大会制度,在该范围内行使相应的职权。

教职工大会制度的性质、领导关系、组织制度、运行规则等,与教职工代表大会制度相同。

第十六条　学校应当遵守教职工代表大会的组织规则,定期召开教职工代表大会,支持教职工代表大会的活动。

第十七条　教职工代表大会每学年至少召开一次。

遇有重大事项,经学校、学校工会或1/3以上教职工代表大会代表提议,可以临时召开教职工代表大会。

第十八条　教职工代表大会每3年或5年为一届。期满应当进行换届选举。

第十九条　教职工代表大会须有2/3以上教职工代表大会代表出席。

教职工代表大会根据需要可以邀请离退休教职工等非教职工代表大会代表,作为特邀或列席代表参加会议。特邀或列席代表在教职工代表大会上不具有选举权、被选举权和表决权。

第二十条　教职工代表大会的议题,应当根据学校的中心工作、教职工的普遍要求,由学校工会提交学校研究确定,并提请教职工代表大会表决通过。

第二十一条　教职工代表大会的选举和表决,须经教职工代表大会代表总数半数以上通过方为有效。

第二十二条　教职工代表大会在教职工代表大会代表中推选人员,组成主席团主持会议。

主席团应当由学校各方面人员组成,其中包括学校、学校工会主要领导,教师代表应占多数。

第二十三条　教职工代表大会可根据实际情况和需要设立若干专门委员会(工作小组),完成教职工代表大会交办的有关任务。专门委员会(工作小组)对教职工代表大会负责。

第二十四条　教职工代表大会根据实际情况和需要,可以在教职工代表大会代表中选举产生执行委员会。执行委员会中,教师代表应占多数。

教职工代表大会闭会期间,遇有急需解决的重要问题,可由执行委员会联系有关专门委员会(工作小组)与学校有关机构协商处理。其结果向下一次教职工代表大会报告。

第五章　工作机构

第二十五条　学校工会为教职工代表大会的工作机构。

第二十六条　学校工会承担以下与教职工代表大会相关的工作职责：

（一）做好教职工代表大会的筹备工作和会务工作，组织选举教职工代表大会代表，征集和整理提案，提出会议议题、方案和主席团建议人选；

（二）教职工代表大会闭会期间，组织传达贯彻教职工代表大会精神，督促检查教职工代表大会决议的落实，组织各代表团（组）及专门委员会（工作小组）的活动，主持召开教职工代表团（组）长、专门委员会（工作小组）负责人联席会议；

（三）组织教职工代表大会代表的培训，接受和处理教职工代表大会代表的建议和申诉；

（四）就学校民主管理工作向学校党组织汇报，与学校沟通；

（五）完成教职工代表大会委托的其他任务。

选举产生执行委员会的学校，其执行委员会根据教职工代表大会的授权，可承担前款有关职责。

第二十七条　学校应当为学校工会承担教职工代表大会工作机构的职责提供必要的工作条件和经费保障。

第六章　附　则

第二十八条　学校可以在其下属单位建立教职工代表大会制度，在该单位范围内实行民主管理和监督。

第二十九条　省、自治区、直辖市人民政府教育行政部门，可以与本地区有关组织联合制定本行政区域内学校教职工代表大会的相关规定。

有关学校根据本规定和所在地区的相关规定，可以制定相应的教职工代表大会或者教职工大会的实施办法。

第三十条　本规定自2012年1月1日起施行。1985年1月28日教育部、原中国教育工会印发的《高等学校教职工代表大会暂行条例》同时废止。

普通高等学校辅导员队伍建设规定

（中华人民共和国教育部令第 43 号）

第一章 总 则

第一条 为深入贯彻落实全国高校思想政治工作会议精神和《中共中央 国务院关于加强和改进新形势下高校思想政治工作的意见》，切实加强高等学校辅导员队伍专业化职业化建设，依据《高等教育法》等有关法律法规，制定本规定。

第二条 辅导员是开展大学生思想政治教育的骨干力量，是高等学校学生日常思想政治教育和管理工作的组织者、实施者、指导者。辅导员应当努力成为学生成长成才的人生导师和健康生活的知心朋友。

第三条 高等学校要坚持把立德树人作为中心环节，把辅导员队伍建设作为教师队伍和管理队伍建设的重要内容，整体规划、统筹安排，不断提高队伍的专业水平和职业能力，保证辅导员工作有条件、干事有平台、待遇有保障、发展有空间。

第二章 要求与职责

第四条 辅导员工作的要求是：恪守爱国守法、敬业爱生、育人为本、终身学习、为人师表的职业守则；围绕学生、关照学生、服务学生，把握学生成长规律，不断提高学生思想水平、政治觉悟、道德品质、文化素养；引导学生正确认识世界和中国发展大势、正确认识中国特色和国际比较、正确认识时代责任和历史使命、正确认识远大抱负和脚踏实地，成为又红又专、德才兼备、全面发展的中国特色社会主义合格建设者和可靠接班人。

第五条　辅导员的主要工作职责是：

（一）思想理论教育和价值引领。引导学生深入学习习近平总书记系列重要讲话精神和治国理政新理念新思想新战略，深入开展中国特色社会主义、中国梦宣传教育和社会主义核心价值观教育，帮助学生不断坚定中国特色社会主义道路自信、理论自信、制度自信、文化自信，牢固树立正确的世界观、人生观、价值观。掌握学生思想行为特点及思想政治状况，有针对性地帮助学生处理好思想认识、价值取向、学习生活、择业交友等方面的具体问题。

（二）党团和班级建设。开展学生骨干的遴选、培养、激励工作，开展学生入党积极分子培养教育工作，开展学生党员发展和教育管理服务工作，指导学生党支部和班团组织建设。

（三）学风建设。熟悉了解学生所学专业的基本情况，激发学生学习兴趣，引导学生养成良好的学习习惯，掌握正确的学习方法。指导学生开展课外科技学术实践活动，营造浓厚学习氛围。

（四）学生日常事务管理。开展入学教育、毕业生教育及相关管理和服务工作。组织开展学生军事训练。组织评选各类奖学金、助学金。指导学生办理助学贷款。组织学生开展勤工俭学活动，做好学生困难帮扶。为学生提供生活指导，促进学生和谐相处、互帮互助。

（五）心理健康教育与咨询工作。协助学校心理健康教育机构开展心理健康教育，对学生心理问题进行初步排查和疏导，组织开展心理健康知识普及宣传活动，培育学生理性平和、乐观向上的健康心态。

（六）网络思想政治教育。运用新媒体新技术，推动思想政治工作传统优势与信息技术高度融合。构建网络思想政治教育重要阵地，积极传播先进文化。加强学生网络素养教育，积极培养校园好网民，引导学生创作网络文化作品，弘扬主旋律，传播正能量。创新工作路径，加强与学生的网上互动交流，运用网络新媒体对学生开展思想引领、学习指导、生活辅导、心理咨询等。

（七）校园危机事件应对。组织开展基本安全教育。参与学校、院（系）危机事件工作预案制定和执行。对校园危机事件进行初步处理，稳定局面控制事态发展，及时掌握危机事件信息并按程序上报。参与危机事件后期应对及总结研究分析。

（八）职业规划与就业创业指导。为学生提供科学的职业生涯规划和就业指导以及相关服务，帮助学生树立正确的就业观念，引导学生到基层、到西部、到祖国最需要的地方建功立业。

（九）理论和实践研究。努力学习思想政治教育的基本理论和相关学科知识，参加相关学科领域学术交流活动，参与校内外思想政治教育课题或项目研究。

第三章　配备与选聘

第六条　高等学校应当按总体上师生比不低于1∶200的比例设置专职辅导员岗位，按照专兼结合、以专为主的原则，足额配备到位。

专职辅导员是指在院（系）专职从事大学生日常思想政治教育工作的人员，包括院（系）党委（党总支）副书记、学工组长、团委（团总支）书记等专职工作人员，具有教师和管理人员双重身份。高等学校应参照专任教师聘任的待遇和保障，与专职辅导员建立人事聘用关系。

高等学校可以从优秀专任教师、管理人员、研究生中选聘一定数量兼职辅导员。兼职辅导员工作量按专职辅导员工作量的1/3核定。

第七条　辅导员应当符合以下基本条件：

（一）具有较高的政治素质和坚定的理想信念，坚决贯彻执行党的基本路线和各项方针政策，有较强的政治敏感性和政治辨别力；

（二）具备本科以上学历，热爱大学生思想政治教育事业，甘于奉献，潜心育人，具有强烈的事业心和责任感；

（三）具有从事思想政治教育工作相关学科的宽口径知识储备，掌握思想政治教育工作相关学科的基本原理和基础知识，掌握思想政治教育专业基本理论、知识和方法，掌握马克思主义中国化相关理论和知识，掌握大学生思想政治教育工作实务相关知识，掌握有关法律法规知识；

（四）具备较强的组织管理能力和语言、文字表达能力，及教育引导能力、调查研究能力，具备开展思想理论教育和价值引领工作的能力；

（五）具有较强的纪律观念和规矩意识，遵纪守法，为人正直，作风正派，廉洁自律。

第八条　辅导员选聘工作要在高等学校党委统一领导下进行，由学生工作部门、组织、人事、纪检等相关部门共同组织开展。根据辅导员基本条件要求和实际岗位需要，确定具体选拔条件，通过组织推荐和公开招聘相结合的方式，经过笔试、面试、公示等相关程序进行选拔。

第九条　青年教师晋升高一级专业技术职务（职称），须有至少一年担任辅导员或班主任工作经历并考核合格。高等学校要鼓励新入职教师以多种形式参与辅导员或班主任工作。

第四章　发展与培训

第十条　高等学校应当制定专门办法和激励保障机制，落实专职辅导员职务职级"双线"晋升要求，推动辅导员队伍专业化职业化建设。

第十一条　高等学校应当结合实际，按专任教师职务岗位结构比例合理设置专职辅导员的相应教师职务岗位，专职辅导员可按教师职务（职称）要求评聘思想政治教育学科或其他相关学科的专业技术职务（职称）。

专职辅导员专业技术职务（职称）评聘应更加注重考察工作业绩和育人实效，单列计划、单设标准、单独评审。将优秀网络文化成果纳入专职辅导员的科研成果统计、职务（职称）评聘范围。

第十二条　高等学校可以成立专职辅导员专业技术职务（职称）聘任委员会，具体负责本校专职辅导员专业技术职务（职称）聘任工作。聘任委员会一般应由学校党委有关负责人、学生工作、组织人事、教学科研部门负责人、相关学科专家等人员组成。

第十三条　高等学校应当制定辅导员管理岗位聘任办法，根据辅导员的任职年限及实际工作表现，确定相应级别的管理岗位等级。

第十四条　辅导员培训应当纳入高等学校师资队伍和干部队伍培训整体规划。

建立国家、省级和高等学校三级辅导员培训体系。教育部设立高等学校辅导员培训和研修基地，开展国家级示范培训。省级教育部门应当根据区域内现有高等学校辅导员规模数量设立辅导员培训专项经费，建立辅导员培训和研修基地，承担所在区域内高等学校辅导员的岗前培训、日常培训和骨干培训。高等学校负责对本校辅导员的系统培训，确保每名专职辅导员每年参加不少于16个学时的校级培训，每5年参加1次国家级或省级培训。

第十五条　省级教育部门、高等学校要积极选拔优秀辅导员参加国内国际交流学习和研修深造，创造条件支持辅导员到地方党政机关、企业、基层等挂职锻炼，支持辅导员结合大学生思想政治教育的工作实践和思想政治教育学科的发展开展研究。高等学校要鼓励辅导员在做好工作的基础上攻读相关专业学位，承担思想政治理论课等相关课程的教学工作，为辅导员提升专业水平和科研能力提供条件保障。

第十六条　高等学校要积极为辅导员的工作和生活创造便利条件，应根据辅导员的工作特点，在岗位津贴、办公条件、通讯经费等方面制定相关政策，为辅导员的工作和生活提供必要保障。

第五章　管理与考核

第十七条　高等学校辅导员实行学校和院（系）双重管理。

学生工作部门牵头负责辅导员的培养、培训和考核等工作，同时要与院（系）党委（党总支）共同做好辅导员日常管理工作。院（系）党委（党总支）负责对辅导员进行直接领导和管理。

第十八条　高等学校要根据辅导员职业能力标准，制定辅导员工作考核的具体办法，健全辅导员队伍的考核评价体系。对辅导员的考核评价应由学生工作部门牵头，组织人事部门、院（系）党委（党总支）和学生共同参与。考核结果与辅导员的职务聘任、奖惩、晋级等挂钩。

第十九条　教育部在全国教育系统先进集体和先进个人表彰中对高校优秀辅导员进行表彰。各地教育部门和高等学校要结合实际情况建立辅导员单独表彰体系并将优秀辅导员表彰奖励纳入各级教师、教育工作者表彰奖励体系中。

第六章　附　则

第二十条　本规定适用于普通高等学校辅导员队伍建设。其他类型高等学校的辅导员队伍建设或思想政治工作其他队伍建设可以参照本规定执行。

第二十一条　高等学校要根据本规定，结合实际制定相关实施细则，并报主管教育部门备案。

第二十二条　本规定自 2017 年 10 月 1 日起施行。原《普通高等学校辅导员队伍建设规定》同时废止。

普通高等学校教育评估暂行规定

(1990年10月31日国家教育委员会令第14号)

第一章 总 则

第一条 为了建设有中国特色的社会主义高等学校,加强国家对普通高等教育的宏观管理,指导普通高等学校的教育评估工作,特制定本规定。

第二条 普通高等学校教育评估的主要目的,是增强高等学校主动适应社会需要的能力,发挥社会对学校教育的监督作用,自觉坚持高等教育的社会主义方向,不断提高办学水平和教育质量,更好地为社会主义建设服务。

第三条 普通高等学校教育评估的基本任务,是根据一定的教育目标和标准,通过系统地搜集学校教育的主要信息,准确地了解实际情况,进行科学分析,对学校办学水平和教育质量作出评价,为学校改进工作、开展教育改革和教育管理部门改善宏观管理提供依据。

第四条 普通高等学校教育评估坚持社会主义办学方向,认真贯彻教育为社会主义建设服务、与生产劳动相结合、德智体全面发展的方针,始终把坚定正确的政治方向放在首位,以能否培养适应社会主义建设实际需要的社会主义建设者和接班人作为评价学校办学水平和教育质量的基本标准。

第五条 普通高等学校教育评估主要有合格评估(鉴定)、办学水平评估和选优评估三种基本形式。各种评估形式应制定相应的评估方案(含评估标准、评估指标体系和评估方法),评估方案要力求科学、简易、可行、注重实效,有利于调动各类学校的积极性,在保证基本教育质量的基础上办出各自的特色。

第六条　普通高等学校教育评估是国家对高等学校实行监督的重要形式，由各级人民政府及其教育行政部门组织实施。

在学校自我评估的基础上，以组织党政有关部门和教育界、知识界以及用人部门进行的社会评估为重点，在政策上体现区别对待、奖优罚劣的原则，鼓励学术机构、社会团体参加教育评估。

第二章　合格评估（鉴定）

第七条　合格评估（鉴定）是国家对新建普通高等学校的基本办学条件和基本教育质量的一种认可制度，由国家教育委员会组织实施，在新建普通高等学校被批准建立之后有第一届毕业生时进行。

第八条　办学条件鉴定的合格标准以《普通高等学校设置暂行条例》为依据，教育质量鉴定的合格标准以《中华人民共和国学位条例》中关于学位授权标准的规定和国家制定的有关不同层次教育的培养目标和专业（学科）的基本培养规格为依据。

第九条　鉴定合格分合格、暂缓通过和不合格三种。鉴定合格的学校，由国家教育委员会公布名单并发给鉴定合格证书。鉴定暂缓通过的学校需在规定期限内采取措施，改善办学条件，提高教育质量，并需重新接受鉴定。经鉴定不合格的学校，由国家教育委员会区别情况，责令其限期整顿、停止招生或停办。

第三章　办学水平评估

第十条　办学水平评估，是对已经鉴定合格的学校进行的经常性评估，它分为整个学校办学水平的综合评估和学校中思想政治教育、专业（学科）、课程及其他教育工作的单项评估。

第十一条　办学水平的综合评估，根据国家对不同类别学校所规定的任务与目标，由上级政府和有关学校主管部门组织实施，目的是全面考察学校的办学指导思想，贯彻执行党和国家的路线、方针、政策的情况，学校建设状况以及思想政治工作、人才培养、科学研究、为社会服务等方面的水平和质量。其中重点是学校领导班子等的组织建设、马列主义教育、学生思想政治教育的状况。这是各级人民政府和学校主管部门对学校实行监督和考核的重要形式。

办学水平的综合评估一般每四至五年进行一次（和学校领导班子任期相一致），综合评估结束后应作出结论，肯定成绩，指出不足，提出改进意见，必要时由上级人民政府或学校主管部门责令其限期整顿。学校应在综合评估结束后的三个月内向上级人民政府和学校主管部门写出改进报告，上级人民政府和学校主管部门应组织复查。

第十二条　思想政治教育、专业（学科）、课程或其他教育工作的单项评估，主要由国务院有关部门和省（自治区、直辖市）教育行政部门组织实施。目的是通过校际间思想政治教育、专业（学科）、课程或其他单项教育工作的比较评估，诊断教育工作状况，交流教育工作经验，促进相互学习，共同提高。评估结束后应对每个被评单位分别提出评估报告并作出评估结论，结论分为优秀、良好、合格、不合格四种，不排名次。对结论定为不合格的由组织实施教育评估的国务院有关部门或省（自治区、直辖市）教育行政部门责令其限期整顿，并再次进行评估。

第四章　选优评估

第十三条　选优评估是在普通高等学校进行的评比选拔活动，其目的是在办学水平评估的基础上，遴选优秀，择优支持，促进竞争，提高水平。

第十四条　选优评估分省（部门）、国家两极。根据选优评估结果排出名次或确定优选对象名单，予以公布，对成绩卓著的给予表彰、奖励。

第五章　学校内部评估

第十五条　学校内部评估，即学校内部自行组织实施的自我评估，是加强学校管理的重要手段，也是各级人民政府及其教育行政部门组织的普通高等学校教育评估工作的基础，其目的是通过自我评估，不断提高办学水平和教育质量，主动适应社会主义建设需要。学校主管部门应给予鼓励、支持和指导。

第十六条 学校内部评估的重点是思想政治教育、专业（学科）、课程或其他教育工作的单项评估，基础是经常性的教学评估活动。评估计划、评估对象、评估方案、评估结论表达方式以及有关政策措施，由学校根据实际情况和本规定的要求自行确定。

第十七条 学校制定毕业生跟踪调查和与社会用人部门经常联系的制度，了解社会需要，搜集社会反馈信息，作为开展学校内部评估的重要依据。

第六章　评估机构

第十八条 在国务院和省（自治区、直辖市）人民政府领导下，国家教育委员会、国务院有关部门教育行政部门和省（自治区、直辖市）高校工委、教育行政部门建立普通高等学校教育评估领导小组，并确定有关具体机构负责教育评估的日常工作。

第十九条 国家普通高等学校教育评估领导小组，在国家教育委员会的领导下，负责全国普通高等学校教育评估工作。其具体职责是：

（一）制定普通高等学校教育评估的基本准则和实施细则；

（二）指导、协调、检查各部门、各地区的普通高等学校教育评估工作，根据需要组织各种评估工作或试点；

（三）审核、提出鉴定合格学校名单报国家教育委员会批准公布，接受并处理学校对教育评估工作及评估结论的申诉；

（四）搜集、整理和分析全国教育评估信息，负责向教育管理决策部门提供；

（五）推动全国教育评估理论和方法的研究，促进教育评估学术交流，组织教育评估骨干培训。

第二十条 省（自治区、直辖市）普通高等学校教育评估领导小组在省（自治区、直辖市）的高校工委、教育行政部门和国家普通高等学校教育评估领导小组指导下，负责全省（自治区、直辖市）普通高等学校教育评估工作。其具体职责是：

（一）依据本规定和国家教育委员会有关文件，制定本地区的评估方案和实施细则；

（二）指导、组织本地区所有普通高等学校的教育评估工作，接受国家教育委员会委托进行教育评估试点；

（三）审核、批准本地区有关高等学校思想政治教育、专业（学科）、课程及其他单项教育工作评估的结论；

（四）搜集、整理和分析本地区教育评估信息，负责向有关教育管理决策部门提供；

（五）推动本地区教育评估理论和方法的研究，促进教育评估学术交流，组织教育评估骨干培训。

第二十一条 国务院有关部门普通高等学校教育评估领导小组，在国务院有关部门教育行政部门和国家普通高等学校教育评估领导小组领导下，负责直属普通高等学校和国家教育委员会委托的对口专业（学科）的教育评估工作。其具体职责是：

（一）依据本规定和国家教育委员会有关文件，制定本部门所属普通高等学校和国家教育委员会委托的对口专业（学科）的教育评估方案和实施细则；

（二）领导和组织本部门直属普通高等学校的教育评估工作，审核、批准本部门直属普通高等学校教育评估的结论；

（三）领导和组织国家教育委员会委托的对口专业（学科）教育评估，审核、提出对口专业（学科）教育评估结论，报国务院有关部门教育行政部门批准公布；

（四）收集、整理、分析本部门和对口专业（学科）教育评估信息，负责向有关教育决策部门提供；

（五）推动本部门和对口专业（学科）教育评估理论、方法的研究，促进教育评估学术交流，组织教育评估骨干培训。

第二十二条 根据需要，在各级普通高等学校教育评估领导小组领导下，可设立新建普通高等学校鉴定委员会、普通高等学校专业（学科）教育评估委员会、普通高等学校课程教育评估委员会等专家组织，指导、组织新建普通高等学校的合格评估（鉴定）和专业（学科）、课程的办学水平评估工作。

第七章　评估程序

第二十三条　学校教育评估的一般程序是：学校提出申请；评估（鉴定）委员会审核申请；学校自评，写出自评报告；评估（鉴定）委员会派出视察小组到现场视察，写出视察报告，提出评估结论建议；评估（鉴定）委员会复核视察报告，提出正式评估结论；必要时报请有关教育行政部门和各级政府批准、公布评估结论。

第二十四条　申请学校如对评估结论有不同意见，可在一个月内向上一级普通高等学校教育评估领导小组提出申诉，上一级教育评估领导小组应认真对待，进行仲裁，妥善处理。

第八章　附　则

第二十五条　学校教育评估经费列入有关教育行政部门的年度预算，并鼓励社会资助；申请教育评估的学校也要承担一定的费用。

第二十六条　本规定适用于普通高等学校。其他高等学校教育评估可参照实施。

第二十七条　本规定由国家教育委员会负责解释。

第二十八条　本规定自发布之日起施行。原发布的有关文件即行废止。

普通高等学校学生管理规定

(中华人民共和国教育部令第41号 2017年2月4日)

第一章 总 则

第一条 为规范普通高等学校学生管理行为，维护普通高等学校正常的教育教学秩序和生活秩序，保障学生合法权益，培养德、智、体、美等方面全面发展的社会主义建设者和接班人，依据教育法、高等教育法以及有关法律、法规，制定本规定。

第二条 本规定适用于普通高等学校、承担研究生教育任务的科学研究机构（以下称学校）对接受普通高等学历教育的研究生和本科、专科（高职）学生（以下称学生）的管理。

第三条 学校要坚持社会主义办学方向，坚持马克思主义的指导地位，全面贯彻国家教育方针；要坚持以立德树人为根本，以理想信念教育为核心，培育和践行社会主义核心价值观，弘扬中华优秀传统文化和革命文化、社会主义先进文化，培养学生的社会责任感、创新精神和实践能力；要坚持依法治校，科学管理，健全和完善管理制度，规范管理行为，将管理与育人相结合，不断提高管理和服务水平。

第四条 学生应当拥护中国共产党领导，努力学习马克思列宁主义、毛泽东思想、中国特色社会主义理论体系，深入学习习近平总书记系列重要讲话精神和治国理政新理念新思想新战略，坚定中国特色社会主义道路自信、理论自信、制度自信、文化自信，树立中国特色社会主义共同理想；应当树立爱国主义思想，具有团结统一、爱好和平、勤劳勇敢、自强不息的精神；应当增强法治观念，遵守宪法、法律、法规，遵守公民道德规范，遵守学校管理制度，具有良好的道德品质和行为习惯；应当刻苦学习，勇于探索，积极实践，努力掌握现代科学文化知识和专业技能；应当积极锻炼身体，增进身心健康，提高个人修养，培养审美情趣。

第五条　实施学生管理，应当尊重和保护学生的合法权利，教育和引导学生承担应尽的义务与责任，鼓励和支持学生实行自我管理、自我服务、自我教育、自我监督。

第二章　学生的权利与义务

第六条　学生在校期间依法享有下列权利：

（一）参加学校教育教学计划安排的各项活动，使用学校提供的教育教学资源；

（二）参加社会实践、志愿服务、勤工助学、文娱体育及科技文化创新等活动，获得就业创业指导和服务；

（三）申请奖学金、助学金及助学贷款；

（四）在思想品德、学业成绩等方面获得科学、公正评价，完成学校规定学业后获得相应的学历证书、学位证书；

（五）在校内组织、参加学生团体，以适当方式参与学校管理，对学校与学生权益相关事务享有知情权、参与权、表达权和监督权；

（六）对学校给予的处理或者处分有异议，向学校、教育行政部门提出申诉，对学校、教职员工侵犯其人身权、财产权等合法权益的行为，提出申诉或者依法提起诉讼；

（七）法律、法规及学校章程规定的其他权利。

第七条　学生在校期间依法履行下列义务：

（一）遵守宪法和法律、法规；

（二）遵守学校章程和规章制度；

（三）恪守学术道德，完成规定学业；

（四）按规定缴纳学费及有关费用，履行获得贷学金及助学金的相应义务；

（五）遵守学生行为规范，尊敬师长，养成良好的思想品德和行为习惯；

（六）法律、法规及学校章程规定的其他义务。

第三章　学籍管理

第一节　入学与注册

第八条　按国家招生规定录取的新生，持录取通知书，按学校有关要求和规定的期限到校办理入学手续。因故不能按期入学的，应当向学校请假。未请假或者请假逾期的，除因不可抗力等正当事由以外，视为放弃入学资格。

第九条　学校应当在报到时对新生入学资格进行初步审查，审查合格的办理入学手续，予以注册学籍；审查发现新生的录取通知、考生信息等证明材料，与本人实际情况不符，或者有其他违反国家招生考试规定情形的，取消入学资格。

第十条　新生可以申请保留入学资格。保留入学资格期间不具有学籍。保留入学资格的条件、期限等由学校规定。

新生保留入学资格期满前应向学校申请入学，经学校审查合格后，办理入学手续。审查不合格的，取消入学资格；逾期不办理入学手续且未有因不可抗力延迟等正当理由的，视为放弃入学资格。

第十一条　学生入学后，学校应当在3个月内按照国家招生规定进行复查。复查内容主要包括以下方面：

（一）录取手续及程序等是否合乎国家招生规定；

（二）所获得的录取资格是否真实、合乎相关规定；

（三）本人及身份证明与录取通知、考生档案等是否一致；

（四）身心健康状况是否符合报考专业或者专业类别体检要求，能否保证在校正常学习、生活；

（五）艺术、体育等特殊类型录取学生的专业水平是否符合录取要求。

复查中发现学生存在弄虚作假、徇私舞弊等情形的，确定为复查不合格，应当取消学籍；情节严重的，学校应当移交有关部门调查处理。

复查中发现学生身心状况不适宜在校学习，经学校指定的二级甲等以上医院诊断，需要在家休养的，可以按照第十条的规定保留入学资格。

复查的程序和办法，由学校规定。

第十二条　每学期开学时，学生应当按学校规定办理注册手续。不能如期注册的，应当履行暂缓注册手续。未按学校规定缴纳学费或者有其他不符合注册条件的，不予注册。

家庭经济困难的学生可以申请助学贷款或者其他形式资助，办理有关手续后注册。

学校应当按照国家有关规定为家庭经济困难学生提供教育救助，完善学生资助体系，保证学生不因家庭经济困难而放弃学业。

第二节　考核与成绩记载

第十三条　学生应当参加学校教育教学计划规定的课程和各种教育教学环节（以下统称课程）的考核，考核成绩记入成绩册，并归入学籍档案。

考核分为考试和考查两种。考核和成绩评定方式，以及考核不合格的课程是否重修或者补考，由学校规定。

第十四条　学生思想品德的考核、鉴定，以本规定第四条为主要依据，采取个人小结、师生民主评议等形式进行。

学生体育成绩评定要突出过程管理，可以根据考勤、课内教学、课外锻炼活动和体质健康等情况综合评定。

第十五条　学生每学期或者每学年所修课程或者应修学分数以及升级、跳级、留级、降级等要求，由学校规定。

第十六条　学生根据学校有关规定，可以申请辅修校内其他专业或者选修其他专业课程；可以申请跨校辅修专业或者修读课程，参加学校认可的开放式网络课程学习。学生修读的课程成绩（学分），学校审核同意后，予以承认。

第十七条　学生参加创新创业、社会实践等活动以及发表论文、获得专利授权等与专业学习、学业要求相关的经历、成果，可以折算为学分，计入学业成绩。具体办法由学校规定。

学校应当鼓励、支持和指导学生参加社会实践、创新创业活动，可以建立创新创业档案、设置创新创业学分。

第十八条　学校应当健全学生学业成绩和学籍档案管理制度，真实、完整地记载、出具学生学业成绩，对通过补考、重修获得的成绩，应当予以标注。

学生严重违反考核纪律或者作弊的，该课程考核成绩记为无效，并应视其违纪或者作弊情节，给予相应的纪律处分。给予警告、严重警告、记过及留校察看处分的，经教育表现较好，可以对该课程给予补考或者重修机会。

学生因退学等情况中止学业，其在校学习期间所修课程及已获得学分，应当予以记录。学生重新参加入学考试、符合录取条件，再次入学的，其已获得学分，经录取学校认定，可以予以承认。具体办法由学校规定。

第十九条　学生应当按时参加教育教学计划规定的活动。不能按时参加的，应当事先请假并获得批准。无故缺席的，根据学校有关规定给予批评教育，情节严重的，给予相应的纪律处分。

第二十条　学校应当开展学生诚信教育，以适当方式记录学生学业、学术、品行等方面的诚信信息，建立对失信行为的约束和惩戒机制；对有严重失信行为的，可以规定给予相应的纪律处分，对违背学术诚信的，可以对其获得学位及学术称号、荣誉等作出限制。

第三节　转专业与转学

第二十一条　学生在学习期间对其他专业有兴趣和专长的，可以申请转专业；以特殊招生形式录取的学生，国家有相关规定或者录取前与学校有明确约定的，不得转专业。

学校应当制定学生转专业的具体办法，建立公平、公正的标准和程序，健全公示制度。学校根据社会对人才需求情况的发展变化，需要适当调整专业的，应当允许在读学生转到其他相关专业就读。

休学创业或退役后复学的学生，因自身情况需要转专业的，学校应当优先考虑。

第二十二条　学生一般应当在被录取学校完成学业。因患病或者有特殊困难、特别需要，无法继续在本校学习或者不适应本校学习要求的，可以申请转学。有下列情形之一，不得转学：

（一）入学未满一学期或者毕业前一年的；

（二）高考成绩低于拟转入学校相关专业同一生源地相应年份录取成

绩的；

（三）由低学历层次转为高学历层次的；

（四）以定向就业招生录取的；

（五）研究生拟转入学校、专业的录取控制标准高于其所在学校、专业的；

（六）无正当转学理由的。

学生因学校培养条件改变等非本人原因需要转学的，学校应当出具证明，由所在地省级教育行政部门协调转学到同层次学校。

第二十三条　学生转学由学生本人提出申请，说明理由，经所在学校和拟转入学校同意，由转入学校负责审核转学条件及相关证明，认为符合本校培养要求且学校有培养能力的，经学校校长办公会或者专题会议研究决定，可以转入。研究生转学还应当经拟转入专业导师同意。

跨省转学的，由转出地省级教育行政部门商转入地省级教育行政部门，按转学条件确认后办理转学手续。须转户口的由转入地省级教育行政部门将有关文件抄送转入学校所在地的公安机关。

第二十四条　学校应当按照国家有关规定，建立健全学生转学的具体办法；对转学情况应当及时进行公示，并在转学完成后3个月内，由转入学校报所在地省级教育行政部门备案。

省级教育行政部门应当加强对区域内学校转学行为的监督和管理，及时纠正违规转学行为。

第四节　休学与复学

第二十五条　学生可以分阶段完成学业，除另有规定外，应当在学校规定的最长学习年限（含休学和保留学籍）内完成学业。学生申请休学或者学校认为应当休学的，经学校批准，可以休学。休学次数和期限由学校规定。

第二十六条　学校可以根据情况建立并实行灵活的学习制度。对休学创业的学生，可以单独规定最长学习年限，并简化休学批准程序。

第二十七条　新生和在校学生应征参加中国人民解放军（含中国人民武装警察部队），学校应当保留其入学资格或者学籍至退役后2年。

学生参加学校组织的跨校联合培养项目，在联合培养学校学习期间，学校同时为其保留学籍。

学生保留学籍期间，与其实际所在的部队、学校等组织建立管理关系。

第二十八条　休学学生应当办理手续离校。学生休学期间，学校应为其保留学籍，但不享受在校学习学生待遇。因病休学学生的医疗费按国家及当地的有关规定处理。

第二十九条　学生休学期满前应当在学校规定的期限内提出复学申请，经学校复查合格，方可复学。

第五节　退　学

第三十条　学生有下列情形之一，学校可予退学处理：

（一）学业成绩未达到学校要求或者在学校规定的学习年限内未完成学业的；

（二）休学、保留学籍期满，在学校规定期限内未提出复学申请或者申请复学经复查不合格的；

（三）根据学校指定医院诊断，患有疾病或者意外伤残不能继续在校学习的；

（四）未经批准连续两周未参加学校规定的教学活动的；

（五）超过学校规定期限未注册而又未履行暂缓注册手续的；

（六）学校规定的不能完成学业、应予退学的其他情形。

学生本人申请退学的，经学校审核同意后，办理退学手续。

第三十一条　退学学生，应当按学校规定期限办理退学手续离校。退学的研究生，按已有毕业学历和就业政策可以就业的，由学校报所在地省级毕业生就业部门办理相关手续；在学校规定期限内没有聘用单位的，应当办理退学手续离校。

退学学生的档案由学校退回其家庭所在地，户口应当按照国家相关规定迁回原户籍地或者家庭户籍所在地。

第六节　毕业与结业

第三十二条　学生在学校规定学习年限内，修完教育教学计划规定内容，成绩合格，达到学校毕业要求的，学校应当准予毕业，并在学生离校前发给毕业证书。

符合学位授予条件的，学位授予单位应当颁发学位证书。

学生提前完成教育教学计划规定内容，获得毕业所要求的学分，可以申请提前毕业。学生提前毕业的条件，由学校规定。

第三十三条　学生在学校规定学习年限内，修完教育教学计划规定内容，但未达到学校毕业要求的，学校可以准予结业，发给结业证书。

结业后是否可以补考、重修或者补作毕业设计、论文、答辩，以及是否颁发毕业证书、学位证书，由学校规定。合格后颁发的毕业证书、学位证书，毕业时间、获得学位时间按发证日期填写。

对退学学生，学校应当发给肄业证书或者写实性学习证明。

第七节　学业证书管理

第三十四条　学校应当严格按照招生时确定的办学类型和学习形式，以及学生招生录取时填报的个人信息，填写、颁发学历证书、学位证书及其他学业证书。

学生在校期间变更姓名、出生日期等证书需填写的个人信息的，应当有合理、充分的理由，并提供有法定效力的相应证明文件。学校进行审查，需要学生生源地省级教育行政部门及有关部门协助核查的，有关部门应当予以配合。

第三十五条　学校应当执行高等教育学籍学历电子注册管理制度，完善学籍学历信息管理办法，按相关规定及时完成学生学籍学历电子注册。

第三十六条　对完成本专业学业同时辅修其他专业并达到该专业辅修要求的学生，由学校发给辅修专业证书。

第三十七条　对违反国家招生规定取得入学资格或者学籍的，学校应当取消其学籍，不得发给学历证书、学位证书；已发的学历证书、学位证书，学校应当依法予以撤销。对以作弊、剽窃、抄袭等学术不端行为或者其他不正当手段获得学历证书、学位证书的，学校应当依法予以撤销。

被撤销学历证书、学位证书已注册的，学校应当予以注销并报教育行政部门宣布无效。

第三十八条　学历证书和学位证书遗失或者损坏，经本人申请，学校核实后应当出具相应的证明书。证明书与原证书具有同等效力。

第四章　校园秩序与课外活动

第三十九条　学校、学生应当共同维护校园正常秩序，保障学校环境安全、稳定，保障学生的正常学习和生活。

第四十条　学校应当建立和完善学生参与管理的组织形式，支持和保障学生依法、依章程参与学校管理。

第四十一条　学生应当自觉遵守公民道德规范，自觉遵守学校管理制度，创造和维护文明、整洁、优美、安全的学习和生活环境，树立安全风险防范和自我保护意识，保障自身合法权益。

第四十二条　学生不得有酗酒、打架斗殴、赌博、吸毒，传播、复制、贩卖非法书刊和音像制品等违法行为；不得参与非法传销和进行邪教、封建迷信活动；不得从事或者参与有损大学生形象、有悖社会公序良俗的活动。

学校发现学生在校内有违法行为或者严重精神疾病可能对他人造成伤害的，可以依法采取或者协助有关部门采取必要措施。

第四十三条　学校应当坚持教育与宗教相分离原则。任何组织和个人不得在学校进行宗教活动。

第四十四条　学校应当建立健全学生代表大会制度，为学生会、研究生会等开展活动提供必要条件，支持其在学生管理中发挥作用。

学生可以在校内成立、参加学生团体。学生成立团体，应当按学校有关规定提出书面申请，报学校批准并施行登记和年检制度。

学生团体应当在宪法、法律、法规和学校管理制度范围内活动，接受学校的领导和管理。学生团体邀请校外组织、人员到校举办讲座等活动，需经学校批准。

第四十五条　学校提倡并支持学生及学生团体开展有益于身心健康、成长成才的学术、科技、艺术、文娱、体育等活动。

学生进行课外活动不得影响学校正常的教育教学秩序和生活秩序。

学生参加勤工助学活动应当遵守法律、法规以及学校、用工单位的管理制度，履行勤工助学活动的有关协议。

第四十六条　学生举行大型集会、游行、示威等活动，应当按法律程序和有关规定获得批准。对未获批准的，学校应当依法劝阻或者制止。

第四十七条　学生应当遵守国家和学校关于网络使用的有关规定，不得登录非法网站和传播非法文字、音频、视频资料等，不得编造或者传播虚假、有害信息；不得攻击、侵入他人计算机和移动通讯网络系统。

第四十八条　学校应当建立健全学生住宿管理制度。学生应当遵守学校关于学生住宿管理的规定。鼓励和支持学生通过制定公约，实施自我管理。

第五章　奖励与处分

第四十九条　学校、省（区、市）和国家有关部门应当对在德、智、体、美等方面全面发展或者在思想品德、学业成绩、科技创造、体育竞赛、文艺活动、志愿服务及社会实践等方面表现突出的学生，给予表彰和奖励。

第五十条　对学生的表彰和奖励可以采取授予"三好学生"称号或者其他荣誉称号、颁发奖学金等多种形式，给予相应的精神鼓励或者物质奖励。

学校对学生予以表彰和奖励，以及确定推荐免试研究生、国家奖学金、公派出国留学人选等赋予学生利益的行为，应当建立公开、公平、公正的程序和规定，建立和完善相应的选拔、公示等制度。

第五十一条　对有违反法律法规、本规定以及学校纪律行为的学生，学校应当给予批评教育，并可视情节轻重，给予如下纪律处分：

（一）警告；

（二）严重警告；

（三）记过；

（四）留校察看；

（五）开除学籍。

第五十二条　学生有下列情形之一，学校可以给予开除学籍处分：

（一）违反宪法，反对四项基本原则、破坏安定团结、扰乱社会秩序的；

（二）触犯国家法律，构成刑事犯罪的；

（三）受到治安管理处罚，情节严重、性质恶劣的；

（四）代替他人或者让他人代替自己参加考试、组织作弊、使用通讯设备或其他器材作弊、向他人出售考试试题或答案牟取利益，以及其他严重作弊或扰乱考试秩序行为的；

（五）学位论文、公开发表的研究成果存在抄袭、篡改、伪造等学术不端行为，情节严重的，或者参与代写论文、买卖论文的；

（六）违反本规定和学校规定，严重影响学校教育教学秩序、生活秩序以及公共场所管理秩序的；

（七）侵害其他个人、组织合法权益，造成严重后果的；

（八）屡次违反学校规定受到纪律处分，经教育不改的。

第五十三条　学校对学生作出处分，应当出具处分决定书。处分决定书应当包括下列内容：

（一）学生的基本信息；

（二）作出处分的事实和证据；

（三）处分的种类、依据、期限；

（四）申诉的途径和期限；

（五）其他必要内容。

第五十四条　学校给予学生处分，应当坚持教育与惩戒相结合，与学生违法、违纪行为的性质和过错的严重程度相适应。学校对学生的处分，应当做到证据充分、依据明确、定性准确、程序正当、处分适当。

第五十五条　在对学生作出处分或者其他不利决定之前，学校应当告知学生作出决定的事实、理由及依据，并告知学生享有陈述和申辩的权利，听取学生的陈述和申辩。

处理、处分决定以及处分告知书等，应当直接送达学生本人，学生拒绝签收的，可以以留置方式送达；已离校的，可以采取邮寄方式送达；难于联系的，可以利用学校网站、新闻媒体等以公告方式送达。

第五十六条　对学生作出取消入学资格、取消学籍、退学、开除学籍或者其他涉及学生重大利益的处理或者处分决定的，应当提交校长办公会或者校长授权的专门会议研究决定，并应当事先进行合法性审查。

第五十七条　除开除学籍处分以外，给予学生处分一般应当设置6到

12个月期限,到期按学校规定程序予以解除。解除处分后,学生获得表彰、奖励及其他权益,不再受原处分的影响。

第五十八条 对学生的奖励、处理、处分及解除处分材料,学校应当真实完整地归入学校文书档案和本人档案。

被开除学籍的学生,由学校发给学习证明。学生按学校规定期限离校,档案由学校退回其家庭所在地,户口应当按照国家相关规定迁回原户籍地或者家庭户籍所在地。

第六章 学生申诉

第五十九条 学校应当成立学生申诉处理委员会,负责受理学生对处理或者处分决定不服提起的申诉。

学生申诉处理委员会应当由学校相关负责人、职能部门负责人、教师代表、学生代表、负责法律事务的相关机构负责人等组成;有条件的学校,可以聘请校外法律、教育等方面专家参加。

学校应当制定学生申诉的具体办法;健全学生申诉处理委员会的组成与工作规则,提供必要条件,保证其能够客观、公正地履行职责。

第六十条 学生对学校的处理或者处分决定有异议的,可以在接到学校处理或者处分决定书之日起10日内,向学校学生申诉处理委员会提出书面申诉。

第六十一条 学生申诉处理委员会对学生提出的申诉进行复查,并在接到书面申诉之日起15日内作出复查结论并告知申诉人。情况复杂不能在规定限期内作出结论的,经学校负责人批准,可延长15日。学生申诉处理委员会认为必要的,可以建议学校暂缓执行有关决定。

学生申诉处理委员会经复查,认为作出处理或者处分的事实、依据、程序等存在不当,可以作出建议撤销或变更的复查意见,要求相关职能部门予以研究,重新提交校长办公会或者专门会议作出决定。

第六十二条 学生对复查决定有异议的,在接到学校复查决定书之日起15日内,可以向学校所在地省级教育行政部门提出书面申诉。

省级教育行政部门应当在接到学生书面申诉之日起30个工作日内,

对申诉人的问题给予处理并作出决定。

第六十三条 省级教育行政部门在处理因对学校处理或者处分决定不服提起的学生申诉时，应当听取学生和学校的意见，并可根据需要进行必要的调查。根据审查结论，区别不同情况，分别作出下列处理：

（一）事实清楚、依据明确、定性准确、程序正当、处分适当的，予以维持；

（二）认定事实不存在，或者学校超越职权、违反上位法规定作出决定的，责令学校予以撤销；

（三）认定事实清楚，但认定情节有误、定性不准确，或者适用依据有错误的，责令学校变更或者重新作出决定；

（四）认定事实不清、证据不足，或者违反本规定以及学校规定的程序和权限的，责令学校重新作出决定。

第六十四条 自处理、处分或者复查决定书送达之日起，学生在申诉期内未提出申诉的视为放弃申诉，学校或者省级教育行政部门不再受理其提出的申诉。

处理、处分或者复查决定书未告知学生申诉期限的，申诉期限自学生知道或者应当知道处理或者处分决定之日起计算，但最长不得超过6个月。

第六十五条 学生认为学校及其工作人员违反本规定，侵害其合法权益的；或者学校制定的规章制度与法律法规和本规定抵触的，可以向学校所在地省级教育行政部门投诉。

教育主管部门在实施监督、处理申诉或者投诉过程中，发现学校及其工作人员有违反法律、法规及本规定的行为或者未按照本规定履行相应义务的，或者学校自行制定的相关管理制度、规定，侵害学生合法权益的，应当责令改正；发现存在违法违纪的，应当及时进行调查处理或者移送有关部门，依据有关法律和相关规定，追究有关责任人的责任。

第七章 附 则

第六十六条 学校对接受高等学历继续教育的学生、港澳台侨学生、留学生的管理，参照本规定执行。

第六十七条　学校应当根据本规定制定或修改学校的学生管理规定或者纪律处分规定，报主管教育行政部门备案（中央部委属校同时抄报所在地省级教育行政部门），并及时向学生公布。

省级教育行政部门根据本规定，指导、检查和监督本地区高等学校的学生管理工作。

第六十八条　本规定自 2017 年 9 月 1 日起施行。原《普通高等学校学生管理规定》（教育部令第 21 号）同时废止。其他有关文件规定与本规定不一致的，以本规定为准。

学校食品安全与营养健康管理规定

（《学校食品安全与营养健康管理规定》已经 2018 年 8 月 20 日教育部第 20 次部务会议、2018 年 12 月 18 日国家市场监督管理总局第 9 次局务会议和 2019 年 2 月 2 日国家卫生健康委员会第 12 次委主任会议审议通过，2019 年 2 月 20 日发布）

第一章 总 则

第一条 为保障学生和教职工在校集中用餐的食品安全与营养健康，加强监督管理，根据《中华人民共和国食品安全法》（以下简称食品安全法）、《中华人民共和国教育法》《中华人民共和国食品安全法实施条例》等法律法规，制定本规定。

第二条 实施学历教育的各级各类学校、幼儿园（以下统称学校）集中用餐的食品安全与营养健康管理，适用本规定。

本规定所称集中用餐是指学校通过食堂供餐或者外购食品（包括从供餐单位订餐）等形式，集中向学生和教职工提供食品的行为。

第三条 学校集中用餐实行预防为主、全程监控、属地管理、学校落实的原则，建立教育、食品安全监督管理、卫生健康等部门分工负责的工作机制。

第四条 学校集中用餐应当坚持公益便利的原则，围绕采购、贮存、加工、配送、供餐等关键环节，健全学校食品安全风险防控体系，保障食品安全，促进营养健康。

第五条 学校应当按照食品安全法律法规规定和健康中国战略要求，建立健全相关制度，落实校园食品安全责任，开展食品安全与营养健康的宣传教育。

第二章　管理体制

第六条　县级以上地方人民政府依法统一领导、组织、协调学校食品安全监督管理工作以及食品安全突发事故应对工作，将学校食品安全纳入本地区食品安全事故应急预案和学校安全风险防控体系建设。

第七条　教育部门应当指导和督促学校建立健全食品安全与营养健康相关管理制度，将学校食品安全与营养健康管理工作作为学校落实安全风险防控职责、推进健康教育的重要内容，加强评价考核；指导、监督学校加强食品安全教育和日常管理，降低食品安全风险，及时消除食品安全隐患，提升营养健康水平，积极协助相关部门开展工作。

第八条　食品安全监督管理部门应当加强学校集中用餐食品安全监督管理，依法查处涉及学校的食品安全违法行为；建立学校食堂食品安全信用档案，及时向教育部门通报学校食品安全相关信息；对学校食堂食品安全管理人员进行抽查考核，指导学校做好食品安全管理和宣传教育；依法会同有关部门开展学校食品安全事故调查处理。

第九条　卫生健康主管部门应当组织开展校园食品安全风险和营养健康监测，对学校提供营养指导，倡导健康饮食理念，开展适应学校需求的营养健康专业人员培训；指导学校开展食源性疾病预防和营养健康的知识教育，依法开展相关疫情防控处置工作；组织医疗机构救治因学校食品安全事故导致人身伤害的人员。

第十条　区域性的中小学卫生保健机构、妇幼保健机构、疾病预防控制机构，根据职责或者相关主管部门要求，组织开展区域内学校食品安全与营养健康的监测、技术培训和业务指导等工作。

鼓励有条件的地区成立学生营养健康专业指导机构，根据不同年龄阶段学生的膳食营养指南和健康教育的相关规定，指导学校开展学生营养健康相关活动，引导合理搭配饮食。

第十一条　食品安全监督管理部门应当将学校校园及周边地区作为监督检查的重点，定期对学校食堂、供餐单位和校园内以及周边食品经营者开展检查；每学期应当会同教育部门对本行政区域内学校开展食品安全专项检查，督促指导学校落实食品安全责任。

第三章　学校职责

第十二条　学校食品安全实行校长（园长）负责制。

学校应当将食品安全作为学校安全工作的重要内容，建立健全并落实有关食品安全管理制度和工作要求，定期组织开展食品安全隐患排查。

第十三条　中小学、幼儿园应当建立集中用餐陪餐制度，每餐均应当有学校相关负责人与学生共同用餐，做好陪餐记录，及时发现和解决集中用餐过程中存在的问题。

有条件的中小学、幼儿园应当建立家长陪餐制度，健全相应工作机制，对陪餐家长在学校食品安全与营养健康等方面提出的意见建议及时进行研究反馈。

第十四条　学校应当配备专（兼）职食品安全管理人员和营养健康管理人员，建立并落实集中用餐岗位责任制度，明确食品安全与营养健康管理相关责任。

有条件的地方应当为中小学、幼儿园配备营养专业人员或者支持学校聘请营养专业人员，对膳食营养均衡等进行咨询指导，推广科学配餐、膳食营养等理念。

第十五条　学校食品安全与营养健康管理相关工作人员应当按照有关要求，定期接受培训与考核，学习食品安全与营养健康相关法律、法规、规章、标准和其他相关专业知识。

第十六条　学校应当建立集中用餐信息公开制度，利用公共信息平台等方式及时向师生家长公开食品进货来源、供餐单位等信息，组织师生家长代表参与食品安全与营养健康的管理和监督。

第十七条　学校应当根据卫生健康主管部门发布的学生餐营养指南等标准，针对不同年龄段在校学生营养健康需求，因地制宜引导学生科学营养用餐。

有条件的中小学、幼儿园应当每周公布学生餐带量食谱和营养素供给量。

第十八条　学校应当加强食品安全与营养健康的宣传教育，在全国食品安全宣传周、全民营养周、中国学生营养日、全国碘缺乏病防治日等重要时间节点，开展相关科学知识普及和宣传教育活动。

学校应当将食品安全与营养健康相关知识纳入健康教育教学内容，通过主题班会、课外实践等形式开展经常性宣传教育活动。

第十九条　中小学、幼儿园应当培养学生健康的饮食习惯，加强对学生营养不良与超重、肥胖的监测、评价和干预，利用家长学校等方式对学生家长进行食品安全与营养健康相关知识的宣传教育。

第二十条　中小学、幼儿园一般不得在校内设置小卖部、超市等食品经营场所，确有需要设置的，应当依法取得许可，并避免售卖高盐、高糖及高脂食品。

第二十一条　学校在食品采购、食堂管理、供餐单位选择等涉及学校集中用餐的重大事项上，应当以适当方式听取家长委员会或者学生代表大会、教职工代表大会意见，保障师生家长的知情权、参与权、选择权、监督权。

学校应当畅通食品安全投诉渠道，听取师生家长对食堂、外购食品以及其他有关食品安全的意见、建议。

第二十二条　鼓励学校参加食品安全责任保险。

第四章　食堂管理

第二十三条　有条件的学校应当根据需要设置食堂，为学生和教职工提供服务。

学校自主经营的食堂应当坚持公益性原则，不以营利为目的。实施营养改善计划的农村义务教育学校食堂不得对外承包或者委托经营。

引入社会力量承包或者委托经营学校食堂的，应当以招投标等方式公开选择依法取得食品经营许可、能承担食品安全责任、社会信誉良好的餐饮服务单位或者符合条件的餐饮管理单位。

学校应当与承包方或者受委托经营方依法签订合同，明确双方在食品安全与营养健康方面的权利和义务，承担管理责任，督促其落实食品安全管理制度、履行食品安全与营养健康责任。承包方或者受委托经营方应当依照法律、法规、规章、食品安全标准以及合同约定进行经营，对食品安全负责，并接受委托方的监督。

第二十四条　学校食堂应当依法取得食品经营许可证，严格按照食品经营许可证载明的经营项目进行经营，并在食堂显著位置悬挂或者摆放许可证。

第二十五条　学校食堂应当建立食品安全与营养健康状况自查制度。经营条件发生变化，不再符合食品安全要求的，学校食堂应当立即整改；有发生食品安全事故潜在风险的，应当立即停止食品经营活动，并及时向所在地食品安全监督管理部门和教育部门报告。

第二十六条　学校食堂应当建立健全并落实食品安全管理制度，按照规定制定并执行场所及设施设备清洗消毒、维修保养校验、原料采购至供餐全过程控制管理、餐具饮具清洗消毒、食品添加剂使用管理等食品安全管理制度。

第二十七条　学校食堂应当建立并执行从业人员健康管理制度和培训制度。患有国家卫生健康委规定的有碍食品安全疾病的人员，不得从事接触直接入口食品的工作。从事接触直接入口食品工作的从业人员应当每年进行健康检查，取得健康证明后方可上岗工作，必要时应当进行临时健康检查。

学校食堂从业人员的健康证明应当在学校食堂显著位置进行统一公示。

学校食堂从业人员应当养成良好的个人卫生习惯，加工操作直接入口食品前应当洗手消毒，进入工作岗位前应当穿戴清洁的工作衣帽。

学校食堂从业人员不得有在食堂内吸烟等行为。

第二十八条　学校食堂应当建立食品安全追溯体系，如实、准确、完整记录并保存食品进货查验等信息，保证食品可追溯。鼓励食堂采用信息化手段采集、留存食品经营信息。

第二十九条　学校食堂应当具有与所经营的食品品种、数量、供餐人数相适应的场所并保持环境整洁，与有毒、有害场所以及其他污染源保持规定的距离。

第三十条　学校食堂应当根据所经营的食品品种、数量、供餐人数，配备相应的设施设备，并配备消毒、更衣、盥洗、采光、照明、通风、防腐、防尘、防蝇、防鼠、防虫、洗涤以及处理废水、存放垃圾和废弃物的设备或者设施。就餐区或者就餐区附近应当设置供用餐者清洗手部以及餐具、饮具的用水设施。

食品加工、贮存、陈列、转运等设施设备应当定期维护、清洗、消毒；保温设施及冷藏冷冻设施应当定期清洗、校验。

第三十一条 学校食堂应当具有合理的设备布局和工艺流程，防止待加工食品与直接入口食品、原料与成品或者半成品交叉污染，避免食品接触有毒物、不洁物。制售冷食类食品、生食类食品、裱花蛋糕、现榨果蔬汁等，应当按照有关要求设置专间或者专用操作区，专间应当在加工制作前进行消毒，并由专人加工操作。

第三十二条 学校食堂采购食品及原料应当遵循安全、健康、符合营养需要的原则。有条件的地方或者学校应当实行大宗食品公开招标、集中定点采购制度，签订采购合同时应当明确供货者食品安全责任和义务，保证食品安全。

第三十三条 学校食堂应当建立食品、食品添加剂和食品相关产品进货查验记录制度，如实准确记录名称、规格、数量、生产日期或者生产批号、保质期、进货日期以及供货者名称、地址、联系方式等内容，并保留载有上述信息的相关凭证。

进货查验记录和相关凭证保存期限不得少于产品保质期满后六个月；没有明确保质期的，保存期限不得少于二年。食用农产品的记录和凭证保存期限不得少于六个月。

第三十四条 学校食堂采购食品及原料，应当按照下列要求查验许可相关文件，并留存加盖公章（或者签字）的复印件或者其他凭证：

（一）从食品生产者采购食品的，应当查验其食品生产许可证和产品合格证明文件等；

（二）从食品经营者（商场、超市、便利店等）采购食品的，应当查验其食品经营许可证等；

（三）从食用农产品生产者直接采购的，应当查验并留存其社会信用代码或者身份证复印件；

（四）从集中交易市场采购食用农产品的，应当索取并留存由市场开办者或者经营者加盖公章（或者负责人签字）的购货凭证；

（五）采购肉类的应当查验肉类产品的检疫合格证明；采购肉类制品的应当查验肉类制品的检验合格证明。

第三十五条　学校食堂禁止采购、使用下列食品、食品添加剂、食品相关产品：

（一）超过保质期的食品、食品添加剂；

（二）腐败变质、油脂酸败、霉变生虫、污秽不洁、混有异物、掺假掺杂或者感官性状异常的食品、食品添加剂；

（三）未按规定进行检疫或者检疫不合格的肉类，或者未经检验或者检验不合格的肉类制品；

（四）不符合食品安全标准的食品原料、食品添加剂以及消毒剂、洗涤剂等食品相关产品；

（五）法律、法规、规章规定的其他禁止生产经营或者不符合食品安全标准的食品、食品添加剂、食品相关产品。

学校食堂在加工前应当检查待加工的食品及原料，发现有前款规定情形的，不得加工或者使用。

第三十六条　学校食堂提供蔬菜、水果以及按照国际惯例或者民族习惯需要提供的食品应当符合食品安全要求。

学校食堂不得采购、贮存、使用亚硝酸盐（包括亚硝酸钠、亚硝酸钾）。

中小学、幼儿园食堂不得制售冷荤类食品、生食类食品、裱花蛋糕，不得加工制作四季豆、鲜黄花菜、野生蘑菇、发芽土豆等高风险食品。省、自治区、直辖市食品安全监督管理部门可以结合实际制定本地区中小学、幼儿园集中用餐不得制售的高风险食品目录。

第三十七条　学校食堂应当按照保证食品安全的要求贮存食品，做到通风换气、分区分架分类、离墙离地存放、防蝇防鼠防虫设施完好，并定期检查库存，及时清理变质或者超过保质期的食品。

贮存散装食品，应当在贮存位置标明食品的名称、生产日期或者生产批号、保质期、生产者名称以及联系方式等内容。用于保存食品的冷藏冷冻设备，应当贴有标识，原料、半成品和成品应当分柜存放。

食品库房不得存放有毒、有害物品。

第三十八条　学校食堂应当设置专用的备餐间或者专用操作区，制定并在显著位置公示人员操作规范；备餐操作时应当避免食品受到污染。食品添加剂应当专人专柜（位）保管，按照有关规定做到标识清晰、计量使用、专册记录。

学校食堂制作的食品在烹饪后应当尽量当餐用完，需要熟制的食品应当烧熟煮透。需要再次利用的，应当按照相关规范采取热藏或者冷藏方式存放，并在确认没有腐败变质的情况下，对需要加热的食品经高温彻底加热后食用。

第三十九条　学校食堂用于加工动物性食品原料、植物性食品原料、水产品原料、半成品或者成品等的容器、工具应当从形状、材质、颜色、标识上明显区分，做到分开使用，固定存放，用后洗净并保持清洁。

学校食堂的餐具、饮具和盛放或者接触直接入口食品的容器、工具，使用前应当洗净、消毒。

第四十条　中小学、幼儿园食堂应当对每餐次加工制作的每种食品成品进行留样，每个品种留样量应当满足检验需要，不得少于125克，并记录留样食品名称、留样量、留样时间、留样人员等。留样食品应当由专柜冷藏保存48小时以上。

高等学校食堂加工制作的大型活动集体用餐，批量制售的热食、非即做即售的热食、冷食类食品、生食类食品、裱花蛋糕应当按照前款规定留样，其他加工食品根据相关规定留样。

第四十一条　学校食堂用水应当符合国家规定的生活饮用水卫生标准。

第四十二条　学校食堂产生的餐厨废弃物应当在餐后及时清除，并按照环保要求分类处理。

食堂应当设置专门的餐厨废弃物收集设施并明显标识，按照规定收集、存放餐厨废弃物，建立相关制度及台账，按照规定交由符合要求的生活垃圾运输单位或者餐厨垃圾处理单位处理。

第四十三条　学校食堂应当建立安全保卫制度，采取措施，禁止非食堂从业人员未经允许进入食品处理区。

学校在校园安全信息化建设中,应当优先在食堂食品库房、烹饪间、备餐间、专间、留样间、餐具饮具清洗消毒间等重点场所实现视频监控全覆盖。

第四十四条　有条件的学校食堂应当做到明厨亮灶,通过视频或者透明玻璃窗、玻璃墙等方式,公开食品加工过程。鼓励运用互联网等信息化手段,加强对食品来源、采购、加工制作全过程的监督。

第五章　外购食品管理

第四十五条　学校从供餐单位订餐的,应当建立健全校外供餐管理制度,选择取得食品经营许可、能承担食品安全责任、社会信誉良好的供餐单位。

学校应当与供餐单位签订供餐合同(或者协议),明确双方食品安全与营养健康的权利和义务,存档备查。

第四十六条　供餐单位应当严格遵守法律、法规和食品安全标准,当餐加工,并遵守本规定的要求,确保食品安全。

第四十七条　学校应当对供餐单位提供的食品随机进行外观查验和必要检验,并在供餐合同(或者协议)中明确约定不合格食品的处理方式。

第四十八条　学校需要现场分餐的,应当建立分餐管理制度。在教室分餐的,应当保障分餐环境卫生整洁。

第四十九条　学校外购食品的,应当索取相关凭证,查验产品包装标签,查看生产日期、保质期和保存条件。不能即时分发的,应当按照保证食品安全的要求贮存。

第六章　食品安全事故调查与应急处置

第五十条　学校应当建立集中用餐食品安全应急管理和突发事故报告制度,制定食品安全事故处置方案。发生集中用餐食品安全事故或者疑似食品安全事故时,应当立即采取下列措施:

(一)积极协助医疗机构进行救治;

（二）停止供餐，并按照规定向所在地教育、食品安全监督管理、卫生健康等部门报告；

（三）封存导致或者可能导致食品安全事故的食品及其原料、工具、用具、设备设施和现场，并按照食品安全监督管理部门要求采取控制措施；

（四）配合食品安全监管部门进行现场调查处理；

（五）配合相关部门对用餐师生进行调查，加强与师生家长联系，通报情况，做好沟通引导工作。

第五十一条　教育部门接到学校食品安全事故报告后，应当立即赶往现场协助相关部门进行调查处理，督促学校采取有效措施，防止事故扩大，并向上级人民政府教育部门报告。

学校发生食品安全事故需要启动应急预案的，教育部门应当立即向同级人民政府以及上一级教育部门报告，按照规定进行处置。

第五十二条　食品安全监督管理部门会同卫生健康、教育等部门依法对食品安全事故进行调查处理。

县级以上疾病预防控制机构接到报告后应当对事故现场进行卫生处理，并对与事故有关的因素开展流行病学调查，及时向同级食品安全监督管理、卫生健康等部门提交流行病学调查报告。

学校食品安全事故的性质、后果及其调查处理情况由食品安全监督管理部门会同卫生健康、教育等部门依法发布和解释。

第五十三条　教育部门和学校应当按照国家食品安全信息统一公布制度的规定建立健全学校食品安全信息公布机制，主动关注涉及本地本校食品安全舆情，除由相关部门统一公布的食品安全信息外，应当准确、及时、客观地向社会发布相关工作信息，回应社会关切。

第七章　责任追究

第五十四条　违反本规定第二十五、二十六、二十七条第一款、第三十三条，以及第三十四条第（一）、（二）、（五）项，学校食堂（或者供餐单位）未按规定建立食品安全管理制度，或者未按规定制定、实施餐饮服务经营过程控制要求的，由县级以上人民政府食品安全监督管理部门依照食品安全法第一百二十六条第一款的规定处罚。

违反本规定第三十四条第（三）、（四）项，学校食堂（或者供餐单位）未查验或者留存食用农产品生产者、集中交易市场开办者或者经营者的社会信用代码或者身份证复印件或者购货凭证、合格证明文件的，由县级以上人民政府食品安全监督管理部门责令改正；拒不改正的，给予警告，并处5000元以上30000元以下罚款。

第五十五条　违反本规定第三十六条第二款，学校食堂（或者供餐单位）采购、贮存亚硝酸盐（包括亚硝酸钠、亚硝酸钾）的，由县级以上人民政府食品安全监督管理部门责令改正，给予警告，并处5000元以上30000元以下罚款。

违反本规定第三十六条第三款，中小学、幼儿园食堂（或者供餐单位）制售冷荤类食品、生食类食品、裱花蛋糕，或者加工制作四季豆、鲜黄花菜、野生蘑菇、发芽土豆等高风险食品的，由县级以上人民政府食品安全监督管理部门责令改正；拒不改正的，给予警告，并处5000元以上30000元以下罚款。

第五十六条　违反本规定第四十条，学校食堂（或者供餐单位）未按要求留样的，由县级以上人民政府食品安全监督管理部门责令改正，给予警告；拒不改正的，处5000元以上30000元以下罚款。

第五十七条　有食品安全法以及本规定的违法情形，学校未履行食品安全管理责任，由县级以上人民政府食品安全管理部门会同教育部门对学校主要负责人进行约谈，由学校主管教育部门视情节对学校直接负责的主管人员和其他直接责任人员给予相应的处分。

实施营养改善计划的学校违反食品安全法律法规以及本规定的，应当从重处理。

第五十八条　学校食品安全的相关工作人员、相关负责人有下列行为之一的，由学校主管教育部门给予警告或者记过处分；情节较重的，应当给予降低岗位等级或者撤职处分；情节严重的，应当给予开除处分；构成犯罪的，依法移送司法机关处理：

（一）知道或者应当知道食品、食品原料劣质或者不合格而采购的，或者利用工作之便以其他方式谋取不正当利益的；

（二）在招投标和物资采购工作中违反有关规定，造成不良影响或者损失的；

（三）怠于履行职责或者工作不负责任、态度恶劣，造成不良影响的；

（四）违规操作致使师生人身遭受损害的；

（五）发生食品安全事故，擅离职守或者不按规定报告、不采取措施处置或者处置不力的；

（六）其他违反本规定要求的行为。

第五十九条　学校食品安全管理直接负责的主管人员和其他直接责任人员有下列情形之一的，由学校主管教育部门会同有关部门视情节给予相应的处分；构成犯罪的，依法移送司法机关处理：

（一）隐瞒、谎报、缓报食品安全事故的；

（二）隐匿、伪造、毁灭、转移不合格食品或者有关证据，逃避检查、使调查难以进行或者责任难以追究的；

（三）发生食品安全事故，未采取有效控制措施、组织抢救工作致使食物中毒事态扩大，或者未配合有关部门进行食物中毒调查、保留现场的；

（四）其他违反食品安全相关法律法规规定的行为。

第六十条　对于出现重大以上学校食品安全事故的地区，由国务院教育督导机构或者省级人民政府教育督导机构对县级以上地方人民政府相关负责人进行约谈，并依法提请有关部门予以追责。

第六十一条　县级以上人民政府食品安全监督管理、卫生健康、教育等部门未按照食品安全法等法律法规以及本规定要求履行监督管理职责，造成所辖区域内学校集中用餐发生食品安全事故的，应当依据食品安全法和相关规定，对直接负责的主管人员和其他直接责任人员，给予相应的处分；构成犯罪的，依法移送司法机关处理。

第八章　附　则

第六十二条　本规定下列用语的含义：

学校食堂，指学校为学生和教职工提供就餐服务，具有相对独立的原料存放、食品加工制作、食品供应及就餐空间的餐饮服务提供者。

供餐单位，指根据服务对象订购要求，集中加工、分送食品但不提供就餐场所的食品经营者。

学校食堂从业人员，指食堂中从事食品采购、加工制作、供餐、餐饮具清洗消毒等与餐饮服务有关的工作人员。

现榨果蔬汁，指以新鲜水果、蔬菜为主要原料，经压榨、粉碎等方法现场加工制作的供消费者直接饮用的果蔬汁饮品，不包括采用浓浆、浓缩汁、果蔬粉调配成的饮料。

冷食类食品、生食类食品、裱花蛋糕的定义适用《食品经营许可管理办法》的有关规定。

第六十三条　供餐人数较少，难以建立食堂的学校，以及以简单加工学生自带粮食、蔬菜或者以为学生热饭为主的小规模农村学校的食品安全，可以参照食品安全法第三十六条的规定实施管理。

对提供用餐服务的教育培训机构，可以参照本规定管理。

第六十四条　本规定自2019年4月1日起施行，2002年9月20日教育部、原卫生部发布的《学校食堂与学生集体用餐卫生管理规定》同时废止。

新时代高等学校思想政治理论课教师队伍建设规定

(中华人民共和国教育部令第 46 号 2020 年 1 月 16 日发布)

第一章 总 则

第一条 为深入贯彻落实习近平新时代中国特色社会主义思想和党的十九大精神,贯彻落实习近平总书记关于教育的重要论述,全面贯彻党的教育方针,加强新时代高等学校思想政治理论课(以下简称思政课)教师队伍建设,根据《中华人民共和国教师法》,中共中央办公厅、国务院办公厅印发的《关于深化新时代学校思想政治理论课改革创新的若干意见》,制定本规定。

第二条 思政课是高等学校落实立德树人根本任务的关键课程,是必须按照国家要求设置的课程。

思政课教师是指承担高等学校思政课教育教学和研究职责的专兼职教师,是高等学校教师队伍中承担开展马克思主义理论教育、用习近平新时代中国特色社会主义思想铸魂育人的中坚力量。

第三条 主管教育部门、高等学校应当加强思政课教师队伍建设,把思政课教师队伍建设纳入教育事业发展和干部人才队伍建设总体规划,在师资建设上优先考虑,在资金投入上优先保障,在资源配置上优先满足。

第四条 高等学校应当落实全员育人、全程育人、全方位育人要求,构建完善立德树人工作体系,调动广大教职工参与思想政治理论教育的积极性、主动性,动员各方面力量支持、配合思政课教师开展教学科研、组织学生社会实践等工作,提升思政课教学效果。

第二章 职责与要求

第五条 思政课教师的首要岗位职责是讲好思政课。思政课教师要引导学生立德成人、立志成才，树立正确世界观、人生观、价值观，坚定对马克思主义的信仰，坚定对社会主义和共产主义的信念，增强中国特色社会主义道路自信、理论自信、制度自信、文化自信，厚植爱国主义情怀，把爱国情、强国志、报国行自觉融入坚持和发展中国特色社会主义事业、建设社会主义现代化强国、实现中华民族伟大复兴的奋斗之中，为培养德智体美劳全面发展的社会主义建设者和接班人作出积极贡献。

第六条 对思政课教师的岗位要求是：

（一）思政课教师应当增强"四个意识"，坚定"四个自信"，做到"两个维护"，始终在政治立场、政治方向、政治原则、政治道路上同以习近平同志为核心的党中央保持高度一致，模范践行高等学校教师师德规范。做到信仰坚定、学识渊博、理论功底深厚，努力做到政治强、情怀深、思维新、视野广、自律严、人格正，自觉用习近平新时代中国特色社会主义思想武装头脑，做学习和实践马克思主义的典范，做为学为人的表率。

（二）思政课教师应当用好国家统编教材。以讲好用好教材为基础，认真参加教材使用培训和集体备课，深入研究教材内容，吃准吃透教材基本精神，全面把握教材重点、难点，认真做好教材转化工作，编写好教案，切实推动教材体系向教学体系转化。

（三）思政课教师应当加强教学研究。坚持以思政课教学为核心的科研导向，紧紧围绕马克思主义理论学科内涵开展科研，深入研究思政课教学方法和教学重点难点问题，深入研究坚持和发展中国特色社会主义的重大理论和实践问题。

（四）思政课教师应当深化教学改革创新。按照政治性和学理性相统一、价值性和知识性相统一、建设性和批判性相统一、理论性和实践性相统一、统一性和多样性相统一、主导性和主体性相统一、灌输性和启发性相统一、显性教育和隐性教育相统一的要求，增强思政课的思想性、理论性和亲和力、针对性，全面提高思政课质量和水平。

第三章 配备与选聘

第七条 高等学校应当配齐建强思政课专职教师队伍，建设专职为主、专兼结合、数量充足、素质优良的思政课教师队伍。

高等学校应当根据全日制在校生总数，严格按照师生比不低于1∶350的比例核定专职思政课教师岗位。公办高等学校要在编制内配足，且不得挪作他用。

第八条 高等学校应当根据思政课教师工作职责、岗位要求，制定任职资格标准和选聘办法。

高等学校可以在与思政课教学内容相关的学科遴选优秀教师进行培训后加入思政课教师队伍，专职从事思政课教学；并可以探索胜任思政课教学的党政管理干部转岗为专职思政课教师，积极推动符合条件的辅导员参与思政课教学，鼓励政治素质过硬的相关学科专家转任思政课教师。

第九条 高等学校可以实行思政课特聘教师、兼职教师制度。鼓励高等学校统筹地方党政领导干部、企事业单位管理专家、社科理论界专家、各行业先进模范以及高等学校党委书记校长、院（系）党政负责人、名家大师和专业课骨干、日常思想政治教育骨干等讲授思政课。支持高等学校建立两院院士、国有企业领导等人士经常性进高校、上思政课讲台的长效机制。

第十条 主管教育部门应当加大高等学校思政课校际协作力度，加强区域内高等学校思政课教师柔性流动和协同机制建设，支持高水平思政课教师采取多种方式开展思政课教学工作。采取派驻支援或组建讲师团等形式支持民办高等学校配备思政课教师。

第十一条 高等学校应当严把思政课教师政治关、师德关、业务关，明确思政课教师任职条件，根据国家有关规定和本规定要求，制定思政课教师规范或者在聘任合同中明确思政课教师权利义务与职责。

第十二条 高等学校应当设置独立的马克思主义学院等思政课教学科研二级机构，统筹思政课教学科研和教师队伍的管理、培养、培训。

思政课教学科研机构负责人应当是中国共产党党员，并有长期从事思政课教学或者马克思主义理论学科研究的经历。缺少合适人选的高等学校可以采取兼职等办法，从相关单位聘任思政课教学科研机构负责人。

第四章 培养与培训

第十三条 主管教育部门和高等学校应当加强思政课教师队伍后备人才培养。

国务院教育行政部门应当制定马克思主义理论专业类教学质量国家标准，加强本硕博课程教材体系建设，可统筹推进马克思主义理论本硕博一体化人才培养工作。实施"高校思政课教师队伍后备人才培养专项支持计划"，专门招收马克思主义理论学科研究生，不断为思政课教师队伍输送高水平人才。高等学校应当注重选拔高素质人才从事马克思主义理论学习研究和教育教学，加强思政课教师队伍后备人才思想政治工作。

第十四条 建立国家、省（区、市）、高等学校三级思政课教师培训体系。国务院教育行政部门建立高等学校思政课教师研修基地，开展国家级示范培训，建立思政课教师教学研究交流平台。主管教育部门和高等学校应当建立健全思政课教师专业发展体系，定期组织开展教学研讨，保证思政课专职教师每3年至少接受一次专业培训，新入职教师应参加岗前专项培训。

第十五条 主管教育部门和高等学校应当拓展思政课教师培训渠道，设立思政课教师研学基地，定期安排思政课教师实地了解中国改革发展成果、组织思政课教师实地考察和比较分析国内外经济社会发展状况，创造条件支持思政课教师到地方党政机关、企事业单位、基层等开展实践锻炼。

高等学校应当根据全日制在校生总数，按照本科院校每生每年不低于40元、专科院校每生每年不低于30元的标准安排专项经费，用于保障思政课教师的学术交流、实践研修等，并根据实际情况逐步加大支持力度。

第十六条 主管教育部门和高等学校应当加大对思政课教师科学研究的支持力度。教育部人文社科研究项目要设立专项课题，主管教育部门要设立相关项目，持续有力支持思政课教师开展教学研究。主管教育部门和高等学校应当加强马克思主义理论教学科研成果学术阵地建设，支持新创办思政课研究学术期刊，相关哲学社会科学类学术期刊要设立思政课研究栏目。

第五章　考核与评价

第十七条　高等学校应当科学设置思政课教师专业技术职务（职称）岗位，按教师比例核定思政课教师专业技术职务（职称）各类岗位占比，高级岗位比例不低于学校平均水平，不得挪作他用。

第十八条　高等学校应当制定符合思政课教师职业特点和岗位要求的专业技术职务（职称）评聘标准，提高教学和教学研究在评聘条件中的占比。

高等学校可以结合实际分类设置教学研究型、教学型思政课教师专业技术职务（职称），两种类型都要在教学方面设置基本任务要求，要将教学效果作为思政课教师专业技术职务（职称）评聘的根本标准，同时要重视考查科研成果。

高等学校可以设置具体条件，将承担思政课教学的基本情况以及教学实效作为思政课教师参加高一级专业技术职务（职称）评聘的首要考查条件和必要条件。将为本专科生上思政课作为思政课教师参加高级专业技术职务（职称）评聘的必要条件。将至少一年兼任辅导员、班主任等日常思想政治教育工作经历并考核合格作为青年教师晋升高一级专业技术职务（职称）的必要条件。

思政课教师指导1个马克思主义理论类学生社团1年以上，且较好履行政治把关、理论学习、业务指导等职责的，在专业技术职务（职称）评聘中同等条件下可以优先考虑。

思政课教师在思想素质、政治素质、师德师风等方面存在突出问题的，在专业技术职务（职称）评聘中实行"一票否决"。

第十九条　高等学校应当完善思政课教师教学和科研成果认定制度，推行科研成果代表作制度，制定思政课教师发表文章的重点报刊目录，将思政课教师在中央和地方主要媒体发表的理论文章纳入学术成果范围，细化相关认定办法。教学和科研成果可以是专著、论文、教学参考资料、调查报告、教书育人经验总结等。在制定思政课教师专业技术职务（职称）

评聘指标和排次定序依据时，要结合实际设置规则，不得将国外期刊论文发表情况和出国访学留学情况作为必要条件。

第二十条　高等学校应当健全思政课教师专业技术职务（职称）评价机制，建立以同行专家评价为主的评价机制，突出思政课的政治性、思想性、学术性、专业性、实效性，评价专家应以马克思主义理论学科为主，同时可适当吸收相关学科专家参加。

思政课教师专业技术职务（职称）评审委员会应当包含学校党委有关负责同志、思政课教学科研部门负责人，校内专业技术职务（职称）评聘委员会应有同比例的马克思主义理论学科专家。

高等学校应当制定思政课教师专业技术职务（职称）管理办法。完善专业技术职务（职称）退出机制，加强聘期考核，加大激励力度，准聘与长聘相结合。

第六章　保障与管理

第二十一条　高等学校应当切实提高专职思政课教师待遇，要因地制宜设立思政课教师岗位津贴。高等学校要为思政课教师的教学科研工作创造便利条件，配备满足教学科研需要的办公空间、硬件设备和图书资料。

第二十二条　高等学校思政课教师由马克思主义学院等思政课教学科研机构统一管理。每门课程都应当建立相应的教学科研组织，并可以根据需要配备管理人员。

第二十三条　主管教育部门和高等学校要大力培养、推荐、表彰思政课教师中的先进典型。全国教育系统先进个人表彰中对思政课教师比例或名额作出规定；国家级教学成果奖、高等学校科学研究优秀成果奖（人文社科）中加大力度支持思政课；"长江学者奖励计划"等高层次人才项目中加大倾斜支持优秀思政课教师的力度。

第二十四条　主管教育部门和高等学校应当加强宣传、引导，并采取设立奖励基金等方式支持高等学校思政课教师队伍建设，以各种方式定期对优秀思政课教师和马克思主义理论学科学生给予奖励。

第二十五条　高等学校应当加强对思政课教师的考核，健全退出机制，对政治立场、政治方向、政治原则、政治道路上不能同党中央保持一致的，或理论素养、教学水平达不到标准的教师，不得继续担任思政课教师或马克思主义理论学科研究生导师。

第七章　附　则

第二十六条　本规定适用于普通高等学校（包括民办高等学校）思政课教师队伍建设。其他类型高等学校的思政课教师队伍建设可以参照本规定执行。

第二十七条　省级教育部门可以根据本规定，结合本地实际制定相关实施细则。

第二十八条　本规定自 2020 年 3 月 1 日起施行。

中小学教育惩戒规则（试行）

（中华人民共和国教育部令第 49 号 2020 年 12 月 23 日发布）

第一条　为落实立德树人根本任务，保障和规范学校、教师依法履行教育教学和管理职责，保护学生合法权益，促进学生健康成长、全面发展，根据教育法、教师法、未成年人保护法、预防未成年人犯罪法等法律法规和国家有关规定，制定本规则。

第二条　普通中小学校、中等职业学校（以下称学校）及其教师在教育教学和管理过程中对学生实施教育惩戒，适用本规则。

本规则所称教育惩戒，是指学校、教师基于教育目的，对违规违纪学生进行管理、训导或者以规定方式予以矫治，促使学生引以为戒、认识和改正错误的教育行为。

第三条　学校、教师应当遵循教育规律，依法履行职责，通过积极管教和教育惩戒的实施，及时纠正学生错误言行，培养学生的规则意识、责任意识。

教育行政部门应当支持、指导、监督学校及其教师依法依规实施教育惩戒。

第四条　实施教育惩戒应当符合教育规律，注重育人效果；遵循法治原则，做到客观公正；选择适当措施，与学生过错程度相适应。

第五条　学校应当结合本校学生特点，依法制定、完善校规校纪，明确学生行为规范，健全实施教育惩戒的具体情形和规则。

学校制定校规校纪，应当广泛征求教职工、学生和学生父母或者其他监护人（以下称家长）的意见；有条件的，可以组织有学生、家长及有关方面代表参加的听证。校规校纪应当提交家长委员会、教职工代表大会讨论，经校长办公会议审议通过后施行，并报主管教育部门备案。

教师可以组织学生、家长以民主讨论形式共同制定班规或者班级公约，报学校备案后施行。

第六条 学校应当利用入学教育、班会以及其他适当方式，向学生和家长宣传讲解校规校纪。未经公布的校规校纪不得施行。

学校可以根据情况建立校规校纪执行委员会等组织机构，吸收教师、学生及家长、社会有关方面代表参加，负责确定可适用的教育惩戒措施，监督教育惩戒的实施，开展相关宣传教育等。

第七条 学生有下列情形之一，学校及其教师应当予以制止并进行批评教育，确有必要的，可以实施教育惩戒：

（一）故意不完成教学任务要求或者不服从教育、管理的；

（二）扰乱课堂秩序、学校教育教学秩序的；

（三）吸烟、饮酒，或者言行失范违反学生守则的；

（四）实施有害自己或者他人身心健康的危险行为的；

（五）打骂同学、老师，欺凌同学或者侵害他人合法权益的；

（六）其他违反校规校纪的行为。

学生实施属于预防未成年人犯罪法规定的不良行为或者严重不良行为的，学校、教师应当予以制止并实施教育惩戒，加强管教；构成违法犯罪的，依法移送公安机关处理。

第八条 教师在课堂教学、日常管理中，对违规违纪情节较为轻微的学生，可以当场实施以下教育惩戒：

（一）点名批评；

（二）责令赔礼道歉、做口头或者书面检讨；

（三）适当增加额外的教学或者班级公益服务任务；

（四）一节课堂教学时间内的教室内站立；

（五）课后教导；

（六）学校校规校纪或者班规、班级公约规定的其他适当措施。

教师对学生实施前款措施后，可以以适当方式告知学生家长。

第九条 学生违反校规校纪，情节较重或者经当场教育惩戒拒不改正的，学校可以实施以下教育惩戒，并应当及时告知家长：

（一）由学校德育工作负责人予以训导；

（二）承担校内公益服务任务；

（三）安排接受专门的校规校纪、行为规则教育；

（四）暂停或者限制学生参加游览、校外集体活动以及其他外出集体活动；

（五）学校校规校纪规定的其他适当措施。

第十条　小学高年级、初中和高中阶段的学生违规违纪情节严重或者影响恶劣的，学校可以实施以下教育惩戒，并应当事先告知家长：

（一）给予不超过一周的停课或者停学，要求家长在家进行教育、管教；

（二）由法治副校长或者法治辅导员予以训诫；

（三）安排专门的课程或者教育场所，由社会工作者或者其他专业人员进行心理辅导、行为干预。

对违规违纪情节严重，或者经多次教育惩戒仍不改正的学生，学校可以给予警告、严重警告、记过或者留校察看的纪律处分。对高中阶段学生，还可以给予开除学籍的纪律处分。

对有严重不良行为的学生，学校可以按照法定程序，配合家长、有关部门将其转入专门学校教育矫治。

第十一条　学生扰乱课堂或者教育教学秩序，影响他人或者可能对自己及他人造成伤害的，教师可以采取必要措施，将学生带离教室或者教学现场，并予以教育管理。

教师、学校发现学生携带、使用违规物品或者行为具有危险性的，应当采取必要措施予以制止；发现学生藏匿违法、危险物品的，应当责令学生交出并可以对可能藏匿物品的课桌、储物柜等进行检查。

教师、学校对学生的违规物品可以予以暂扣并妥善保管，在适当时候交还学生家长；属于违法、危险物品的，应当及时报告公安机关、应急管理部门等有关部门依法处理。

第十二条　教师在教育教学管理、实施教育惩戒过程中，不得有下列行为：

（一）以击打、刺扎等方式直接造成身体痛苦的体罚；

（二）超过正常限度的罚站、反复抄写，强制做不适的动作或者姿势，以及刻意孤立等间接伤害身体、心理的变相体罚；

（三）辱骂或者以歧视性、侮辱性的言行侵犯学生人格尊严；

（四）因个人或者少数人违规违纪行为而惩罚全体学生；

（五）因学业成绩而教育惩戒学生；

（六）因个人情绪、好恶实施或者选择性实施教育惩戒；

（七）指派学生对其他学生实施教育惩戒；

（八）其他侵害学生权利的。

第十三条　教师对学生实施教育惩戒后，应当注重与学生的沟通和帮扶，对改正错误的学生及时予以表扬、鼓励。

学校可以根据实际和需要，建立学生教育保护辅导工作机制，由学校分管负责人、德育工作机构负责人、教师以及法治副校长（辅导员）、法律以及心理、社会工作等方面的专业人员组成辅导小组，对有需要的学生进行专门的心理辅导、行为矫治。

第十四条　学校拟对学生实施本规则第十条所列教育惩戒和纪律处分的，应当听取学生的陈述和申辩。学生或者家长申请听证的，学校应当组织听证。

学生受到教育惩戒或者纪律处分后，能够诚恳认错、积极改正的，可以提前解除教育惩戒或者纪律处分。

第十五条　学校应当支持、监督教师正当履行职务。教师因实施教育惩戒与学生及其家长发生纠纷，学校应当及时进行处理，教师无过错的，不得因教师实施教育惩戒而给予其处分或者其他不利处理。

教师违反本规则第十二条，情节轻微的，学校应当予以批评教育；情节严重的，应当暂停履行职责或者依法依规给予处分；给学生身心造成伤害，构成违法犯罪的，由公安机关依法处理。

第十六条　学校、教师应当重视家校协作，积极与家长沟通，使家长理解、支持和配合实施教育惩戒，形成合力。家长应当履行对子女的教育职责，尊重教师的教育权利，配合教师、学校对违规违纪学生进行管教。

家长对教师实施的教育惩戒有异议或者认为教师行为违反本规则第十二条规定的，可以向学校或者主管教育行政部门投诉、举报。学校、教育行政部门应当按照师德师风建设管理的有关要求，及时予以调查、处理。

家长威胁、侮辱、伤害教师的，学校、教育行政部门应当依法保护教师人身安全、维护教师合法权益；情形严重的，应当及时向公安机关报告并配合公安机关、司法机关追究责任。

第十七条 学生及其家长对学校依据本规则第十条实施的教育惩戒或者给予的纪律处分不服的,可以在教育惩戒或者纪律处分作出后15个工作日内向学校提起申诉。

学校应当成立由学校相关负责人、教师、学生以及家长、法治副校长等校外有关方面代表组成的学生申诉委员会,受理申诉申请,组织复查。学校应当明确学生申诉委员会的人员构成、受理范围及处理程序等并向学生及家长公布。

学生申诉委员会应当对学生申诉的事实、理由等进行全面审查,作出维持、变更或者撤销原教育惩戒或者纪律处分的决定。

第十八条 学生或者家长对学生申诉处理决定不服的,可以向学校主管教育部门申请复核;对复核决定不服的,可以依法提起行政复议或者行政诉讼。

第十九条 学校应当有针对性地加强对教师的培训,促进教师更新教育理念、改进教育方式方法,提高教师正确履行职责的意识与能力。

每学期末,学校应当将学生受到本规则第十条所列教育惩戒和纪律处分的信息报主管教育行政部门备案。

第二十条 本规则自2021年3月1日起施行。

各地可以结合本地实际,制定本地方实施细则或者指导学校制定实施细则。

未成年人学校保护规定

（中华人民共和国教育部令第 50 号 2021 年 5 月 25 日公布 2021 年 9 月 1 日起施行）

第一章 总 则

第一条 为了落实学校保护职责，保障未成年人合法权益，促进未成年人德智体美劳全面发展、健康成长，根据《中华人民共和国教育法》《中华人民共和国未成年人保护法》等法律法规，制定本规定。

第二条 普通中小学、中等职业学校（以下简称学校）对本校未成年人（以下统称学生）在校学习、生活期间合法权益的保护，适用本规定。

第三条 学校应当全面贯彻国家教育方针，落实立德树人根本任务，弘扬社会主义核心价值观，依法办学、依法治校，履行学生权益保护法定职责，健全保护制度，完善保护机制。

第四条 学校学生保护工作应当坚持最有利于未成年人的原则，注重保护和教育相结合，适应学生身心健康发展的规律和特点；关心爱护每个学生，尊重学生权利，听取学生意见。

第五条 教育行政部门应当落实工作职责，会同有关部门健全学校学生保护的支持措施、服务体系，加强对学校学生保护工作的支持、指导、监督和评价。

第二章 一般保护

第六条 学校应当平等对待每个学生，不得因学生及其父母或者其他监护人（以下统称家长）的民族、种族、性别、户籍、职业、宗教信仰、教育程度、家庭状况、身心健康情况等歧视学生或者对学生进行区别对待。

第七条　学校应当落实安全管理职责，保护学生在校期间人身安全。学校不得组织、安排学生从事抢险救灾、参与危险性工作，不得安排学生参加商业性活动及其他不宜学生参加的活动。

学生在校内或者本校组织的校外活动中发生人身伤害事故的，学校应当依据有关规定妥善处理，及时通知学生家长；情形严重的，应当按规定向有关部门报告。

第八条　学校不得设置侵犯学生人身自由的管理措施，不得对学生在课间及其他非教学时间的正当交流、游戏、出教室活动等言行自由设置不必要的约束。

第九条　学校应当尊重和保护学生的人格尊严，尊重学生名誉，保护和培育学生的荣誉感、责任感，表彰、奖励学生做到公开、公平、公正；在教育、管理中不得使用任何贬损、侮辱学生及其家长或者所属特定群体的言行、方式。

第十条　学校采集学生个人信息，应当告知学生及其家长，并对所获得的学生及其家庭信息负有管理、保密义务，不得毁弃以及非法删除、泄露、公开、买卖。

学校在奖励、资助、申请贫困救助等工作中，不得泄露学生个人及其家庭隐私；学生的考试成绩、名次等学业信息，学校应当便利学生本人和家长知晓，但不得公开，不得宣传升学情况；除因法定事由，不得查阅学生的信件、日记、电子邮件或者其他网络通讯内容。

第十一条　学校应当尊重和保护学生的受教育权利，保障学生平等使用教育教学设施设备、参加教育教学计划安排的各种活动，并在学业成绩和品行上获得公正评价。

对身心有障碍的学生，应当提供合理便利，实施融合教育，给予特别支持；对学习困难、行为异常的学生，应当以适当方式教育、帮助，必要时，可以通过安排教师或者专业人员课后辅导等方式给予帮助或者支持。

学校应当建立留守学生、困境学生档案，配合政府有关部门做好关爱帮扶工作，避免学生因家庭因素失学、辍学。

第十二条　义务教育学校不得开除或者变相开除学生，不得以长期停课、劝退等方式，剥夺学生在校接受并完成义务教育的权利；对转入专门学校的学生，应当保留学籍，原决定机关决定转回的学生，不得拒绝接收。

义务教育学校应当落实学籍管理制度，健全辍学或者休学、长期请假学生的报告备案制度，对辍学学生应当及时进行劝返，劝返无效的，应当报告有关主管部门。

第十三条　学校应当按规定科学合理安排学生在校作息时间，保证学生有休息、参加文娱活动和体育锻炼的机会和时间，不得统一要求学生在规定的上课时间前到校参加课程教学活动。

义务教育学校不得占用国家法定节假日、休息日及寒暑假，组织学生集体补课；不得以集体补课等形式侵占学生休息时间。

第十四条　学校不得采用毁坏财物的方式对学生进行教育管理，对学生携带进入校园的违法违规物品，按规定予以暂扣的，应当统一管理，并依照有关规定予以处理。

学校不得违反规定向学生收费，不得强制要求或者设置条件要求学生及家长捐款捐物、购买商品或者服务，或者要求家长提供物质帮助、需支付费用的服务等。

第十五条　学校以发布、汇编、出版等方式使用学生作品，对外宣传或者公开使用学生个体肖像的，应当取得学生及其家长许可，并依法保护学生的权利。

第十六条　学校应当尊重学生的参与权和表达权，指导、支持学生参与学校章程、校规校纪、班级公约的制定，处理与学生权益相关的事务时，应当以适当方式听取学生意见。

第十七条　学校对学生实施教育惩戒或者处分学生的，应当依据有关规定，听取学生的陈述、申辩，遵循审慎、公平、公正的原则作出决定。

除开除学籍处分以外，处分学生应当设置期限，对受到处分的学生应当跟踪观察、有针对性地实施教育，确有改正的，到期应当予以解除。解除处分后，学生获得表彰、奖励及其他权益，不再受原处分影响。

第三章　专项保护

第十八条　学校应当落实法律规定建立学生欺凌防控和预防性侵害、

性骚扰等专项制度，建立对学生欺凌、性侵害、性骚扰行为的零容忍处理机制和受伤害学生的关爱、帮扶机制。

第十九条　学校应当成立由校内相关人员、法治副校长、法律顾问、有关专家、家长代表、学生代表等参与的学生欺凌治理组织，负责学生欺凌行为的预防和宣传教育、组织认定、实施矫治、提供援助等。

学校应当定期针对全体学生开展防治欺凌专项调查，对学校是否存在欺凌等情形进行评估。

第二十条　学校应当教育、引导学生建立平等、友善、互助的同学关系，组织教职工学习预防、处理学生欺凌的相关政策、措施和方法，对学生开展相应的专题教育，并且应当根据情况给予相关学生家长必要的家庭教育指导。

第二十一条　教职工发现学生实施下列行为的，应当及时制止：

（一）殴打、脚踢、掌掴、抓咬、推撞、拉扯等侵犯他人身体或者恐吓威胁他人；

（二）以辱骂、讥讽、嘲弄、挖苦、起侮辱性绰号等方式侵犯他人人格尊严；

（三）抢夺、强拿硬要或者故意毁坏他人财物；

（四）恶意排斥、孤立他人，影响他人参加学校活动或者社会交往；

（五）通过网络或者其他信息传播方式捏造事实诽谤他人、散布谣言或者错误信息诋毁他人、恶意传播他人隐私。

学生之间，在年龄、身体或者人数等方面占优势的一方蓄意或者恶意对另一方实施前款行为，或者以其他方式欺压、侮辱另一方，造成人身伤害、财产损失或者精神损害的，可以认定为构成欺凌。

第二十二条　教职工应当关注因身体条件、家庭背景或者学习成绩等可能处于弱势或者特殊地位的学生，发现学生存在被孤立、排挤等情形的，应当及时干预。

教职工发现学生有明显的情绪反常、身体损伤等情形，应当及时沟通了解情况，可能存在被欺凌情形的，应当及时向学校报告。

学校应当教育、支持学生主动、及时报告所发现的欺凌情形，保护自身和他人的合法权益。

第二十三条 学校接到关于学生欺凌报告的，应当立即开展调查，认为可能构成欺凌的，应当及时提交学生欺凌治理组织认定和处置，并通知相关学生的家长参与欺凌行为的认定和处理。认定构成欺凌的，应当对实施或者参与欺凌行为的学生作出教育惩戒或者纪律处分，并对其家长提出加强管教的要求，必要时，可以由法治副校长、辅导员对学生及其家长进行训导、教育。

对违反治安管理或者涉嫌犯罪等严重欺凌行为，学校不得隐瞒，应当及时向公安机关、教育行政部门报告，并配合相关部门依法处理。

不同学校学生之间发生的学生欺凌事件，应当在主管教育行政部门的指导下建立联合调查机制，进行认定和处理。

第二十四条 学校应当建立健全教职工与学生交往行为准则、学生宿舍安全管理规定、视频监控管理规定等制度，建立预防、报告、处置性侵害、性骚扰工作机制。

学校应当采取必要措施预防并制止教职工以及其他进入校园的人员实施以下行为：

（一）与学生发生恋爱关系、性关系；

（二）抚摸、故意触碰学生身体特定部位等猥亵行为；

（三）对学生作出调戏、挑逗或者具有性暗示的言行；

（四）向学生展示传播包含色情、淫秽内容的信息、书刊、影片、音像、图片或者其他淫秽物品；

（五）持有包含淫秽、色情内容的视听、图文资料；

（六）其他构成性骚扰、性侵害的违法犯罪行为。

第四章 管理要求

第二十五条 学校应当制定规范教职工、学生行为的校规校纪。校规校纪应当内容合法、合理，制定程序完备，向学生及其家长公开，并按照要求报学校主管部门备案。

第二十六条 学校应当严格执行国家课程方案，按照要求开齐开足课程、选用教材和教学辅助资料。学校开发的校本课程或者引进的课程应当经过科学论证，并报主管教育行政部门备案。

学校不得与校外培训机构合作向学生提供有偿的课程或者课程辅导。

第二十七条　学校应当加强作业管理，指导和监督教师按照规定科学适度布置家庭作业，不得超出规定增加作业量，加重学生学习负担。

第二十八条　学校应当按照规定设置图书馆、班级图书角，配备适合学生认知特点、内容积极向上的课外读物，营造良好阅读环境，培养学生阅读习惯，提升阅读质量。

学校应当加强读物和校园文化环境管理，禁止含有淫秽、色情、暴力、邪教、迷信、赌博、恐怖主义、分裂主义、极端主义等危害未成年人身心健康内容的读物、图片、视听作品等，以及商业广告、有悖于社会主义核心价值观的文化现象进入校园。

第二十九条　学校应当建立健全安全风险防控体系，按照有关规定完善安全、卫生、食品等管理制度，提供符合标准的教育教学设施、设备等，制定自然灾害、突发事件、极端天气和意外伤害应急预案，配备相应设施并定期组织必要的演练。

学生在校期间学校应当对校园实行封闭管理，禁止无关人员进入校园。

第三十条　学校应当以适当方式教育、提醒学生及家长，避免学生使用兴奋剂或者镇静催眠药、镇痛剂等成瘾性药物；发现学生使用的，应当予以制止、向主管部门或者公安机关报告，并应当及时通知家长，但学生因治疗需要并经执业医师诊断同意使用的除外。

第三十一条　学校应当建立学生体质监测制度，发现学生出现营养不良、近视、肥胖、龋齿等倾向或者有导致体质下降的不良行为习惯，应当进行必要的管理、干预，并通知家长，督促、指导家长实施矫治。

学校应当完善管理制度，保障学生在课间、课后使用学校的体育运动场地、设施开展体育锻炼；在周末和节假日期间，按规定向学生和周边未成年人免费或者优惠开放。

第三十二条　学校应当建立学生心理健康教育管理制度，建立学生心理健康问题的早期发现和及时干预机制，按照规定配备专职或者兼职心理健康教育教师、建设心理辅导室，或者通过购买专业社工服务等多种方式为学生提供专业化、个性化的指导和服务。

有条件的学校，可以定期组织教职工进行心理健康状况测评，指导、帮助教职工以积极、乐观的心态对待学生。

第三十三条　学校可以禁止学生携带手机等智能终端产品进入学校或者在校园内使用；对经允许带入的，应当统一管理，除教学需要外，禁止带入课堂。

第三十四条　学校应当将科学、文明、安全、合理使用网络纳入课程内容，对学生进行网络安全、网络文明和防止沉迷网络的教育，预防和干预学生过度使用网络。

学校为学生提供的上网设施，应当安装未成年人上网保护软件或者采取其他安全保护技术措施，避免学生接触不适宜未成年人接触的信息；发现网络产品、服务、信息有危害学生身心健康内容的，或者学生利用网络实施违法活动的，应当立即采取措施并向有关主管部门报告。

第三十五条　任何人不得在校园内吸烟、饮酒。学校应当设置明显的禁止吸烟、饮酒的标识，并不得以烟草制品、酒精饮料的品牌冠名学校、教学楼、设施设备及各类教学、竞赛活动。

第三十六条　学校应当严格执行入职报告和准入查询制度，不得聘用有下列情形的人员：

（一）受到剥夺政治权利或者因故意犯罪受到有期徒刑以上刑事处罚的；

（二）因卖淫、嫖娼、吸毒、赌博等违法行为受到治安管理处罚的；

（三）因虐待、性骚扰、体罚或者侮辱学生等情形被开除或者解聘的；

（四）实施其他被纳入教育领域从业禁止范围的行为的。

学校在聘用教职工或引入志愿者、社工等校外人员时，应当要求相关人员提交承诺书；对在聘人员应当按照规定定期开展核查，发现存在前款规定情形的人员应当及时解聘。

第三十七条　学校发现拟聘人员或者在职教职工存在下列情形的，应当对有关人员是否符合相应岗位要求进行评估，必要时可以安排有专业资质的第三方机构进行评估，并将相关结论作为是否聘用或者调整工作岗位、解聘的依据：

（一）有精神病史的；

（二）有严重酗酒、滥用精神类药物史的；

（三）有其他可能危害未成年人身心健康或者可能造成不良影响的身心疾病的。

第三十八条 学校应当加强对教职工的管理，预防和制止教职工实施法律、法规、规章以及师德规范禁止的行为。学校及教职工不得实施下列行为：

（一）利用管理学生的职务便利或者招生考试、评奖评优、推荐评价等机会，以任何形式向学生及其家长索取、收受财物或者接受宴请、其他利益；

（二）以牟取利益为目的，向学生推销或者要求、指定学生购买特定辅导书、练习册等教辅材料或者其他商品、服务；

（三）组织、要求学生参加校外有偿补课，或者与校外机构、个人合作向学生提供其他有偿服务；

（四）诱导、组织或者要求学生及其家长登录特定经营性网站，参与视频直播、网络购物、网络投票、刷票等活动；

（五）非法提供、泄露学生信息或者利用所掌握的学生信息牟取利益；

（六）其他利用管理学生的职权牟取不正当利益的行为。

第三十九条 学校根据《校车安全管理条例》配备、使用校车的，应当依法建立健全校车安全管理制度，向学生讲解校车安全乘坐知识，培养学生校车安全事故应急处理技能。

第四十条 学校应当定期巡查校园及周边环境，发现存在法律禁止在学校周边设立的营业场所、销售网点的，应当及时采取应对措施，并报告主管教育部门或者其他有关主管部门。

学校及其教职工不得安排或者诱导、组织学生进入营业性娱乐场所、互联网上网服务营业场所、电子游戏场所、酒吧等不适宜未成年人活动的场所；发现学生进入上述场所的，应当及时予以制止、教育，并向上述场所的主管部门反映。

第五章 保护机制

第四十一条 校长是学生学校保护的第一责任人。学校应当指定一名校领导直接负责学生保护工作,并明确具体的工作机构,有条件的,可以设立学生保护专员开展学生保护工作。学校应当为从事学生保护工作的人员接受相关法律、理论和技能的培训提供条件和支持,对教职工开展未成年人保护专项培训。

有条件的学校可以整合欺凌防治、纪律处分等组织、工作机制,组建学生保护委员会,统筹负责学生权益保护及相关制度建设。

第四十二条　学校要树立以生命关怀为核心的教育理念,利用安全教育、心理健康教育、环境保护教育、健康教育、禁毒和预防艾滋病教育等专题教育,引导学生热爱生命、尊重生命;要有针对性地开展青春期教育、性教育,使学生了解生理健康知识,提高防范性侵害、性骚扰的自我保护意识和能力。

第四十三条　学校应当结合相关课程要求,根据学生的身心特点和成长需求开展以宪法教育为核心、以权利与义务教育为重点的法治教育,培养学生树立正确的权利观念,并开展有针对性的预防犯罪教育。

第四十四条　学校可以根据实际组成由学校相关负责人、教师、法治副校长(辅导员)、司法和心理等方面专业人员参加的专业辅导工作机制,对有不良行为的学生进行矫治和帮扶;对有严重不良行为的学生,学校应当配合有关部门进行管教,无力管教或者管教无效的,可以依法向教育行政部门提出申请送专门学校接受专门教育。

第四十五条　学校在作出与学生权益有关的决定前,应当告知学生及其家长,听取意见并酌情采纳。

学校应当发挥学生会、少代会、共青团等学生组织的作用,指导、支持学生参与权益保护,对于情节轻微的学生纠纷或者其他侵害学生权益的情形,可以安排学生代表参与调解。

第四十六条　学校应当建立与家长有效联系机制,利用家访、家长课堂、家长会等多种方式与学生家长建立日常沟通。

学校应当建立学生重大生理、心理疾病报告制度,向家长及时告知学生身体及心理健康状况;学校发现学生身体状况或者情绪反应明显异常、突发疾病或者受到伤害的,应当及时通知学生家长。

第四十七条　学校和教职工发现学生遭受或疑似遭受家庭暴力、虐待、遗弃、长期无人照料、失踪等不法侵害以及面临不法侵害危险的，应当依照规定及时向公安、民政、教育等有关部门报告。学校应当积极参与、配合有关部门做好侵害学生权利案件的调查处理工作。

第四十八条　教职员工发现学生权益受到侵害,属于本职工作范围的，应当及时处理；不属于本职工作范围或者不能处理的，应当及时报告班主任或学校负责人；必要时可以直接向主管教育行政部门或者公安机关报告。

第四十九条　学生因遭受遗弃、虐待向学校请求保护的，学校不得拒绝、推诿，需要采取救助措施的，应当先行救助。

学校应当关心爱护学生，为身体或者心理受到伤害的学生提供相应的心理健康辅导、帮扶教育。对因欺凌造成身体或者心理伤害，无法在原班级就读的学生，学生家长提出调整班级请求，学校经评估认为有必要的，应当予以支持。

第六章　支持与监督

第五十条　教育行政部门应当积极探索与人民检察院、人民法院、公安、司法、民政、应急管理等部门以及从事未成年人保护工作的相关群团组织的协同机制，加强对学校学生保护工作的指导与监督。

第五十一条　教育行政部门应当会同有关部门健全教职工从业禁止人员名单和查询机制，指导、监督学校健全准入和定期查询制度。

第五十二条　教育行政部门可以通过政府购买服务的方式，组织具有相应资质的社会组织、专业机构及其他社会力量，为学校提供法律咨询、心理辅导、行为矫正等专业服务，为预防和处理学生权益受侵害的案件提供支持。

教育行政部门、学校在与有关部门、机构、社会组织及个人合作进行学生保护专业服务与支持过程中，应当与相关人员签订保密协议，保护学生个人及家庭隐私。

第五十三条　教育行政部门应当指定专门机构或者人员承担学生保护的监督职责，有条件的，可以设立学生保护专兼职监察员负责学生保护工作，处理或者指导处理学生欺凌、性侵害、性骚扰以及其他侵害学生权益的事件，会同有关部门落实学校安全区域制度，健全依法处理涉校纠纷的工作机制。

负责学生保护职责的人员应当接受专门业务培训，具备学生保护的必要知识与能力。

第五十四条　教育行政部门应当通过建立投诉举报电话、邮箱或其他途径，受理对学校或者教职工违反本规定或者其他法律法规、侵害学生权利的投诉、举报；处理过程中发现有关人员行为涉嫌违法犯罪的，应当及时向公安机关报案或者移送司法机关。

第五十五条　县级教育行政部门应当会同民政部门，推动设立未成年人保护社会组织，协助受理涉及学生权益的投诉举报、开展侵害学生权益案件的调查和处理，指导、支持学校、教职工、家长开展学生保护工作。

第五十六条　地方教育行政部门应当建立学生保护工作评估制度，定期组织或者委托第三方对管辖区域内学校履行保护学生法定职责情况进行评估，评估结果作为学校管理水平评价、校长考评考核的依据。

各级教育督导机构应当将学校学生保护工作情况纳入政府履行教育职责评价和学校督导评估的内容。

第七章　责任与处理

第五十七条　学校未履行未成年人保护法规定的职责，违反本规定侵犯学生合法权利的，主管教育行政部门应当责令改正，并视情节和后果，依照有关规定和权限分别对学校的主要负责人、直接责任人或者其他责任人员进行诫勉谈话、通报批评、给予处分或者责令学校给予处分；同时，可以给予学校1至3年不得参与相应评奖评优，不得获评各类示范、标兵单位等荣誉的处理。

第五十八条　学校未履行对教职工的管理、监督责任，致使发生教职工严重侵害学生身心健康的违法犯罪行为，或者有包庇、隐瞒不报，威胁、阻拦报案，妨碍调查、对学生打击报复等行为的，主管教育部门应当对主要负责人和直接责任人给予处分或者责令学校给予处分；情节严重的，应当移送有关部门查处，构成违法犯罪的，依法追究相应法律责任。因监管不力、造成严重后果而承担领导责任的校长，5年内不得再担任校长职务。

第五十九条　学校未按本规定建立学生权利保护机制，或者制定的校规违反法律法规和本规定，由主管教育部门责令限期改正、给予通报批评；情节严重、影响较大或者逾期不改正的，可以对学校主要负责人和直接负责人给予处分或者责令学校给予处分。

第六十条　教职工违反本规定的，由学校或者主管教育部门依照事业单位人员管理、中小学教师管理的规定予以处理。

教职工实施第二十四条第二款禁止行为的，应当依法予以开除或者解聘；有教师资格的，由主管教育行政部门撤销教师资格，纳入从业禁止人员名单；涉嫌犯罪的，移送有关部门依法追究责任。

教职工违反第三十八条规定牟取不当利益的，应当责令退还所收费用或者所获利益，给学生造成经济损失的，应当依法予以赔偿，并视情节给予处分，涉嫌违法犯罪的移送有关部门依法追究责任。

学校应当根据实际，建立健全校内其他工作人员聘用和管理制度，对其他人员违反本规定的，根据情节轻重予以校内纪律处分直至予以解聘，涉嫌违反治安管理或者犯罪的，移送有关部门依法追究责任。

第六十一条　教育行政部门未履行对学校的指导、监督职责，管辖区域内学校出现严重侵害学生权益情形的，由上级教育行政部门、教育督导机构责令改正、予以通报批评，情节严重的依法追究主要负责人或者直接责任人的责任。

第八章　附　则

第六十二条　幼儿园、特殊教育学校应当根据未成年人身心特点，依据本规定有针对性地加强在园、在校未成年人合法权益的保护，并参照本规定、结合实际建立保护制度。

幼儿园、特殊教育学校及其教职工违反保护职责，侵害在园、在校未成年人合法权益的，应当适用本规定从重处理。

第六十三条　本规定自2021年9月1日起施行。

地方性法规

陕西省实施
《中华人民共和国义务教育法》办法

（1987年7月25日陕西省第六届人民代表大会常务委员会第二十五次会议通过 2004年8月3日陕西省第十届人民代表大会常务委员会第十二次会议修正 2008年10月9日陕西省第十一届人民代表大会常务委员会第四次会议修订）

第一章 总 则

第一条 为了实施《中华人民共和国义务教育法》，结合本省实际，制定本办法。

第二条 本办法适用于本省行政区域内的义务教育及其相关活动。

第三条 本省实施国家九年义务教育制度，凡适龄儿童、少年必须接受义务教育。

义务教育是各级人民政府必须予以保障的公益性事业，坚持以公办学校为主。

实施义务教育，不收学费、杂费，逐步免收教科书费。

第四条 义务教育必须贯彻国家教育方针，实施素质教育，提高教育质量和水平，使适龄儿童、少年德、智、体、美全面发展，为培养社会主义建设者和接班人奠定基础。

第五条 本省义务教育实行省人民政府统筹规划实施、设区的市人民政府组织协调、县级人民政府为主管理的体制。

县级以上人民政府应当将义务教育纳入国民经济和社会发展规划，合理配置教育资源，促进城乡之间、区域之间、学校之间义务教育均衡发展，保障所有适龄儿童、少年依法平等享受接受义务教育的权利，落实义务教育的责任。

乡（镇）人民政府、街道办事处应当按照国家规定，做好义务教育相关工作。

第六条　县级以上人民政府教育行政部门具体负责义务教育实施工作。

县级以上人民政府发展和改革、财政、人事、劳动和社会保障、公安、文化、卫生、建设、国土资源、民政、工商、税务等有关部门在各自的职责范围内负责义务教育实施工作。

第七条　县级以上人民政府教育督导机构对本级人民政府有关部门、下级人民政府及其相关部门和学校执行义务教育法律法规情况、教育教学质量以及义务教育均衡发展状况等进行督导。

县级以上人民政府教育督导机构应当建立和完善义务教育督导评估和监测制度，制定本行政区域义务教育督导工作规划并组织实施。督导结果应当向本级人民政府报告，作为义务教育工作考核的主要依据，并向社会公布。

第八条　县级以上人民政府及其有关部门对在义务教育工作中作出突出贡献的学校、教育工作者和其他社会组织、个人，给予表彰、奖励。

第二章　学　生

第九条　凡年满六周岁的儿童，其父母或者其他法定监护人应当送其入学接受并完成义务教育。条件不具备的地区的儿童，可以推迟到七周岁入学。

适龄儿童、少年免试入学。学校不得组织或者变相组织入学考试，不得将外语、奥数等各种竞赛、等级考试成绩作为入学条件。

第十条　适龄儿童、少年因身体状况需要延缓入学或者休学的，其父母或者其他法定监护人应当提出申请并附有关证明。延缓入学的，由户籍所在地的乡（镇）人民政府或者城市街道办事处批准；休学的，由学校所在地的县（市、区）教育行政部门批准。

第十一条　县（市、区）人民政府应当保障适龄儿童、少年在户籍所在地就近入学。县（市、区）教育行政部门根据适龄儿童、少年数量和分布状况，合理划分学区，确定和调整本行政区域内公办学校的就近招生范围和人数，并向社会公布。

第十二条　适龄儿童、少年，由其父母或者其他法定监护人持本人及儿童、少年的户籍证明，到县（市、区）教育行政部门公布的学区对应学校办理入学手续。

第十三条　跟随父母或者其他法定监护人在非户籍所在地居住的适龄儿童、少年，应当在新学期开始三十日前，由其父母或者其他法定监护人持本人及儿童、少年的户籍、居住、就业、流出或者转学等证明，到居住地所在学区的学校办理入学手续。

超出学校办学规模不能接收适龄儿童、少年入学的，学校应当及时向县（市、区）教育行政部门报告，由县（市、区）教育行政部门统筹安排就近入学的学校。

第十四条　学校应当执行学籍管理制度，不得拒绝本学区适龄儿童、少年入学，不得责令学生留级、停学、退学或者开除学生。

学校和居民委员会、村民委员会发现未入学的适龄儿童、少年和辍学学生，应当及时向乡（镇）人民政府、城市街道办事处报告。乡（镇）人民政府、城市街道办事处应当与县（市、区）教育行政部门、学校采取措施，共同做好适龄儿童、少年入学和辍学学生复学工作。

第十五条　禁止用人单位招用应当接受义务教育的适龄儿童、少年。

经省、设区的市教育行政部门批准招收儿童、少年学员的文艺、体育等单位，应当保证学员完成义务教育阶段的课程。

第三章　学　校

第十六条　县级以上人民政府应当组织教育、建设、国土资源、发展和改革等有关部门，根据城乡总体规划和土地利用总体规划以及本行政区域内居住的适龄儿童、少年的数量和分布状况、地理环境、交通条件等因素，制定、调整学校设置规划，并组织实施。

县级以上人民政府进行城市开发区、居民住宅区和大型古遗址保护区的规划建设，涉及学校拆迁、合并、重建、新建的，应当将学校的设置和建设纳入相关规划，同步建设、同步投入使用，并做好拆迁学校师生的分流、安置工作。

第十七条　县级以上人民政府应当促进义务教育学校的均衡发展，统一学校的办学条件，缩小学校之间办学条件差距，不得将学校分为重点学校和非重点学校。办学条件的标准按照国家和本省有关规定执行。

县级以上人民政府应当根据需要，配套建设义务教育学校学生宿舍、食堂和农村义务教育学校教师周转用房。

县级以上人民政府应当推动农村中小学现代远程教育网络设施建设，利用现代信息技术手段共享优质教育资源，提高农村中小学教育教学质量。

义务教育学校建设项目，应当按照国家规定减免义务教育学校建设项目规费。

第十八条　义务教育学校的校舍、教学设施和其他设施设备的建设、配备应当符合国家规定的标准，其中建筑物抗震设防标准应当高于当地普通建筑物的抗震设防要求，确保学生和教职工安全。

建设、消防等行政主管部门应当加强对学校建筑工程的设计、监理、施工和工程质量的监督管理。

第十九条　市、县人民政府应当将特殊教育纳入义务教育发展规划，合理设置特殊教育学校（班），对视力残疾、听力语言残疾和智力残疾的适龄儿童、少年实施义务教育。特殊教育学校（班）应当具备适应残疾儿童、少年学习、康复、生活特点的场所和设施，并配备相应的特殊教育教师和工作人员。

普通学校应当接收具有接受普通教育能力的残疾适龄儿童、少年随班就读，并为其学习、康复提供帮助。

第二十条　国有事业单位举办的义务教育学校、承担义务教育的民办学校应当接受县级以上教育行政部门的依法管理和业务指导。

省人民政府应当推进高等学校等国有事业单位举办的义务教育学校管理体制改革，逐步实行属地化管理。

第二十一条　县级以上人民政府及其教育行政部门不得以任何名义改变或者变相改变公办学校的性质，不得利用财政资金举办民办学校。

第二十二条　学校不得擅自将校舍、场地和教育教学设施出让、出租或者改变用途。

任何单位和个人不得侵占、破坏学校的校舍、场地和教育教学设施，不得扰乱学校教学秩序、损害教学环境。

第二十三条　学校应当建立健全安全管理制度，制定突发事件应急预案，加强学生安全教育，定期组织演练，及时消除隐患，预防事故发生。公安、卫生、交通等行政主管部门应当依法加强指导和监督管理工作。

学校应当按照国家有关规定投保学生意外伤害校方责任险，所需费用在学校公用经费中列支。

鼓励学生自愿参加人身意外伤害保险。

第二十四条　各级人民政府及其有关部门依法维护学校周边秩序，保护学生、教师和学校的合法权益。

公安机关负责校园周边治安环境治理和交通安全工作；卫生、工商行政管理、质量监督、环境保护等行政主管部门负责指导和监督学校周边的卫生防疫、食品安全和环境污染防治工作。

禁止在学校周边新建严重污染环境的企业，设立易燃易爆、剧毒、放射性、腐蚀性等危险物品的生产、经营、储存、使用场所设施以及其他可能影响学校安全的场所设施。已建成的，由县级以上人民政府组织迁移学校或者迁移、拆除、关闭企业和场所设施。

禁止在学校周围二百米范围内开设网吧、歌舞厅等营业性娱乐场所。

第二十五条　学校不得违反国家和本省规定向学生收取费用，不得向学生推销或者变相推销商品和服务。

第二十六条　学校实行校长负责制。校长应当符合国家规定的任职条件和资格，由县（市、区）教育行政部门依法聘任。

第四章　教　师

第二十七条　县级以上机构编制部门应当会同教育行政部门根据教育事业发展规划、生源变化和学校布局调整等情况，核定教师编制并适时进行调整。寄宿制的学校、特殊教育学校（班）应当配备专职生活教师。

任何单位不得占用教师编制。

教师的招收录用实行公开招聘。由县级以上教育行政部门具体实施，人事行政部门指导、核准。

教师的职务评聘、交流、考核管理,由县级以上教育行政部门负责。

第二十八条　县(市、区)教育行政部门应当均衡配置教师资源,统一调配所属学校的教师,在教师配备、培训等方面向农村边远学校和城镇薄弱学校倾斜。

县级以上教育行政部门应当建立学校校长、教师交流制度,采取多种方式,帮助农村边远学校和城镇薄弱学校提高教育教学和管理水平。

第二十九条　学校实行教师年度考核制度。学校应当将考核结果作为教师聘任、职务晋升、实施奖惩的依据。

对不能胜任教育教学工作的教师,由县(市、区)教育行政部门组织培训;经培训仍不能胜任教育教学工作的,应当调离教师岗位或者予以辞退。

第三十条　县级以上人民政府应当保证教师的平均工资不低于当地公务员的平均工资水平,并保证按时足额发放教师工资、津贴以及政策性补贴。农村边远学校、特殊教育学校和担任班主任的教师享受津贴优惠待遇,具体办法由省人民政府制定。

县(市、区)人民政府及有关部门和学校应当按照国家和本省有关规定,为教师办理养老、医疗、住房等社会保险,改善教师的工作和生活条件,保障教师的合法权益。

第三十一条　县级以上教育行政部门应当整合和充分利用教师继续教育资源,制定教师继续教育规划和培训计划,定期组织教师培训,提高教师职业素质。

学校应当制定教师继续教育培训计划,保障教师参加培训的时间,并报销培训费用;脱产学习的教师,其工资、福利待遇不变。

第三十二条　本省逐步实行师范类专业学生定向免费培养制度,定向免费培养的师范类专业毕业生,按照定向免费培养协议到学校任教。师范类专业学生定向免费培养的具体办法,由省人民政府制定。

第三十三条　教师应当遵守教师职业道德规范,履行教育教学职责,关心和爱护学生,尊重学生的人格,不得歧视学生,不得对学生实施体罚、变相体罚或者其他侮辱人格尊严的行为,不得侵犯学生合法权益。

教师不得组织或者参与本校学生的有偿家教活动，不得在校外社会办学机构兼职、兼课。

第五章　教育教学

第三十四条　县级以上教育行政部门应当推进学校课程改革和考试评价制度改革，建立科学的教育质量评价体系和学生综合素质评价体系。

第三十五条　学校和教师应当按照国家确定的教育教学内容和课程设置开展教育教学活动，保证达到国家规定的教育教学基本质量要求，培养学生独立思考能力、创新能力和实践能力。

第三十六条　学校应当以学生日常行为规范教育为基础，将学校教育与家庭教育、社会教育相结合，进行社会公德、传统美德和法制宣传教育，培养学生养成良好的思想品德和行为习惯，形成健康的人格。

学校应当根据义务教育阶段学生的特点，开展心理健康教育，为学生提供心理咨询服务。

第三十七条　学校应当加强体育教学工作，保证学生的体育课时和课外体育活动时间，组织开展课外体育健身运动，使学生达到义务教育阶段学生体质健康标准。学校体育设施应当在节假日向学生免费开放。

学校应当开展音乐、舞蹈、绘画等教学活动，培养学生的审美情趣，提高学生的艺术实践和鉴赏能力。

第三十八条　学校和教师应当按照国家规定的课程计划，合理安排教学，减轻学生课业负担，不得开办收费性补习班、辅导班。

第三十九条　学校应当按照国家规定的师生比例均衡编班和配备教师，学校不得分设重点班和非重点班，不得违反规定的班额增加学生人数，不得跨学区选招学生，不得利用公办学校的名称、教育教学设施、师资与民办学校和社会组织联合办学，不得占用教学时间组织学生参加与教育教学活动无关的活动。

第四十条　未经审定的教科书，不得出版、选用。县级以上教育行政部门应当加强对教科书选用的监督管理。

学校应当按照国家和本省的规定，做好教科书循环使用的发放、回收、消毒、更新等管理工作。

任何单位和个人不得以任何形式强制学校、教师、学生订购教辅材料及报刊杂志。

第六章　经费保障

第四十一条　省人民政府统筹落实全省义务教育经费的保障责任，根据各地财政收入状况，确定全省各级人民政府分担义务教育经费的项目和比例。

县级以上人民政府用于实施义务教育财政拨款的增长比例应当高于财政经常性收入的增长比例，保证按照在校学生人数平均的义务教育费用逐步增长，保证教职工工资和学生人均公用经费逐步增长。

上级人民政府对义务教育的投入，不计入本级人民政府义务教育投入增长的比例。

第四十二条　县级以上人民政府应当将义务教育经费在本级财政预算中单列，实行专户管理，按照教职工编制标准、工资标准和学校建设标准、学生人均公用经费标准等，及时足额拨付义务教育经费，确保学校的正常运转和校舍安全，确保教职工工资按时足额发放。

第四十三条　县级以上人民政府应当按照国家和本省有关规定，承担并足额拨付义务教育经费保障资金。义务教育经费保障资金主要用于免除义务教育学杂费、免费提供教科书、家庭经济困难学生寄宿生活补助、校舍维修改造、公用经费补助等方面。

设区的市和县（市、区）人民政府应当保证上级人民政府的义务教育转移支付资金按照规定用于义务教育。

教育费附加应当按照国家规定足额征收，主要用于改善义务教育学校办学条件。

第四十四条　县级以上人民政府根据需要，设立义务教育专项资金，重点扶持农村边远学校、城市薄弱学校和特殊教育学校建设，主要用于寄宿制学校建设、校舍维修、教师培训、远程教育、教学设施配备等。

第四十五条　鼓励社会组织和个人向义务教育捐赠，鼓励按照国家有关基金会管理的规定设立义务教育基金,帮助农村边远学校和城市薄弱学校改善办学条件。

第四十六条 各级人民政府拨付的义务教育经费和专项资金,任何组织和个人不得侵占、截留、挪用。

县级以上教育、财政、审计、监察等行政主管部门对义务教育经费拨付和使用情况依法实施监督管理。

第七章 法律责任

第四十七条 学校违反本办法第九条第二款、第十四条第一款、第二十二条第一款、第二十五、三十八、三十九条规定的,由县(市、区)教育行政部门责令限期改正;情节严重的,对直接负责的主管人员和其他直接责任人员依法给予处分;有违法所得的,没收违法所得。

第四十八条 教师违反本条例第三十三条第二款规定的,由县(市、区)教育行政部门责令改正,没收违法所得,由所在学校给予处分,情节严重的,予以解聘。

第四十九条 违反本办法规定的其他行为,《中华人民共和国义务教育法》以及其他法律、法规另有规定的,从其规定。

第八章 附 则

第五十条 民办学校实施义务教育依照民办教育法律、法规的规定执行,民办教育法律、法规未作规定的,适用义务教育法和本办法。

第五十一条 本办法自公布之日起施行。

陕西省中小学保护条例

(1990年8月24日陕西省第七届人民代表大会常务委员会第十六次会议通过,根据2010年3月26日陕西省第十一届人民代表大会常务委员会第十三次会议修正)

第一章 总 则

第一条 为保障中小学教学活动的正常进行,促进社会主义教育事业的发展,根据宪法和有关法律规定,结合本省实际,制订本条例。

第二条 本省境内中小学的校园校产、教学环境、教学秩序和教师学生人身安全的保护,适用本条例。

第三条 一切国家机关、社会团体、企业事业单位、村民居民组织、部队和公民都有保护中小学的责任。

第四条 各级人民政府应当加强对中小学保护工作的领导,并负责本条例的组织实施。

各级教育、公安、工商、城建、环保、土地等有关部门应当依照本条例履行其职责。

第二章 校园校产保护

第五条 学校的校舍、场地、林木和教学、生活、勤工俭学设施,以及校办的厂(场),均受法律保护,任何单位和个人不得侵占和破坏。

学校使用的场地和用于勤工俭学的山林、果园、农田、池塘、牧场等土地,属于全民所有的,由县级以上人民政府确认使用权;属于集体所有的,由乡级人民政府审核,向县级土地管理部门提出申请,由县级以上人民政府批准。

经县级以上人民政府确认使用和批准使用的土地，由土地管理部门发给土地使用证。

第六条 学校的校舍、场地必须用于教学活动和勤工俭学，任何单位和个人不得买卖或者非法转让。

第七条 学校停办、合并后，校园、校产应当继续用于教育事业。用于非教育事业的，须经县级以上人民政府批准。

第八条 实施城市、村镇建设规划或者其他建设必须征用、占用学校场地、校舍的，须经县级以上人民政府批准，并根据需要划拨场地或者另建校舍。

第九条 学校不得在校园内自建或者与外单位联建家属住宅。

任何单位不得占用学校的校园、场地为本单位修建办公楼或者家属住宅。

中小学教职工的住房，由各级人民政府和办学单位统筹解决。

第三章 教学环境教学秩序保护

第十条 任何单位和个人不得在校园堆置货物、停放车辆、碾打粮食、种植、放牧、取土、采石或者进行商贸活动。

禁止在校园恢复或者建造祠堂、庙宇、坟茔和进行迷信活动。

第十一条 在学校周围，不得建造产生污染、噪音的工厂、娱乐场所或者其他设施。

在校门附近，禁止修建公共厕所，设置垃圾台，摆放垃圾桶。

第十二条 禁止在校门附近开设农贸市场。

小商小贩不得进入校园叫卖，未经许可不得在校门附近摆摊设点。

教职工、家属和学生不得在校园内兜售商品。

第十三条 除教学需要外，任何人不得携带易燃、易爆等危险物品进入学校。

禁止非法携带匕首、三棱刀、弹簧刀以及其他管制刀具进入校园。

禁止在学校打架斗殴、赌博、酗酒或者其他滋扰教学秩序的行为。

第十四条 学校的教学活动由县级以上教育行政主管部门统一管理，

其他任何单位或者个人不得责令学校停课、放假和抽调教师，进行非教学活动。

第四章　教师学生人身安全保护

第十五条　教师、学生的人身安全受法律保护。

禁止以任何形式侮辱、殴打教师和学生；禁止对学生进行堵截、威逼、搜身。

教师不得体罚或者变相体罚学生，不得侮辱学生人格。

第十六条　禁止对女学生进行调戏、猥亵或者性侵害。

第十七条　学校、办学单位和教育行政主管部门应当经常检查校舍，禁止安排师生在危险房屋、场地住宿或者进行教学活动。

第十八条　学校组织学生参加集会、公益劳动、文化娱乐、社会实践、参观游览以及其他集体活动，应当指定专人带队，并采取必要的安全措施。多所学校联合举行的大型集体活动，公安机关应当派人协助维持秩序，保护学生的安全。

第十九条　公安交通部门应当在通过学校门前的公路、街道旁设立标志，各种机动车辆通过时应当减速慢行。

第五章　法律责任

第二十条　违反本条例规定买卖、非法转让校舍、场地或者在校园内联建家属住宅以及外单位在校园内修建办公楼、家属住宅的，由教育行政主管部门责令学校限期收回；逾期不收回的由教育行政主管部门予以收回，用于教育事业，并由上级主管部门对主要负责人或者直接责任人给予行政处分。

第二十一条　违反本条例规定体罚或者变相体罚学生，侮辱学生人格，情节严重的，由学校或者上级主管部门对直接责任人给予行政处分；造成严重后果的，由司法机关依照有关法律予以处罚。

第二十二条　违反本条例规定在校门附近随便摆摊设点的，由工商行政管理部门依照《城乡个体工商户管理暂行条例》予以处罚。

第二十三条 违反本条例规定在学校周围建造产生污染、噪音的工厂等设施，或者在校门附近修建厕所、垃圾台的，由县级以上人民政府城市规划行政主管部门依照《中华人民共和国城市规划法》责令其停止建设，限期拆除并处以罚款。

第二十四条 违反本条例规定在学校周围建造的工厂或者其他设施，污染学校环境超过规定标准的，由环境保护主管行政部门依照《中华人民共和国环境保护法》予以处罚，并可责令其赔偿损失、停产治理。

第二十五条 违反本条例规定有下列情形之一的，由公安机关依照《中华人民共和国治安管理处罚条例》的规定予以处罚；构成犯罪的，由司法机关依法追究刑事责任：

（一）侵占、破坏校园校产的；

（二）在校园内进行迷信活动的；

（三）携带易燃、易爆等危险物品以及匕首、三棱刀、弹簧刀或者其他管制刀具进入校园的；

（四）在校园内打架斗殴、赌博、酗酒或者滋扰教学秩序的；

（五）侮辱、殴打教师、学生和对学生进行堵截、威逼、搜身的；

（六）调戏、猥亵、奸淫女学生的。

第二十六条 公民、法人或者其他组织对教育行政主管部门依照本条例第二十条的处理决定不服的，可以在接到处理决定之日起十五日内，向作出处理决定的上一级教育行政主管部门申请复议，对复议决定不服的，可以在接到复议决定之日起十五日内，向人民法院提起诉讼；也可以在接到处理决定之日起十五日内，直接向人民法院提起诉讼。公民、法人或者其他组织逾期不申请复议、不向人民法院提起诉讼、又不履行处理决定的，由作出处理决定的机关申请人民法院强制执行。

第二十七条 违反本条例规定，致使学校或者教师、学生的财产权、人身权受到侵害时，受侵害单位或者受害人申请负有保护责任的行政主管部门依法履行职责，受申请的行政主管部门拒绝履行或者不予答复的，受侵害单位或者受害人，可以依照《中华人民共和国行政诉讼法》向人民法院提起诉讼。

第六章 附 则

第二十八条 职业中学、盲聋哑学校和幼儿园的保护参照本条例执行。
第二十九条 本条例自 1990 年 10 月 1 日起施行。

陕西省实施《中华人民共和国教师法》办法

（1995年8月30日陕西省第八届人民代表大会常务委员会第十四次会议通过 根据2010年3月26日陕西省第十一届人民代表大会常务委员会第十三次会议修正）

第一章 总 则

第一条 为了贯彻实施《中华人民共和国教师法》（以下简称《教师法》），结合本省实际，制定本办法。

第二条 本办法适用于本省行政区域内在各级各类学校和其他教育机构中专门从事教育教学工作的教师。

第三条 各级人民政府应当加强对教师的思想政治教育和业务培训，改善教师的工作条件和生活条件，保障教师的合法权益，提高教师的社会地位。

各级教育工会应当依法维护教师的合法权益。

全社会都应当尊重教师。

第四条 教师享有法律规定的权利，履行法律规定的义务。

教师应当忠诚于人民的教育事业，遵守职业道德规范，教书育人，为人师表，关心和爱护学生，完成教育教学工作任务。

第五条 县级以上教育行政部门主管本行政区域内的教师工作。

财政、人力资源和社会保障、发展和改革、建设、卫生等有关部门在各自的职权范围内负责有关的教师工作。

学校和其他教育机构根据国家规定，自主进行教师管理工作。

第二章 资格和任用

第六条 本省各级各类学校和其他教育机构实行国家规定的教师资格

制度。

在本省各级各类学校和其他教育机构中任教的教师，必须具备教师资格。

取得教师资格，应当具备《教师法》第十、十一条规定的条件，经本人申请，主管部门或者有认定权的高等学校依法予以认定。

第七条　非师范高等学校和中等专业学校的毕业生，取得中等及中等以下学校教师资格，应当接受教育学、心理学和教学法等基本教育理论的培训。本办法实施前已经评聘教师职务的除外。

第八条　教师资格由教育行政部门或者有认定权的学校分级认定：

（一）幼儿园、小学和初级中学教师资格，由县级教育行政部门认定；

（二）高级中学教师资格，中等职业学校实习指导教师资格，由县级教育行政部门审核后，报市（地区）教育行政部门认定，或者由市（地区）教育行政部门会同有关部门认定；

（三）中等专业学校、技工学校教师资格，按照隶属关系，分别由省、市（地区）教育行政部门认定，或者由省、市（地区）教育行政部门会同主管部门认定；

（四）国务院教育行政部门委托认定教师资格的高等学校，其教师资格由学校负责认定；

（五）未受国务院教育行政部门委托认定教师资格的高等学校和民办高等学校，其教师资格由省教育行政部门认定。

第九条　经认定具备教师资格的人员，由认定部门或者认定学校颁发教师资格证书。

取得教师资格的人员，可以在本级及其以下的学校任教。中等职业学校实习指导教师资格除外。

取得教师资格的人员首次任教，应当有一年的试用期。

第十条　有下列情形之一的，由教师资格认定部门或者认定学校撤销其教师资格，注销其教师资格证书：

（一）弄虚作假、骗取教师资格的；

（二）受到劳动教养处罚的；

（三）受到开除教师职务处分的；

（四）有其他应予撤销教师资格行为的。

被撤销教师资格的，自撤销之日起五年内不得申请教师资格。

第十一条 受到剥夺政治权利或者因故意犯罪受到有期徒刑以上刑事处罚而丧失教师资格的，其资格证书由认定部门或者认定学校收回。

丧失教师资格的，不得重新取得教师资格。

第十二条 已在各级各类学校及其他教育机构中任教，并且已经评聘教师职务的，依照有关规定认定其相应的教师资格；不具备合格学历又未被评聘教师职务的，由教育行政部门、主管部门和学校或者其他教育机构安排其进修培训。从本办法实施之日起，五年内仍未具备合格学历或者未通过国家教师资格考试的，应当调离教学岗位或者辞退。

第十三条 学校和其他教育机构应当逐步实行教师聘任制，具体步骤和办法依照国家规定执行。

受聘的教师在校外兼课或者从事其他职业，须经本校同意。

第三章　培养和培训

第十四条 省、市（地区）人民政府应当办好师范教育，优先保证师范教育的投入。中等师范学校和高等师范学校的生均经费应当高于其他中等专业学校和普通高等学校的标准。

第十五条 接受师范教育的学生免交学费，享受专业奖学金。

第十六条 师范学校的毕业生实行服务期制度。从事教育教学工作的服务期自毕业参加工作之日起不少于五年。服务期未满的师范学校毕业生，学校和其他教育机构以外和任何单位不得聘用。

第十七条 非师范学校毕业生到中小学或者职业中学任教满五年的，由县级教育行政部门参照师范学校学制和在校学生专业奖学金标准，发给一次性奖金。

第十八条 在职教师的培训实行分工负责。高等学校教师的培训，由所在学校负责；中等专业学校和技工学校教师的培训，由学校主管部门和举办者负责；普通中小学和职业中学教师的培训，由各级教育行政部门负责。

第十九条 各级人民政府应当加强教师培训基地的建设，将教师培训经费列入各级教育经费预算。

第二十条　学校及其主管部门应当鼓励教师在职进修。

经培训获得教师资格相应学历文凭的教师，学校和其他教育机构可以付给其所缴纳的部分或者全部培训费。

中小学教师在职期间应当按照省教育行政部门的规定，参加一定学时的培训。

第四章　考核和奖励

第二十一条　学校和其他教育机构应当根据教师的教学岗位责任目标和聘任合同，每学年对教师的政治思想、业务水平、工作态度和工作成绩进行全面考核，做出客观、公正、准确的评价。考核结果作为续聘任教、职务评审、晋升工资、实施奖惩的依据。

第二十二条　教师在教育教学、人才培养、科学研究、教学改革、勤工俭学等方面成绩优异、贡献突出的，依照《教师法》第三十三条和国家与本省的有关规定，分别由所在学校和市（地区）、县（市、区）人民政府及其有关部门予以表彰奖励。

对有重大贡献的教师，由省人民政府授予省级先进工作者荣誉称号。

第二十三条　支持和鼓励社会团体、企业事业单位或者个人向依法成立的教师奖励基金会捐助资金。奖励基金用于奖励先进教师，不得挪作他用。

第五章　待　遇

第二十四条　各级人民政府和有关部门应当在经济发展的基础上逐步提高教师工资，保证教师的平均工资水平不低于或者高于国家公务员的平均工资水平，并应按照国家规定对教师实行正常晋级增薪制度。

第二十五条　中小学和职业学校的教师，享受教龄津贴和国家与本省规定的其他津贴。

作出突出贡献的各级各类教师，依照国家规定享受政府特殊津贴。

第二十六条　在农村乡镇中小学任教的具有中专毕业以上学历的教

师，享受本省规定的职务工资向上浮动一级的待遇。中等专业学校和高等学校的毕业生到农村乡镇中小学任教的，在试用期间发给定级工资。

在省人民政府划定的山区县和平原地区的山区乡各级各类学校任教的具有中专毕业以上学历的教师，享受本省规定的山区津贴和有关提高退休金标准的待遇。

第二十七条 从事残疾人教育的教师，享受国家规定的残疾人教育津贴及其他待遇。

从事工读学校教育的教师，享受国家规定的工读教育津贴及其他待遇。

第二十八条 省人民政府应当逐步完善教师队伍专业技术职务结构，合理规定中小学高级教师专业技术职务的比例。

第二十九条 县级以上人民政府和有关部门，应当有计划地加强城镇教师住房建设，使城镇教师按家庭人口平均居住面积达到或者超过当地居民的人均住房水平。

国家安居工程以成本价出售的住房，在同等条件下优先出售给教师中的住房困难户。

乡（镇）人民政府和村民委员会应当按照土地管理法律、法规的规定，为家居当地农村、配偶是农业户口的中小学教师优先划拨宅基地。

第三十条 享受公费医疗的教师，与当地国家公务员享受同等的医疗待遇。

学校、其他教育机构或者其主管部门应当定期组织教师进行健康检查，所需费用分别由学校、主管部门、举办者支付。

各级卫生医疗机构应当对取得高级专业技术职务资格的教师实行特约门诊。

第三十一条 连续从事教育教学工作满三十年的中小学教师，退休后享受退休荣誉金。

第三十二条 本章上述各条规定，适用于由国家支付全部工资和津贴的各级各类学校教师。

国家补助、集体支付工资的中小学教师，其待遇按照本省及当地人民政府的有关规定执行。

社会力量所办学校的教师的待遇，由举办者参照本办法规定予以确定。

第三十三条　各级人民政府必须按时足额发放教师工资及政策性补贴。未按时足额发放教师工资的地方和单位，不得进行办公设施建设，不得购置控购商品和其他高档办公用品。

任何部门、单位和个人，不得克扣、挪用、拖欠教师工资及政策性补贴。

第六章　法律责任

第三十四条　各级人民政府和司法机关对侮辱、殴打和其他侵犯教师合法权益的行为，应当依照有关法律、法规的规定及时处理；情节严重，构成犯罪的，依法追究刑事责任。

第三十五条　师范学校的毕业生服务期未满自行从事非教育教学工作的，由教育行政部门责令改正；拒不改正的，追缴其在校期间的培养费和专业奖学金，并对其离开教育教学岗位以后的聘用单位处三万元以上五万元以下的罚款。追缴资金和罚款上缴同级财政，用于发展教育事业。

第三十六条　拖欠教师工资及政策性补贴的，由上级机关责令其限期发放。

对挪用、克扣教师工资及政策性补贴的单位和个人，除责令限期归还被挪用、克扣的资金外，并对直接责任人员给予行政处分；情节严重，构成犯罪的，由司法机关依法追究刑事责任。

第三十七条　当事人对行政处罚决定不服的，可以依照《行政复议条例》和《中华人民共和国行政诉讼法》申请复议或者提起诉讼。逾期不申请复议、不起诉又不履行处罚决定的，作出处罚决定的机关可以申请人民法院强制执行。

第七章　附　则

第三十八条　本办法自公布之日起施行。

陕西省实施
《中华人民共和国职业教育法》办法

（2000年8月4日陕西省第九届人民代表大会常务委员会第十七次会议通过 2004年8月3日陕西省第十届人民代表大会常务委员会第十二次会议修正 2010年3月26日陕西省第十一届人民代表大会常务委员会第十三次会议修正）

第一章 总　则

第一条　为了实施《中华人民共和国职业教育法》，结合本省实际，制定本办法。

第二条　在本省行政区域内的职业教育，适用本办法。法律、法规另有规定的除外。

本办法所称职业教育，包括各级各类职业学校教育和各种形式的职业培训。

第三条　职业教育是国家教育事业的重要组成部分，是促进经济、社会发展和劳动就业的重要途径。

实施职业教育必须贯彻国家教育方针，对受教育者进行思想政治教育和职业道德教育，传授职业知识，培养职业技能，进行职业指导，全面提高受教育者的素质。

第四条　公民有依法接受职业教育的权利。

劳动者应当在就业前或者上岗前接受必要的职业教育。

第五条　各级人民政府应当将发展职业教育纳入国民经济和社会发展规划，推进职业教育改革，优化教育资源配置，促进职业教育发展。

行业组织和企业、事业组织应当依法履行实施职业教育的义务。

第六条　县级以上人民政府教育行政部门负责本行政区域内职业教育工作的统筹规划、综合协调、宏观管理。

教育行政部门、人力资源和社会保障行政部门及其他有关行政部门按照各自职责，分别负责职业教育的有关工作。

第七条　县级以上人民政府应当对在职业教育工作中做出显著成绩的单位和个人，给予表彰和奖励。

第二章　职业教育的实施

第八条　职业学校教育分为初等、中等、高等职业学校教育：

（一）初等职业学校教育，是指在小学教育基础上实施的与初中阶段义务教育相结合的职业教育，主要培养具有初级专业知识和实际操作技能的人员；

（二）中等职业学校教育，是指在初级中等普通教育基础上实施的高中阶段的职业教育，包括普通中等专业学校、技工学校、职业中等专业学校和职业高级中学教育，主要培养中级专业技术人员、管理人员和操作人员；

（三）高等职业学校教育，是指在高级中等教育基础上实施的高等教育阶段的职业教育，主要培养生产、建设、管理、服务第一线的高等技术应用型人才。

第九条　职业学校教育应当以中等职业学校教育为重点，积极发展高等职业学校教育，因地制宜地发展初等职业学校教育。

发展职业学校教育，应当充分利用现有的教育资源。

第十条　职业培训包括从业前培训、在岗培训、转岗培训、转业培训和其他职业性培训。根据国家规定的职业分类和职业资格等级标准，职业培训分为初级、中级、高级职业培训。

开展职业培训，应当根据市场劳动力需求，结合新技术、新工艺推广，多渠道、多层次、多形式地进行。

第十一条　县级以上人民政府应当采取措施，办好发挥骨干和示范作用的职业学校、职业培训机构和县级职业教育中心，推动农村发展职业教育扶持边远贫困地区发展职业教育。

第十二条　政府主管部门、行业组织应当制定本系统、本行业的职业教育规划，举办或者联合举办职业学校、职业培训机构、组织、协调、指导本系统、本行业的企业、事业组织举办职业学校、职业培训机构，并对其教学质量和办学效益进行监督检查。

第十三条 企业、事业组织应当有计划地对职工进行在岗培训、转岗培训和其他职业性培训。

第十四条 鼓励和支持社会团体、其他社会组织及公民个人按照国家和本省社会力量办学的有关规定，举办职业学校、职业培训机构。

第十五条 举办职业学校、职业培训机构，必须具备法律、法规规定的基本条件。

设立职业学校，应当按照下列规定审批：

（一）初等职业学校，由学校主管部门或者办学单位申报，经县级教育行政部门审核，报同级人民政府审批；

（二）职业高级中学，由学校主管部门或者办学单位申报，经市（地区）教育行政部门审核，报市（地区）人民政府审批；

（三）职业中等专业学校，由学校主管部门申报，经市（地区）教育行政部门审核，报省教育行政部门审批；

（四）普通中等专业学校，由市（地区）人民政府或者省有关行政主管部门申报，经省教育行政部门审核，报省人民政府审批；

（五）技工学校，由举办单位申报，经省计划部门会同人力资源和社会保障行政部门审核，省发展和改革行政部门批复；

（六）高等职业学校，由市（地区）人民政府或者省有关行政主管部门申报，经省教育行政部门审核，报省人民政府审批。

职业培训机构的设立，由劳动和社会保障行政部门、教育行政部门和其他有关行政主管部门按照职责分工分别审批。

未经依法审批，任何单位和个人不得举办职业学校、职业培训机构。

第十六条 职业学校、职业培训机构应当根据当地经济和社会发展需求，面向市场设置专业，开展教育教学改革，注重学生实践能力培养，提高教育质量和办学效益，建立自主办学、民主管理、自谋发展的运行机制。

第十七条 接受职业学校教育、职业培训机构培训的学生，经考试考核合格，按国家有关规定发给学历证书或者培训证书。其中需要取得职业资格证书的，由职业技能鉴定机构考核、鉴定合格后，发给相应的职业资格证书。

未经考试考核或者考试考核不合格的学生，不得发给学历证书、培训证书、职业资格证书。

职业学校的毕业生经过相应的入学考试，可以接受高一级学历教育。

第三章　职业教育的保障条件

第十八条　职业教育经费通过财政拨款、举办者自筹、受教育者缴费、社会捐助等多种渠道筹集。

第十九条　职业学校学生人数平均经费标准应当高于同级普通学校。其经费标准由省财政部门会同省教育行政部门制定。

第二十条　县级以上人民政府应当将职业教育经费列入本级财政预算，并在财政预算中设立职业教育专款。

各级人民政府依法征收的城市教育费附加，每年应当安排一定比例用于发展职业教育。

各级人民政府的扶贫资金，应当安排一定比例用于发展应当地的职业教育。

农村科技开发、技术推广的经费，应当安排一定比例用于农村职业培训。

第二十一条　企业应当按照不低于职工工资总额百分之一点五的比例提取专项经费，用于职工培训。

第二十二条　职业学校、职业培训机构对接受非义务教育的学生可以适当收取学费，对经济困难的学生和残疾学生可以酌情减免学费。

具体收费项目和收费标准，由省财政、物价部门核定，并向社会公布。

第二十三条　鼓励企业、事业组织、社会团体、其他社会组织及公民个人对职业教育捐资助学。鼓励境外的组织和个人对职业教育提供资助和捐赠。

提供的资助和捐赠，必须用于职业教育。

第二十四条　职业学校、职业培训机构及有关部门应当加强对职业教育经费和学费的管理，依法接受审计、财政、物价部门的监督。

任何组织和个人不得截留、挪用、克扣职业教育经费和学费。

第二十五条　县级以上人民政府及其有关部门应当将职业教育教师的培养、培训工作纳入教师队伍建设规划，并安排专项资金用于培养、培训职业教育教师。

为职业学校培养的教师，必须到职业学校任教，其任教服务期不得少于五年。

职业学校、职业培训机构可以聘请专业技术人员、有特殊技能的人员和其他学校及教育机构的教师担任兼职教师。有关部门和单位应当予以支持，提供方便。

第二十六条　职业教育专业教师和实习指导教师在职业学校任教期间，可视为在岗专业技术人员，参加相应的专业技术职称考试、评定，取得专业技术职称。

第二十七条　各级人民政府及其有关部门和职业学校、职业培训机构的举办者应当加强职业教育的实验、实习基地建设和教学手段现代化建设。

企业、事业组织应当接纳职业学校、职业培训机构的学生和教师实习，并提供技术指导；对顶岗实习的，应当给予适当的劳动报酬。

第二十八条　县级以上人民政府的教育行政部门和教育督导机构，应当依法对职业学校、职业培训机构的管理水平和教育质量进行督导、评估和考核。

职业学校、职业培训机构的评估标准和考核办法，由省教育行政部门、劳动和社会保障部门制定，报省人民政府批准。

第二十九条　各有关部门和行业、事业、企业组织应当依法保障职业学校、职业培训机构在经费筹措与使用、内部机构设置、人员任用、教师聘用、专业设置和招生等方面的自主权。

除法律、法规和省人民政府规定的收费项目外，任何部门和单位不得向职业学校、职业培训机构收费。

第四章　法律责任

第三十条　违反本办法第十七条规定，发布招生广告、招生简章的，由工商行政管理部门依法查处。

第三十一条　违反本办法第十七条第二款规定，给未经考试考核或者考试考核不合格的学生颁发学历证书、培训证书和职业资格证书的，由县级以上教育行政部门或者人力资源和社会保障行政部门或者其他有关行政部门宣布证书无效，并责令收回证书；有违法所得的，没收违法所得。

第三十二条　违反本办法第二十条规定，未落实职业教育经费的，由上级机关责令限期改正。

企业未按本办法第十三、二十一条规定实施职业教育和落实职工培训经费的，由县级以上人民政府责令限期改正；逾期不改正的，可以依法收取企业应当承担的职业教育经费，用于本地区的职业教育。

第三十三条　违反本办法第二十四条第二款规定，截留、挪用、克扣职业教育经费和学费的，由上级机关责令限期归还，并对直接负责的主管人员和其他直接责任人员依法给予行政处分；构成犯罪的，由司法机关依法追究刑事责任。

第三十四条　职业学校、职业培训机构达不到办学要求的，由职业学校、职业培训机构的审批机关责令限期整顿；经整顿仍达不到标准的，责令停止招生或者取消办学资格。

第三十五条　违反本办法规定，其他法律、法规已有处理规定的，从其规定。

第三十六条　当事人对行政机关作出的行政处罚决定不服的，可以依法申请行政复议或者提起行政诉讼。逾期不申请复议或者不起诉，又不履行行政处罚决定的，由作出行政处罚决定的机关申请人民法院强制执行。

第三十七条　国家机关及其工作人员在职业教育工作中滥用职权、徇私舞弊、索贿受贿的，由主管机关依法给予行政处分；构成犯罪的由司法机关依法追究刑事责任。

第五章　附　则

第三十八条　本办法自公布之日起施行。

陕西省民办教育促进条例

（2004年12月2日陕西省第十届人民代表大会常务委员会第十五次会议通过，根据2010年11月25日陕西省第十一届人民代表大会常务委员会第十九次会议《关于修改〈陕西省民办教育促进条例〉的决定》修正）

第一条　为促进民办教育事业的健康发展，维护民办学校和受教育者的合法权益，根据《中华人民共和国民办教育促进法》和有关法律、法规的规定，结合本省实际，制定本条例。

第二条　本条例适用于本省行政区域内的民办教育活动。

第三条　民办教育事业属于公益性事业，是社会主义教育事业的重要组成部分。

县级以上人民政府应当坚持积极鼓励、大力支持、正确引导、依法管理的方针，将民办教育事业纳入国民经济和社会发展规划，保证民办学校与公办学校具有同等的法律地位，保障民办学校办学的自主权。

提倡和鼓励国家机构以外的社会组织或者个人，支持和参与民办教育事业。

第四条　民办学校应当贯彻教育必须为社会主义现代化建设服务，必须与生产劳动相结合的方针，保证教育质量，培养德、智、体全面发展的社会主义事业的建设者和接班人。

实施职业教育的民办学校应当对受教育者进行思想政治教育和职业道德教育，传授职业知识，培养职业技能，进行职业指导，全面提高受教育者的素质。

民办中学、小学应当使受教育者在德、智、体等方面全面发展，为提高全民族的素质，培养有理想、有道德、有文化、有纪律的社会主义建设人才奠定基础。

第五条　县级以上人民政府教育行政部门按照各自权限主管本行政区域内的民办教育工作，并根据民办教育工作的实际需要，完善管理机构、充实管理力量，依法加强对民办学校的管理、服务和监督。

县级以上劳动和社会保障行政部门以及民政、财政、价格、公安等行政部门在各自职责范围内，分别负责民办教育的有关工作。

第六条　设立民办学校应当具备法律、法规规定的条件，民办学校的设置标准，参照同级同类公办学校的设置标准执行。本省审批权限范围内的民办学校的具体设置标准，由省教育行政部门依据法律、法规和国家有关规定制定。

设立民办学校按照下列权限审批：

（一）本科教育、师范和医药类专科教育的高等学校，按法律规定的程序报国务院教育行政部门批准；

（二）高等职业技术学校，由省人民政府审批，并报国务院教育行政部门备案。普通中等专业学校，由省人民政府审批；

（三）高等教育自学考试助学机构、非学历高等教育学校、职业中等专业学校，由省教育行政部门审批；

（四）高级中学、初级中学、职业高级中学、初等职业学校，由设区的市教育行政部门审批；

（五）小学、幼儿园、各类文化教育培训学校，由县（市、区）教育行政部门审批；

（六）以职业技能为主的职业资格培训、职业技能培训学校，由县级以上劳动和社会保障行政部门按照各自的权限审批，并抄送同级教育行政部门备案。

教育行政部门、劳动和社会保障行政部门对设立民办学校的申请应当在法定时限内及时办理；对涉及多个办学层次的设立申请，可以由高层级的审批机关统一受理。

第七条　审批机关应当对批准正式设立的民办学校，发给办学许可证。民办学校取得办学许可证后，应当依法进行登记。登记机关应当按照有关规定及时办理，并予以公告。

第八条　民办学校的举办者应当依照申办报告或者学校章程履行出资

义务。举办者可以以资金、实物、土地使用权、知识产权或者其他无形资产等形式出资。以知识产权或者其他无形资产出资的，应当经评估机构评估，出资比例应当符合国家有关规定。

两个以上的社会组织或者个人举办民办学校的，应当签订联合办学协议，明确出资方式、出资比例和权利义务。

举办者投入学校的资产应当与举办者的其他资产相分离。

民办学校存续期间，举办者投入民办学校的资产、国有资产、受赠的财产以及办学积累，由民办学校依法管理和使用。经举办者提出，学校理事会、董事会或者其他形式的决策机构同意，审批机关核准，可以变更举办者或者对举办者投入学校的资产在举办者内部调整出资比例。举办者不得抽逃资金，不得挪用办学经费。

第九条　民办学校应当依法建立财务、会计制度和资产管理制度，对举办者投入的办校资产、国有资产、受赠的财产、收取的费用以及办学积累等分别登记建账，并接受审批机关和其他有关部门的监督。

第十条　民办学校出资人可以依法取得合理回报。取得合理回报的具体实施办法，由省人民政府制定。

第十一条　民办学校应当完善法人治理结构，设立学校理事会、董事会或者其他形式的决策机构，建立健全内部管理和监督制度，实行民主管理。

民办学校的法定代表人由理事长、董事长或者校长担任。

校长的聘任或者解聘由学校理事会、董事会或者其他形式的决策机构决定，并经审批机关核准。

民办学校校长依法独立行使教育教学和行政管理职权。

第十二条　民办学校应当有与其办学层次、规模和专业设置相适应的专职教师队伍，实施学历教育的民办学校聘任的专职教师数量应当不少于教师总数的1/3。

民办学校聘任的教师，应当具备法律和行政法规规定的教师资格和任职条件，聘任的专业技能课教师应当具有相应的专业技术职称。

民办学校与聘任的教职工应当签订聘用合同，明确双方的权利义务，依法保障教职工的工资、福利待遇等合法权益。

民办学校聘任外籍教师和外籍人员，应当按照国家有关规定办理。

第十三条　民办学校教职工与公办学校教职工具有同等的法律地位，在资格认定、职称评定、岗位聘用、业务培训、教龄和工龄计算等方面，应当与公办学校的教职工同等对待。

县级以上人民政府应当采取措施，推进民办学校教师与公办学校教师之间的双向流动，并参照同级同类公办学校的项目和标准，将民办学校专职教职工纳入社会保险范围。

第十四条　民办学校可以按照办学宗旨和培养目标，自行设置专业、开设课程，自主选用教材，开展教育教学和培训活动。法律、法规另有规定的，从其规定。

第十五条　民办学校的招生简章和广告，应当报审批机关备案。

招生简章和广告应当客观、真实、准确，载明学校名称、学校性质、培养目标、办学层次、专业设置、办学形式、办学地址、收费标准、证书发放等有关事项。

第十六条　民办学校享有与同级同类公办学校同等的招生权，可以自主确定招生范围、标准和方式。国家对高等学历教育招生另有规定的，从其规定。

教育行政部门对实施学历教育的民办学校，应当依据其办学能力核定招生计划，在招生计划执行过程中，可以根据实际情况作适当调整。

民办学校在本省行政区域内招生，任何行政部门和单位不得滥收费用，不得附加招生的限制条件。

第十七条　民办学校应当依据国家有关规定，提供符合标准的教育教学设施、设备和其他必要的办学条件，开设相应课程，履行招生简章的承诺，保证教育教学质量。

第十八条　民办学校向接受学历教育的受教育者收取费用的项目和标准，按照隶属关系报价格主管部门批准并公示；向接受非学历教育的受教育者收取费用的项目和标准，按照隶属关系报价格主管部门备案并公示。

民办学校学生入学后提出退学的，学校应当按照省有关主管部门的规定，办理退学、退费手续。

第十九条　民办学校的受教育者与公办学校的受教育者具有同等法律地位。

实施学历教育的民办学校的受教育者,在升学、就业、乘车优惠、评选先进、助学贷款等方面,享有与同级同类公办学校的受教育者同等的权利。

户籍在本省的民办学校高中毕业生和中等职业学校毕业生,在其户籍所在县(市、区)参加高等学校入学考试;户籍在本省的民办学校初中毕业生可以在其学校所在地参加高中入学考试。

民办学校的受教育者学籍、学历的管理,按照法律、行政法规及国家教育行政部门的有关规定执行。

第二十条　民办学校及其教师、职员和受教育者在申请国家或者本省设立的有关科研项目、课题方面,享有与同级同类公办学校及其教师、职员和受教育者同等的权利。

教育行政部门、劳动和社会保障行政部门和其他有关行政部门,组织科研项目、课题招标,应当为民办学校及其教师、职员和受教育者提供与同级同类公办学校及其教师、职员和受教育者同等的机会。

实施高等学历教育的民办学校符合国家规定条件的,可以依法申请获得毕业生学位授予资格和教师职称评定资格。

第二十一条　县级以上人民政府教育督导机构应当依法对民办教育实行督导。

县级以上教育行政部门、劳动和社会保障行政部门应当按照各自权限定期组织或者委托社会中介组织对民办学校的管理和办学水平、教育质量进行评估,并将评估结果向社会公布。

第二十二条　县级以上人民政府可以设立民办教育专项资金,主要用于资助民办学校的发展、表彰奖励有突出贡献的集体和个人。

第二十三条　县级以上人民政府对闲置的国有资产,可以依法向民办学校出租、转让。

新建、扩建民办学校应当符合土地利用总体规划,并按照国家公益事业用地及建设的规定享受优惠。

第二十四条　捐资举办的民办学校和出资人不要求取得合理回报的民办学校,按照国家有关规定,享受与公办学校同等的税收及其他优惠政策。

出资人要求取得合理回报的民办学校,其税收按照国家有关规定给予优惠。

对向民办学校捐赠资产的自然人、法人或者其他组织，按照国家有关规定享受税收优惠。

第二十五条　县级人民政府与民办学校签订承担义务教育任务委托协议的，应当根据接受义务教育学生的数量和当地实施义务教育的公办学校生均教育经费标准，拨付相应的教育经费。受委托的民办学校向协议就读的学生收取的费用，不得高于当地同级同类公办学校收费标准。

第二十六条　民办高等学校享受国家和本省规定的高等学校后勤社会化改革等方面的政策优惠。

第二十七条　办学积累达到一定规模且有办学结余的民办学校，对未明确出资额的实际举办者，经学校理事会、董事会或者其他形式的决策机构决定，审批机关核准，可以给予一次性奖励。具体办法由省人民政府制定。

第二十八条　鼓励金融机构利用信贷手段支持民办教育发展。民办学校可以以教育设施以外的财产为自身发展抵押贷款。

第二十九条　民办学校终止时，应当依照国家有关法律、法规的规定进行财务清算，依法处置剩余资产。

第三十条　民办学校、审批机关和有关行政部门违反法律、法规及本条例规定的，依照《中华人民共和国民办教育促进法》等有关法律、法规的规定，承担法律责任。

第三十一条　本条例自 2005 年 1 月 1 日起施行。1996 年 11 月 2 日陕西省第八届人民代表大会常务委员会第二十二次会议通过的《陕西省社会力量办学条例》同时废止。

陕西省实施
《中华人民共和国国家通用
语言文字法》办法

（2007年7月28日经陕西省第十届人民代表大会常务委员会第三十二次会议通过）

第一条　为了实施《中华人民共和国国家通用语言文字法》，结合本省实际，制定本办法。

第二条　本办法所称的国家通用语言文字，是指普通话和规范汉字。

第三条　国家通用语言文字在本省行政区域内的使用、管理和监督，适用本办法。

第四条　县级以上人民政府应当组织、协调推广普通话、推行规范汉字工作，对开展国家通用语言文字工作所需人员和经费予以保障。

乡（镇）人民政府应当按照上级人民政府的要求，做好国家通用语言文字工作。

第五条　县级以上人民政府语言文字工作部门负责国家通用语言文字推广使用的管理和监督工作，其办事机构设在同级人民政府教育行政管理部门。语言文字工作部门的职责是：

（一）组织实施国家通用语言文字的法律、法规；

（二）制定本行政区域内国家通用语言文字工作规划；

（三）组织对国家通用语言文字工作的评估检查；

（四）协调、指导、监督各部门、各行业的国家通用语言文字工作；

（五）开展推广普通话和推行规范汉字的宣传活动；

（六）组织、指导普通话和规范汉字的培训、测试；

（七）开展国家通用语言文字推广、使用工作的调查研究；

（八）法律、法规规定的其他职责。

教育、人事、民政、公安、交通、建设、文化、体育、卫生、商务、旅游、新闻出版、广播电视、信息产业、工商行政管理、档案等有关部门应当在各自职责范围内，对本系统、本行业规范使用国家通用语言文字工作进行管理监督。

第六条　县级以上人民政府及其有关部门应当按照国家通用语言文字工作评估标准和评估办法，对本行政区域、本系统内国家通用语言文字工作实施检查评估，并对做出显著成绩的单位和个人予以表彰。

第七条　国家机关和具有管理公共事务职能的事业单位以普通话和规范汉字为公务用语用字。

国家机关和具有管理公共事务职能的事业单位工作人员在办公、会议、接受媒体采访等面向公众的发言及公务活动中，应当使用普通话。

第八条　学校、幼儿园及其他教育机构应当以普通话和规范汉字为基本的教育教学用语用字，培养学生使用国家通用语言文字的能力。

学校、幼儿园及其他教育机构的教育教学用书、试卷、教师板书以及校刊（报）等，应当使用规范汉字。

教育行政管理部门应当将普通话和规范汉字的使用情况，列入对学校、幼儿园及其他教育机构办学水平督导、评估和考核的内容。

第九条　广播电台、电视台以普通话为播音、节目主持、采访等工作的基本工作用语。

电影、电视的字幕及其他公示性的文字，应当使用规范汉字。

第十条　商业、邮政、电信、公路、铁路、民航、水运、文化、体育、医疗卫生、旅游、餐饮、娱乐、网络、银行、保险、证券等公共服务行业，提倡以普通话为服务用语；直接面向公众服务的从业人员应当以普通话为基本服务用语。

第十一条　下列情形，应当以普通话为基本用语：

（一）电影、电视剧用语；

（二）汉语文音像制品、有声电子出版物用语；

（三）运动会、博览会、演唱会、庆典活动等的解说；

（四）展览馆、博物馆、纪念馆、科技馆等的讲解；

（五）面向公众服务的导游、播音、话务等。

第十二条　下列人员的普通话水平应当达到国家规定的等级标准：

（一）广播电台、电视台的播音员、节目主持人和影视话剧演员达到一级乙等以上，其中省级广播电台、电视台的播音员和节目主持人达到一级甲等；

（二）教师达到二级乙等以上，其中语文教师、幼儿园教师和对外汉语教学教师达到二级甲等以上，普通话教师和语音教师达到一级乙等；学校其他人员达到三级甲等以上；

（三）公共服务行业中从事播音、解说、话务、导游等以普通话为工作语言的人员达到二级甲等以上；

（四）国家机关工作人员达到三级甲等以上。

第十三条　对以普通话作为工作语言的人员，尚未达到国家规定普通话等级标准的，应当进行培训。

第十四条　参加普通话水平测试的人员，达到规定等级标准的，由省级语言文字工作部门颁发普通话水平测试等级证书。

第十五条　国家机关和具有管理公共事务职能的事业单位工作人员执行公务时，根据沟通和交流的需要可以使用方言。

第十六条　下列情形，应当以规范汉字为基本用字：

（一）各类名称牌、指示牌、标志牌、招牌、标语（牌）等牌匾用字；

（二）各类公文、公务印章、信笺、信封、档案、合同、广告、公务名片、票据、报表、宣传材料等用字；

（三）各类报纸、期刊、图书、电子出版物和网络出版物、音像制品等出版物的用字；

（四）本省内销售的商品名称、包装、说明等用字；

（五）各类电子屏幕用字；

（六）各类证件、徽章、旌旗、奖状、奖牌等用字；

（七）医疗机构出具的病历、处方、检验报告等用字；

（八）有关机构出具的检测报告、评估报告、鉴定报告、公证文书等用字；

（九）电子信息处理和信息技术产品以及在本省注册的网站的网页

用字；

（十）自然地理实体、行政区划、居民点、道路、街道、企业事业单位、建筑物，以及车站、码头、机场、名胜古迹、旅游景区等公共场所名称及其设施的用字；

（十一）法律、法规规定的其他情形。

第十七条　广告用字不得使用繁体字和已经废止的异体字、简化字，不得使用错别字，不得利用谐音字改变词语的原义。

第十八条　公共场所、建筑物及其他设施面向公众的用字，使用外国文字的，应当与规范汉字同时使用，采用以规范汉字为主、外国文字为辅的形式，规范汉字的字体应当大于外国文字。

第十九条　下列情形，可以保留、使用繁体字和异体字：

（一）文物古迹；

（二）姓氏中的异体字；

（三）老字号牌匾的原有字迹；

（四）题词和招牌的手书字；

（五）书法、篆刻等艺术作品用字；

（六）出版、教学、研究中确需的用字；

（七）涉及港澳台与华侨事务确需使用的。

老字号牌匾、手书招牌使用繁体字和异体字的，应当在适当位置设置使用规范汉字的副牌。

第二十条　任何单位和个人对不规范用语用字行为有权提出批评，并向有关部门举报投诉。受理部门应当进行调查处理，并及时予以答复。

新闻媒体应当加强推广普通话和推行规范汉字工作的宣传报道，对社会用语用字的行为进行舆论监督。

第二十一条　国家机关和具有管理公共事务职能的事业单位，学校、幼儿园及其他教育机构、公共服务单位等违反本办法规定用语用字的，由县级以上人民政府有关行政部门对直接责任人员进行批评教育，并责令限期改正；拒不改正的，予以通报批评，并依法对直接负责的主管人员和其他直接责任人员给予行政处分。

第二十二条　广播、电视、报刊、网络等媒体和各类出版物、电子信息处理和信息技术产品的用语用字，违反本办法规定的，由文化、广播电视、新闻出版、信息产业等行政主管部门责令限期改正；拒不改正的，予以通报批评，并由有关部门依法对直接负责的主管人员和其他直接责任人员给予行政处分。

第二十三条　企业名称、商品名称、商品包装、产品说明以及广告等的用语用字，违反本办法规定的，由工商行政管理部门依法予以查处。

公共场所用字，地名标志牌、建筑物及其他设施面向公众的用字，违反本办法规定的，由民政、建设等有关行政部门依法予以查处。

第二十四条　违反本办法规定的其他行为，法律、法规另有处罚规定的，从其规定。

第二十五条　教育、广播电视、民政、文化、新闻出版、工商行政管理等有关行政管理部门及其工作人员，不依法履行职责或者滥用职权的，由其所在单位或者上级主管部门对直接负责的主管人员和其他直接责任人员依法给予行政处分。

第二十六条　对妨碍、阻挠语言文字工作部门和其他有关行政管理部门及其工作人员依法履行职责的行为，由其所在单位或者有关行政部门依法予以查处；违反治安管理法律、法规规定的，由公安机关依法给予行政处罚。

第二十七条　本办法自2007年10月1日起施行。

陕西省实施
《中华人民共和国未成年人保护法》办法

（2009年5月27日陕西省第十一届人民代表大会常务委员会第八次会议修订通过）

第一章 总 则

第一条 为了实施《中华人民共和国未成年人保护法》，结合本省实际，制定本办法。

第二条 本省行政区域内未满十八周岁公民的保护，适用本办法。

第三条 国家机关、社会组织、学校和家庭应当尊重和保障未成年人享有的生存权、发展权、受保护权、参与权和受教育权等权利，对未成年人进行理想、道德、文化、纪律和法制教育，促进未成年人在品德、智力、体质等方面全面发展，培养有理想、有道德、有文化、有纪律的社会主义建设者和接班人。

第四条 各级人民政府领导和协调有关部门做好本行政区域内的未成年人保护工作，将未成年人保护工作纳入国民经济和社会发展规划及年度计划，相关工作经费纳入本级财政预算。

第五条 县级以上人民政府应当设立未成年人保护委员会，并确定一名负责人分管。未成年人保护委员会由本级国家机关和有关社会团体的负责人组成，其办事机构设在本级共产主义青年团委员会。乡（镇）人民政府、街道办事处应当有专（兼）职人员负责未成年人保护工作。

未成年人保护委员会的主要职责是：

（一）组织宣传保护未成年人的法律、法规和政策；

（二）制定未成年人保护工作发展规划和年度工作计划；

（三）组织、协调、指导有关部门做好未成年人保护工作，制定涉及未成年人权益的有关政策；

（四）接受侵犯未成年人合法权益的投诉、举报，督促有关部门查处侵害未成年人权益的案件；

（五）组织开展未成年人权益保护的调查研究，向有关部门提出意见、建议；

（六）总结推广未成年人保护工作经验，表彰奖励在未成年人保护工作中有显著成绩的单位和个人；

（七）未成年人保护工作的其他事项。

第六条　共产主义青年团、妇女联合会、工会、残疾人联合会、关心下一代工作委员会、青年联合会、学生联合会、少年先锋队及其他有关社会团体，协助人民政府做好未成年人保护工作，维护未成年人的合法权益。

第七条　保护未成年人，是国家机关、武装力量、政党、社会团体、企业事业组织、城乡基层群众性自治组织、未成年人的监护人和其他成年公民的共同责任。

国家机关、社会组织、学校和家庭应当采取措施，优化和改善未成年人成长环境，教育、引导和帮助未成年人自尊、自爱、自强、自信，养成良好的行为习惯，提高自我保护意识和能力，增强社会责任感，遵守法律、法规和社会公德。

对侵害未成年人权益的行为，被侵害人及其监护人或者其他组织和个人有权向有关部门投诉、举报，有关部门应当依法及时处理。

第八条　国家机关制定社会政策、处理社会公共事务应当优先保障未成年人的权益，社会组织、学校在应对突发事件时应当优先考虑未成年人的生命安全。

第二章　家庭保护

第九条　父母或者其他监护人应当为未成年人创造良好、和睦的家庭环境，提供必要的生活、学习条件，以健康的思想、良好的品行和适当的方法教育和引导未成年人，抚养教育未成年人健康成长。

家庭中的其他成年人应当协助未成年人的父母或者其他监护人教育、

保护未成年人。

第十条　父母或者其他监护人应当遵守下列规定：

（一）正确履行对未成年人的监护责任和抚养义务；

（二）保障适龄未成年人接受并完成义务教育；

（三）教育未成年人养成良好的思想道德品质和行为习惯，预防和制止未成年人的不良行为；

（四）维护未成年人的财产权益，不得非法处分、侵占未成年人的财产；

（五）鼓励支持未成年人参加适宜的家庭劳动、社会公益活动以及有益的文化娱乐、社会实践活动。

第十一条　父母或者其他监护人不得有下列行为：

（一）对未成年人实施家庭暴力；

（二）虐待、遗弃、买卖未成年人；

（三）教唆、强迫未成年人从事违法、犯罪行为；

（四）强迫、指使未成年人乞讨、兜售商品、卖艺等；

（五）为未成年人订立婚约，允许或者迫使未成年人结婚；

（六）歧视女性未成年人或者有残疾的未成年人；

（七）其他不履行对未成年人的监护职责和抚养义务、侵害未成年人合法权益或者影响其身心健康的行为。

第十二条　父母因外出务工经商或者其他原因不能完全履行对未成年子女监护责任的，应当委托有监护能力的其他成年人代为监护，并经常保持与未成年子女、受委托人的联系、沟通，及时掌握未成年子女的生活、学习和生理心理等方面的状况。

第十三条　未成年人的父母或者其他监护人因违法犯罪被羁押或者身体有重大疾病，不能履行监护责任的，或者有严重恶习直接危害未成年人身心健康的，应当依法变更或者指定监护人。对没有监护人的，由未成年人父母所在单位或者村民委员会、居民委员会、民政部门担任监护人。

第三章　学校保护

第十四条　学校应当贯彻国家的教育方针，实施素质教育，提高教育教学质量，注重培养未成年学生独立思考能力、创新能力和实践能力，促进未成年学生全面发展。

学校应当以学生日常行为规范教育为基础，进行社会公德、传统美德、民主法制和良好行为习惯的养成教育，教育未成年学生形成健康的人格。

第十五条　学校应当尊重和保障未成年人的受教育权，接收适龄未成年人入学，不得违反法律、法规和国家规定开除未成年学生或者责令未成年学生停课、停学、退学。

学校处分未成年学生，应当听取未成年学生及其父母或者其他监护人的申辩，并对申辩的内容予以答复。未成年学生受到处分后有改正表现的，学校应当在其毕业前将处分记录从个人档案中消除。

第十六条　学校应当按照国家确定的教学制度、教育教学内容和课程设置开展教学活动，组织学生开展体育锻炼、文化娱乐、卫生保健、社会实践等有益身心健康的课外活动，不得加重未成年学生的课业负担。

第十七条　学校、幼儿园、托儿所的教职员工，应当遵守职业道德规范，尊重未成年人的人格尊严，不得体罚、变相体罚或者侮辱、诽谤、歧视未成年人，不得用罚款等手段惩罚未成年人，不得侵犯未成年人的隐私权。

第十八条　学校应当对未成年学生进行网络道德教育，提高未成年学生的判别能力和自律意识，教育未成年学生文明上网。学校的互联网上网场所应当为未成年学生提供健康、安全的网络环境和上网服务。

第十九条　学校应当根据未成年学生的身心发展特点，开展社会生活指导、心理健康辅导、青春期教育和法制教育，为未成年学生提供心理咨询辅导。

第二十条　学校、幼儿园、托儿所应当开展家庭教育指导，开设家长课堂或者家长开放日，保持与父母或者其他监护人的沟通和联系。鼓励和支持学校与社会团体举办公益性教育讲座，指导父母或者其他监护人教育未成年人。

学校对有不良行为或者轻微违法行为的未成年学生，应当及时告知其父母或者其他监护人，共同做好教育工作，不得歧视。

第二十一条　学校、幼儿园、托儿所应当建立健全安全管理制度，定期检查校舍和其他设施、场所，及时消除安全隐患或者报告有关部门处理。

学校、幼儿园应当对未成年人进行交通、消防、卫生等安全教育和防灾避险教育，制定突发性事件应急预案，定期组织演练，提高未成年人自我保护的意识和能力。教育、公安、卫生等部门应当加强防险避灾演练等活动的专业指导。

学校、幼儿园组织未成年人参加集会、文化娱乐、社会实践等集体活动，应当采取必要的安全保障措施，防止发生人身安全事故。

第二十二条　学校、幼儿园、托儿所应当建立健全卫生保健制度，提供必要的卫生保健条件，定期进行卫生防疫检查和消毒，组织未成年人进行健康检查。

中小学校、幼儿园、托儿所的教室、寝室、活动室和其他未成年人集中活动的场所，禁止吸烟、饮酒。

第二十三条　学校应当根据未成年女学生的生理特点建设和配置卫生间，女卫生间人均实际使用厕位应当多于男卫生间厕位。

学校和教师应当允许未成年女学生在经期内暂不参加剧烈的体育活动。

第二十四条　学校的共产主义青年团、少年先锋队和学生会组织应当开展有益于未成年学生身心健康的活动，学校应当给予支持，并提供必要的经费和活动场所。

第四章　社会保护

第二十五条　各级人民政府及其有关部门应当加强对图书、报刊、音像制品、电子出版物、网络信息和公共活动场所的监督管理，鼓励和支持有利于未成年人身心健康的文艺创作和科普活动。

第二十六条　博物馆、展览馆、美术馆、科技馆、纪念馆、烈士纪念建筑物、名人故居、公共图书馆、学校图书馆、文化馆、文化宫、青少年宫、儿童活动中心等各类爱国主义教育示范基地和公益性文化设施，应当向未成年人免费开放，任何单位和个人不得挤占、毁坏或者改作他用。

影剧院、体育场馆以及其他适宜未成年人的经营性文化活动场所，应当对未成年人优惠。

第二十七条　文化部门应当会同公安、工商行政管理、电信管理等部门加强对网吧、游艺厅、歌舞厅等娱乐场所的监督管理，净化未成年人健康成长的社会文化环境。

文化部门应当建立网吧社会监督制度，会同未成年人保护组织、关心下一代工作机构等招募志愿者为网吧监督员，对网吧进行社会监督，制止在网吧浏览、下载、发布、传播淫秽色情内容的行为，制止未成年人进入网吧。当地政府应当对网吧监督员提供必要的经费补助。

省互联网协会应当发挥行业自律作用，受理互联网违法有害信息的举报投诉，定期公布违法、违规网站名单。网站、网吧应当及时清除、过滤或者屏蔽互联网上不利于未成年人健康成长的违法有害信息。

第二十八条　电信管理部门应当加强移动通信、网络接入服务的管理，采取有效措施，防止通过手机、互联网发布、传播淫秽色情等违法有害信息。

广播电影电视部门应当加强网络视听节目管理，采取信息审查、播出管理、记录留存和违法有害信息发现、防范、报告措施，保证网络视听节目内容的文明健康。

第二十九条　公园、游乐场、体育场（馆）、青少年宫等未成年人活动的公共场所，其经营者、管理者应当对可能危及未成年人人身安全的设施设备，在显著位置设置警示标志，并采取相应的保护措施。

第三十条　中小学校园周边200米之内不得开设网吧、游艺厅、歌舞厅等娱乐场所和彩票投注站点，600米内不得设立彩票专营场所。

网吧、歌舞厅等不适宜未成年人活动的场所，经营者应当在显著位置设置未成年人禁入标志，不得允许未成年人进入；禁止向未成年人出售烟酒，经营者应当在显著位置设置不向未成年人出售烟酒的标志。对难以判明是否已成年的，应当要求其出示身份证件。

第三十一条　居民委员会、村民委员会应当支持学校、有关部门、社会组织和社会工作者、志愿者开展未成年人保护工作，协助学校、有关部门、社会组织开展未成年人文体活动和社会实践活动。

居民委员会、村民委员会对有严重不良行为的未成年人，应当配合公安、司法行政部门以及其他社会团体开展帮教矫治工作。

第三十二条　县级以上教育、人力资源和社会保障等部门对完成义务教育不再升学的未成年人，应当组织实施职业教育或者培训，为其创造劳动就业条件。

职业学校和职业培训机构不得以实习、社会实践等为名,强迫、利用、变相招用未满十六周岁的未成年人从事劳务活动。

第三十三条　县级以上人民政府应当合理设置残疾未成年人的特殊教育学校(班)和福利机构,为残疾未成年人学习、生活、康复、医疗等提供保障。

普通学校应当接收具有接受普通教育能力的残疾未成年人随班就读,并为其学习、康复提供帮助。

第三十四条　公安部门应当加强学校周边的道路交通安全管理,在学校、幼儿园门口以及其他未成年人集中出入的交通道口,设置警示、限速、让行等交通标志和施划人行横道线,市政部门应当根据需要设置过街天桥、地下通道。

在学校、幼儿园未成年人集中出入的时段,公安部门根据需要安排民警或者协管员维护校园门口的交通秩序。机动车、非机动车应当主动避让未成年人。

公安部门应当加强接送未成年人机动车辆的监督检查,严格核定车辆限乘人数,及时排查安全隐患,保证车辆的安全性能。

第三十五条　工商行政管理、新闻出版、广播电影电视、卫生等部门应当按照各自职责加强广告的监督管理,广告主、广告经营者、广告发布者不得在报纸、杂志、广播、电视、互联网上刊播损害未成年人身心健康的广告。

第三十六条　工商行政管理、质量技术监督、卫生等部门应当按照各自职责,加强未成年人学习生活等用品及学校周边市场的监督管理,依法查处生产销售有害未成年人健康的食品、药品、玩具、用具和游乐设施等违法行为。

第五章　司法保护

第三十七条　公安机关、人民检察院、人民法院和司法行政部门在履行法定职责活动中,应当保障未成年人的合法权益,尊重未成年人的人格尊严。

公安机关、人民检察院在办理未成年人刑事犯罪案件时，应当由专人负责，人民法院应当设立少年法庭，指定熟悉未成年人特点、善于做未成年人思想教育工作的审判员担任审判长，按照有关规定聘请教育机构的教育工作者，共产主义青年团、妇女联合会、工会、残疾人联合会的人员担任人民陪审员。

第三十八条　公安机关、人民检察院讯问未成年犯罪嫌疑人、询问未成年证人、被害人，应当通知其监护人到场。无法通知监护人或者监护人不能到场的，应当通知法律援助机构、未成年人所在学校、未成年人住所地的村民委员会、居民委员会或者当地未成年人保护机构指派人员到场。

第三十九条　公安机关、人民检察院、人民法院、司法行政部门以及法律援助机构、律师，可以就涉及未成年人案件存在的问题，向有关组织和个人提出意见、建议。

第四十条　服刑的未成年人没有完成义务教育的，司法行政部门应当会同教育行政部门配备教师，制定相应的教学计划，保证其继续接受义务教育，并有针对性地开展心理健康辅导。

解除羁押或者服刑期满的未成年人复学、升学、就业不受歧视。

第六章　法律责任

第四十一条　违反本办法规定，未成年人的父母或者其他监护人不履行监护职责，由公安机关对未成年人的父母或者其他监护人进行训诫，或者依法予以治安处罚；构成犯罪的，依法追究刑事责任。

第四十二条　违反本办法规定，父母或者其他监护人无正当理由未保障未成年人接受并完成义务教育的，由当地乡镇人民政府或者县级教育行政部门给予批评教育，责令限期改正。

第四十三条　违反本办法规定，学校拒收适龄未成年人入学，责令学生停课、停学、退学或者开除学生的，由教育行政部门予以纠正；情节严重或者逾期不改的，对学校的有关负责人及直接责任人给予行政处分。

第四十四条　违反本办法规定，学校未制定安全制度和应急预案的，由教育行政部门给予批评教育，责令改正；由此造成学生人身安全事故的，对直接负责的主管人员和其他直接责任人员依法给予行政处分；构成犯罪的，依法追究刑事责任。

第四十五条 违反本办法规定，学校教职员工对未成年学生实施体罚、变相体罚、侮辱、诽谤、歧视或者侵犯其隐私权的，视情节轻重，由其所在单位或者教育行政部门给予批评教育、行政处分或者解聘；构成民事侵权的，依法承担民事责任；构成犯罪的，依法追究刑事责任。

第四十六条 违反本办法规定，经营者向未成年人出售烟酒或者未设置禁止未成年人购买烟酒警示标志的，由工商行政管理部门予以警告，并处五十元以上二百元以下罚款。

第四十七条 违反本办法规定，侵害未成年人的合法权益，法律、法规已有处罚规定的，从其规定。

第四十八条 国家工作人员滥用职权、玩忽职守、徇私舞弊，造成未成年人合法权益受到侵害的，由其所在单位或者上级主管部门给予行政处分；构成犯罪的，依法追究刑事责任。

第七章 附 则

第四十九条 本办法自 2009 年 6 月 1 日起施行。

陕西省实施
《中华人民共和国预防未成年人犯罪法》办法

（2005年6月2日陕西省第十届人民代表大会常务委员会第十九次会议通过 2008年6月26日发布）

第一条 为了实施《中华人民共和国预防未成年人犯罪法》，结合本省实际，制定本办法。

第二条 预防未成年人犯罪，在各级人民政府组织领导下实行综合治理。各级人民政府应当设立领导协调机构，并确定一名负责人分管，办事机构设在同级共产主义青年团委员会。

公安、教育、文化、新闻出版、广播电视电影、劳动和社会保障、工商行政、民政、司法行政、信息产业等有关部门和各级综治办、司法机关在各自职责范围内负责做好预防未成年人犯罪工作。

共产主义青年团、妇女联合会和其他有关社会组织协助做好相关工作。

第三条 各级人民政府在预防未成年人犯罪工作方面的主要职责是：

（一）组织制定预防未成年人犯罪工作的五年规划和年度工作计划；

（二）组织、协调预防未成年人犯罪工作的有关活动；

（三）组织对未成年人犯罪及预防进行调查研究，提出对策；

（四）检查《中华人民共和国预防未成年人犯罪法》和本办法及工作规划的执行情况；

（五）组织宣传有关未成年人保护、预防未成年人犯罪方面的法律、法规和政策；

（六）总结、推广预防未成年人犯罪工作的经验，树立、表彰先进典型。

第四条 各级人民政府应当将预防未成年人犯罪工作经费列入本级财政预算。

第五条 未成年人的父母或者其他监护人应当履行以下义务：

（一）对未成年人进行遵纪守法、文明礼貌、诚实守信、自理自护等方面的教育；

（二）未成年人出现心理障碍或者不良行为时，应当主动寻求学校和有关方面的帮助，努力消除未成年人的心理障碍或者不良行为；

（三）主动与学校联系，配合学校的教育活动，加强未成年人思想道德品质和文明行为的培养。

未成年人的父母不得因离异而不履行教育子女的义务。

第六条　学校在预防未成年人犯罪教育中应当履行以下职责：

（一）将法制教育纳入学校教学计划并组织实施，培养未成年人的法制意识；

（二）配备从事法制教育的专职或者兼职教师，根据实际需要聘请校外法制辅导员；

（三）开展适合未成年人身心发展特点的课外活动，培养未成年人的健全人格和良好品行；

（四）建立完善家访制度，密切与家长的联系，加强家庭教育指导；

（五）定期检查预防未成年人犯罪教育工作的成效；

（六）其他与预防未成年人犯罪有关的工作。

第七条　学校应当尊重和保障未成年人的受教育权，对在校义务教育阶段的未成年人不得开除或者令其退学、转学。对有不良行为的未成年人要耐心教育帮助，不得歧视和放任不管。

第八条　各级教育行政主管部门应当建立校园网络中心，学校应当逐步建立校园网络，引导未成年人健康上网。

第九条　学校、未成年人的父母或者其他监护人，应当有针对性的对未成年人进行生理和心理科学的教育。

学校应当设立专门的心理咨询机构或者配备心理辅导教师，为在校的未成年人提供心理咨询辅导。

第十条　县级以上教育行政部门应当扩大中等职业学校招生规模，吸纳已完成义务教育的未成年人接受职业教育。

县级以上劳动和社会保障行政部门应当建立健全职业技能培训制度，有计划地对已完成义务教育且未继续学业的未成年人进行劳动技能培训和预防犯罪的教育。

第十一条　居民委员会、村民委员会应当配合学校和有关部门开展预防未成年人犯罪的工作，配合家庭、学校和公安机关对有不良行为的未成年人进行帮教，协助缺乏管教能力的家庭管教其未成年子女。

居民委员会、村民委员会可以聘请热心未成年人教育工作的志愿者，协助做好未成年人的教育管理工作。

第十二条　县级以上人民政府应当加强青少年宫、儿童活动中心等未成年人活动场所的规划、建设和管理。每个县（市、区）至少应当有一所综合性的未成年人校外活动场所。

第十三条　人民政府有关部门、司法机关和共产主义青年团、妇女联合会及有关社会组织应当结合实际，组织举办多种形式的预防未成年人犯罪的宣传教育活动。

第十四条　新闻出版、广播电视电影、文化、信息产业等行政部门应当采取措施，鼓励、支持有利于未成年人身心健康的书刊、音像制品、电子出版物的创作、制作和出版。

广播、电视、电影、戏剧、广告和书刊、音像制品、电子出版物，不得含有诱发未成年人违法犯罪以及渲染暴力、色情、赌博、恐怖活动等危害未成年人身心健康的内容。新闻媒体对犯罪案件的报道，不得渲染犯罪细节和手段。

任何单位和个人不得向未成年人出售、出租含有前款规定的危害未成年人身心健康内容的书刊、音像制品、电子出版物，不得利用通讯、计算机网络等方式提供含有前款规定的危害未成年人身心健康内容的信息。

第十五条　公安、教育、文化、工商等行政部门应当按照各自的职责加强学校及其周围环境社会治安综合治理，为学校教学创造良好的周边环境。

第十六条　互联网上网服务营业场所、营业性歌舞厅以及其他未成年人不宜进入的场所，不得允许未成年人进入，并设置禁止未成年人进入的警示标志。

营业性电子游戏场所除国家法定节假日外，不得允许未成年人进入，并设置禁止未成年人进入的警示标志。

是否成年难以判明的，上述场所的工作人员应当要求其出示能证明真实年龄的证件。

第十七条　任何单位和个人不得引诱未成年人赌博、吸食或者注射毒品和为未成年人的不良行为或者严重不良行为提供条件。

父母或者其他监护人和学校应当教育未成年人不得吸烟、酗酒，任何人有权劝阻未成年人吸烟、酗酒。

任何经营场所不得向未成年人出售烟酒，并设置禁止未成年人购买烟酒的警示标志。

第十八条　公安人员和车站、机场、宾馆、娱乐场所等公共场所的治安管理人员发现未成年人夜不归宿的，应当规劝、护送其返回住所或者采取其他保护措施，并及时通知其父母或者其他监护人。

第十九条　县级以上人民政府应当建立、完善和落实未成年人救助制度，加强对生活无着的未成年人的救助。

禁止利用未成年人乞讨、兜售商品、表演恐怖残忍节目牟利。

第二十条　对有严重不良行为的未成年人，未成年人的父母或者其他监护人和学校应当互相配合，采取规劝、引导、心理矫治等措施严加管教，也可以按照《中华人民共和国预防未成年人犯罪法》第三十五条规定送工读学校进行矫治和接受教育。

公安派出所和居民委员会、村民委员会应当掌握本辖区内有严重不良行为的未成年人的基本情况，采取有效措施，开展帮教矫治工作。

第二十一条　工读学校应当针对未成年人不良行为产生的原因及心理特点，坚持矫治和教育相结合的原则，有针对性地开展矫治工作。

工读学校所在地设区的市的人民政府应当加强工读学校建设，改善工读学校的办学条件。

第二十二条　未成年人违法犯罪，依照刑法规定不予刑事处罚的，依照法律规定对其违法行为进行矫治。

第二十三条　刑罚执行完毕或者按照法律规定经过违法行为矫治的未成年人，无家可归的，原执行机关应当及时与未成年人住所地的乡（镇）人民政府、街道办事处取得联系，对未成年人进行妥善安置。

第二十四条　工读学校毕业、经过违法行为矫治以及刑罚执行完毕的未成年人，在复学、升学、就业等方面与其他未成年人享有同等权利，任何单位和个人不得歧视。

第二十五条 未成年人的父母或者其他监护人不履行法定职责，或者侵害被监护人的合法权益的，未成年人和其他有监护资格的人或者单位有权要求有关主管部门处理或者依法向人民法院提起诉讼；未成年人的父母或者其他监护人放任未成年人的不良行为或者严重不良行为的，由公安机关对其予以训诫，责令其改正。

学校违反本办法规定不履行职责造成严重后果的，由教育部门给予通报批评，对直接负责的主管人员和其他直接责任人员依法给予行政处分。

行政部门违反本办法规定不履行职责，情节严重的，由上级机关或者行政监察部门对直接负责的主管人员和其他直接责任人员依法给予行政处分。

第二十六条 违反本办法第十四条第二款规定，放映或者演出渲染暴力、色情、赌博、恐怖活动等危害未成年人身心健康的节目的，由文化行政部门没收违法播放的音像制品和违法所得，处一万元以上四万元以下罚款，并对直接负责的主管人员和其他直接责任人员处五千元以上一万元以下罚款；情节严重的，责令停业整顿或者由工商行政管理部门依法吊销营业执照。

违反本办法第十四条第二款规定，出版发行渲染暴力、色情、赌博、恐怖活动等危害未成年人身心健康内容的书刊、音像制品、电子出版物的，由新闻出版行政部门没收违法物品和违法所得，并处违法所得三倍以上十倍以下罚款；情节严重的，责令停业整顿或者吊销许可证。对直接负责的主管人员和其他直接责任人员处五千元以上一万元以下罚款。

违反本办法第十四条第三款规定，向未成年人出售、出租含有危害未成年人身心健康内容的书刊、音像制品、电子出版物，由文化行政部门没收违法物品和违法所得，处二千元以上一万元以下罚款，对单位直接负责的主管人员和其他直接责任人员处一千元以上五千元以下罚款。

违反本办法第十四条第三款规定，利用通信、计算机网络等方式提供含有危害未成年人身心健康内容的信息的，由公安机关没收违法所得，处二千元以上一万元以下罚款，对单位直接负责的主管人员和其他直接责任人员处一千元以上五千元以下罚款。

第二十七条　违反本办法第十六条规定，互联网上网服务营业场所接纳未成年人的，或者未设置禁止未成年人进入的警示标志，由文化行政部门给予警告，可以并处三千元以上一万五千元以下罚款；情节严重的，责令停业整顿，直至依法吊销网络文化经营许可证。

违反本办法第十六条规定，营业性歌舞厅、营业性电子游戏场所以及其他未成年人不宜进入的场所接纳未成年人的，或者未设置禁止未成年人进入的警示标志，由文化行政部门责令改正、给予警告、责令停业整顿、没收违法所得，可以并处五千元以上二万元以下罚款，对直接负责的主管人员和其他直接责任人员处二千元以上五千元以下罚款；情节严重的，由工商行政管理部门依法吊销营业执照。

第二十八条　违反本办法第十七条第三款规定，经营者向未成年人出售烟酒或者未设置禁止未成年人购买烟酒警示标志的，由工商行政管理部门予以警告，并处五十元以上二百元以下罚款。

第二十九条　违反本办法第十九条第二款规定，利用未成年人乞讨、兜售商品、表演恐怖残忍节目牟利的，由公安机关对教唆、胁迫、引诱、指使的成年人进行训诫，并没收违法所得；构成犯罪的，依法追究刑事责任。对生活无着的未成年人由公安机关送救助机构。

第三十条　责令停业整顿、吊销许可证或者营业执照和对个人罚款金额超过二千元、对单位罚款金额超过二万元的，当事人有权要求举行听证。

第三十一条　违反本办法规定的行为，其他法律、法规有处罚规定的，从其规定。

第三十二条　鼓励公民举报违反《中华人民共和国预防未成年人犯罪法》和本办法规定的行为，政府有关部门应当对举报人员予以保护和奖励。

第三十三条　本办法自2005年9月1日起施行。

政府规章

陕西省实施《残疾人教育条例》办法

（陕西省人民政府令第 63 号 2000 年 11 月 6 日发布）

第一条　根据《残疾人教育条例》，结合本省实际，制定本办法。

第二条　省人民政府教育行政部门主管全省残疾人教育工作。设区市和县级人民政府教育行政部门主管本行政区域内的残疾人教育工作。

县级以上人民政府的有关部门在各自的职责范围内做好残疾人教育工作。

第三条　残疾人联合会应当积极促进和开展残疾人教育工作。

社会各界应当关心和支持残疾人教育事业。

残疾人家庭应当帮助残疾人接受教育。

第四条　本省行政区域内各级各类学校以及其他教育机构都应当依照国家有关法律、法规的规定，实施残疾人教育。

第五条　普通学校（包括普通小学附设的学前班）应当招收具有适应普通班学习能力的适龄残疾儿童、少年随班就读，也可以开设残疾儿童、少年教学班。特殊教育学校、儿童福利院应开设学前班，开展残疾儿童、少年的早期教育、早期康复。

对因身体条件不能到学校就读的适龄残疾儿童、少年，采取其他形式进行义务教育。

第六条　设区的市应当设立残疾人高级中学和中等专业特殊教育学校（班）；视力、听力、语言和智力残疾儿童、少年较多的县（市、区），应设立特殊教育中心学校或教学班；人口居住分散、边远地区的残疾儿童、少年可就近入普通学校随班就读。

有条件的乡镇中心小学或随班就读残疾学生人数较多的学校应设立辅导室，配备必要的设施为残疾学生学习、康复提供帮助。

特殊教育中心学校应积极创造条件，创办视力、听力、语言残疾学生的初中、高中教育机构，提高残疾人接受教育水平。

第七条　残疾儿童、少年入学年龄和在校年限，与当地普通儿童、少年接受义务教育的入学年龄和年限相同。也可以适当放宽。

学校根据接受义务教育的残疾儿童、少年家庭的实际情况减收、免收杂费。贫困残疾学生优先享受助学金。

第八条　各级人民政府教育行政部门应对在校残疾儿童、少年实行小学后、初中后两级分流，进行初等职业教育或职业培训。

第九条　各级人民政府教育行政部门应做好在校残疾学生的学籍管理工作。随班就读的残疾学生的义务教育，使用普通义务教育教学大纲和教材时，难度可以适当降低。

第十条　普通高级中学、中等专业学校、技工学校、成人教育机构和高等院校不得拒绝招收符合国家规定的录取标准的残疾考生入校学习。

第十一条　县级以上人民政府教育行政部门应会同广播、电视部门，根据实际情况，开设或传播适合残疾人学习的专业课程。

国家、社会鼓励和帮助残疾人自学成才。

第十二条　招收残疾学生的教育机构，应当根据实际情况，为残疾学生入学后的学习、生活提供便利条件。

第十三条　各级人民政府应通过下列措施保证残疾儿童、少年义务教育的实施：

（一）残疾儿童、少年义务教育的教育经费列入地方财政预算，并随着国民经济增长逐年增加；

（二）国家增加的用于扶持贫困地区普及九年义务教育的专项经费应有一定比例用于残疾儿童、少年的义务教育；

（三）从事残疾人教育的工作者享受国家规定的特殊教育津贴。从事特殊教育工作满20年并从其岗位上退休的，其特殊教育津贴计入退休工资基数。

第十四条　残疾儿童、少年入学率未达到要求的县（市、区）不得通过普及九年义务教育评估验收。

第十五条　县级以上人民政府通过下列途径培养残疾人教育教师：

（一）省人民政府教育行政部门委托师范院校附设特殊教育师资

班（部）；

（二）在中等师范学校和教师进修学校开设特殊教育科目；

（三）培训学历未达到要求的教师；

（四）从优秀中小学教师中选拔热爱残疾人教育事业的教师，经专业培训后从事残疾人教育工作；

（五）组织在职从事残疾人教育的教师业务进修。

第十六条　各级人民政府应当积极扶持残疾人特殊教育学校开展勤工俭学活动和兴办校办企业、福利企业。

第十七条　鼓励社会力量举办残疾人特殊教育学校和捐资、捐物助学。

第十八条　违反本办法规定有下列行为之一的，由教育行政部门责令改正，并对直接责任人给予行政处分：

（一）拒绝招收符合国家规定的残疾适龄学生入学的；

（二）无正当理由开除残疾学生的；

（三）对残疾学生侮辱、体罚、殴打的；

（四）挪用、侵占、贪污残疾人教育专项经费和物资的。

有前款所列第（三）项行为，违反《中华人民共和国治安管理处罚条例》的，由公安机关给予行政处罚。有前款所列第（三）、（四）项行为，构成犯罪的，由司法机关依法追究刑事责任。

第十九条　当事人对行政处罚不服的，可以依法申请行政复议或提起行政诉讼。当事人逾期既不申请复议也不向人民法院提起诉讼，又不履行行政处罚决定的，由作出行政处罚决定的机关申请人民法院强制执行。

第二十条　本办法自发布之日起施行。

陕西省实施《幼儿园管理条例》办法

（1995年2月6日陕西省人民政府令第12号发布　根据2011年2月25日陕西省人民政府《关于修改部分省政府规章的决定》第一次修订　根据2012年2月22日陕西省人民政府《关于修改部分省政府规章有关行政强制规定的决定》第二次修订　根据2014年3月18日陕西省人民政府《关于废止、宣布失效和修改部分省政府规章的决定》第三次修订）

第一条　为加强幼儿园管理，提高幼儿保育、教育质量，根据国家《幼儿园管理条例》，结合本省实际，制定本办法。

第二条　本办法适用于本省境内招收三周岁以上（含三周岁）学龄前幼儿，对其进行保育和教育的各类幼儿园（班）。

第三条　幼儿园的管理实行地方负责、分级管理和各有关部门分工负责的原则。

省教育行政部门主管全省幼儿园的管理工作；县（市、区）教育行政部门主管本行政区域内的幼儿园管理工作。

第四条　各级卫生行政部门负责幼儿园保健工作的监督、测查，其所属的妇幼保健机构负责幼儿园卫生保健工作的业务指导和监测。

各级财政、人力资源社会保障、住房城乡建设等有关部门和工会、妇联组织按照省人民政府关于幼教管理职责分工的要求，各负其责，密切配合，共同做好幼儿园管理工作。

第五条　市、县、区人民政府应当根据本地区经济和社会发展状况，制订幼儿园的发展规划，加强对幼儿教育工作的领导。鼓励和支持企业、事业单位、社会团体、居（村）民委员会和公民举办各类幼儿园或捐资助园。

第六条　举办幼儿园必须具备下列条件：

（一）有符合《幼儿园管理条例》及本办法规定条件的工作人员；

（二）办园经费有可靠来源；

（三）有符合国家卫生、安全标准和适应儿童保育、教育要求的园舍和设施。

第七条　城镇幼儿园和地处农村的机关、企业事业单位举办幼儿园，须经县（市、区）教育行政部门审查合格，发给登记注册证书。

已经登记注册的幼儿园，因故停办或变更名称、类别、隶属关系，应向原登记注册机关办理注销或变更登记手续。

未经登记注册，任何单位和个人不得举办幼儿园。

第八条　个人开办幼儿园，须经县（市、区）教育行政部门审查合格，发给登记注册证书。

第九条　幼儿园在举办期间，应当定期向所在县（市、区）教育行政部门按规定报送统计表。

第十条　机关、社会团体、企业事业单位举办幼儿园的基本建设投资，应当按照幼儿园的隶属关系，申报列入主管部门基本建设计划。

建设行政部门在城镇新建和改造居民区时，应当统筹规划与建设同当地居民人口相应的幼儿园。

第十一条　鼓励单位举办的幼儿园面向社会开放，吸收非本单位子女入园。

第十二条　幼儿园实行按质划类，按类收费。收费项目和标准，依照省教育行政部门会同省财政、物价部门制定的收费办法办理。禁止乱收费。

幼儿园收费，应当使用省财政部门统一印制的收费票据。

幼儿园的经费，主要用于保育、教育方面的开支以及支付维修或改建、扩建幼儿园的园舍与设施等费用。禁止克扣、挪用幼儿园经费。

第十三条　幼儿园园长与工作人员实行聘任制。

幼儿园园长由举办幼儿园单位或个人聘任，并向幼儿园的登记注册机关备案。

幼儿园的教师、医师、保健员、保育员和其他工作人员，由幼儿园园长聘任，也可以由举办幼儿园的单位或个人聘任。

第十四条　幼儿园实行园长负责制。园长在举办单位和当地教育行政部门的领导和业务指导下,负责全园的工作。园长在受聘期间,应当接受县以上教育行政部门组织的岗位培训。

第十五条　幼儿教师的培训工作,实行分级培训。省小学(幼儿)教师培训中心及设区市、县(市、区)教师进修学校,负责幼儿教育管理干部、园长和幼儿老师的培训工作。

第十六条　幼儿园应当以游戏为基本活动形式,寓教育于各项活动之中。严禁使用全日制小学教材对幼儿施教。

第十七条　幼儿园应当建立卫生保健、安全防护、保教人员交接班制度,采取切实措施防止幼儿食物、药物中毒,患传染病交叉感染以及触电、烫伤、冻伤、摔伤和走失等事故的发生。

第十八条　幼儿园的园舍和设施每年应当全面检修一次,及时排除险情,确保幼儿安全。

第十九条　违反本办法,具有下列情形之一的幼儿园,由县以上教育行政部门视其情节轻重,给予限期整顿、停止招生、停止办园等行政处罚:

(一)未经登记注册,擅自招生办园的;

(二)园舍设施不符合国家卫生标准、安全标准,妨害幼儿身体健康或者威胁幼儿生命安全的;

(三)教育内容和方法违背幼儿教育规律、损害幼儿身心健康,保育、教育质量低劣的;

(四)不执行收费标准,擅自增加收费项目和扩大收费的。

第二十条　违反本办法第十七条,造成幼儿烫伤、摔伤等轻度损伤事故的,由教育行政部门对直接责任人员给予警告、罚款的行政处罚,或者由教育行政部门建议所在单位或主管部门对责任人员给予行政处分,造成幼儿重伤、残废或死亡的,由司法机关依法追究其刑事责任。

第二十一条　对侵占、破坏幼儿园园舍、设施的,由县以上教育行政部门处3000元以下罚款;情节严重构成犯罪的,由司法机关依法追究其刑事责任。

第二十二条　当事人对行政处罚不服的,可以在接到行政处罚通知之日起15日内,向作出行政处罚决定机关的上一级机关申请复议;对复议决定不服的,可以在接到复议决定之日起15日内,向人民法院提起诉讼。当事人逾期既不申请复议也不向人民法院提起诉讼又不履行行政处罚决定的,由作出行政处罚决定的机关申请人民法院强制执行。

第二十三条　附设在普通小学的学前幼儿班的管理,可参照本办法执行。

第二十四条　本办法自发布之日起施行。

陕西省学校校园周边环境管理规定

（2001年6月25日陕西省人民政府令第70号发布 2012年2月22日陕西省人民政府根据《关于修改部分省政府规章有关行政强制规定的决定》修订）

第一条 为了加强学校校园周边环境管理，创造良好的育人环境，根据国家有关法律、法规，结合本省实际，制定本规定。

第二条 本省行政区域内各级各类学校校园（含幼儿园，以下简称校园）周边环境管理，适用本规定。

第三条 校园周边环境管理工作实行政府组织、部门分工负责、群众参与、综合治理、社会监督的原则。

第四条 各级人民政府应当加强对校园周边环境管理工作的领导，统筹规划校园周边环境的建设，组织、协调和督促政府有关部门做好校园周边环境管理工作。

第五条 县级以上人民政府有关部门对校园周边环境管理的工作职责是：

（一）教育行政部门负责指导学校对学生进行法制教育和安全教育，以增强学生的安全防范意识和自我保护能力；及时向政府有关部门反映校园周边环境的情况，配合政府有关部门做好校园周边环境管理工作；负责校园周边环境集中整治和专项治理活动的组织、协调工作；

（二）公安行政部门负责校园周边环境的治安管理工作；

（三）工商行政管理部门负责校园周边集贸市场、商店、摊位（点）等场所经营活动的监督管理工作；

（四）文化行政部门负责校园周边娱乐场所经营活动的监督管理工作；

（五）建设行政部门和环卫管理机构负责校园周边建筑活动和环境卫生的监督管理工作；

（六）环境保护行政部门负责校园周边环境污染防治的统一监督管理

工作；

（七）其他有关行政部门按照本部门的职责范围做好校园周边环境管理的有关工作。

第六条 居民委员会、村民委员会应当向居民、村民宣传有关校园周边环境管理方面的法律、法规、规章和政策,教育居民、村民自觉维护校园周边环境,协助有关部门做好校园周边环境管理工作。

第七条 学校应当教育师生自觉维护校园周边环境,配合政府行政部门做好校园周边环境管理工作。

第八条 公民、法人和其他组织有维护校园周边环境的义务,并有权对破坏校园周边环境的行为进行制止、检举和控告。

第九条 实行校园周边环境治安防范责任制。公安行政部门应当确定所属公安基层单位和责任区民警负责校园周边环境治安管理工作的具体责任。公安基层单位和责任区民警应与学校建立经常性的联系协作制度,及时了解校园周边环境的各种治安信息和动态,加强日常治安检查,加大防范力度,及时消除治安隐患。

第十条 公安行政部门交通管理机构应当在城镇中小学校门前学生集中通行的道路上设置限速标志、限时通过标志或其他安全通行警示标志。

第十一条 禁止在中小学校校园周边200米以内和高等学校门口50米以内开办电子游戏厅、录像厅、歌舞厅、网吧、台球室、棋牌室等营业性娱乐场所。

各级各类学校不得将校园及其周边的房屋、场地用于出租或者自营开办前款所列各类娱乐场所。

第十二条 校园门口应当保持环境整洁、通行无阻。

禁止在校园门口30米以内摆摊设点。

禁止占用校园门前的道路和校门两侧的人行道从事经营活动。

禁止在校园门口20米以内设置垃圾台、摆放垃圾桶。

第十三条 任何单位和个人未经建设行政部门批准不得依托校园围墙搭建建筑物、构筑物或其他设施。

第十四条 校园周边应当保持安静、卫生。

集贸市场、停车场、夜市不得在可能干扰校园正常秩序的地点设置。

校园周边的露天娱乐场所、自娱自乐等活动的边界噪声必须符合国家规定的环境噪声排放标准。

禁止在校园周边倾倒垃圾、污水、堆放杂物。

第十五条　违反本规定第十一条的,由工商行政管理部门予以取缔,并依照《娱乐场所管理条例》的规定给予相应处罚。

第十六条　违反本规定第十二条第四款的,由城市建设行政主管部门责令限期拆迁。

第十七条　违反本规定第十三条的,由建设行政部门责令限期拆除。

第十八条　违反本规定第十四条第二款规定,校园周边的集贸市场、停车场、夜市干扰学校正常秩序,擅自设立的,由主管的行政部门予以取缔;经批准设立的,由批准的行政主管部门责成限期迁移。

第十九条　对违反本规定其他行为的,由县级以上人民政府有关部门依照有关法律、法规、规章的规定予以处罚。

第二十条　当事人对行政处罚不服的,可依法申请行政复议或提起行政诉讼。

第二十一条　行政主管部门工作人员在校园周边环境管理工作中滥用职权、玩忽职守、徇私舞弊,尚不构成犯罪的,由主管部门或监察机关给予行政处分;构成犯罪的,移送司法机关追究刑事责任。

第二十二条　本规定自2001年9月1日起施行。

陕西省实施《校车安全管理条例》办法

(陕西省人民政府令第164号 2012年12月12日发布)

第一条 为了实施国务院《校车安全管理条例》，保障乘坐校车学生的人身安全，结合本省实际，制定本办法。

第二条 本省行政区域内校车的安全管理等活动，适用本办法。

第三条 本办法所称校车，是指依照国务院《校车安全管理条例》的规定取得使用许可，用于接送接受义务教育的学生上下学的7座以上的专用载客汽车。

接送小学生的校车应当是按照专用校车国家标准设计和制造的小学生专用校车。

专用校车应喷涂符合国家标准规定的颜色和外观标识。

第四条 省人民政府采取各种措施，发展城市和农村的公共交通。

设区的市、县（市、区）人民政府应当采取具体措施，发展城市和农村的公共交通，合理规划、设置公共交通线路和站点，为需要乘车上下学的学生提供方便。

设区的市、县（市、区）人民政府应当根据本行政区域接受义务教育学生的数量和分布状况等因素，结合移民搬迁、重点镇和农村集中居住点建设，科学合理调整学校设置规划，优化中小学（教学点）布局，保障学生就近入学或者在寄宿制学校入学，减少学生上下学的交通风险。实施义务教育的学校（教学点）的设置、调整，应当充分听取学生家长等有关方面的意见。

省、设区的市、县（市、区）人民政府采取具体措施，对确实难以保障就近入学，并且公共交通不能满足上下学需要的农村地区接受义务教育的学生，保障其获得校车服务。

第五条 县级以上人民政府对本行政区域的校车安全管理工作负总

责,统一领导、组织、协调有关部门履行校车安全管理职责。

第六条　县级以上人民政府教育部门在同级人民政府的领导下,依法制定、调整学校设置规划,保障学生就近入学或者在寄宿制学校入学,减少学生上下学的交通风险;负责校车使用许可申请的受理、分送、审查和上报工作;参与制订并实施校车服务方案;指导、监督学校建立健全校车安全管理制度,落实校车安全管理责任,组织学校开展交通安全教育和校车安全事故应急处置演练;组织校车安全联席会议,落实会议议定的相关工作任务。

县级以上人民政府公安机关应当配合教育部门组织学校开展交通安全教育;参与制订并实施校车服务方案;依法对校车使用许可申请提出意见,负责校车标牌发放、回收工作;负责校车驾驶人资格申请的受理、审查和认定工作;负责校车运行情况的监督检查,维护校车行驶道路的交通秩序,依法查处涉及校车的交通安全违法行为。

县级以上人民政府交通运输部门应当加强对校车运营的管理,改善道路安全通行条件,消除安全隐患;参与制订并实施校车服务方案;负责校车使用申请的审查工作,督促汽车维修企业落实校车维修质量保证期制度。

县级以上人民政府发展改革、工业和信息化、司法行政、财政、住房城乡建设、税务、质监、广电、安全监管等有关部门按照国家和本办法以及本级人民政府的规定,履行校车安全管理的相关职责。

第七条　保障学生上下学交通安全是政府、学校、社会和家庭的共同责任。社会各方面应当为校车通行提供便利,协助保障校车通行安全。

第八条　县级以上人民政府应当建立校车安全管理联席会议制度或者校车安全管理工作协调机制,统筹协调校车安全管理工作中的重大事项,做好校车安全管理工作。校车安全管理联席会议(工作协调机制)组成单位包括发展改革、教育、工业和信息化、公安、司法行政、财政、住房城乡建设、交通运输、税务、质监、广电、安全监管等部门和单位。

第九条　省人民政府教育部门为省校车安全管理厅际联席会议召集人,公安、交通运输部门为协助召集人。校车安全管理联席会议主要研究或者拟定事项:

(一)研究拟定校车安全管理工作目标和任务;

(二)研究建立校车安全管理长效机制;

(三)研究拟定校车服务管理方案,报省人民政府批准后组织实施;

(四)组织实施校车安全管理的日常监督检查和专项治理;

(五)协调涉及校车安全管理的问题。

设区的市、县(市、区)人民政府校车安全管理联席会议(工作协调机制)召集人由设区的市、县(市、区)人民政府自行确定。

第十条 县级以上人民政府城乡规划建设部门在编制城乡规划时,应当充分考虑相关部门制定的学校设置规划,科学、合理设置学校(教学点),为学生就近入学创造条件。

第十一条 县级以上人民政府应当建立多渠道筹措校车经费的机制。

政府通过财政资助,支持使用校车接送学生的服务。

校车服务的税收优惠,依照国家规定执行。

鼓励社会捐赠支持使用校车接送学生的服务。

第十二条 县级以上人民政府及其教育部门应当采取切实措施,动员社会力量,为需要配备校车的学校和校车服务提供者给予必要的物力、财力等支持。

第十三条 县级以上人民政府教育部门应当深入中小学校调查研究,全面、准确掌握学校分布情况、在校学生数量、学生分布区域、学生上下学交通服务需求,以及现有校车服务状况和校车需求信息;建立校车服务信息系统,实施校车需求和配备的统计、分析和动态管理,定期向社会公布相关信息。

第十四条 学校可以配备校车。依法设立的道路旅客运输经营企业、城市公共交通企业,以及设区的市、县(市、区)人民政府设立的校车运营单位,可以提供校车服务。

设区的市、县(市、区)人民政府可以根据本地区实际情况,组织依法取得道路旅客运输经营许可的个体经营者提供校车服务。

第十五条 配备校车的学校和校车服务提供者应当建立健全校车安全管理制度,配备安全管理人员,加强校车的安全维护,定期对校车驾驶人进行安全教育,组织校车驾驶人学习道路交通安全法律法规以及安全防范、应急处置和应急救援知识,保障学生乘坐校车安全。

第十六条　由校车服务提供者提供校车服务的，学校应当与校车服务提供者签订校车安全管理责任书，明确各自的安全管理责任，落实校车运行安全管理措施。

学校应当将校车安全管理责任书报县（市、区）或者设区的市人民政府教育部门备案。

第十七条　学校应当采取集中教育和日常教育相结合的方法，进行针对教师、学生及其监护人的交通安全教育，讲解校车安全乘坐知识，教授校车安全事故应急处置技能，每学期至少组织一次校车安全事故应急处置演练。

学生的监护人应当履行监护义务，配合学校或者校车服务提供者的校车安全管理工作，按时到校车停靠点接送学生。

第十八条　学校或者校车服务提供者申请校车使用许可，依照国务院《校车安全管理条例》第十四条、第十五条的规定办理。

禁止使用未取得校车标牌的车辆提供校车服务。

第十九条　机动车驾驶人申请校车驾驶资格，依照国务院《校车安全管理条例》第二十三条、第二十四条的规定办理。

机动车驾驶人未取得校车驾驶资格，不得驾驶校车。禁止聘用未取得校车驾驶资格的机动车驾驶人驾驶校车。

第二十条　校车应当配备逃生锤、干粉灭火器、急救箱等安全设备。安全设备应当放置在便于取用的位置，并确保性能良好、有效适用。

校车应当按照规定配备具有行驶记录功能的卫星定位装置。

第二十一条　校车驾驶人应当遵守道路交通安全法律法规和驾驶操作规范，安全驾驶、文明驾驶。

校车行驶前，校车驾驶人应当对校车的制动、转向、外部照明、轮胎、安全门、座椅、安全带等车况是否符合安全技术要求进行检查，不得驾驶存在安全隐患的校车行驶。

校车驾驶人不得在校车载有学生时给车辆加油，不得在校车发动机引擎熄灭前离开驾驶座位。

第二十二条　设区的市或者县（市、区）交通运输部门审核确定校车行驶线路时，应当选择利于校车通行安全的道路，尽量避开危险路段；确实无法避开的,当地人民政府应当组织交通运输、公安机关交通管理等有关部门按照标准在危险路段设置安全防护设施、限速标志、警告标牌,改善道路安全通行条件,降低校车通行安全风险。

校车经过的道路出现不符合安全通行条件的状况或者存在交通安全隐患的,当地人民政府应当组织交通运输、公安机关交通管理等有关部门及时改善道路安全通行条件、消除安全隐患。

第二十三条　校车运载学生,应当按照规定放置校车标牌,开启校车标志灯。

校车运载学生,应当按照审核确定的线路行驶,但遇有交通管制、道路施工以及自然灾害、恶劣气象条件或者重大交通事故等影响道路通行情形的除外。

校车载人不得超过核定的人数。学校和校车服务提供者不得要求校车驾驶人超员、超速驾驶校车。

第二十四条　公安机关交通管理部门应当加强对校车行驶线路的道路交通秩序管理。遇到交通拥堵时,交通警察应当指挥疏导运载学生的校车优先通行。

校车运载学生时,可以在公共交通专用车道以及其他禁止社会车辆通行但允许公共交通车辆通行的路段行驶。

第二十五条　校车上下学生,应当在校车停靠站点停靠;未设校车停靠站点的路段可以在公共交通站台停靠。

道路或者交通设施的管理、养护单位应当按照标准设置校车停靠站点预告标识和校车停靠站点标牌,施划校车停靠站点标线。

第二十六条　校车在道路上停车上下学生,应当靠道路右侧停靠,开启危险报警闪光灯,打开停车指示标志。校车在同方向只有一条机动车道的道路上停靠时,后方车辆应当停车等待,不得超越。校车在同方向有两条以上机动车道的道路上停靠时,校车停靠车道后方和相邻机动车道上的机动车应当停车等待,其他机动车道上的机动车应当减速通过。校车后方停车等待的机动车不得鸣喇叭或者使用灯光催促校车。

第二十七条　载有学生的校车在高速公路上行驶的最高时速不得超过80公里,在其他道路上行驶的最高时速不得超过60公里。

道路交通安全法律法规规定或者道路上限速标志、标线标明的最高时速低于前款规定的，从其规定。

载有学生的校车在急弯、陡坡、窄路、窄桥以及冰雪、泥泞的道路上行驶，或者遇有雾、雨、雪、沙尘、冰雹等低能见度气象条件时，最高时速不得超过 20 公里。

第二十八条　校车应当每半年进行一次机动车安全技术检验。配备校车的学校和校车服务提供者应当按照国家规定做好校车的安全维护，建立安全维护档案，保证校车处于良好技术状态。不符合安全技术条件的校车，应当停运维修，消除安全隐患。

承接校车维修业务的企业应当按照机动车维修技术规范维修校车，并执行校车维修质量保证期制度，在质量保证期内对校车的维修质量负责。

第二十九条　配备校车的学校、校车服务提供者应当指派照管人员随校车全程照管乘车学生。校车服务提供者为学校提供校车服务的，双方可以约定由学校指派随车照管人员。

学校和校车服务提供者应当定期对随车照管人员进行安全教育，组织随车照管人员学习道路交通安全法律法规、应急处置和应急救援知识。

第三十条　随车照管人员应当履行下列职责：

（一）学生上下车时，在车下引导、指挥，维护上下车秩序；

（二）发现校车驾驶人无校车驾驶资格，饮酒、醉酒后驾驶，或者身体严重不适以及校车超员等明显妨碍行车安全情形的，制止校车开行；

（三）清点乘车学生人数，帮助、指导学生安全落座、系好安全带，确认车门关闭后示意驾驶人启动校车；

（四）制止学生在校车行驶过程中离开座位等危险行为；

（五）核实学生下车人数，确认乘车学生已经全部离车后本人方可离车。

第三十一条　校车运载学生过程中，禁止除驾驶人、随车照管人员以外的人员乘坐。

校车的副驾驶座位不得安排学生乘坐。

第三十二条　工会组织应当指导或者组织学校教职工通过职工代表大会、校务会等形式，实施校车安全民主管理，监督学校与校车驾驶人签订包含校车安全条款的集体合同和劳动合同,协助学校对教职工开展交通安全教育。

第三十三条　县级以上人民政府校车安全联席会议或者相关协调机制成员单位,应当加强校车安全的日常管理和监督检查,及时发现、消除影响校车安全的隐患,妥善处理涉及校车安全的相关事件。督促学校和校车服务单位执行校车安全管理制度,落实校车安全责任。

第三十四条　共青团、妇联、关工委等组织应当了解并反映青少年学生及其家长对校车安全管理工作的意见、建议;组织开展面向青少年学生宣传校车交通安全知识的活动,营造良好的校车安全管理氛围;配合做好校车安全管理,监督校车运行,举报校车违规行为,推动校车安全工作落实,维护青少年的合法权益。

第三十五条　县级以上人民政府司法行政、广电等部门应当积极组织做好校车安全管理法律法规的宣传和普及工作。

广播电台、电视台、报刊、网络等媒体应当承担校车安全管理法律法规宣传和普及的社会责任,做好校车安全方面的宣传报道和舆论引导,提高全社会安全意识,为校车安全营造良好的舆论环境。

第三十六条　保险机构应当依法做好校车车辆保险的承保、理赔服务,积极开发涉及校车安全的保险产品,为校车安全提供风险保障。

第三十七条　公安机关交通管理部门应当加强对校车运行情况的监督检查,依法查处涉及校车的道路交通安全违法行为;依法收缴并强制报废作为接送学生车辆使用的拼装车或者达到报废标准的机动车;依法查处使用未取得校车标牌的车辆提供校车服务,未取得校车驾驶资格的人员驾驶校车,伪造、变造或者使用伪造、变造的校车标牌等行为,以及机动车驾驶人不按规定避让校车等交通违法行为。

第三十八条　校车发生交通事故,驾驶人、随车照管人员应当立即报警,设置警示标志。乘车学生继续留在校车内有危险的,随车照管人员应当将学生撤离到安全区域,并及时与学校、校车服务提供者、学生的监护人联系处理后续事宜。

第三十九条　省、设区的市、县(市、区)人民政府教育、公安、交通运输、安全监管部门应当设立并公布举报电话、举报网络平台,方便群众举报违反校车安全管理规定的行为。

接到举报的部门应当及时依法处理；对不属于本部门管理职责的举报，应当及时移送有关部门处理。

第四十条　教育、公安、交通运输、工业和信息化、质监、安全监管等有关部门及其工作人员不依法履行校车安全管理职责的，对单位予以通报批评，对负有责任的领导人员和直接责任人员依法给予处分；构成犯罪的，依法追究刑事责任。

第四十一条　学校违反本办法第十七条第一款规定的，由教育部门责令改正，并对学校予以通报批评，对学校负责人依法给予处分。

第四十二条　违反本办法的其他行为，依照《中华人民共和国道路交通安全法》和国务院《校车安全管理条例》等法律、法规予以处理。

第四十三条　幼儿园规划布局，幼儿入园以及幼儿专用校车的安全管理，依照国务院《校车安全管理条例》的规定执行。

第四十四条　用于接送小学生、幼儿的专用校车不能满足需求的，可以在本办法施行后3年内使用取得校车标牌的其他载客汽车。

第四十五条　本办法自2013年2月1日起施行。

陕西省行政规范性文件
制定和监督管理办法

（陕西省人民政府第216号令2018年11月5日发布）

第一章 总 则

第一条 为了加强对行政规范性文件的监督管理，保障自然人、法人、非法人组织的合法权益，推进依法行政，建设法治政府，根据有关法律、法规规定，结合本省实际，制定本办法。

第二条 本省行政区域内行政规范性文件的制定和监督管理，适用本办法。

向本级人大常委会报送备案行政规范性文件，依据《陕西省地方各级人民代表大会常务委员会规范性文件备案审查规定》执行。

涉及重大行政决策的行政规范性文件制定和监督管理，依据国家和本省重大行政决策相关规定执行。

第三条 本办法所称行政规范性文件，是指除政府规章外，由行政机关或者经法律、法规授权的具有管理公共事务职能的组织（以下统称制定机关），为履行行政管理职能，依照法定权限、程序制定并公布，涉及不特定的自然人、法人、非法人组织权利义务，具有普遍约束力，在一定期限内反复适用的公文。

制定机关的内部工作制度、人事处理决定以及对具体事项作出的行政处理决定等，不适用本办法。

第四条 行政规范性文件的制定和监督管理，应当依照法定职权和程序进行，体现权责一致、精简高效、民主公开、便民利民，突出针对性和可操作性。

第五条 县级以上人民政府对下级人民政府和本级人民政府派出机

关、行政管理部门以及法律、法规授权的具有管理公共事务职能的组织制定的行政规范性文件进行监督管理。

县级以上人民政府行政管理部门对本部门管理的可以对外独立行使行政管理职能的单位（以下简称部门管理单位）制定的行政规范性文件进行监督管理。

第二章　制定规范

第六条　下列机关可以制定行政规范性文件：

（一）省、设区的市、县（市、区）、乡（镇）人民政府；

（二）街道办事处；

（三）县级以上人民政府行政管理部门；

（四）法律、法规授权的具有管理公共事务职能的组织；

（五）部门管理单位。

县级以上人民政府负责合法性审核的部门可以依照本办法规定，编制本级行政规范性文件制定机关清单，经本级人民政府同意后予以公布。

第七条　制定行政规范性文件应当注重针对性，讲求实效，内容相近的合并制定，法律、法规、规章和上级文件已经有明确规定并且未要求制定相应实施文件的不再制定，严格控制行政规范性文件数量。

第八条　制定行政规范性文件应当结构科学、完整，内容合法、具体、明确，用语规范、简洁、准确，逻辑严密，具有可操作性。

第九条　行政规范性文件的名称，可以用"办法""规定""决定""细则""通告""公告""通知"等。为实施法律、法规、规章和上级文件制定的行政规范性文件，名称应当冠以"实施"字样。

行政规范性文件一般不得以命令（令）的形式公布。

第十条　行政规范性文件采用条文结构的，结构、条文表述、词语和数字以及标点符号的使用参照国家和我省立法技术规范执行；采用自然段落结构的，格式依照党政机关公文要求执行。

第十一条　行政规范性文件的内容，不得有下列情形：

（一）增加法律、法规规定之外的行政权力事项或者减少法定职责；

（二）设定行政许可、行政处罚、行政强制、行政事业性收费和征收、减免税费等事项，增加办理行政许可事项的条件；

（三）违法减损自然人、法人、非法人组织的合法权益或者增加其义务；

（四）超越职权规定应当由市场调节、企业和社会自律、自然人自我管理的事项；

（五）违法制定含有排除或者限制公平竞争内容的措施，违法干预或者影响市场主体正常生产经营活动，违法设置市场准入和退出条件；

（六）设定证明事项；

（七）违反法律、法规、规章和上级文件规定的其他情形。

第十二条　行政规范性文件应当按照下列要求设定有效期：

（一）行政规范性文件的有效期一般不得超过5年；

（二）行政规范性文件名称冠以"暂行"或者"试行"字样的，有效期不得超过2年；

（三）行政规范性文件名称冠以"实施"字样的，实施的上位依据规定有效期的，规定相应的有效期；实施的上位依据未规定有效期的，不规定有效期，但是应当规定施行日期；

（四）规划和安排部署阶段性工作的行政规范性文件，应当依照规划期间和安排部署工作完成的起止时间，规定有效期。

应当规定但是未规定有效期的行政规范性文件，其有效期按照前款规定执行。

制定机关在行政规范性文件的有效期内，可以根据需要修改或者废止行政规范性文件。

第十三条　行政规范性文件的生效日期，一般应当自公布之日起30日后起算，因保障国家安全、重大公共利益等特殊需要的，生效日期可以自公布之日起算。

行政规范性文件应当明确生效后需要同时废止的文件。

第十四条　行政规范性文件一般不得溯及既往，但为了更好保护自然人、法人、非法人组织的权利和利益而作出的特别规定除外。

第三章　制定程序

第十五条　制定行政规范性文件，应当进行调查研究、听取意见、合法性审核并向社会公开发布，重要的行政规范性文件应当进行评估论证、公开征求意见并由集体审议决定。

第十六条　起草行政规范性文件，应当对行政规范性文件制定的必要性、可行性和拟解决的主要问题等事项进行调查研究。

第十七条　起草行政规范性文件，应当采取召开座谈会、论证会、听证会等方式，听取有关行政机关和行政相对人、相关领域专家的意见，并可以根据需要，专项听取司法机关、人大代表和政协委员等的意见。

第十八条　起草行政规范性文件进行评估论证时，应当对有关行政措施的预期效果和可能产生的影响进行评估，对是否符合法律、法规、规章和上级文件进行论证。对专业性、技术性较强的行政规范性文件，应当组织相关领域专家进行评估论证。

第十九条　起草行政规范性文件，除依法需要保密或者不予公开的外，对自然人、法人、非法人组织的权利义务有重大影响的行政规范性文件，应当向社会公开征求意见。

公开征求意见的期限一般不得少于 15 日。

第二十条　起草部门或者机构向制定机关报请制定行政规范性文件，应当提交下列材料：

（一）行政规范性文件草案；

（二）公平竞争审查结论；

（三）起草说明（包括制定的必要性与可行性、起草依据、拟解决的问题、起草过程、征求意见及采纳情况、主要问题的说明等内容）；

（四）制定行政规范性文件的其他相关材料。

报请县级以上人民政府制定行政规范性文件，起草部门还应当提交制定请示、合法性审核意见等材料。

第二十一条　制定机关的办公机构应当对起草部门或者机构报请制定的行政规范性文件草案进行审核，对不符合起草程序要求的，退回起草部门或者机构。

第二十二条　制定机关的办公机构对审核通过的行政规范性文件草案，在提交制定机关审签或者审议前，应当交由制定机关负责合法性审核的部门或者机构进行合法性审核，合法性审核期限一般不得少于 5 个工作日。

第二十三条　制定机关负责合法性审核的部门或者机构在合法性审核时，应当对行政规范性文件的制定主体、草案内容是否符合法律、法规和规章的规定进行审核。

第二十四条　制定机关对行政规范性文件草案进行集体审议的，县级以上人民政府应当提交本级政府常务会议或者全体会议审议，其他制定机关应当提交本机关办公会议审议。

未经合法性审核或者经审核不合法的行政规范性文件草案，不得提交集体审议。

第二十五条　行政规范性文件草案经批准或者审议通过后，应当按照规定进行统一登记、统一编号、统一公布，未经公布的行政规范性文件不得作为行政管理依据。

第四章　备案审查

第二十六条　制定机关应当指定专门机构和人员负责行政规范性文件的报送备案工作，并建立行政规范性文件报送备案工作机制。

第二十七条　制定机关应当自行政规范性文件印发之日起 20 日内，向下列机关报送备案：

（一）设区的市、县（市、区）、乡（镇）人民政府和街道办事处制定的行政规范性文件报送上一级人民政府备案；

（二）县级以上人民政府行政管理部门和法律、法规授权的具有管理公共事务职能的组织制定的行政规范性文件报送本级人民政府备案；

（三）部门管理单位制定的行政规范性文件报送上级管理部门备案。

第二十八条　制定机关报送备案行政规范性文件，应当提交下列材料：

（一）备案报告一份；

（二）行政规范性文件的二份正式文本以及电子文本；

（三）起草说明一份；

（四）合法性审核意见一份。

第二十九条　制定机关报送备案的行政规范性文件，由下列机关进行备案审查：

（一）报送县级以上人民政府备案的行政规范性文件，径送县级以上人民政府负责合法性审核的部门备案审查；

（二）报送上级管理部门备案的行政规范性文件，由上级管理部门负责合法性审核的机构备案审查。

第三十条　备案审查机关对符合报送备案规定的行政规范性文件，应当依照有关法律、法规和规章规定进行备案审查；对不符合报送备案规定的，通知制定机关补充材料或者予以退回。

行政规范性文件的备案审查，除由备案审查机关直接进行外，可以由备案审查机关与有关部门或者机构共同提出备案审查意见。

备案审查机关对行政规范性文件进行备案审查时，需要制定机关提供相关材料或者说明有关情况的，制定机关应当在接到通知后5个工作日内报送材料或者说明情况；需要有关单位协助备案审查或者征求有关单位意见，有关单位应当在规定时限内回复书面意见。

第三十一条　备案审查机关应当自收到备案的行政规范性文件之日起30个工作日内完成备案审查；对专业性比较强或者情况特殊的，可以延长备案审查期限，但延长的期限不得超过15个工作日。

第三十二条　备案审查机关发现报送备案的行政规范性文件存在违法或者不当情形的，应当向制定机关发出纠错意见书，制定机关应当自收到纠错意见书之日起30个工作日内自行改正，并书面回复办理结果。

备案审查机关对制定机关逾期不改正的，应当依法予以撤销或者改变。

第五章　延期和清理

第三十三条　行政规范性文件标注有效期的，有效期届满自然失效；到期后需要继续执行的，应当在有效期届满前6个月，由起草部门或者机构对行政规范性文件的执行情况进行评估后，向制定机关提出延长有效期的申请。

第三十四条　制定机关认为行政规范性文件确需延长有效期的，应当按照设定有效期的规定和原制定程序，在有效期届满前 30 日作出延长有效期的决定。

第三十五条　行政规范性文件在依照有效期进行动态清理的同时，还应当根据需要适时开展全面清理和专项清理。

行政规范性文件的全面清理，由县级以上人民政府负责合法性审核的部门组织。

行政规范性文件的专项清理，由职能部门负责组织清理；涉及多个部门的，由主要部门负责牵头组织清理。

第三十六条　县级以上人民政府制定的行政规范性文件清理，由起草部门提出清理建议，经清理组织部门复核后，报送本级人民政府审定。

其他制定机关制定的行政规范性文件清理，由制定机关按照清理要求自行开展清理，清理结果报送清理组织部门。

第三十七条　制定机关应当将行政规范性文件延长有效期的决定和清理结果及时向社会公布，并按照行政规范性文件备案要求报送备案。

第六章　监督问责

第三十八条　制定机关接到自然人、法人、非法人组织对本机关制定的行政规范性文件提出异议的，应当予以研究核实，并在 15 个工作日内作出答复，行政规范性文件确有问题的，制定机关应当自行改正或者撤销。

第三十九条　备案审查机关应当定期对制定机关报送备案行政规范性文件工作进行检查，并对检查和备案审查情况进行通报。

第四十条　县级以上人民政府应当将行政规范性文件的制定和监督管理工作作为法治政府建设的重要内容，纳入法治政府建设考核评价指标体系。

第四十一条　制定机关违反本办法，未按照规定制定、报送备案行政规范性文件的，由有关人民政府或者部门责令限期改正；造成重大不良后果的，对其主要负责人和直接责任人依法给予处分。

第四十二条　备案审查机关违反本办法，未按照规定对行政规范性文件进行合法性审核、备案审查的，由有关人民政府或者部门责令限期改正；造成重大不良后果的，对其主要负责人和直接责任人依法给予处分。

第七章　附　则

第四十三条　有行政管理职能的部、省双重管理单位和省以下垂直管理单位行政规范性文件的制定和监督管理，参照本办法有关规定执行。

第四十四条　本办法自 2019 年 1 月 1 日起施行。2007 年 1 月 17 日省人民政府发布的《陕西省规范性文件监督管理办法》（陕西省人民政府令第 119 号）同时废止。

陕西省教育督导规定

（陕西省人民政府令第221号 2019年10月17日发布）

第一章 总 则

第一条 为了保证教育法律、法规、规章以及国家教育方针、政策的贯彻执行，推动教育事业科学发展，根据《中华人民共和国教育法》《教育督导条例》等法律、法规，结合本省实际，制定本规定。

第二条 本省行政区域内对各级各类教育实施教育督导，适用本规定。

教育督导包括以下内容：

（一）县级以上人民政府对本级人民政府有关部门和下级人民政府落实教育法律、法规、规章和国家教育方针、政策的督导；

（二）县级以上人民政府对本行政区域内学校和其他教育机构（以下统称学校）教育教学工作的督导；

（三）县级以上人民政府对本行政区域内教育发展状况、教育质量的评估监测。

第三条 县级以上人民政府应当加强对教育督导工作的领导，统筹协调解决教育督导工作中的重大问题，建立健全教育督导工作体制机制，合理配置教育督导工作人员，将教育督导经费列入财政预算。

第四条 县级以上人民政府教育督导机构承担本行政区域内的教育督导实施工作，在本级人民政府领导下，独立行使教育督导职责。

第五条 县级以上人民政府应当加强教育督导信息化建设，提高教育督导效能。

第六条 鼓励开展教育督导科学研究，支持教育督导机构加强国际国内交流与合作。

鼓励支持公民、法人和其他组织依法有序参与教育督导活动。

第二章 督导机构与督学

第七条 教育督导机构履行下列职责：

（一）统筹规划、组织实施教育督导工作，拟定教育督导、评估工作实施方案和规章制度；

（二）对本级人民政府有关部门和下级人民政府履行教育职责实施监督、检查、评价；

（三）对学校实施监督、检查、指导；

（四）对区域教育发展状况和教育质量开展评估监测；

（五）开展教育督导培训、考核和管理；

（六）法律、法规规定的其他教育督导职责。

第八条 教育督导机构实施教育督导，可以行使下列职权：

（一）查阅、复制财务账目和与教育督导有关的人事档案、学生学籍等文件、资料；

（二）要求被督导单位就督导事项有关问题作出说明；

（三）就督导事项有关问题开展调查；

（四）向本级人民政府或者主管部门提出对被督导单位或者其相关负责人给予奖惩的建议。

被督导单位及其工作人员对教育督导机构依法实施的教育督导应当积极配合，不得拒绝和阻挠。

第九条 县级以上人民政府应当按照国家规定建立督学制度。

县级以上人民政府根据教育督导工作需要，为教育督导机构配备专职督学，按照国家规定的任职条件、权限和程序任免。

教育督导机构根据教育督导工作需要，按照国家规定的任职条件可以聘任兼职督学，聘任结果向社会公布。兼职督学的任期为 3 年，可以连续任职，连续任职不得超过 3 个任期。

第十条 督学履行下列职责：

（一）受教育督导机构指派对学校实施督导；

（二）参加教育督导机构组织的专项督导和综合督导；

（三）参加教育督导机构组织的评估监测；

（四）完成教育督导机构指派的其他工作。

第十一条　督学受教育督导机构指派，实施教育督导时可以行使以下职权：

（一）就督导事项有关问题进入相关部门和学校开展调查；

（二）查阅、复制与督导事项有关的文件、材料；

（三）要求被督导单位就督导事项有关问题作出说明；

（四）采取约谈有关负责人等方式督促问题整改落实；

（五）对被督导单位的整改情况进行监督、检查。

第十二条　教育督导机构应当加强对督学实施教育督导活动的管理，对其履行督学职责的情况进行考核，建立动态管理制度。

督学实施教育督导，应当客观公正地反映实际情况，不得隐瞒或者虚构事实。

第十三条　实施督导的督学是被督导单位主要负责人近亲属或者有其他可能影响客观公正实施教育督导情形的，应当回避。

第三章　督导实施

第十四条　教育督导机构对本级人民政府有关部门和下级人民政府实施教育督导，包括下列事项：

（一）贯彻执行教育法律、法规、规章和国家教育政策情况；

（二）制定和实施教育发展规划情况；

（三）统筹推进教育公平、区域义务教育优质均衡发展、教育现代化和各级各类教育协调发展情况；

（四）教育经费的投入、管理与使用情况，办学条件的保障与改善情况；

（五）校长、教师队伍建设及待遇保障情况；

（六）协调推进学校教育、社会教育、家庭教育的情况；

（七）社会关注的教育热点难点问题解决情况；

（八）法律、法规、规章和国家教育政策规定的其他事项。

第十五条　教育督导机构应当根据学前教育、义务教育、高中阶段教育、高等教育等各级各类教育的特点，对本行政区域内的学校实施教育督导。

第十六条　教育督导机构对学校实施教育督导，包括下列事项：

（一）学校党建和依法依规办学情况；

（二）坚持立德树人，实施素质教育，促进学生德、智、体、美、劳全面发展情况；

（三）学校建设情况，高等学校学科、专业发展情况以及教学、科研发展情况；

（四）教师队伍师德师风等建设情况；

（五）教育教学和生活设施设备配备、管理与使用情况；

（六）学校招生、校园安全、卫生、师生身心健康和权益保护等制度建立和执行情况；

（七）教育收费、教育经费管理和使用情况；

（八）法律、法规、规章和国家教育政策规定的其他事项。

第十七条　学校应当建立督导工作机制，加强学校内部教育教学监督，有条件的学校可以设立教育督导室或者督导岗位，配备工作人员。

第十八条　教育督导机构应当根据本行政区域内的教育发展现状和实际需要，组织开展各级各类教育评估监测工作。

鼓励和扶持第三方专业评估监测机构参与教育督导评估，探索通过政府采购等方式委托第三方专业评估监测机构参与教育督导评估监测工作。

第三方专业评估监测机构接受教育督导机构的委托开展评估监测的，不得向被评估监测单位收取费用，不得接受被评估监测单位的财物，不得出具虚假的评估监测报告。

第十九条　教育督导可以采取经常性督导、专项督导和综合督导。

教育督导机构实施专项督导或者综合督导，应当事先确定督导事项，成立督导小组。督导小组由3名以上督学组成。

教育督导机构可以根据需要联合有关部门实施专项督导或者综合督导，也可以聘请相关专业人员参加专项督导或者综合督导活动。

第二十条　县（市、区）人民政府教育督导机构应当根据本行政区域内的学校布局与规模设立教育督导责任区，指派督学对责任区内的学校按照规定实施经常性督导。

第二十一条　督学对责任区内学校实施经常性督导，每学期不得少于2次。

县级以上人民政府对下一级人民政府应当每5年至少实施一次专项督导或者综合督导；县（市、区）人民政府教育督导机构对本行政区域内的学校，应当每3至5年实施一次综合督导。

第二十二条　经常性督导结束，督学应当向教育督导机构提交报告；发现违法违规办学行为或者危及师生安全的隐患，应当及时督促学校和相关部门处理。

第二十三条　综合督导和专项督导按照下列程序实施：

（一）根据督导规模与督导任务，成立督导小组，确定教育督导目的、内容，提前向被督导单位发出书面通知；

（二）督促、指导被督导单位进行自评并提交自评报告；

（三）对被督导单位进行现场检查、评估；

（四）向被督导单位通报督导情况，提出整改意见。

第二十四条　实施综合督导或者专项督导，应当征求公众对被督导单位的意见，并采取召开座谈会或者其他形式专门听取学生及其家长和教师的意见。

第二十五条　督导小组应当对被督导单位的自评报告、检查情况和公众的意见进行评议，形成初步督导意见。

督导小组应当向被督导单位反馈初步督导意见，被督导单位可以进行申辩。

第二十六条　教育督导机构应当根据督导小组的初步督导意见，综合分析被督导单位的申辩意见，向被督导单位发出督导意见书。

督导意见书应当就督导事项对被督导单位作出客观公正的评价；对存在的问题，应当提出整改时限和整改要求。

第二十七条　被督导单位应当根据督导意见书制定整改方案，提出整改措施和时限，按期进行整改，并将整改情况书面报告教育督导机构。

教育督导机构应当对被督导单位的整改情况进行核查。

第二十八条　综合督导或者专项督导结束后，教育督导机构应当于

30日内向本级人民政府提交督导报告，并将督导报告报上一级人民政府教育督导机构备案。

督导报告应当向社会公开。

第四章　结果运用

第二十九条　县级以上人民政府应当建立健全教育督导结果运用机制。

省人民政府教育督导机构应当建立健全教育评价制度、督导整改情况通报制度和督导问责制度，按照国家规定对设区的市、县（市、区）人民政府履行教育职责、学校管理水平、教育质量等开展评价以及督导问责。

第三十条　县级以上人民政府教育督导机构应当根据督导整改情况，对履行教育职责不到位、整改不力、出现重大及以上教育安全事故、有弄虚作假行为等情况，按照国家有关规定，采取适当形式对有关责任人进行约谈、通报批评，情节严重的提出处分建议。

第三十一条　县级以上人民政府或者有关主管部门应当将督导结果和整改情况作为对被督导单位及其主要负责人进行考核、奖惩的重要依据。

第五章　法律责任

第三十二条　被督导单位及其工作人员有下列情形之一的，由教育督导机构通报批评并责令其改正；拒不改正或者情节严重的，对直接负责的主管人员和其他责任人员，由教育督导机构向有关人民政府或者主管部门提出给予处分的建议：

（一）拒绝、阻挠教育督导机构或者督学依法实施教育督导的；

（二）隐瞒实情、弄虚作假，欺骗教育督导机构或者督学的；

（三）未根据督导意见书进行整改并将整改情况报告教育督导机构的；

（四）打击报复督学的；

（五）有其他严重妨碍教育督导机构或者督学依法履行职责情形的。

第三十三条　督学或者教育督导机构工作人员有下列情形之一的，由教育督导机构给予批评教育；情节严重的，依法给予处分，对督学还应当取消任命或者聘任；构成犯罪的，依法追究刑事责任：

（一）玩忽职守，贻误督导工作的；

（二）弄虚作假，徇私舞弊，影响督导结果公正的；

（三）滥用职权，干扰被督导单位正常工作的。

督学违反本规定第十三条规定，应当回避而未回避的，由教育督导机构给予批评教育。

督学违反本规定第二十二条规定，发现违法违规办学行为或者危及师生生命安全隐患而未及时督促学校和相关部门处理的，由教育督导机构给予批评教育；情节严重的，依法给予处分，取消任命或者聘任；构成犯罪的，依法追究刑事责任。

第三十四条　违反本规定的行为，法律、法规已有法律责任规定的，从其规定。

第六章　附　则

第三十五条　本规定自2019年12月1日起施行。

陕西省中小学校幼儿园规划建设办法

（陕西省人民政府令第 222 号 2019 年第 22 次常务会议 2019 年 10 月 17 日发布）

第一章 总 则

第一条 为了加强中小学校、幼儿园规划建设工作，促进教育事业健康发展，根据《中华人民共和国义务教育法》《中华人民共和国城乡规划法》等法律、法规，结合本省实际，制定本办法。

第二条 本省行政区域内的幼儿园、小学、初级中学、普通高级中学和特殊教育学校的规划建设适用本办法。

第三条 中小学校、幼儿园规划建设应当遵循城乡统筹、科学规划、合理布局、方便入学（园）的原则，保证中小学校、幼儿园规划建设和城乡人口发展相适应。

第四条 县级以上人民政府应当加强本行政区域内中小学校、幼儿园规划建设工作，将中小学校、幼儿园布局专项规划纳入国民经济和社会发展规划，与国土空间规划相衔接，并将建设资金列入本级政府财政预算，合理配置教育资源，促进教育均衡发展。

第五条 县级以上人民政府教育、自然资源部门负责中小学校、幼儿园规划建设的具体工作，加强督促检查；住房城乡建设、发展改革、公安、财政等部门应当按照各自职责做好中小学校、幼儿园规划和建设有关工作。

第六条 县级以上人民政府教育督导机构应当将中小学校、幼儿园布局专项规划和建设执行情况纳入教育督导范围；省人民政府教育督导机构应当至少每 2 年组织开展 1 次中小学校、幼儿园布局专项规划执行情况专项督导。

专项督导结果应当向社会公布。

第二章　规划布局

第七条　县级以上人民政府应当按照国家和本省有关规定，根据本行政区域内居住的适龄少年儿童的数量和分布状况等因素，科学确定中小学校、幼儿园的布局、办学性质、服务半径、数量和规模。

第八条　设区的市、县（市、区）人民政府应当组织教育、卫生健康、公安、统计等部门科学测算本行政区域内每千人口的入学（园）人数，作为编制中小学校、幼儿园布局专项规划的依据。

第九条　设区的市、县（市、区）人民政府教育行政部门应当会同发展改革、自然资源部门组织编制中小学校、幼儿园布局专项规划。

编制中小学校、幼儿园布局专项规划应当综合考虑本行政区域规划居住的人口规模、分布以及交通、环境和城镇化进程等因素。

第十条　组织编制中小学校、幼儿园布局专项规划应当采取座谈会、专家咨询会、论证会、听证会等方式广泛听取专家和公众的意见，对合理合法的意见或者建议应当予以采纳。

教育行政部门应当将专项规划编制的依据及其主要内容等予以公示，公示时间不得少于30日。

第十一条　县（市、区）中小学校、幼儿园布局专项规划，由本级人民政府向同级人民代表大会常务委员会报告后，报设区的市人民政府批准并报省人民政府备案。

设区的市中小学校、幼儿园布局专项规划，经本级人民政府批准后分别报同级人民代表大会常务委员会和省人民政府备案。

第十二条　中小学校、幼儿园布局专项规划批准后，设区的市、县（市、区）人民政府应当于20日内向社会公布，公布的内容应当包括规划批准文件和中小学、幼儿园的办学性质、数量、规模、位置等。

第十三条　中小学校、幼儿园布局专项规划执行情况实行年度报告制度。

设区的市、县（市、区）人民政府应当于每年1月底前向上一级人民政府和本级人民代表大会常务委员会报告本行政区上一年度中小学校、幼儿园布局专项规划执行情况。

第十四条　县级以上人民政府自然资源部门应当将中小学校、幼儿园布局专项规划内容纳入国土空间详细规划，国土空间详细规划应当在用地布局上落实中小学校、幼儿园建设用地。国土空间详细规划涉及中小学校、幼儿园的，报同级人民政府批准前应当书面征求教育行政部门的意见。

第十五条　任何单位和个人不得擅自变更中小学校、幼儿园布局专项规划。因公共利益确需变更的，应当按照本办法第十一条规定办理。

第十六条　中小学校、幼儿园的撤并、恢复应当严格按程序规范进行。

确因生源减少需要撤并中小学校、幼儿园的，县（市、区）人民政府应当统筹考虑学生上下学交通安全、寄宿生学习生活保障等因素制定撤并方案并逐级上报省人民政府教育行政部门批准。

撤并方案应当采取座谈会、专家咨询会、论证会、听证会、公示等方式广泛征求专家、学生家长、学校师生和乡（镇）人民政府、街道办事处、村（居）民委员会等有关方面的意见。

中小学校、幼儿园撤并应当先建后撤，撤并后原有校园校舍优先保障当地教育事业需要。

已经撤并的中小学校、幼儿园或者教学点，确有必要恢复的，由县（市、区）人民政府进行规划，按程序予以恢复。

第三章　规划建设

第十七条　设区的市、县（市、区）人民政府应当按照中小学校、幼儿园布局专项规划，有计划地建设中小学校、幼儿园，确保本行政区域内适龄少年儿童方便就近入学（园）。

第十八条　设区的市、县（市、区）人民政府教育行政部门应当会同发展改革、财政、自然资源等部门根据本行政区域内适龄少年儿童入学（园）需求，按照中小学校、幼儿园布局专项规划提出年度建设计划，报本级人民政府列入政府投资计划，确保建设计划按期实施。

第十九条　设区的市、县（市、区）人民政府进行新区开发、旧城改造应当规划建设中小学校、幼儿园。规划建设中小学校、幼儿园的数量、规模应当符合国家相关规定。人口满 30 万的县（市、区）应当规划建设一所与人口规模相适应的公办特殊教育学校，其他的县（市、区）可根据实际情况设置特殊教育学校或者开设特教班。

规划建设 1500 户以上居民住宅区的，应当规划建设幼儿园；规划建设 3000 户以上居民住宅区的，应当规划建设幼儿园、小学；规划建设 3 万人以上居民住宅区的，还应当规划建设初级中学；规划建设 10 万人以上居民住宅区的，还应当规划建设普通高级中学。

设区的市、县（市、区）人民政府可以根据本地实际，合理确定居民住宅区中小学校、幼儿园的规划建设标准，但不得低于前款规定的标准。

第二十条　规划建设的住宅区居民规模未达到本办法第十九条规定标准或者按照零星地块进行开发出让的，设区的市、县（市、区）人民政府应当根据周边区域适龄少年儿童入学（园）需求，统筹规划建设中小学校、幼儿园。

第二十一条　新建居民住宅区规划建设的中小学校、幼儿园可以采取政府统建或者委托开发建设等方式进行。

中小学校、幼儿园采取政府统建方式的，设区的市、县（市、区）人民政府应当统筹建设用地和建设费用。

中小学校、幼儿园采取委托开发建设方式的，设区的市、县（市、区）人民政府应当与委托开发建设单位签订委托合同，约定双方权利义务和违约责任等。

委托开发建设的中小学校、幼儿园，经验收合格后应当按照委托合同的约定移交所在地县（市、区）人民政府教育行政部门；教育行政部门应当及时办理接管手续。

第二十二条　新建居民住宅区规划建设的中小学校、幼儿园应当与住宅区同步规划、同步设计、同步建设、同步验收、同步交付使用。

分期开发建设的居民住宅区，规划建设的中小学校、幼儿园应当在首期开发建设时与居民住宅区同步规划、同步设计、同步建设、同步验收、同步交付使用。

未按前款规定建设和交付使用的，住房城乡建设部门不予进行竣工验收备案。

第二十三条　新建居民住宅区未按照规定规划设计中小学校、幼儿园的，发展改革部门应当不予立项，自然资源部门不得办理规划手续，住房城乡建设部门不得办理开工手续。

第二十四条　设区的市、县（市、区）人民政府应当按照国家和本省有关规定，结合本地实际，科学确定农村中小学校、幼儿园布局，合理设置教学点或者寄宿制学校。

每个乡镇原则上应当设置1所公办中心幼儿园、1所公办中心小学和1所公办初级中学；人口相对集中的村要设置小学或者教学点，独立建园或者设立分园；人口稀少、地处偏远、交通不便的村应保留或者设置教学点。

第二十五条　中小学校、幼儿园的选址应当对地质灾害、自然灾害、环境污染等因素进行全面评估，充分考虑校园周边公共安全。

在中小学校、幼儿园周边一定范围内进行规划建设活动，应当遵守下列规定：

（一）周边1000米范围内，不得新建殡仪馆、污水处理厂、垃圾填埋场；

（二）周边500米范围内，不得新建看守所、强制戒毒所、监狱等场所；

（三）周边300米范围内，不得新建车站、码头、集贸市场等嘈杂场所；

（四）不得进行其他可能影响中小学校、幼儿园教学秩序和安全的规划建设活动。

高压电线、长输天然气管道、输油管道或者市政道路等不得穿越或者跨越中小学校、幼儿园；易燃易爆、剧毒、放射性、腐蚀性等危险物品生产、经营、储存、使用场所或者设施与中小学校、幼儿园的间隔距离应当符合国家和本省有关规定。

第二十六条　中小学校、幼儿园的建设应当严格执行国家质量安全法律法规、建设标准和建筑设计规范。

中小学校、幼儿园建设应当充分考虑少年儿童身心健康发展规律和教育教学功能。

第四章　用地保障

第二十七条　设区的市、县（市、区）人民政府发展改革、自然资源、住房城乡建设等部门应当保障中小学校、幼儿园建设用地并及时办理相关建设手续。

第二十八条　设区的市、县（市、区）人民政府自然资源部门应当将委托建设的新建居民住宅区中小学校、幼儿园作为土地出让的条件载入招拍挂交易文件，并作为国有土地使用权出让合同的组成部分，在国有土地使用权招标、拍卖公告中明示其建设规模、标准要求、产权归属及移交、违约责任等事项。

第二十九条　对规划预留的中小学校、幼儿园建设用地，任何单位和个人不得有下列行为：

（一）擅自变更用地性质或者改变用途；

（二）侵占其界线范围内的土地；

（三）建设与教育无关的建筑物、构筑物或者其他设施；

（四）进行与教育无关的生产经营活动。

因国家重点工程建设、城市基础设施建设确需变更教育用地性质或者用途的，应当依法按程序批准，并安排不少于原规划中小学校、幼儿园建设用地有效面积的土地予以置换。置换的中小学校、幼儿园建设用地应当符合国家和本省规定的服务半径、选址等要求。

第三十条　公办中小学校、幼儿园及非营利性民办中小学校、幼儿园建设用地采取划拨方式供地，中小学校、幼儿园终止办学（园）的，经教育行政部门确认不再用于教育时，由政府依法收回国有土地使用权。

第五章　法律责任

第三十一条　县级以上人民政府及其有关部门在中小学校、幼儿园规划建设工作中未依法履行职责、滥用职权、玩忽职守、徇私舞弊的，对负有责任的领导人员和直接责任人员依法给予处分；构成犯罪的，依法追究刑事责任。

第三十二条　县级以上人民政府及其有关部门在中小学校、幼儿园规划建设工作中，有下列行为之一的，对负有责任的领导人员和直接责任人员依法给予处分；构成犯罪的，依法追究刑事责任：

（一）未按照本办法规定组织编制中小学校、幼儿园布局专项规划的；

（二）擅自变更中小学校、幼儿园布局专项规划的；

（三）未按照布局专项规划预留中小学校、幼儿园建设用地的；

（四）侵占、截留或者挪用中小学校、幼儿园建设资金的；

（五）未按照规定制定和执行中小学校、幼儿园年度建设计划的；

（六）中小学校、幼儿园规划建设不符合国家和本省规定的选址要求和建设标准的；

（七）违反本办法规定的其他行为。

第三十三条　违反本办法规定的行为，法律、法规已有法律责任规定的，从其规定。

第六章　附　则

第三十四条　已建成的居民住宅区和在建居民住宅区规划建设中小学校、幼儿园，参照本办法执行。

第三十五条　本办法自 2019 年 12 月 1 日起施行。